汽车制造工艺学（第2版）

主　编　李　峰　周述积
副主编　叶仲新
主　审　黄寿全

"互联网+"教材

全书配套资源

内 容 简 介

本书根据汽车相关专业人才培养目标定位而编写，也考虑到专业职业能力培养的要求。内容包括汽车制造工艺过程基础知识，汽车零件毛坯成形工艺及应用，汽车车架、车轮制造工艺，汽车车身制造工艺，汽车装配工艺，汽车零件加工工艺规程的制定，工件装夹与机床夹具，发动机曲轴工艺，发动机连杆工艺，发动机缸体机械加工工艺，齿轮加工工艺，机械加工质量分析和汽车先进制造工艺技术，共13章。

本书基于编者长期同东风汽车公司等汽车制造企业开展的校企合作，致力于课程改革与研究，较好地处理了工艺类课程教学与教材的难点，充实了大量汽车生产图片资料，重点强调了新材料、新工艺和冷热加工工艺在汽车制造中的综合应用。

版权专有　侵权必究

图书在版编目(CIP)数据

汽车制造工艺学／李峰，周述积主编． — 2版． —
北京：北京理工大学出版社，2019.11(2024.1 重印)
ISBN 978-7-5682-7958-1

Ⅰ. ①汽… Ⅱ. ①李… ②周… Ⅲ. ①汽车-生产工艺-高等学校-教材　Ⅳ. ①U466

中国版本图书馆 CIP 数据核字(2019)第 253272 号

责任编辑：梁铜华	**文案编辑**：封　雪
责任校对：周瑞红	**责任印制**：李志强

出版发行 ／ 北京理工大学出版社有限责任公司
社　　址 ／ 北京市丰台区四合庄路6号
邮　　编 ／ 100070
电　　话 ／ (010)68914026（教材售后服务热线）
　　　　　　 (010)68944437（课件资源服务热线）
网　　址 ／ http://www.bitpress.com.cn

版 印 次 ／ 2024年1月第2版第3次印刷
印　　刷 ／ 北京虎彩文化传播有限公司
开　　本 ／ 787 mm×1092 mm　1/16
印　　张 ／ 21.5
字　　数 ／ 496千字
定　　价 ／ 56.00元

图书出现印装质量问题，请拨打售后服务热线，负责调换

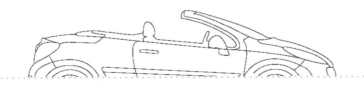

前 言
PREFACE

早在 2013 年全国一次总结和推进校企合作与工学结合的研讨会上，北京理工大学出版社约湖北汽车工业学院商议，希望利用学校与东风汽车集团公司等开展校企合作、产学研结合和课程改革的经验，编写车辆（汽车）工程专业的一门核心教材，即《汽车制造工艺学》。编写本教材的指导思想是遵循"专业系统的基础知识培养"和"专业系统的工程能力训练"相辅相成的原则，依托高等学校和汽车制造企业合作资源优势，基于工作过程与要求设计安排内容，注重学生工程能力与素质的培养，以适应就业需求并使学生具有再学习和可持续职业发展潜力。

借鉴和比较同类教材的经验与不足，该教材编写思路是把汽车发展与大规模生产要求、现代制造技术、冷热加工工艺的综合应用三者融为一体，从不同类型零部件结构分析、材料选择、毛坯供货、成形工艺、机械加工到热处理，直至涂装与总装配，构建完整的汽车制造工艺路线，让学生全面了解、熟悉和重点掌握汽车制造过程的相关专业知识。教材也有意将汽车生产一线管理和制造工程能力训练等融入教学过程。由此，本书按照教学大纲的要求，拟实现三大教学目标：一是为汽车类专业学生提供汽车与机械制造工艺专业应用知识；二是为学生进入汽车产业（汽车制造与零部件配套生产）提供生产技术和工艺管理基础知识；三是为汽车类专业学生完成汽车零部件加工与汽车生产的技术能力综合训练，比如为学生在生产现场学习与考察、工艺文件编制整理、毕业设计等提供方法与指导。

本书具有以下特色：内容由传统机械加工工艺扩展到汽车零部件与整车结构分析，形成了由材料到现代制造技术与冷热加工工艺综合应用的融合，总结出不同类型零部件与汽车总成的典型制造（装配）工艺路线，提供了 400 多幅汽车生产的理论与现场图片资料，比较恰当地处理了知识与应用、理论与实际、结构与工艺的关系，突显出完整的现场情景和生产指导性。编写技巧上注意到全书前后呼应、少而精、可读性和技术应用指导。

本书分别由湖北汽车工业学院李峰教授、周述积教授担任主编，叶仲新副教授担任副主编。全书由李峰和周述积负责统稿与分章编写学习目标、知识点、思考与习题。

本书由东风汽车公司原总机械师，研究员级高级工程师黄寿全担任主审。黄寿全对书稿进行了认真审阅，并提出宝贵意见。本书在编写过程中得到了湖北汽车工业学院、东风汽车公司等相关领导和不少同事的支持与帮助，在此一并表示感谢。

由于编者水平有限，书中错误在所难免，敬请批评指正。

编　者

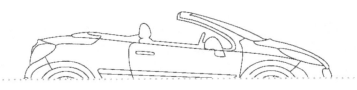

目 录
CONTENTS

第1章　汽车制造工艺过程基础知识 ······ 001

1.1　汽车制造方法与生产过程 ······ 001
　1.1.1　汽车生产过程及工艺过程 ······ 002
　1.1.2　机械加工工艺过程的组成 ······ 004
　1.1.3　汽车生产的组织形式 ······ 005
1.2　汽车零件机械加工尺寸和形状的获得方法 ······ 007
　1.2.1　零件机械加工尺寸精度的获得方法 ······ 007
　1.2.2　零件机械加工形状精度的获得方法 ······ 009
　1.2.3　零件表面相互位置精度的获得方法 ······ 010
　1.2.4　机械加工经济精度和表面粗糙度 ······ 011

第2章　汽车零件毛坯成形工艺及应用 ······ 012

2.1　砂型铸造 ······ 012
2.2　其他铸造类型 ······ 018
　2.2.1　金属型铸造 ······ 018
　2.2.2　压力铸造 ······ 019
　2.2.3　低压铸造 ······ 020
　2.2.4　熔模铸造 ······ 021
2.3　模锻 ······ 021
　2.3.1　模锻设备与模锻特点 ······ 021
　2.3.2　模锻生产过程 ······ 022
　2.3.3　精密模锻的应用 ······ 024
　2.3.4　金属辊压回转加工 ······ 025

第3章　汽车车架、车轮制造工艺 ······ 027

3.1　汽车车架结构及材料 ······ 027

3.1.1　车架的功用 ·· 027
　　3.1.2　车架类型和构造 ······································ 027
　　3.1.3　车架成形对材料的要求 ································ 029
3.2　车架零件的冲压及车架总成制造工艺 ························ 030
　　3.2.1　车架钢板材料 ·· 030
　　3.2.2　车架（厚板）冲裁工艺要点 ···························· 030
　　3.2.3　车架纵梁冲压成形 ···································· 031
　　3.2.4　车架横梁冲压成形 ···································· 032
3.3　车轮制造工艺 ··· 033
　　3.3.1　汽车车轮结构概况 ···································· 033
　　3.3.2　汽车车轮按材质分类 ·································· 033
　　3.3.3　钢制车轮的结构与选材 ································ 035
　　3.3.4　型钢车轮制造工艺 ···································· 035
　　3.3.5　滚型车轮制造工艺 ···································· 039
　　3.3.6　铝合金车轮制造工艺 ·································· 041

第4章　汽车车身制造工艺 ·· 043

4.1　汽车车身结构 ··· 043
　　4.1.1　轿车车身 ·· 043
　　4.1.2　客车车身 ·· 047
　　4.1.3　货车车身 ·· 050
　　4.1.4　汽车车身基本构件 ···································· 050
4.2　汽车车身材料 ··· 051
4.3　汽车车身覆盖件冲压工艺 ··································· 053
　　4.3.1　车身覆盖件的结构与质量要求 ·························· 053
　　4.3.2　车身覆盖件的冲压工艺 ································ 054
　　4.3.3　车身覆盖件冲压工艺实例 ······························ 057
　　4.3.4　车身覆盖件冲压模具 ·································· 059
4.4　汽车车身装焊工艺 ··· 064
　　4.4.1　白车身的装焊程序 ···································· 064
　　4.4.2　汽车车身焊接方法与设备 ······························ 065
　　4.4.3　汽车车身装焊夹具及装焊生产线 ························ 070
4.5　汽车车身涂装工艺 ··· 075
　　4.5.1　汽车车身涂装基础知识 ································ 075
　　4.5.2　汽车车身涂装工艺 ···································· 078

4.5.3 汽车车身典型涂装工艺 087
4.5.4 汽车车身涂装面漆常见缺陷 088

第5章 汽车装配工艺 090

5.1 汽车装配基础知识 090
5.1.1 汽车装配的基本概念 091
5.1.2 汽车装配的常用方法 091
5.1.3 装配精度的意义和内容 092

5.2 汽车装配的工艺过程和内容 093
5.2.1 装配基本过程 093
5.2.2 装配的组织形式 095
5.2.3 装配方法的选择 095

5.3 汽车装配技术和质量要求 099
5.3.1 总装装配工艺守则 099
5.3.2 典型装配过程质量要求 102
5.3.3 产品防护 105

5.4 汽车总装工艺常用设备简介 106
5.4.1 整车装配常用工具 107
5.4.2 整车装配常用设备 108

第6章 汽车零件加工工艺规程的制定 112

6.1 基准 112
6.1.1 基准的概念 112
6.1.2 基准的分类 112

6.2 机械加工工艺规程及其制定步骤 115
6.2.1 机械加工工艺规程 115
6.2.2 制定加工工艺规程的步骤 117

6.3 工艺路线分析与设计 121
6.3.1 精基准的选择原则 121
6.3.2 粗基准的选择原则 123
6.3.3 经济加工精度与加工方法的选择 125
6.3.4 典型表面的加工路线 128
6.3.5 加工顺序的安排 132
6.3.6 工序的集中和分散 133
6.3.7 加工阶段的划分 134

6.4 加工余量与工序尺寸 …………………………………………………… 134
　　6.4.1 加工余量的概念 …………………………………………………… 134
　　6.4.2 工序尺寸及公差的确定 …………………………………………… 136
6.5 工艺尺寸链 ………………………………………………………………… 138
　　6.5.1 直线尺寸链概述 …………………………………………………… 138
　　6.5.2 尺寸链的计算 ……………………………………………………… 138
　　6.5.3 尺寸链封闭环、增环、减环简易判别方法 ……………………… 139
　　6.5.4 几种典型工艺尺寸链计算 ………………………………………… 140
6.6 机械加工生产率和经济性 ……………………………………………… 142
　　6.6.1 生产率 ……………………………………………………………… 142
　　6.6.2 提高生产率的措施 ………………………………………………… 143

第7章　工件装夹与机床夹具 …………………………………………… 147

7.1 工件装夹与机床夹具概述 ……………………………………………… 147
　　7.1.1 工件装夹要求与夹具功能 ………………………………………… 148
　　7.1.2 夹具的组成 ………………………………………………………… 148
　　7.1.3 夹具的分类 ………………………………………………………… 149
7.2 工件定位原理及其应用 ………………………………………………… 150
　　7.2.1 工件的六点定位原理 ……………………………………………… 150
　　7.2.2 工件正确定位应限制的自由度 …………………………………… 151
　　7.2.3 关于几种工件定位的定义 ………………………………………… 153
7.3 工件定位方式及定位元件 ……………………………………………… 155
　　7.3.1 平面定位 …………………………………………………………… 155
　　7.3.2 外圆定位 …………………………………………………………… 159
　　7.3.3 圆孔定位 …………………………………………………………… 160
7.4 工件定位误差分析 ……………………………………………………… 163
　　7.4.1 定位误差组成 ……………………………………………………… 163
　　7.4.2 定位误差计算 ……………………………………………………… 166
7.5 工件在夹具上的夹紧 …………………………………………………… 171
　　7.5.1 夹紧装置组成 ……………………………………………………… 171
　　7.5.2 夹紧装置的设计要求 ……………………………………………… 171
　　7.5.3 典型夹紧机构 ……………………………………………………… 174
7.6 车床夹具 ………………………………………………………………… 177
　　7.6.1 车床夹具分类 ……………………………………………………… 177
　　7.6.2 车床夹具设计要点 ………………………………………………… 178

7.7 铣床夹具 … 180
 7.7.1 典型铣床夹具 … 180
 7.7.2 铣床夹具设计要点 … 181
7.8 钻床夹具 … 183
 7.8.1 钻床夹具典型结构 … 183
 7.8.2 钻套结构设计 … 185
 7.8.3 钻模板结构 … 187
7.9 镗床夹具 … 188
 7.9.1 镗床夹具的典型结构 … 188
 7.9.2 镗床夹具的设计要点 … 189
 7.9.3 汽车零件镗床夹具案例 … 191
7.10 夹具公差配合的选择与技术要求的制定 … 192
 7.10.1 夹具总图应标注的尺寸 … 192
 7.10.2 尺寸公差与配合的选择 … 194

第8章 发动机曲轴工艺 … 198

8.1 曲轴概述 … 198
 8.1.1 曲轴概述 … 198
 8.1.2 曲轴毛坯材料 … 200
 8.1.3 曲轴结构工艺特点 … 201
 8.1.4 曲轴工艺路线设计原则及基准选择 … 202
8.2 4H曲轴加工工艺 … 205
 8.2.1 4H曲轴加工工艺介绍 … 205
 8.2.2 曲轴强化工艺 … 225

第9章 发动机连杆工艺 … 228

9.1 连杆 … 228
 9.1.1 连杆概述 … 228
 9.1.2 连杆组成 … 228
 9.1.3 连杆主要技术要求、常用材料及毛坯类型 … 229
 9.1.4 DCi11连杆工艺安排 … 231
9.2 DCi11连杆加工工艺 … 232

第10章 发动机缸体机械加工工艺 … 250

10.1 发动机缸体 … 250

10.2 发动机缸体工艺 ··· 252
　10.2.1 缸体定位基准的选择 ·· 252
　10.2.2 缸体加工阶段和顺序 ·· 255
　10.2.3 缸体加工工序内容 ··· 257

第11章　齿轮加工工艺 ·· 265

11.1 齿轮概述 ··· 265
　11.1.1 齿轮的功用和结构特点 ·· 265
　11.1.2 齿轮材料和毛坯 ··· 266
11.2 齿轮机械加工工艺 ··· 267

第12章　机械加工质量分析 ··· 273

12.1 机械加工质量的基本概念 ··· 273
　12.1.1 加工精度与加工误差 ·· 273
　12.1.2 表面质量 ·· 274
　12.1.3 工艺系统误差分类 ··· 274
12.2 工艺系统几何误差与控制 ··· 275
　12.2.1 加工原理误差 ·· 275
　12.2.2 调整误差 ·· 275
　12.2.3 主轴回转误差 ·· 277
　12.2.4 机床导轨误差 ·· 279
　12.2.5 机床传动误差 ·· 280
　12.2.6 刀具几何误差 ·· 281
　12.2.7 夹具几何误差 ·· 281
　12.2.8 测量误差 ·· 282
12.3 工艺系统受力变形误差及其控制 ······································ 283
　12.3.1 概述 ·· 283
　12.3.2 对工艺系统刚度的认识 ·· 283
12.4 工艺系统热变形误差与控制 ··· 286
　12.4.1 工艺系统热源 ·· 286
　12.4.2 工艺系统热变形引起的误差 ······································· 287
　12.4.3 内应力引起的误差 ··· 290
12.5 影响表面质量的因素及其控制 ··· 291
　12.5.1 加工表面粗糙度影响因素及改进 ································· 291
　12.5.2 表层力学性能影响因素及改进 ··································· 293

第 13 章　汽车先进制造工艺技术 298

13.1　超精密加工技术 298
13.2　高速切削加工技术 300
13.2.1　高速切削加工概念 300
13.2.2　高速切削加工的关键技术 301
13.3　绿色制造技术 304
13.3.1　干式切削加工工艺 304
13.3.2　发动机再制造工艺 306
13.4　3D 打印技术 309
13.4.1　概述 309
13.4.2　3D 打印技术特点 310
13.4.3　3D 打印技术在汽车领域的应用 311
13.4.4　3D 打印主要工艺方法 311
13.5　汽车轻量化技术 314
13.5.1　汽车轻量化的意义与创新途径 314
13.5.2　铝、镁合金材料的应用 315
13.5.3　低合金高强度钢的开发与使用 316
13.5.4　先进轻量化制造工艺 317
13.6　汽车工程塑料及其实际应用 320
13.6.1　工程塑料在汽车中的应用现状 320
13.6.2　工程塑料及其在汽车结构中的应用 321
13.7　碳纤维及其复合材料在汽车中的应用 325
13.8　汽车发动机轻量化途径及工艺创新 326

参考文献 329

第 1 章
汽车制造工艺过程基础知识

本章从宏观上说明汽车生产过程及工艺过程的概念与组织形式;从了解汽车及其零部件生产模式、现代汽车制造业发展状况和汽车大量流水生产的特点出发,了解汽车生产过程,掌握工艺过程与工序的划分与组织,了解汽车零件机械加工尺寸和形状的获得方法。

1.1 汽车制造方法与生产过程

汽车主要由零件、部件、分总成和总成等装配而成。汽车制造归属于大量生产类型,是一个社会化的生产模式,由汽车制造主体企业和广大地方配套企业合作完成。根据产品协议和工艺路线,按产品专业化、工艺专业化原则组织协作生产,必须满足"质量、效率、成本、安全"的原则,最终保证按时、按质、按量供货,绝对不允许耽误装车。汽车及其零部件生产模式如图 1-1 所示。

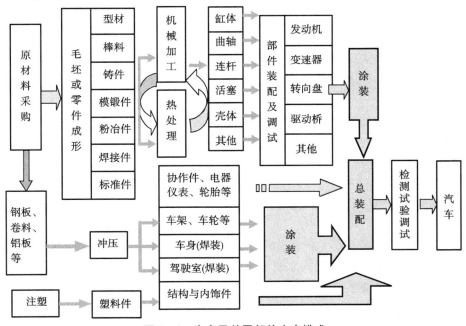

图 1-1 汽车及其零部件生产模式

企业要生产汽车发动机，首先要依靠铸造、锻造厂（车间）生产毛坯，然后安排机械加工、热处理，并经再加工，待全部零件产品加工检验合格后，经零件库或直接送入装配线，同其他专业技术产品，如火花塞（汽油机）、燃油泵（柴油机）等进行部件和总成装配，最后调整试验达到发动机所要求的性能指标。

一个完整的生产模式，除了上述毛坯生产、机械加工、热处理、装配和性能检测等过程外，还有生产准备和生产服务，包括原材料与半成品供应和生产、技术管理等过程。

1.1.1 汽车生产过程及工艺过程

汽车由上万个零部件和分总成组成，由发动机、底盘和车身三大总成构成整车。汽车的生产特点是产量大、品种多、质量高、生产组织涉及整个社会行业。汽车制造就是对材料进行冷热加工、零件成形与装配的生产过程。图1-2所示为轿车装配与调试现场情景。

金属热加工工艺包括铸造、锻压、焊接、热处理、表面改性和粉末冶金等。

金属冷加工工艺主要包括金属切削、板料冲压、特种加工与成形等。

图1-2 轿车装配与调试现场情景

非金属材料成形，如注塑与复合材料的成形和加工。

1. 汽车生产过程及其组成

（1）汽车生产过程。

汽车生产过程是指将原材料或半成品通过各种加工工艺过程制成汽车零件，并将零件装配成各种总成，最后将总成通过总装配线组装和调整为整车的全过程。

（2）汽车生产过程的组成。

汽车生产过程由基本生产过程、辅助生产过程、生产服务过程及技术准备过程组成。

基本生产过程包括毛坯成形（铸造、锻造、冲压、焊装、粉末冶金）、零件机械加工、毛坯或半成品热处理、涂装、总成和整车装配等工艺过程，是产品整个生产过程的中心环节。

辅助生产过程包括动能供应、非标准设备及工装夹具等准备过程。

生产服务和技术准备过程包括运输、材料及配件采集、产品销售与服务等，形成了一个庞大的物流、信息流和协作网。

（3）汽车制造工艺过程。

工艺过程设计是产品设计和制造过程的中间环节，是企业生产活动的核心，也是进行生产管理的重要依据。

在生产过程中，直接改变生产对象的形状、尺寸、相对位置和材料性能等，使之成为半成品或成品（汽车）的全过程即汽车制造工艺过程。汽车制造工艺过程包括毛坯成形、热处理、零件的机械加工及零部件与总成的装配等工艺过程。

2. 毛坯制造工艺过程

毛坯制造工艺过程是指通过铸造、锻造等方法将合金材料制成具有一定形状、尺寸和性能的铸件或锻件的过程。图1-3所示为生产过程中典型铸、锻件的毛坯形态，其中图1-3（a）所示为刚凝固并带浇注系统的缸体毛坯；图1-3（b）所示为锻造飞边切除后的齿轮锻件毛坯和飞边。

铸造属于金属液态成形，是将熔化后温度、成分合格的合金液浇注到与零件内外形状相适应的型腔中，待其冷却凝固（结晶）后得到铸件的生产方法，汽车曲轴、气缸体、气缸盖、变速箱壳体和铝合金车轮、铝活塞等都是铸件。

(a)　　　　　　(b)

图1-3　铸、锻件毛坯

锻造属于金属塑性成形，是指合金材料受力产生不可恢复的塑性变形而成所需形状、尺寸与高性能的零件毛坯的加工方法。齿轮、连杆、十字轴和载重车前梁等都是模锻件。

冲压也属于金属塑性成形，它是把一定厚度的薄板在室温条件下受力分离，并通过弯曲、拉深、翻边、成形等变形工序而得到各式壳体与加强筋零件。汽车车身覆盖件和骨架零件大多由金属板料冲压成形。

金属焊接在汽车制造中应用很广，属于金属构件的连接成形技术。汽车车身主要通过焊接进行装配。

粉末冶金成形也属于毛坯或制品成形，其包括配料混粉、模压成形和高温烧结三大主要生产环节，属于粉末烧结成形技术。

塑料为高分子材料。塑料的成形与应用是汽车轻量化的重要途径。

在现代汽车制造中，通过精密铸造、精密锻造、精密冲裁、冷镦、冷挤、轧制等都可以直接成形零件制品，实现少、无切屑加工。同样也可以通过粉末冶金与注塑等方法直接得到零件制品而无须加工。

3. 零件机械加工工艺过程

零件机械加工工艺过程是指在机床设备上利用切削刀具或其他工具，改变毛坯的形状、尺寸、相对位置和力学、物理性质，使其成为成品或半成品的全过程。

其主要目的是提高零件尺寸精度和表面质量。机械加工对象主要集中于汽车零件的型面加工。型面加工包括平面、旋转面、孔及诸如齿轮齿面轮廓、球面、沟槽等各种表面的加工。

汽车零件制造中常采用车、钻、刨、铣、拉、镗、铰、磨、超精加工和齿轮轮齿加工中的滚齿、插齿、剃齿、拉齿以及无切屑加工中的滚挤压、轧制、拉拔等方法进行机械加工。

4. 热处理工艺过程

热处理工艺过程是指用热处理方法（如退火、正火、淬火、回火、调质、表面热处理等），不改变零件形状，只改善毛坯或零件的使用性能和工艺性能，以挖掘材料性能潜力、提高产品质量、延长零件使用寿命的工艺过程。如汽车零件制造中的铸件、锻件等毛坯退火、正火；曲轴、齿轮等的调质和耐磨面的表面热处理等，调质即钢的淬火＋高温回火。

5. 总成及整车产品装配工艺过程

总成及整车产品装配工艺过程是指将半成品或成品通过焊接、铆接和螺栓紧固等方式连接成合件、组件、部件、分总成或装配成总成直至整车的工艺过程。

装配只是改变零件、总成或部件间的相对位置，不改变其尺寸、形状与性能，如车架、发动机、变速器等总成的装配和汽车整车的总装配等。由此，产品装配是对产品相对位置的固定与调整，故称为装配工艺过程。在生产中，若生产对象不同，则其制造、加工或装配工艺过程也完全不同。

1.1.2 机械加工工艺过程的组成

组成机械加工工艺过程的基本单元是工序。工序是由工步、走刀、安装（装夹）及工位组成的，如图1-4所示。机械加工工艺过程和装配工艺过程都是由按一定顺序排列的工序组成的。对于机械加工工艺过程，毛坯依次通过各道工序逐渐变成所需要的零件。

图1-4 工序组成

1. 工序

工序是指一个（或一组）工人，在一台机床上（或一个工作地点），对一个（或同时几个）工件所连续完成的那一部分工艺过程。

工人、工件、工作地和连续作业是构成工序的四个要素，其中任一要素改变即构成新的工序。

连续作业是指在该工序内的全部工作要不间断地连续完成——加工内容不间断。工序是工艺过程的基本单元，是制定和计算设备负荷、工具消耗、劳动定额、生产计划和经济核算等工作的依据。

2. 工步

机械加工工序可分割成安装、工位、工步和走刀。

在加工表面、切削刀具、切削用量（包括切削速度、进给量和背吃刀量）都不变的情况下所完成的那一部分工艺过程，称为工步。三个条件中，只要有一个条件发生变化，就是另一个工步。图1-5所示为5个工步实施连续加工。

复合工步：有时为了提高生产率，把几个待加工表面用几把刀具同时加工，这也可看作一个工步，称为复合工步。如图1-6所示，在立轴转塔车床上用多把调整好的刀具，采用一个复合工步来完成钻孔及多个外圆和端面的加工。

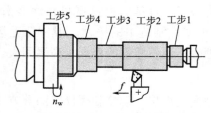

图1-5 车削变速器第一轴阶梯外圆

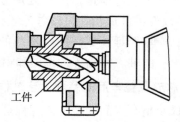

图1-6 立轴转塔车床的一个复合工步

3. 走刀

有些工步，由于余量大或者其他原因，需用同一刀具在同一切削用量的条件下对同一加工表面进行多次切削，这样，刀具对工件的每一次切削就称为一次走刀，如图1-7所示。

4. 工位

当应用转位（或移位）加工的机床（或夹具）进行加工时，在一次装夹中，工件（或刀具）相对机床要经过几个位置依次进行加工，在每一个工作位置上所完成那一部分工序，称为工位，如图1-8所示。

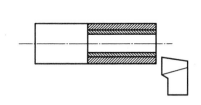

图1-7 走刀示意图

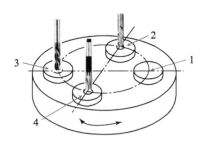

图1-8 四工位组合机床
1—装卸工位；2—钻孔；3—扩孔；4—铰孔

5. 安装（装夹）

安装是指工件经过一次装夹（即定位与夹紧）后所完成的那一部分工序。在一个工序中，有的工件只需装夹一次，也有需多次装夹的。如果从减少装夹误差及装夹工件花费的工时考虑，应尽量减少装夹次数。

1.1.3 汽车生产的组织形式

现代汽车制造业都以专业化分工与协作的方式组织规模化生产。它是通过生产纲领和生产类型来实施的。

1. 生产纲领

生产纲领是指企业在计划期（通常为一年）内应当生产的产品产量和进度计划。当计划期为一年时，零件的生产纲领 N 可按下式计算：

$$N = Qn(1 + a\%)(1 + b\%)$$

式中：Q——产品的年产量（台/年）；

n——每台产品中该零件的数量（件/台）；

$a\%$——备品率；

$b\%$——废品率。

2. 生产类型

生产类型是指企业生产专业化程度的分类，根据生产纲领中产品年产量的不同，汽车产品和零件的生产类型可以划分为大量生产、成批生产和单件生产。

生产类型取决于产品特征（重、中、轻、微、轿）和生产纲领。

汽车制造厂生产类型与生产特征及年产量之间的关系如表1-1所示。

表1-1 汽车制造厂机械加工车间生产类型的划分　　　　　　　　辆

生产类型		汽车特征 轿车或1.5t以下 商用车年产量	商用车或特种车年产量	
			2~6t 汽车	8~15t 汽车
单件生产		各类汽车新产品的试制，数量一般为一辆或几十辆		
成批 生产	小批量	2 000 以下	1 000 以下	500 以下
	中批量	2 000~10 000	1 000~10 000	500~5 000
	大批量	10 000~50 000	10 000~30 000	5 000~10 000
大量生产		50 000 以上	30 000 以上	10 000 以上

(1) 大量生产。

大量生产指每年产品品种单一稳定，且每个产品的年产量很大，大多数工作地点长期进行某一零件的某一道工序的加工。例如汽车、轴承、自行车等的制造。

(2) 成批生产。

每年生产的产品品种较多，每种产品产量较大，产品或零件呈周期性地成批投入生产，工作地点的加工对象周期性地进行轮换。例如普通机床、纺织机械等的制造。

(3) 单件生产。

产品的种类多而同一产品的产量很小，加工地点的加工对象完全不重复或很少重复。例如重型机器、专用设备的制造或新产品试制等。

产品或零件的生产纲领越大，则生产专业化程度越高。生产类型不同，则产品或零件的制造工艺过程也不同。大量生产主要采用专用机床、组合机床、高效率的专用夹具、专用检具和量具。生产线一般根据工序内容按流水线布局。单件、小批生产主要采用通用机床、加工中心以提高生产柔性，量检具主要采用通用夹具、通用检具和量具。

如图1-9所示阶梯轴零件，其单件小批生产和成批大量生产的机械加工工艺过程分别如表1-2、表1-3所示。其中方案1单件小批生产工艺方案的特点是工序少（两道工序），但每道工序加工内容多，工步多（工序1有9个工步）。方案2的特点是工序多，但是每道工序加工内容少，工步少。

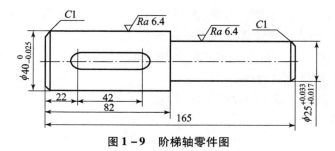

图1-9 阶梯轴零件图

表1-2 阶梯轴第1种工序安排方案（单件小批生产）

工序号	工序内容	设备
1	加工小端面，对小端面钻中心孔，粗车小端面外圆，对小端面倒角，加工大端面，对大端面钻中心孔，粗车大端面外圆，对大端倒角，精车外圆	车床
2	铣键槽，手工去毛刺	铣床

表1-3　阶梯轴第2种工序安排方案（大批大量生产）

工序号	工序内容	设备
1	加工小端面，对小端面钻中心孔，粗车小端面外圆，对小端面倒角	车床
2	加工大端面，对大端面钻中心孔，粗车大端面外圆，对大端倒角	车床
3	精车外圆	
4	铣键槽，手工去毛刺	铣床

由此可知，虽然加工对象是同一个零件，但因生产类型不同，其工艺过程相差甚远。因此在安排工艺过程时，必须依据生产类型和现场生产条件进行统筹考虑，力求工艺过程科学合理。

3. 生产性质和生产节拍

（1）生产性质。

生产性质可分为产品试制、试生产和正式生产。

（2）生产节拍。

生产节拍指在流水生产线上相继完成两个制品之间的时间间隔，是设计流水生产线的依据。生产节拍可分为计算最大允许生产节拍和实际生产节拍。最大允许生产节拍 m 是按零件生产纲领 N 和设备年时基数 H 计算得出的。其计算公式为

$$m = 60H/N \text{（min/件）}$$

式中：H——设备年时基数，指一台设备在一年中，扣除设备修理所占用的时间和其他调整时间后，实际用于生产的小时数。如单班制生产 $H = 2\,000\text{h/年}$ 左右，两班制生产 $H = 4\,000\text{h/年}$ 左右。

1.2　汽车零件机械加工尺寸和形状的获得方法

机械加工的目的是获得被加工零件技术要求的尺寸、形状、位置精度和表面质量。

1.2.1　零件机械加工尺寸精度的获得方法

零件机械加工尺寸精度的获得方法通常有试切法、调整法、定尺寸刀具法、主动及自动测量控制法四种。

1. 试切法

试切法是指通过在机床上试切、测量、调整、再试切，经多次反复进行到被加工尺寸达到要求为止的方法。

特点：生产率低；工件尺寸误差取决于工人的技术水平；适用于单件和小批生产。

2. 调整法

调整法是指在加工一批工件之前，先用对刀装置或试切方法调整好刀具与工件（或机床夹具）间的正确位置，并在加工过程中保持位置不变而获得一定加工尺寸的方法。

图1-10所示为用调整法获得镗孔尺寸的示意图。

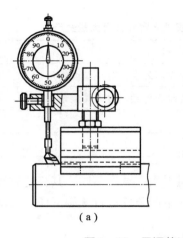
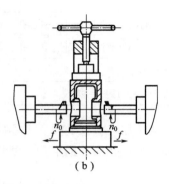

图 1-10　用调整法获得镗孔尺寸示意图
(a) 镗刀径向伸长尺寸调整；(b) 镗活塞销孔

图 1-10（a）所示为镗刀调整器，百分表对准刀尖。图 1-10（b）所示为活塞夹紧后正处于往返进给状态，正镗削活塞销孔。此前，也就是在加工一批活塞销孔之前，必须保持刀具与工件间的正确位置不变，即需要将镗刀径向伸长尺寸调整到位而保证被加工活塞销孔尺寸精度要求。其特点是：生产率高，加工尺寸稳定，适用于大批生产；广泛用于半自动机床或自动生产线加工。

3. 定尺寸刀具法

定尺寸刀具法是利用刀具的相应形状和尺寸来保证被加工表面尺寸的方法，如用钻头、铰刀和拉刀加工孔；用丝锥攻制螺纹孔，用仿形铣刀、拉刀加工齿轮齿形等。其特点是：生产率高，加工尺寸精度取决于刀具尺寸精度，适用于大批量生产。

图 1-11 所示为拉削圆孔简图。圆孔拉削用的是定尺寸圆孔拉刀。

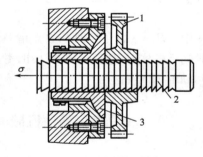

图 1-11　圆孔拉削
1—工件；2—切削刀；3—球面垫圈

4. 主动及自动测量控制法

主动测量控制法是指加工过程中，在精密机床上利用检测装置对加工尺寸进行跟踪测量并通过数显控制系统实现自动进给，以保证表面加工尺寸达到精度要求的方法。图 1-12 所示为在汽车传动轴类外圆磨削加工中常采用的挂表式主动测量控制装置。其工作原理是：挂表是一只百分表，先按标准样件尺寸调整对零；针对外圆磨削，将装置的三个触点（两个固定触点、一个活动触点）与被磨外圆表面相接触，其中活动触点通过弹性量杆端面与百分表触头接触；随着被磨外圆表面尺寸逐渐减小，百分表指针向一个方向不断摆动。当指针对零时，表示外圆磨削达到标准样件尺寸，然后退出砂轮，完成外圆磨削工序。

自动测量控制法是一种对被加工零件表面尺寸的自动控制方法。其创新思路是把测量、进给装置和控制系统组成一个自动加工控制系统，依靠该系统自动完成加工过程。这种系统常应用在自动及半自动内、外圆磨床或数控机床上，能适应加工过程中加工条件的变化，自动调整加工用量等。图1-13所示为发动机曲轴轴径磨削自动测量控制装置。曲轴轴径在砂轮磨削时一边磨削一边在线实时测量轴径尺寸，当轴径尺寸合格后，曲轴专用数控加工机床自动停机。

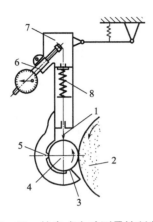

图1-12 挂表式主动测量控制装置

1—活动触点；2—砂轮；3、5—固定触点；
4—工件；6—百分表；7—量杆；8—弹簧

图1-13 曲轴轴径磨削自动测量控制装置

自动测量控制法的特点是：生产率高，加工尺寸误差小，尺寸稳定性高；适用于大批量生产的汽车制造业。

1.2.2 零件机械加工形状精度的获得方法

零件机械加工形状精度的获得方法有轨迹法、仿形法、成形法和展成法四种。

1. 轨迹法

该方法是依靠刀具的运动轨迹而获得工件所需形状的方法。刀具运动轨迹取决于刀具和工件相对位置的切削成形运动；形状精度取决于成形运动的精度。

机械加工中，普通车削、铣削、刨削和磨削等均属于轨迹法。

2. 仿形法

仿形法是指刀具按照仿形装置（样板或靠模）表面形状轨迹运动进给而获得工件形状的加工方法。（实属轨迹法）。

仿形车削、仿形铣削模具等均属于仿形加工。

其特点是：生产率较高；工件形状精度取决于仿形机构和机床主轴精度；应用于大批量、形状较复杂的零件加工。

采用仿形机构加工凸轮轴上的凸轮比用数控机床加工生产率要高出很多。

3. 成形法

成形法是使用成形刀具加工获得工件表面的方法，如车外螺纹、拉键槽和花键孔等，如图1-14所示。

4. 展成法

展成法又称范成法、包络法、滚切法，是指在刀具与工件做相对运动过程中，刀刃包络出被加工表面形状的方法。如滚齿、插齿则属展成法加工。图1-15所示为利用插齿刀具与被切齿轮坯的啮合运动切出齿形。

图1-14 成形铣齿刀（成形法）

图1-15 插齿机上插齿（展成法）

1.2.3 零件表面相互位置精度的获得方法

1. 一次装夹法

一次装夹法是指工件上几个加工表面（包括基准面）的位置精度在一次装夹中能够获得的方法，如图1-16所示。

一次装夹加工出的各表面间的位置精度不受定位、夹紧影响，只与机床精度相关，位置精度能得以保障。

2. 多次装夹法

工件因受加工表面形状、位置和加工方法等的限制，不可能通过一次装夹就加工出所有型面和尺寸，因而需要采用多次装夹才能完成零件的加工，称为多次装夹法。图1-17所示为在一台普通车床上通过多次装夹法加工一轴类零件。由于工件各个表面的加工是在多次装夹中进行的，因此位置精度需要在几次装夹中通过多次调整才能获得，加工过程中容易出现位置误差。

图1-16 在专用夹具中铣削加工
变速器箱体（一次装夹）

图1-17 普通车床上加工
轴类零件（多次装夹）

零件加工表面相互位置精度与诸多因素有关，如机床夹具精度、定位和夹紧方式及夹具本身精度等。采用夹具装夹加工所得到的位置精度相对较高，适用于汽车零件的大批量生产。

在加工过程中，同时获得的零件尺寸、形状和位置三方面的精度有一定的相依关系。一般来说，形状精度高于尺寸精度，位置精度大多高于相应的尺寸精度。也就是说，尺寸精度得到保证时，形状精度和位置精度一般能够得到保证。

1.2.4 机械加工经济精度和表面粗糙度

1. 加工经济精度

加工经济精度指在正常生产条件下所能保证的公差等级和表面粗糙度。所谓正常生产条件，是指采用符合质量标准的设备和工艺装备、使用标准技术等级的工人和不延长加工时间等。

各种加工方法都对应一定经济精度和表面粗糙度范围。在选择表面加工方法时，应当满足与工件加工要求相适应的要求等。

2. 加工经济精度与表面粗糙度的关系

经济精度和表面粗糙度对应一定的公差等级和表面粗糙度等级范围。一般情况下，被加工表面尺寸公差值小，对应的表面粗糙度值也一定小；反之，表面粗糙度值小的，尺寸公差值不一定小。例如机床手柄表面、一些要求抗腐蚀或提高疲劳强度的零件表面，规定的表面粗糙度值较小，但尺寸公差却可稍大一些。

本章知识点

1. 汽车及其零部件生产模式：社会化生产模式、专业化生产模式。
2. 汽车制造方法与生产过程：传统制造方法；现代制造技术；现代汽车生产服务体系。
3. 汽车制造工艺过程及其组织：汽车生产过程及工艺过程；工艺过程组成——工序。
4. 生产纲领与生产类型。
5. 汽车零件机械加工尺寸和形状的获得方法。

思考与习题

1. 综述汽车制造方法与基本技术内容（综述，写出不少于300字的短文）。
2. 何谓汽车生产过程？汽车生产过程由哪几部分组成？如果去考察一个汽车制造厂，你将如何安排考察路线？
3. 何谓汽车制造工艺过程？汽车制造工艺过程包含哪些子过程？从汽车生产组织需要来说明（顺序不能颠倒）。
4. 汽车零件年生产纲领是如何计算的？如何划分汽车产品和零件的生产类型？
5. 什么叫工序？如何组织与安排机械加工工序？
6. 如何区分安装、工位、工步和走刀？

第 2 章
汽车零件毛坯成形工艺及应用

 学习目标

毛坯质量好坏将影响零件的质量。毛坯的选择是零件机械设计和制造中的一个重要环节。毛坯种类的选择不仅影响毛坯的制造工艺及费用,而且也将与零件的机械加工工艺和加工质量密切相关。学习本章内容要求掌握常见铸造工艺类型及其特点以及常见锻造工艺类型及其特点。

汽车零件毛坯的成形方法有很多,其中尤以铸造为代表的液态成形、锻压为代表的固态成形以及焊接为代表的连接成形最为常见。如发动机缸体、变速箱壳体、铝制活塞与轮毂等,采用铸造毛坯并经机械加工而制成零件。汽车铸件根据铸造合金材质与相应铸造方法不同而分为铸铁件、铝合金铸件、铜合金铸件和少量小型铸钢件等。铸铁结构件主要以砂型铸造为主;铝合金、铜合金铸件多采用金属型铸造、低压铸造和压力铸造,如活塞、轮毂与汽车变速箱盖等;汽车上的风路、油路、水路管接头和三通等小型铜合金件,商用车挂钩等铸钢件,一般采用熔模铸造生产。

对于连杆、十字轴、载重车前梁、军车曲轴、齿轮等要求较高的重要零件,则采用模锻件毛坯,再经过相应热处理和机械加工制成零件。车身覆盖件与加强件、车架等直接采用冲压成形方法制成半成品或成品。

铸件、模锻件和冲压件占汽车质量的 70% 左右,因此这些汽车零件获得毛坯所用的成形方法以及所获得毛坯的质量,将直接影响汽车产品的质量和经济效益。

2.1 砂型铸造

汽车铸铁结构件可以大致分为箱体、盘类,汽车飞轮壳、桥壳及许多安保件类,发动机曲轴类等三类。如气缸体、气缸盖、变速器壳体等属于箱体、盘类,其常选用普通灰口铸铁 HT250(抗拉强度≥250MPa)铸造;汽车飞轮壳、桥壳及许多安保件类则采用铁素体基体的球墨铸铁(如 QT420-10)铸造;发动机曲轴等高强度铸件则采用珠光体基体球墨铸铁(如 QT700-02)铸造。以上采用的铸造形式一般为砂型铸造。

发动机凸轮轴一般采用冷激铸铁铸造毛坯。其凸轮表面通过安放在砂型中的成形冷铁的冷激(快速冷却)作用而形成一层耐磨性非常好的细微渗碳体组织,且轴体与凸轮中心仍然保证得到良好的高强度球墨铸铁。目前国内大型汽车制造企业汽车零件的砂型铸造都实现

了机械化与自动流水线方式生产和计算机辅助控制。

砂型铸造是用型（芯）砂制作铸型，将熔融的金属注入铸型，待其冷却、凝固后，经落砂取出铸件的方法。一个铸型只能使用一次。砂型铸造又分为湿砂型铸造、壳型铸造、组型造型铸造、自硬砂型铸造等，其共同特点是铸型由砂和黏结剂组成，适用于铸铁、铸钢、部分有色金属及其合金。由于砂型铸造可生产尺寸、质量、复杂程度不同的铸件，且生产效率高，原材料来源广，成本相对低廉，因此是应用最广泛的一种传统铸造方法。图2-1所示列举了4种形状复杂的汽车铸件。

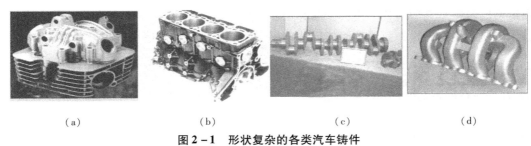

图2-1　形状复杂的各类汽车铸件

(a) 气缸头；(b) 气缸体；(c) 曲轴；(d) 排气管

砂型铸造的工艺过程主要由以下几个部分组成：造型、制芯、砂型及型芯烘干、合型、熔炼金属、浇注、落砂、清理、检验等，如图2-2所示。图2-3所示是齿轮毛坯的生产过程。在此需要指出的是，对某个具体的铸造工艺过程并不一定包括上述全部内容，如铸件无内壁时无须造芯，湿型铸造时砂型无须烘干等。

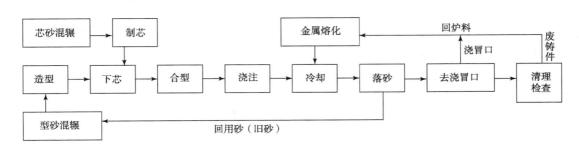

图2-2　汽车零件毛坯的砂型铸造流程

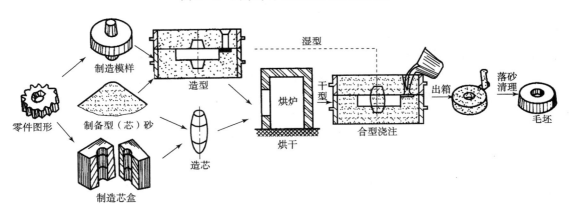

图2-3　齿轮毛坯的砂型铸造过程

1. 造型与制芯

造型是用型砂和模样制造铸型的过程，是砂型铸造中最基本的工序。按照紧实型砂的方法，造型可分为手工造型和机器造型两大类。下面详细介绍手工造型。

手工造型是用手工或手动工作的方法进行紧砂、起模的造型方法。其操作灵活，大小铸件均能采用。手工造型的方式有很多，常见的有整模造型、两箱分模造型、三箱分模造型、挖砂造型和活块造型等。

（1）整模造型。对于形状简单、最大截面为平面且在一端的铸件，可采用整模造型。整模造型的特点是造型时整个模样全部置于一个砂箱内，分型面与分模面多为同一个平面，不会出现错箱缺陷，操作简单，铸件形状、尺寸精度较高。整模造型过程如图2-4所示。

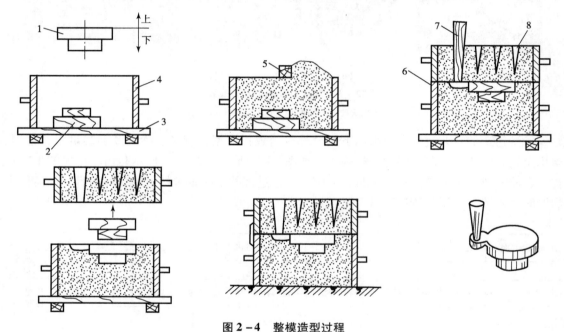

图2-4　整模造型过程

1—铸件；2—模样；3—底板；4—砂箱；5—刮板；6—记号；7—直浇道棒；8—气孔

（2）两箱分模造型。两箱分模造型适用于形状较复杂且有良好对称面的铸件（最大截面在中部）。模样从最大截面处分为两半，用销钉定位，分模面和分型面可在同一个平面内。造型时模样分别置于上、下砂箱中，分模面和分型面位置相重合。图2-5所示为两箱分模造型示意图。两箱分模造型广泛用于圆柱体、管件、阀体、套筒等形状比较复杂的铸件生产。其造型方便，应用较广，缺点是制作模样比较麻烦，若砂箱定位不准，夹持不牢，易产生错箱，影响铸件精度；且铸件沿分型面还会产生披缝，影响铸件表面质量，清理也费时。

（3）三箱分模造型。当铸件形状为两端截面大、中间截面小，如带轮、槽轮、车床四方刀架等，为了顺利起模，应采用三箱分模造型，如图2-6所示。该造型方法的特点是模样必须分开，以便从中箱内取出模样。三箱造型的关键是选配合适的中箱，中箱上下两面都是分型面，且其高度与其中模样的高度相近；造型过程复杂，生产率低，易产生错箱缺陷，故仅用于形状复杂、不能两箱造型的单件小批量生产。

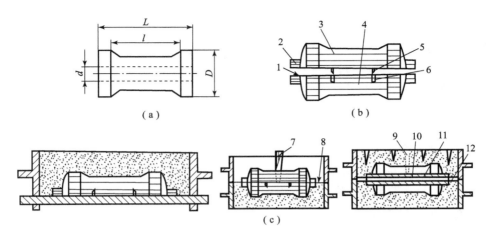

图 2-5 两箱分模造型过程

(a) 铸件；(b) 模样分成两半；(c) 造型过程

1—分型面；2—型芯头；3—上半模；4—下半模；5—销钉；6—销孔；7—直浇口棒；
8—分型面；9—浇口；10—型芯；11—型芯通气孔；12—排气道

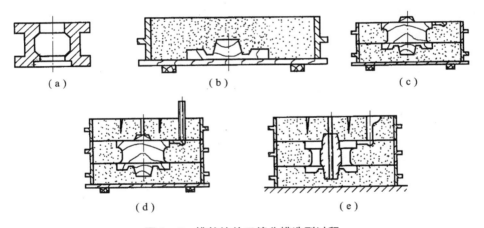

图 2-6 槽轮铸件三箱分模造型过程

(a) 铸件；(b) 造下砂型；(c) 造中砂型；(d) 造上砂型；(e) 起模、放型芯、合模

2. 浇注系统

为了使液态金属流入铸型型腔所开的一系列通道，称为浇注系统。浇注系统的作用是保证液态金属均匀、平稳地流入并充满型腔，以避免冲坏型腔；防止熔渣、砂粒或其他杂质进入型腔；调节铸件的凝固顺序或补给金属液冷凝收缩时所需要的液态金属。浇注系统是铸型的重要组成部分，若设计不合理，铸件易产生冲砂、砂眼、浇不足等缺陷。典型的浇注系统由以下几部分组成，如图 2-7 所示。

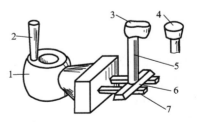

图 2-7 铸件的浇注系统

1—铸件；2—冒口；3—盆形外浇道（浇口盆）；4—漏斗形外浇道
（浇口杯）；5—直浇道；6—横浇道；7—内浇道（两个）

（1）外浇道。外浇道的作用是缓和液态金属的冲力，使其平稳地流入直浇道。

（2）直浇道。直浇道是外浇道下面一段上大下小的圆锥形通道。它具有一定的高度，使液态金属产生一定的静压力，从而使金属液能以一定的流速和压力充满型腔。

（3）横浇道。横浇道位于内浇道上方，为上小下大的梯形通道。由于横浇道比内浇道高，所以液态金属中的渣子、沙粒便浮在横浇道的顶面，从而防止产生夹渣、夹砂等。此外，横浇道还起着向内浇道分配金属液的作用。

（4）内浇道。内浇道的截面多为扁梯形，起着控制液态金属流向和流速的作用。

（5）冒口。冒口的作用是在液态金属凝固收缩时，补充液态金属，防止铸件产生缩孔缺陷。此外，冒口还起着排气和集渣的作用。冒口一般设在铸件的最高和最厚处。

3. 合型、熔炼与浇注

（1）合型。将铸型的各个组件（上型、下型、砂芯、浇口盆等）组成一个完整铸型的过程称为合型。合型时应检查铸型型腔是否清洁，型芯的安装是否准确、牢固，砂箱的定位是否准确、牢固。

（2）熔炼。通过加热使金属由固态变为液态，并通过冶金反应去除金属中的杂质，使其温度和成分达到规定要求的操作过程称为熔炼。金属液的温度过低，会使铸件产生冷隔、浇不足、气孔等缺陷；金属液的温度过高，会导致铸件总收缩量增加、吸收气体过多、黏砂等。

（3）浇注。将金属液从浇包注入铸型的操作过程，称为浇注。铸铁的浇注温度在液相线以上200℃（一般为1 250～1 470℃）。

4. 落砂、清理与检验

（1）落砂。用手工或机械使铸件与型砂（芯砂）、砂箱分开的操作过程称为落砂。浇注后，必须经过充分的凝固和冷却才能落砂。若落砂过早，铸件的冷速过快，则铸铁表面层会出现白口组织，导致切削困难；若落砂过晚，由于收缩应力大，则铸件会产生裂纹，且生产率低。

（2）清理。落砂后，用机械切割、铁锤敲击、气割等方法清除表面黏砂、型砂（芯砂）、多余金属（浇口、冒口、飞翅和氧化皮）等操作过程称为清理。铸件清理后应进行质量检查，并将合格铸件进行去应力退火。

（3）检验。铸件清理后应进行质量检验。可通过眼睛观察（或借助尖嘴锤）找出铸件的表面缺陷，如气孔、砂眼、黏砂、缩孔、浇不足、冷隔。对于铸件内部缺陷，可进行耐压试验、超声波探伤等。

5. 球墨铸铁曲轴的铸造工艺

球墨铸铁曲轴与传统的锻钢曲轴相比具有制造简便、成本低廉、吸振耐磨、对表面刻痕不敏感的优良特性，同时与轴承合金、铅青铜、钢背铝合金均有良好的匹配性。

（1）浇注、冷却位置的选择。

球墨铸铁曲轴的浇注、冷却位置常用竖浇竖冷、横浇竖冷和横浇横冷三种。

①竖浇竖冷。竖浇竖冷的冒口设在曲轴大端（法兰盘）的上方，处于最高位置，冒口内金属液的压力高，对铸件补缩有利，但难以在大批量生产的流水线上应用，且易导致铸件缺陷。目前，其主要有底注式、阶梯式和顶注式三种浇注方式，如图2-8所示。

底注式的内浇道开设在曲轴最下端,铁液在进入型腔前先经集渣包。这种浇注方式铁液充型平稳,自下而上逐渐充满,有利于型腔内的排气。但冒口内的液体金属温度低,不利于补缩,曲轴的热节处易产生缩松,如图 2-8（a）所示。

阶梯式的浇注系统充型平稳,使曲轴上部温度稍高于下部,补缩不够显著,曲轴热节处仍有缩松,如图 2-8（b）所示。

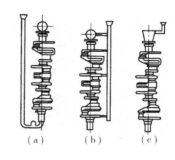

图 2-8 曲轴的竖浇竖冷
(a) 底注式；(b) 阶梯式；(c) 顶注式

顶注式的铁液经冒口由上部注入,预热了冒口砂型,铸件上部温度明显高于下部,有利于冒口的补缩效果。虽然解决了缩松问题,但铁液对型腔壁冲刷严重,造成飞溅,充型不平稳,铁液易于氧化,并带来渣孔、铁豆、冲砂等铸件缺陷,如图 2-8（c）所示。

②横浇竖冷。横浇竖冷的浇注充型平稳,铁液先经冒口进入型腔,提高了冒口内金属液的温度。浇注后,立即用湿型砂将漏斗形浇口杯堵塞,然后将铸型转 90°竖冷,如图 2-9 所示。冒口在铸件最上方,可以充分发挥补缩作用,有利于获得健全的铸件。目前大型球墨铸铁曲轴的生产仍然采用这种工艺。但横浇竖冷的操作繁重,生产率低,无法适应大批量流水生产的要求。

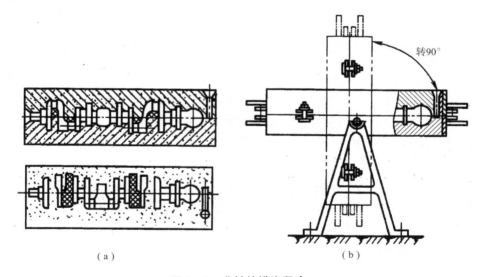

图 2-9 曲轴的横浇竖冷
(a) 铸型装配简图；(b) 实现横浇竖冷的方法

③横浇横冷。横浇横冷的铸型造型、浇注、冷却均呈水平状态,充型平稳,劳动条件好,生产率高,便于大批量生产的流水作业,如图 2-10 所示,但其冒口的补缩压力较竖冷小。

（2）铸造工艺。

铸型装配图如图 2-10 所示。其铸造工艺采用一箱两支曲轴,分型面通过 1、2 连杆颈和主轴颈轴线,第 3、4、5、6 连杆颈分别由砂芯形成以便于拔模。

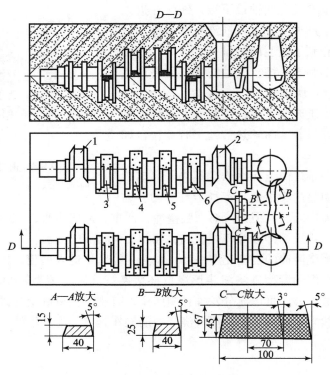

图 2-10 曲轴铸型装配图
1~6—连杆颈

砂处理一般为旧砂经过破碎、磁选、筛分、冷却,加入新材料混合成合格的型砂。主要设备有混砂机、砂冷却器、筛砂机、磁选机及机械化运输装置。造型用原材料应符合企业的铸造原材料技术标准,原材料的验收入库、存放、检验、使用等应符合企业的管理制度。

球墨铸铁曲轴的铸型紧实度高,型砂应具有较高的湿压强度和透气性,水分尽量低。

造型应根据所选用的造型设备依据企业的工艺规范进行操作。一般上型砂型硬度应>90HB,下型硬度>90HB,侧边硬度>80HB,用 B 型砂型硬度计测量。

制芯选用低 N 树脂砂。抗拉强度为 2.3~2.8MPa,有效存放时间为 3h。热芯盒混砂机可选叶片式混砂机。

浇注时铁液必须迅速充满浇口杯。浇注过程中不能断流,保证浇口杯始终充满铁液,先快后慢,收流要稳。浇注温度为 1 340~1 420℃。浇注前,用热电偶测温。一包铁液要在 12min 内浇注完毕,防止球化衰退。球化衰退抽检取样应取自浇注完末型后包内的剩余铁液。曲轴在砂型内冷却 50min,温度在 600℃以下,方可进行落砂。

2.2 其他铸造类型

2.2.1 金属型铸造

金属型铸造是在重力下将熔融金属浇入金属铸型(即金属型)中获得铸件的方法,金属型是指由金属材料制成的铸型,不能称为金属模。常用的垂直分型式金属型如图 2-11 所示,由定型和动型两个半型组成,分型面位于垂直位置,浇注时先使用两个半型合紧,待熔融金属凝固,铸件定型后,再利用简单的机构使两个半型分离,取出铸件。

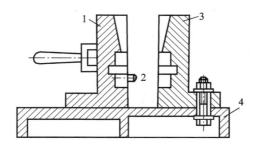

图 2-11 垂直分型式金属型铸造
1—动型;2—定位销;3—定型;4—底座

例如,汽车活塞是铝硅合金材料(硅含量一般为13%左右),采用金属型铸造成型(图2-12),即将铝合金液浇入周围实施循环水冷的金属型腔内所得到的铸件毛坯。

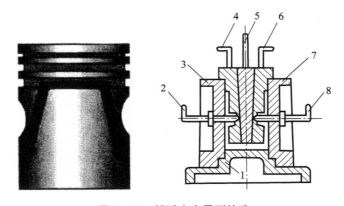

图 2-12 铝活塞金属型铸造
1—底型;2,8—销孔金属型芯;3,7—左右半型;4,5,6—分块金属型芯

此外,汽车的铝合金缸盖、进气管等常用此方法铸造。

金属型铸造实现了"一型多铸",下芯、合型比较方便,劳动条件好,克服了砂型铸造造型工作量大、占地面积大的缺点,具有铸件尺寸精度高、表面光洁、结晶组织致密、力学性能好的特点。但缺点是铸造工艺复杂,成本高。

2.2.2 压力铸造

压力铸造是将熔融金属在高压下高速充型,并在压力下凝固的铸造方法。压力铸造使用的压铸机如图2-13(a)所示,由定型、动型和压室等结构组成。首先使动型与定型合紧,用活塞将压室中的熔融金属压射到型腔,如图2-13(b)所示,凝固后打开铸型并顶出铸件,如图2-13(c)所示。

压力铸造以金属型铸造为基础,又增加了在高压下高速充型的功能,从根本上解决了金属的流动性问题。压力铸造可直接铸出零件上的各种螺纹、孔眼、齿形等。铸件的组织更细密,其强度比砂型铸造提高20%~40%,铸件质量好,其尺寸精度可达到IT13~IT11,表

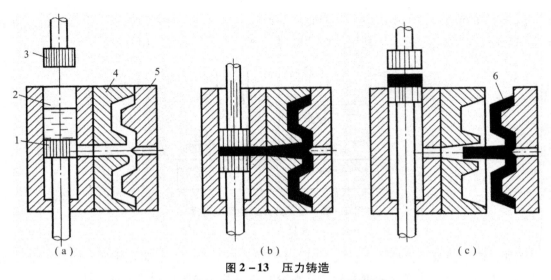

图 2-13 压力铸造
(a) 合型浇注；(b) 压射；(c) 开型顶件
1、3—活塞；2—压室；4—定型；5—动型；6—铸件

面粗糙度值为 $Ra\ 3.2 \sim 0.8\mu m$，是一种精密铸造方式，可实现少、无切屑加工。

在汽车行业中，压力铸造的零件有上百种，其中最复杂的铝压铸件为缸体、缸盖等。压铸时除了要下很多型芯之外，对铝缸体还要将铸铁缸套压铸到缸体中。

2.2.3 低压铸造

低压铸造是将铸型安置在密封的坩埚上方，坩埚内通入压缩空气，在熔融金属的表面上造成低压力（20~70kPa），使金属液压入铸型并在压力下结晶凝固的铸造方法。因其压力低，故称为低压铸造。低压铸造的工艺原理如图 2-14 所示。工作时由储气罐向保温室中送入压力为 0.01~0.08MPa 的干燥压缩空气或惰性气体，使金属液沿升液管从密封坩埚中以 10.5~10.6m/s 的速度压入铸型型腔内，将其充满后，仍保持一定的压力到型腔内金属液完全凝固。然后撤出压力，使未凝固的金属液在重力作用下流回到坩埚，保证升液管和浇口内没有凝固的金属液。最后，打开铸型取出铸件。低压铸造的铸件表面粗糙度值可达 $Ra12.5 \sim 3.2\mu m$，公差等级能满足 IT12~IT14，最小壁厚为 2~5mm。

低压铸造是介于重力铸造（靠金属液本身重力流入型腔）和压力铸造之间的一种铸造方法，它可以生产铝、镁、铜合金和少量钢制薄壁壳体类铸件，如汽车发动机的缸体和缸套，高速内燃

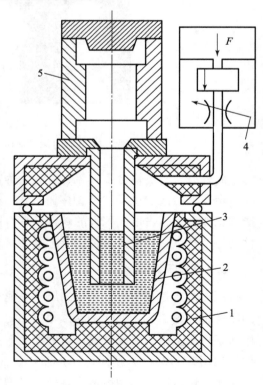

图 2-14 低压铸造工艺原理
1—保温室；2—坩埚；3—升液管；
4—储气罐；5—铸型

机的活塞、带轮、变速箱壳体等。

2.2.4 熔模铸造

熔模铸造又称为失蜡铸造，俗称精密铸造。熔模铸造工艺过程如图 2-15 所示，即先压蜡制模，在蜡模表面制壳，然后熔模流失脱水、烧结、金属熔炼浇注、凝固和铸件清理等。

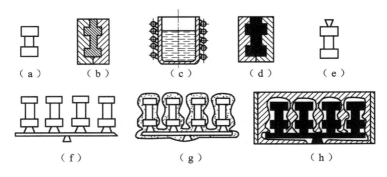

图 2-15 熔模铸造工艺过程

(a) 母模；(b) 压型；(c) 熔模；(d) 压蜡；(e) 蜡模；(f) 蜡模组合；(g) 制壳；(h) 造型、浇注

熔模铸造的特点：

①铸型是一个内空壳体，无分型面；铸件无披缝，表面光洁，尺寸精度可达 IT11～IT14，表面粗糙度值为 Ra12.5～1.6μm。

②铸造合金不受限制，任何性质的合金铸件都可以采用熔模铸造成形。

③可制造形状特别复杂且难以加工的薄壁（最小壁厚0.7mm）精密铸件，像汽车上的小型风路、油路、水路管接头与三通等小型铜合金和合金钢铸件等，一般采用熔模精密铸造生产。

熔模铸造广泛应用于汽车、拖拉机、航空、兵器等制造业，已成为少、无切屑加工中最重要的工艺方法，特别是那些具有复杂形状、难以加工的精密合金铸钢件，如商用车挂钩等，需要采用熔模铸造。

2.3 模锻

2.3.1 模锻设备与模锻特点

将坯料加热后放在上、下锻模的模腔内，施加外力，锻模模腔内的金属坯料在一次或多次承受冲击力或压力作用下，在模腔所限制的空间内产生塑性变形，被迫流动成型，从而获得与模腔形状相同的锻件，这种锻造方法称为模锻。典型模锻件如图 2-16 所示。加热好的坯料直接放在下模的模腔内，然后上、下模在分模面上进行锻打，直至上、下模在分模面上近乎接触为止。切去锻件周围的飞边，即得到所需要的锻件。

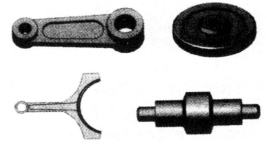

图 2-16 典型模锻件

模锻设备有模锻锤、平锻机、曲柄压力机、摩擦压力机、模锻水压机等多种,其中模锻锤应用最广泛。

模锻锤的砧座比自由锻的砧座大得多,而且砧座与锤身连成一个封闭的整体,锤头与导轨之间的配合也比自由锻精密,锤头的运动精度高,锤击时能保证上、下模对准。

模锻时上模和下模分别安装在锤头下端和砧座上的燕尾槽内,用楔形铁对准和紧固。图 2-17 所示为单模膛模锻工作示意图。

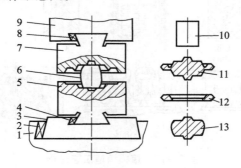

图 2-17 单模膛模锻工作示意图
1—砧座;2,4,8—楔铁;3—模座;5—下模;6,10—坯料;7—上模;9—锤头;
11—带飞边的锻件;12—切下的飞边;13—成形锻件

锻模由模具钢加工制成,具有较高的热硬性、耐磨性和耐冲击性能。模膛内与分模面垂直的面都有 5°~10°的斜度,称为模锻斜度,其作用是便利锻件出模;所有面与面之间的交角都要做成圆角,以利于金属充满模膛及防止由于应力集中使模膛开裂。

为了防止锻件尺寸不足及上下锻模冲撞,以及有利于坯料充满模膛,模锻件除考虑烧损量及冲孔损失外,还应使坯料的体积稍大于锻件。模膛的边缘也加工出容纳多余金属的飞边槽,在锻造过程中,多余的金属即存留在飞边槽内,锻后再用切边模将飞边切除。

同样,带孔的锻件不可能将孔直接锻出,而是留有一定厚度的冲孔连皮。锻后再将连皮冲除。

模锻的优点:
①模锻件尺寸相对精确,加工余量小。
②生产率高,金属变形是在模膛内进行的,锻件成形快。
③可以锻出形状比较复杂的锻件。
④操作简单,易于实现机械化和自动化生产。

模锻的缺点:
①坯料整体变形,变形抗力较大。
②模锻所需要的设备吨位较大,故锻件的质量通常受到设备吨位的限制,一般只能生产 150kg 以下的中小型锻件。

2.3.2 模锻生产过程

模锻生产过程如图 2-18 所示。

1. 绘制模锻件图

模锻件图(又称为模锻过程图)是生产过程中各个环节的指导性技术文件。在制定模

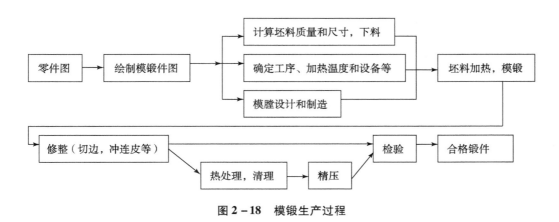

图 2-18 模锻生产过程

锻件图时应考虑的因素有：分模面、加工余量、锻件公差和敷料、模锻斜度、模锻件圆角半径等。

2. 坯料质量计算

模锻件坯料质量 = 模锻件质量 + 氧化烧损质量 + 飞边（连皮）质量。

飞边质量的多少与锻件形状和大小有关，一般可按锻件质量的 20%～25% 计算，氧化烧损按锻件质量和飞边质量总和的 3%～4% 计算。

3. 模锻工序的确定

模锻工序与锻件的形状和尺寸有关。由于每个模锻件都必须有终锻工序，所以工序的选择实际上就是制坯工序和预锻工序的确定。

4. 修整工序

由锻模模膛锻出的模锻件，尚须经过一些修整工序才能得到符合要求的锻件，修整工序如下：

（1）切边与冲孔。刚锻制成的模锻件，周边通常都带有横向飞边，对于有通孔的锻件还有连皮。飞边和连皮需用切边模和冲孔模在压力机上切除。

对于较大的模锻件和合金钢模锻件，常利用模锻后的余热立即进行切边和冲孔，其特点是：所需切断力较小，但锻件在切边和冲孔时易产生轻度的变形。对于尺寸较小的和精度要求较高的锻件，常在冷态下进行切边和冲孔，其特点是：切断后锻件切面较整齐，不易产生变形，但所需要的切断力较大。

切边模和冲孔模由凸模和凹模组成，如图 2-19 所示。切边凹模的通孔形状和锻件在分模面上的轮廓一样，而凸模工作面的形状和锻件上部外形相符。冲孔凹模作为锻件的支座，其形状做成使锻件放在模中能对准冲孔中心，冲孔后连皮从凹模孔落下。

（2）校正。在切边及其他工序中有可能引起锻件变形，因此对许多锻件特别是形状复杂的锻件，在切边（冲连皮）之后还需进行校正。校正可在锻模的终锻模膛或专门的校正模内进行。

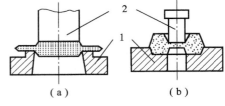

图 2-19 切边模和冲孔模
（a）切边模；（b）冲孔模
1—凹模；2—凸模

(3) 热处理。对模锻件进行热处理的目的是消除模锻件的过热组织、加工硬化组织和内应力等，使模锻件具有所需的组织和性能。热处理可用正火或退火。

(4) 清理。清理是指去除在生产过程中形成的氧化皮、所沾油污及其他表面缺陷，以提高模锻件的表面品质。清理有以下几种方法：滚筒打光、喷丸清理及酸洗等。

对于要求精度高和表面粗糙度低的模锻件，除进行上述各修整工序以外，还应在压力机上精压，如图 2-20 所示。

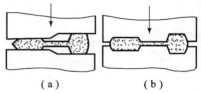

图 2-20 精压
(a) 平面精压；(b) 整体精压

2.3.3 精密模锻的应用

精密模锻可直接锻制形状复杂、表面光洁、锻后不必切削加工或少量切削加工的高精度锻件，是精化毛坯或直接获得成品零件的一种先进模锻工艺。如精锻汽车差速器行星锥齿轮零件，锻件尺寸公差可达到 ±0.02mm 以下。

1. 汽车差速器行星齿轮的精密模锻

其精锻工艺流程：下料→车（或磨）削外圆以除去表面缺陷层→加热→精密模锻→冷切边→酸洗→加热→精压→冷切边→检验。

2. 轿车连杆的精密模锻

为保证连杆锻件的精度和质量公差（对于轿车发动机连杆 ≤ ±5g），汽车发动机连杆常采用精密模锻成形（图 2-21）。

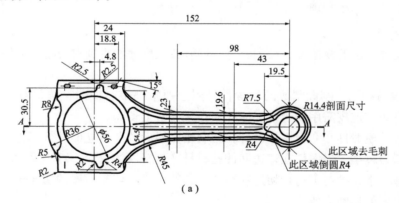

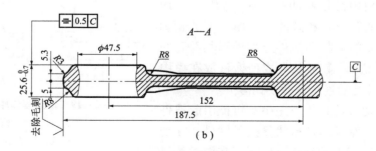

图 2-21 轿车发动机连杆精密锻件
(a) 零件图；(b) 精锻毛坯图

某轿车 1.6L 发动机连杆精锻工艺流程为：精密下料→电加热→辊锻制坯→精密模锻（预锻、终锻）→热切边→热校正→热处理→喷丸→金相组织检验→力学性能检验→探伤→精压→外观检查→称重→弯检。

2.3.4 金属辊压回转加工

1. 工艺原理、特点及其应用

金属辊压回转加工是指利用成形轧辊与轧件（金属毛坯）做相对转动（轧件回转或轧辊回转或两者都回转）的塑性加工方法，统称金属辊压回转加工，如辊锻制坯、特种轧制、辗压、辗环和旋压等。

其特点是在回转过程中使毛坯发生连续局部塑性变形，使得难以成形的环形或截面积保持不变的异形零件能够在相对回转过程中渐次变形而成形。

金属辊压回转加工可分别在加热或室温条件下进行。如辊锻制坯和特种轧制等，一般控制在锻造温度范围内成形。如钢制车轮辗压或旋压等，一般在室温下成形。

金属辊压回转加工在汽车制造中可用于加工齿轮、半轴套管、车轮等，以获得少、无切屑加工的精密锻件。辊压与轧制成形工艺技术已在 CA1040 轻型车、CA67800 轻型车及 BJ2310、BJ2815 农用车上成功应用。该新工艺比模锻工艺的材料利用率提高 20%，减少机械加工量 33%，提高生产效率 1~3 倍。

图 2-22 所示为连杆辊锻制坯现场操作情景。

图 2-22 连杆辊锻制坯现场操作情景

2. 实例

（1）后桥半轴套管的正挤与横轧成形工艺。

后桥半轴套管是变径变截面的中空管形件，不少国家采用整体模锻工艺生产，致命弱点是材料利用率很低（<35%），后续机加工量大，生产率低，制造成本高。我国自主开发的正挤与横轧中空半轴套管成型新工艺，实现了该类锻件的精化特种成形。

如图 2-23 所示，局部加热的管坯由芯模推进到由三个成形轧辊组成的回转型腔中。半轴套管的外形由轧辊成形面形成，内腔则由芯模保证。

（2）汽车从动锥齿轮辗环成形。

①工艺原理。环形毛坯在旋转的轧辊间进行辗扩的成形方法如图 2-24 所示。此工艺可

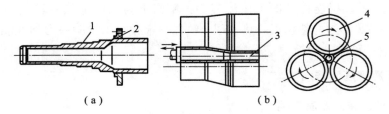

图 2-23 半轴套管正挤与横轧工艺原理图

(a) 产品结构；(b) 正挤与横轧原理

1—半轴套管；2—凸缘；3—芯模；4—成形轧辊；5—轧件

用于生产轴承内外圈、凸缘、齿轮等环形锻件。

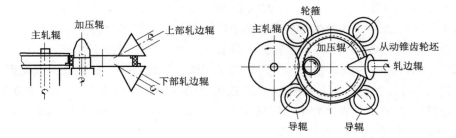

图 2-24 辗环成形工艺原理

② 汽车从动锥齿轮辗环成形工艺流程。辗环成形工艺可取代模锻工艺生产汽车从动锥齿轮坯。其工艺流程为：下料→加热→镦粗、规圆→冲孔→卡压→辗环→热处理→喷丸。

该工艺已在东风 EQ1090 型与解放 CA150P 商用车的从动锥齿轮生产中得到成功应用，不仅使材料利用率提高 15%，而且使锻件精化，减少机械加工量 25%。

 本章知识点

1. 汽车零件毛坯成形工艺的特点、方法、应用及毛坯精化途径。
2. 砂型铸造的工艺过程。
3. 金属型铸造的工艺过程。
4. 压力铸造的工艺过程。
5. 熔模铸造的工艺过程。
6. 模锻工艺过程。

 思考与习题

1. 以砂型铸造为例，说明其工艺过程是如何组成的。
2. 说明模型锻造工艺过程、生产条件及其在汽车制造中的应用。模锻件有何优点？
3. 特种铸造包括哪些主要方法？说明各种铸件毛坯精化途径与其在汽车制造中的应用。
4. 简述球墨铸铁曲轴的铸造工艺。

第 3 章

汽车车架、车轮制造工艺

学习目标

本章阐述汽车车架（骨架）结构类型及所需材料、车架纵梁冲压成形、车架横梁冲压成形、各类车轮结构、选材与制造工艺，其中有关焊接方法的知识将放到第4章车身焊装工艺中综合介绍。学习本章内容，要求了解汽车各种车架、车轮结构特点和材料选用，掌握其冲压成形方法、工艺要点与质量控制途径。

3.1 汽车车架结构及材料

下面就车架功用、结构类型及所需材料分别予以介绍。

3.1.1 车架的功用

车架俗称"大梁"，它是汽车的装配基础，汽车发动机、变速器、传动轴、前后桥和车身等绝大多数零部件、总成都要安装在车架上。

车架的功用可以概括为两点：一是支撑、连接汽车各零部件和总成；二是承受车内外各种载荷的作用。

3.1.2 车架类型和构造

车架类型主要包括：边梁式车架、中梁式车架、组（综）合式车架和无梁式车架等。目前汽车上多数采用边梁式车架和无梁式车架。下面分别予以介绍和讨论。

1. 边梁式车架

边梁式车架结构如图3-1所示，它是由两根纵梁和若干根横梁构成的平行式结构。纵梁和横梁之间常用铆接方法连接。

边梁式车架结构具有以下特点：

纵梁水平面或纵向平面内做成弯曲、等截面或非等截面梁。其结构形式：横向有前窄后宽、前宽后窄、前后等宽等三种结构，上下分为平行式结构和弯曲式结构两大类。

图3-2所示为常见各类汽车车架结构形式。图3-2（a）和图3-2（b）所示为前窄后宽纵梁；图3-2（c）~图3-2（f）四例为纵梁上下平行式结构或弯曲结构。

纵梁断面形状有：槽形、Z字形、工字形、箱形等，如图3-3所示。为了满足质量小的要求，车架具有足够的强度和刚度，以承受各种载荷。横梁多为槽形。

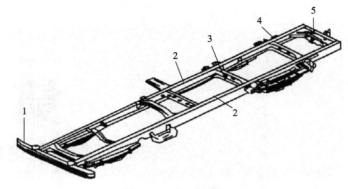

图3-1 边梁式车架
1—保险杠；2—纵梁；3—前支架横梁；4—后支架横梁；5—后横梁

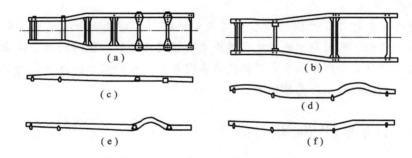

图3-2 常见汽车车架结构形式
(a)、(b)、(c) 货车车架；(d) 轿车车架；(e) 公共汽车车架；(f) 轻型货车车架

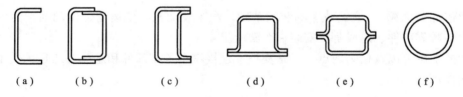

图3-3 车架纵梁的剖面形状
(a) 槽形；(b) 叠槽形1；(c) 叠槽形2；(d) 礼帽箱形；(e) 对接箱形；(f) 管形

2. 中梁式车架

如图3-4所示，中梁式车架只有一根位于中央而贯穿汽车全长的纵梁，亦称为脊骨式车架。

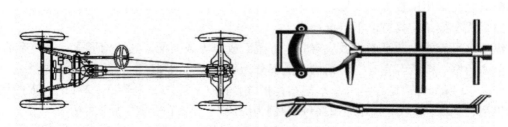

图3-4 中梁式车架

3. 组（综）合式车架

如图 3-5 所示，由边梁式和中梁式车架组合构成。组合式车架亦称为综合式车架。车架前段或后段是边梁式结构，用于后驱动桥；而安装发动机的车架中段是中梁式结构，其悬伸出来的支架可以固定车身。传动轴从中梁的中间穿过，使之密封防尘。

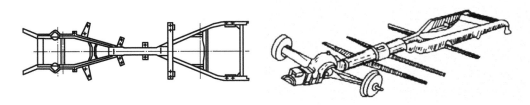

图 3-5 组（综）合式车架

4. 无梁式车架（图 3-6）

无梁式车架即用车身兼做车架。汽车所有零部件、总成都安装在车身上，载荷也由车身来承受，故称为无梁式车架或承载式车身。其特点是：车身底板用纵梁和横梁加固，车身刚度较好，质量较小，但制造要求高。目前广泛用于轿车和客车。

5. 带 X 形横梁的梯形车架（图 3-7）

为隔离发动机的振动和噪声，提高汽车舒适性，在发动机与车架之间采用了橡胶软垫，以取代原刚性连接。

为克服刚度不足，轿车车架通常在前部装置一根封闭截面大横梁（箱形截面梁或管形梁），车架中部则采用较长的 X 形横梁。

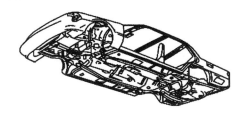

图 3-6 无梁式车架

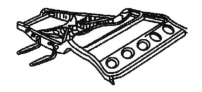

图 3-7 带 X 形横梁的梯形车架

3.1.3 车架成形对材料的要求

汽车车架常用厚钢板冲压与铆接、焊接成形。首先冲压，然后采用铆接、焊接而连接成各种不同规格的梁结构。在选择汽车车架材料时，遵循以下原则：一是满足车架使用性能即力学、物理和化学性能的要求；二是良好的冲压、焊接工艺性能；三是成本低，具有较好的经济性。

车架、车厢中板及一些用于支撑和连接的零部件，都是重要承载件，多采用厚板（6~10mm）冲压成形工艺，要求材料具有较高的强度、塑性、疲劳耐久性、碰撞能量吸收能力和良好的焊接性等。

一般选用成形性能较好的高强度钢板、超细晶粒钢板和超高强度低合金钢板。

各类车架冲压件，包括冲裁件、弯曲件、拉延件、成形件和冷挤压件等，对材料的性能要求见表3-1。

表3-1 各类冲压件工序对材料的性能要求

冲压件类型	抗拉强度/MPa	伸长率/%	硬度/HRB
平板件的冲裁	≤800	1~8	84~96
a. 冲裁 b. 大圆角（$r \geq 2t$）的直边弯曲	≤610	4~16	75~86
a. 浅拉深和成形 b. 以圆角半径（$r \geq t$）做180°垂直于轧制方向弯曲或作90°平行于轧制方向弯曲	≤420	13~27	64~74
a. 深拉延成形 b. 以小圆角半径（$r < t$）做任何方向的180°弯曲	≤370	24~36	52~64
深拉延成形	≤330	33~45	48~52

3.2 车架零件的冲压及车架总成制造工艺

前面说到，汽车车架零件的冲压，材料是厚钢板，其冲压工序主要是落料、冲孔、弯曲和成形。因为载重车大梁的纵梁等零件的尺寸大、板厚，仅要冲的孔就有100多个。因此，无论是落料还是冲孔，如果要一次性完成，那么其所需设备吨位大，模具结构复杂，安装调试麻烦，送料、工件定位和取件都非常不容易，需要引起高度重视。下面就车架零件的冲压及车架总成制造工艺加以分述。

3.2.1 车架钢板材料

汽车大梁不但要承受较大的静载荷，而且要承受一定的冲击、振动等，因此要求钢板强度好，耐疲劳，具有良好的冲压性能和冷弯性能。

目前在汽车制造中，汽车车架使用最多的是高强度低合金钢16MnL等专用厚钢板，用以制造车架纵梁和横梁等结构件。因为这种钢板具有良好的塑性加工性能、冲压性能、冷弯性能和焊接性能，强度和刚度能够满足汽车车架使用要求，故在汽车上应用很广。

3.2.2 车架（厚钢板）冲裁工艺要点

（1）落料需一次性完成，并能保证轮廓尺寸能够在后续弯曲、成形工序中准确到位。也就是说，不可能在弯曲、成形后再通过修边去获得合格的轮廓尺寸。因为毛坯是厚板，一般厚度为5~10mm，不能像薄板冲压一样最后进行修边工序。为了能够保证车架厚板零件在整个冲压过程中的轮廓尺寸准确，技术上需要对零件展开尺寸进行正确计算与试验相结合的方法来确定。

（2）毛坯在冲制多孔时，应采用阶梯凸模分布，使之刃口高度不等。在安排弯曲等成形工序时，需要将落料坯件的轮廓小端面置于凸模一侧，将其轮廓大端面置于凹模一侧，如图3-8所示。理由是，前者考虑是在保证压机一次行程中实现分组冲孔，能够减小压机瞬时负荷,尽力避免凸模折断;后者考虑是落料坯件断面上曾产生较大的不规则塌角,避免在弯曲时于塌角处形成裂纹。

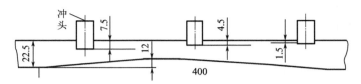

图 3-8 车架坯件在弯曲模上的放置

(3) 凸、凹模等工作零件采用镶块结构,便于模具制造与维修。凹、凸模镶块应用冷作模具钢 Cr12、Cr12MoV 等制成,要求淬火 + 低温回火后硬度保持在 56~60HRC 范围内。为降低冲裁力,可采用波浪式刃口,模架应导向性好、刚性大。

(4) 冲裁凹、凸模合理间隙的选取。合理选择凹、凸模间隙对保证冲裁质量至关重要。落料时,凹、凸模间的间隙一般取 $(0.08 \sim 0.12)t$(板厚);冲孔时,凹、凸模间隙取 $(0.05 \sim 0.08)t$。

3.2.3 车架纵梁冲压成形

车架纵梁是汽车上最长的构件。其长度不宜太长,一般情况应控制在 10m 以内。车架纵梁的冲压成形工艺流程一般为:

剪床下料→落料、冲工艺孔→弯曲→冲腹板孔→冲翼板孔→装配→油漆。

工艺孔一般是为工件在后续工序中在模具内定位用的。腹板孔和翼板孔是装配孔。

纵梁冲压工艺中值得注意的问题:

(1) 落料。车架纵梁长度长,板料厚,强度高,变形抗力大。比如 EQ1090 和 CA1091 汽车纵梁采用 16MnL 大梁钢,板厚 6mm。如果采用落料 - 冲孔复合模和模具刃口等高计算,则所需总的冲裁力约为 90 000kN。目前世界上还没有这样大吨位的压力机。

在设计纵梁落料模时,采用波浪式凹模刃口,可将冲裁力减少 2/3 左右,由此采用 40 000kN 的压力机便可将 6~8mm 厚的纵梁钢板进行整体落料。

凹模波浪式刃口的高低差为料厚的 3~3.5 倍,斜刃口与水平线的夹角为 3°~3.5°。凹模镶块的长度一般为 350~400mm。

(2) 冲孔。为降低冲孔力和防止冲孔凸模折断,应将所有一次冲制的冲头分成 3 种或 4 种高度,每种高度差为 $(2/3 \sim 1)t$(板厚)。其中直径较大的冲头长度较长,直径较小的冲头最短,如图 3-9 所示。这样可避免因退料力不均而发生小冲头折断。

对于直径大于 20mm 的冲头,可以做成波浪式刃口或斜刃口。

(3) 纵梁压弯工艺。

①为保证两翼面上孔的对称性、准确性和弯曲高度的一致性,在弯曲成形时应注意导正销的数量和位置要求。对于长度为 4.0~5.5m 的纵梁,应在腹板上

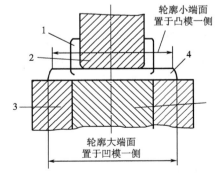

图 3-9 纵梁逐高冲孔示意图
1—工件;2—弯曲凸模;
3—弯曲凹模;4—板件;5—顶板

布置5~6个导正销孔；对于6~8m长的应布置6~8个导正销孔。

②纵梁弯曲成形后，不能有任何撕裂或裂纹。

③纵向回弹（拱曲）的防止。纵梁的弯曲属于厚料宽板弯曲，且相对弯曲半径较小，弯曲成形时要注意防止回弹与裂纹。防止纵向回弹（拱曲）的措施可以利用"反变形原理"，将凹模沿长度方向下凹，将凸模沿长度方向凸起。图3-10所示为通过纵梁弯曲模具的反变形设计来防止纵向回弹（拱曲）的实施措施。

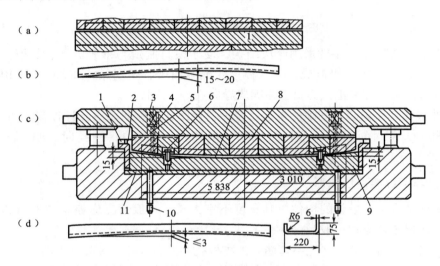

图3-10 纵梁弯曲模具的反变形设计

(a) 平面凸模；(b) 沿凸模长的变形；c) 凸起的凸模；(d) 用凸起凸模后的长度方向变形
1—角度定位样板；2—侧向定位板；3—螺钉；4—弹簧顶杆；5—顶杆；6—定位钉；7—镶块式垫板；
8—凸模镶块；9—凹模镶块；10—顶杆；11—模座垫板

3.2.4 车架横梁冲压成形

商用车车架上一般有5~11根横梁，用途和结构各不相同。不同条件的汽车横梁其结构型式变化较大。

目前，汽车车架上使用的横梁通常以槽型式和鳄鱼口式居多，如图3-11所示。槽型式横梁弯曲刚度和强度都较大，以便于制造。鳄鱼口式横梁具有较大的连接宽度，截面高度较低，可以加大下部空间。车架横梁一般是冲压成形。

1. 横梁冲压成形工艺流程

车架横梁成形过程与纵梁类似，只是长度比纵梁短得多，所需冲裁和弯曲力也相对小得多。

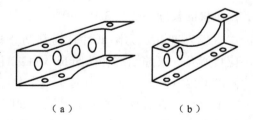

图3-11 车架横梁的结构形式
(a) 槽型式横梁；(b) 鳄鱼口式横梁

槽型式横梁工艺流程一般为：剪床下料→用模具落料、冲工艺孔→用模具压弯成形→冲腹板孔→冲孔→装配→油漆。

形状较复杂的厚板（3.5~5.0mm）横梁成形，在选用钢板质量上，不但要满足高强度的要求，而且要满足冲压成形性要求。目前国内多选用16MnL、10Ti、08Ti等材料。

3.3 车轮制造工艺

汽车车轮是汽车重要的承载件与保安件。它与轮胎组成车轮总成。它既要承受整车载荷（自重与负载）在各种地面环境条件中高速运行，又要保持足够的强度和可靠的使用寿命，以保证汽车行驶的安全。

3.3.1 汽车车轮结构概况

车轮是介于轮胎和车桥之间承受负荷的旋转组件，一般由轮毂、轮辐和轮辋所组成。轮毂通过圆锥滚子轴承套装在车桥（或半轴套管）或转向节轴颈上。轮辋也叫钢圈，用以安装轮胎，与轮胎共同承受作用在车轮上的负荷，并散发高速行驶时轮胎上产生的热量及保证车轮具有合适的断面宽度和横向刚度。图 3-12 所示为车轮断面与轮胎的装配关系。

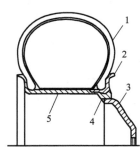

图 3-12　车轮断面与轮胎的装配关系
1—轮胎；2—挡圈；3—轮辐；
4—焊缝；5—轮辋（型钢）

从图 3-13 中可见，车轮结构中，轮辐将轮辋与轮毂连接起来。轮辋与轮辐可以是整体的（不可拆式），也可以是可拆式的。车轮按轮辐构造可分为辐板式和辐条式两种。

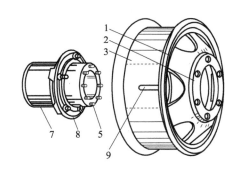 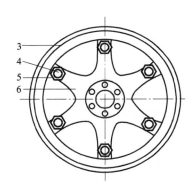

图 3-13　车轮的基本结构
1—挡圈；2—辐板；3—轮辋；4—衬块；5—螺栓；6—辐条；7—轮毂；8—凸缘；9—气门嘴孔

3.3.2 汽车车轮按材质分类

汽车车轮材料一般采用两种，即由钢板或铝合金制造，两者占 95% 的市场份额。

1. 钢制车轮

图 3-14 所示为商务车所用的一种钢制（型钢）车轮。钢制车轮在汽车车轮使用中曾长期占据主导地位。

钢制车轮成本低，安全性比铝合金车轮更具优势，故大部分载重汽车仍然使用钢制车轮。但自 20 世纪 80 年代起，钢轮市场份额逐步减小，已被铝合金所替代。钢制车轮份额快速下跌的原因有多方面的因素，首先，钢板加工成形性能和制造工艺难以做到铝合金车轮那样的结构和外形多样化。外观吸引力也是最主要的原因之一。同时，钢制车轮质量大，制造和使用上所消耗的能量比铝制车轮大得多。

2. 铝合金车轮

铝合金车轮在轿车上使用已高达 90% 以上。图 3-15 所示为两种铝合金车轮示例。铝合金车轮与钢制车轮相比，具有美观、舒适、节能、质量小等优点。由于车轮本体质量小，抓地性好，具有更精确的转向能力，提高了动作和更好的转弯性能；再者，其惯性小，改善了加速性和制动性；同时，铝合金车轮具有良好的导热性，提高了制动系统的散热性能，能够大幅度降低由高温导致的制动失灵。

图 3-14　钢制（型钢）车轮

图 3-15　铝合金车轮

除以上所述，铝合金车轮具有耐腐蚀、成形性好、减振性与平衡性好、材料利用率高等多方面的优势，符合现代汽车安全、节能、环保三大主题要求。这对降低汽车自重、减少油耗、减轻环境污染和改善操作性能具有现实意义。因此，铝合金车轮已成为当今汽车车轮的首选。

3. 镁合金车轮

镁在实用金属中密度最小，能减轻整车质量，减少油耗，其比强度高于铝合金和钢，刚度接近铝合金和钢，能够承受一定的负荷。

应用镁合金制造车轮，具有良好的铸造性能和尺寸稳定性，易加工，废品率低，能够降低生产成本。

镁合金车轮在使用中具有良好的振动阻尼系数，减振量大于铝合金，用作轮圈可以减少振动，提高汽车的安全性和舒适性。用镁合金制造车轮，是高档汽车车轮发展的趋势。

4. 复合材料车轮（塑料或碳纤维复合材料）

复合材料车轮一般用于赛车，其质量更轻，强度更高，但价格昂贵。

5. 钢铝组合车轮

钢铝组合车轮中，轮辋为普通钢制轮辋，轮辐为铸造的铝合金轮辐，二者都是经过机械加工，借助嵌件与钢的轮辋装焊而成的。它集中了钢制车轮与铝合金车轮的优点，并以其较低的价格占领了市场的一席之地。

3.3.3 钢制车轮的结构与选材

主要有两种结构形式的钢制车轮：一种是由型钢轮辋制造的车轮，主要用于商务车；另一种是由钢板直接滚压成形，多用于轿车、面包车等乘用车的车轮。

1. 钢制车轮结构

目前国内外大量采用两件式和三件式的车轮结构，如图3-16所示。其中车轮轮辋、挡圈、锁圈的生产均直接采用钢厂轧制的专用异型材料，而轮辐则用厚钢板冲压成形。

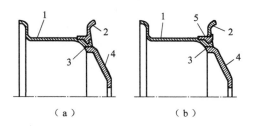

图3-16 钢制车轮的结构形式
（a）两件式结构；（b）三件式结构
1—轮辋；2—挡圈；3—焊缝；4—轮辐；5—锁圈

2. 滚型车轮结构

轮辋用钢板经滚压加工成形的车轮称为滚型车轮，如图3-17所示。

为适应装配子午线无内胎轮胎和提高乘用的舒适性，对其制造精度，如径向、侧向跳动、安装面的平面度以及气密性等均提出了比钢制车轮更为严格的要求。

图3-17 钢制滚型车轮

3. 钢制车轮选材要求

钢制车轮结构与使用性能要求高，制造中材料形变复杂，又要适应于大批量流水生产，工艺性能明显要求严格。因此，对钢制车轮的材料提出了如下要求：

（1）足够的强度和抗疲劳寿命。

（2）满足汽车轻量化发展的需要。由此，在保证足够的强度和抗疲劳寿命的前提下，用于车轮制造的专用异型钢材与滚压钢板的力学性能指标应当尽可能提高。

（3）具有良好的工艺性和可加工性，即足够的延伸率、小的变形抗力和优异的焊接性能。同时异型钢材应有较高的内在与外观质量。

目前钢制车轮材料主要有：12LW、15LW、16Mn、Q235等。

3.3.4 型钢车轮制造工艺

从前面图3-14与图3-16都可以看清，型钢车轮的轮辋、挡圈是异型断面，均采用由钢厂直接供应的型材进行弯曲成形；而轮辐成形工艺则截然不同，是用热轧钢板实施冲压成形。图3-18所示为型钢车轮轮辐的冲压（落料）现场。

图 3-18 车轮轮辐冲压现场

下面将分别就型钢轮辋成形与轮辐冲压工艺予以说明。

1. 型钢轮辋成形工艺

中、重型商用车的轮辋制造工艺流程原则上由 15 道工序完成。型钢轮辋成形工艺流程如图 3-19 所示。

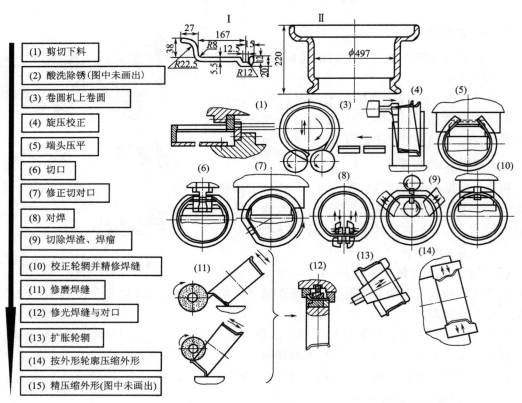

图 3-19 型钢车轮轮辋成形工艺流程

从轮辋成形工艺流程中分析,其要求是将异型断面钢板卷圆成形状、尺寸与表面质量符合要求并进行对口焊接成整体的钢圈,即型钢轮辋。这里,工艺难点是卷圆、卷圆设备、轮辋整形和内外侧焊接质量，不允许有任何裂纹、伤疤等缺陷。那么，如何从工艺与设备上使之得到高质量保证呢？

（1）卷圆。

轮辋坯料的异形断面如图 3-20 所示，其各段的厚度、刚度与形状均不相同。其中，A 段为轮辋凸缘部分，类似角钢结构，主要承受汽车行驶中轮胎侧向压力形成的循环载荷，卷圆时此段形成最困难。B 段是轮辋的直线腰部，可视为平板卷圆，容易成形；C 段为挡圈槽部分，承受弯矩较大且各处厚度不同，此段成形也较困难。

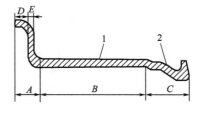

图 3-20 轮辋坯料的异形断面

1—腰部；2—挡圈槽

（2）轮辋卷圆设备。

轮辋卷圆通常在非对称排列的四轴专用卷圆机上进行。卷圆机辊轴的运动组合如图 3-21 所示。

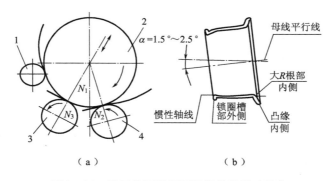

图 3-21 轮辋卷圆及辊圆机辊轮的运动组合

（a）辊轮组合；（b）用小缀角辊圆

1—从动辊；2—顶辊；3，4—底辊（主动辊）

卷圆时，顶辊和底辊的作用力使轮辋坯料产生弯曲塑性变形，其变形特点是回转、连续和局部成形，最终达到轮辋卷圆。从动辊通常设计成锥形，用以控制轮辋卷圆后的开口大小和纵向错口。

（3）轮辋整形（初压、扩胀与精压）。

由于轮辋采用锥辊导向卷圆，故经卷圆后所得到的轮辋也形成锥体，因此需要对卷圆后的轮辋进行整形，将锥体变成近似于圆筒。

整形时，首先于挡圈槽部进行圆周初压缩，最终使轮辋上下端近似相等，以保证轮辋扩胀时上下端能均匀扩胀，减少扩裂废品。

其次进行轮辋扩胀。轮辋扩胀是轮辋整形的关键，通过选择合适的扩胀模来完成，如图 3-22（a）所示，使材料发生合理塑性变形。

最后经过轮辋整体精压缩，使轮辋达到最终尺寸并使其圆度、径向与轮辋内外两侧的侧向跳动均达到技术要求。所用的模具结构如图 3-22（b）所示。

2. 冲压轮辐的制造工艺

轮辐是车轮总成中的重要构件，它与车轮总成联成一体传递转矩。冲压轮辐由厚钢板冲压成形，主要工序是落料、多次冲孔和形状修整等。

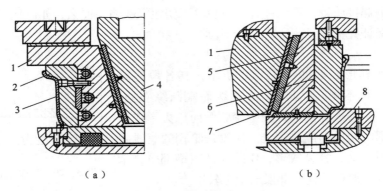

图3-22 轮辋整形模具
（a）轮辋扩胀模结构；（b）轮辋精压模结构
1—固定板；2—扩胀镶块；3—轮辋；4—锥芯；5—镶块；6—凹模镶块；7—滑板；8—凸模

冲压轮辐的工艺流程如下：

剪切下料→酸洗除锈→冲定位孔并落料→拉深→冲中心孔及螺栓孔→冲通风孔→挤压通风孔毛刺→校平轮辐底平面→车削轮辐外径→冲豁口。校平轮辐底平面、车削轮辐外径、冲豁口三道工序可视为修整工序。

冲制定位工艺孔，一般可取直径为60mm，其作用是保证中间制品在后续冲压与加工工序中的准确定位及同轴度要求。

冲制轮辐工艺孔及落料可在25 000～30 000kN压力机上用一套级进模来完成。级进模也称连续模，即在一套模具的不同工位上分别完成两道或两道以上的冲压工序。

冲压轮辐钢板厚度达 $t=8\sim14mm$，所需冲裁力较大，冲孔时需采用8 000kN以上的压力机，模具工作零件（凸模、凹模或复合工序中用到的凸、凹模）应尽可能采用波浪形刃口。轮辐冲孔落料级进模的结构如图3-23所示。

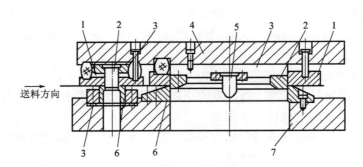

图3-23 轮辐冲孔落料级进模结构
1—退料板；2—凸模；3—固定板；4—上底板；5—导正销；6—凹模；7—下底板

3. 等强度旋压轮辐的工艺流程

等强度旋压轮辐是将板料通过强力旋压，在成形的同时还需改变轮辐壁厚，减小轮辐受力最小部位的厚度，以获得等强度结构的加工工艺。该工艺既能节省材料并简化工艺，又能使轮辐具有最佳力学性能。等强度旋压轮辐的工艺流程如下：

剪床下料→酸洗除锈→落料→强力旋压成形→滚剪修边→冲通风孔→冲中心孔→冲螺栓孔→车外圆与中心孔并倒角→扩螺栓孔并倒角。

下面对旋压成形工艺过程予以扼要说明。

如图3-24所示,将具有中心孔(一般为 $\phi 100mm$)的等厚轮辐坯料放在芯模前,让左边尾顶右向进给压紧轮辐坯料后,芯模与上下两个旋轮高速旋转(液压马达驱动)并逼近旋转的坯料,最终使材料贴住芯模而将坯料侧壁旋压到预定厚度。旋轮进给路径由机床的计算机系统自动控制。旋压零件精度较高,产品直径精度可控制在0.05mm以内。轮辐旋压到位后,由顶出器顶出工件并传送到滚剪机上进行修边。因为从送料、旋压到修边的整个成形工艺过程均由计算机控制,故生产率高,每小时可旋压加工90~120件工件。

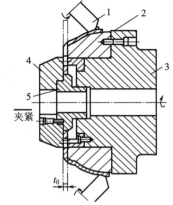

图3-24 旋压轮辐成形图
1—旋轮;2—芯模;3—主轴;
4—尾顶;5—定心块

将等强度旋压轮辐与轮辋压合,再通过 CO_2 气体保护焊焊接并电泳涂漆干燥,一个完整的车轮便得以完成。

3.3.5 滚型车轮制造工艺

滚型车轮的轮辋成形来自滚型机辊压成形,其轮辐主要由拉深与反拉深工艺成形。轮辋、轮辐分别成形合格后,将其压装到一起,通过焊接而成单个整体车轮。

滚型车轮主要用于乘用车。为适应快速安装无内胎轮胎,其制造精度远远高于型钢车轮,具有省油、耐磨、耐高温、质量小和安全性好等优势。

1. 滚型车轮轮辋的制造

(1)滚型车轮轮辋制造工艺流程。

剪条料→滚边压字→卷圆→压平→对焊→刨渣→滚压焊缝→切端头→水冷→压圆→扩口→一滚→二滚→三滚→扩张精整→冲制气门孔→压气门孔毛刺。

从上面流程可以看出,前面10道序是为了得到焊接与端头加工好的合格圆筒坯料,包括焊缝滚压和切端头。从扩口到一滚、二滚、三滚,直至扩张精整都是为了成形车轮轮辋复杂截面而所采取的关键成形工序。

(2)车轮轮辋滚型工序说明。

以下就车轮轮辋滚型原理、滚型过程、成形要求与中间制品定位等加以简单介绍。

①滚型原理。图3-25所示为单端滚型机滚型原理示意图。图3-26所示为实物。

由图3-25可见,单端滚型机有两个主动辊,上下分布,由液压马达分别驱动,反向旋转。坯料位于两主动辊间受压且定向转动。工作过程中,上辊位置固定,下辊可以垂直进给。上下辊的转速在一定程度上随外负荷的变化而变化,需要保证在上下辊间轮辋理论直径处(中性层直径)的线速度一致,以防止因

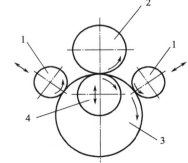

图3-25 单端滚型机滚型原理示意图
1—侧辊(从动辊);2—上辊(主动辊);
3—制件;4—下辊(主动辊)

图3-26 单端滚型机实物

线速度变化过大而造成圆角处减薄量超限。另外,两个位于坯料外且分布于主动辊两侧的侧辊,是两个从动辊,其作用是保证在上下辊垂直进给和滚型中轮辋不发生轴向窜动和摆动。

②轮辋滚型过程。由于滚型轮辋断面形状、尺寸复杂,要求严格,一般采用三次滚压成形,如图3-27所示。

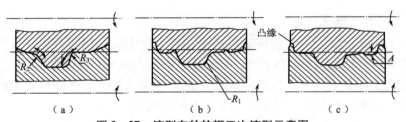

图3-27 滚型车轮轮辋三次滚型示意图
(a)一次滚型;(b)二次滚型;(c)三次滚型

(a)一次滚型。如图3-27(a)所示,滚型过程开始,主要靠上辊部位 A 向下运动挤压,使坯料金属向底槽四周流动。为使后续二次滚型不致局部变薄,在一次滚型中槽底部应多一些储料,为此上辊顶部设计出 R 形,使轮辋底部能够滚成弧形。为了使滚型过程中金属流动顺利,在上辊 R_2、R_3 处将留出一定间隙。

(b)二次滚型。如图3-27(b)所示,二次滚型将依靠一次成形后的底槽定位,成形除凸缘之外的其他部分。为防止在成形过程中局部减薄,在下辊 R_1 处要留出间隙。

(c)三次滚型。如图3-27(c)所示,以二次滚型形成的肩宽定位,成形凸缘部分。为防止成形凸缘时因金属拉动而使图中 A 处减薄,要求 A 处上下辊之间与金属料厚形成一定负间隙(即将 A 部分压紧)。

③轮辋扩胀。滚型后的轮辋需通过扩胀达到图纸技术要求。轮辋的扩胀将通过扩胀模具来实现,如图3-28所示。

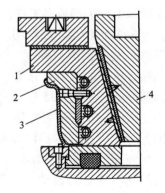

图3-28 轮辋扩胀模具
1—固定块;2—扩胀模块;3—轮辋;4—锥芯

考虑到扩胀效果和扩胀模具制造与安装难度,扩胀镶块一般由8~12块拼成。

2. 滚型车轮轮辐的制造

滚型车轮轮辐主要由板料冲压成形。其工艺流程如下:

剪切→落料→冲中心孔→反拉深→辐底镦制安装平面→修边、冲孔、翻边、冲孔、挤球面→冲通风孔→去毛刺→整形。

上述轮辐制造流程中,关键成形工序是初拉深与反拉深。

(1) 初拉深与模具结构。

图3-29所示为滚型车轮轮辐的初拉深模具。这是一副倒装拉深模,拉深凸模与压边圈位于下面,凹模位于上部。制件顶部有一个弹性顶板控制拉深高度。初拉深为一次拉深,工艺上要求压边力分布平稳,大小适当,拉深速度不宜过快。最好采用液压机拉深,拉深速度容易控制。

(2) 反拉深与模具结构。

反拉深即把初拉深所得到的轮辐中心底部进行反向拉深变形,模具闭合后的坯料成形状态如图3-30所示。

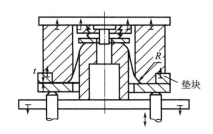

图3-29 轮辐拉深示意图

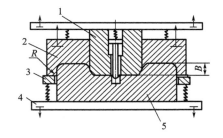

图3-30 轮辐反拉深后的模具闭合状态

1—反拉深凸模;2—上凹模;3—托模板;4—底板;5—凸模座

为保证制品反拉深时不偏移,其在模具中的定位很重要。首先在退料板上用初拉深件的外缘定位,在上模下行时再用导正销导入初拉深时冲出的中心工艺孔精确定位。

轮辐在经过两次拉深成形后,还要将桶形中间制品的辐底镦出安装平面,其不平度<0.1mm。然后再进行翻边、冲螺栓孔、挤压球面。至此,轿车或轻型货车用的滚型车轮的轮辐才能最终得以制成。

3.3.6 铝合金车轮制造工艺

前面已经指出,铝合金车轮在轿车上使用已高达90%以上。目前铝合金车轮主要有两种,即铸造铝合金车轮和锻造铝合金车轮,两者都是整体式铝合金车轮。

图3-31所示为上述两种整体式铝合金车轮范例。

(a) (b)

图3-31 整体式铝合金车轮

(a) 低压铸造;(b) 压制成形

1. 铸造铝合金车轮制造

目前，铝合金车轮铸造方法主要有低压铸造和压力铸造等。其中应用最广泛的是低压铸造，占全部产量的80%以上。压力铸造车轮性能好，但设备、模具投入大，工艺相对复杂。

低压铸造采用金属型腔，用钢铁材料加工，浇注铝合金液时，型腔内密封并抽真空，保持一定负压。铝合金液靠型腔内外压差，即负压充填型腔与保压补缩，获得完美车轮铸件毛坯。后面还要经过数控加工、电镀、抛光等。低压铸造车轮的工艺流程如下：

铸造模具清扫→模具控温→喷膜→合型→铝合金熔炼、精炼→变质处理、除气、调温→升压→充型保压→凝固→去压→松型、开模取去铸件→清理整形→初检→数控加工→电镀→抛光→检验→包装入库。

2. 锻造铝合金车轮制造

锻造铝合金车轮可以采用钢制车轮旋压或滚压等制造方法成形，但因投资大、成本高，其价格是钢制车轮的3倍还多，目前还未能大量推广。

本章知识点

1. 汽车车架的功能、类型和结构分析。
2. 车架成形对材料的要求；16MnL钢的应用特性分析。
3. 车架纵梁冲裁与断面U形弯曲工艺要点。
4. 车架横梁结构材料与冲压成形工艺。
5. 汽车车轮结构与分类；钢制车轮结构与选材；12LW钢的应用分析。
6. 型钢辊制车轮制造工艺：轮辋辊制、轮辋整形与轮辐冲压。
7. 滚型车轮制造工艺。
8. 铝合金车轮制造工艺。

思考与习题

1. 综述汽车车架的功能、类型和结构（综述，写出不少于300字的短文）。
2. 分析车架成形对材料的要求；针对车架成形要求分析16MnL钢的应用特性。
3. 阐述车架纵梁冲裁工艺要点。
4. 阐述车架纵梁断面U形弯曲工艺要点。
5. 分析车架横梁结构特点及其零件冲压成形工艺流程。
6. 分析汽车车轮结构特点；对汽车车轮结构进行分类。
7. 分析钢制车轮成形对材料的要求；针对钢制车轮成形要求分析15LW钢的应用特性。
8. 对比分析钢制车轮与铝合金车轮的使用与工艺性能；分别说明其应用与发展前景。
9. 说明型钢辊制车轮轮辋与滚型车轮轮辋的成形原理与工艺要点。
10. 综述钢制车轮各式轮辐的制造方法与工艺。
11. 阐述铝合金车轮制造工艺。

第 4 章

汽车车身制造工艺

本章介绍汽车车身制造工艺,包括冲压、焊装与涂装三大工艺。学习中,从了解轿车、客车、货车三大汽车车身结构及技术要求出发,熟悉常用金属结构材料与性能特点,熟悉汽车覆盖件的冲压成形方法与工序方案,了解相关模具结构与使用,了解车身覆盖件的拉深工艺要点。对于学习汽车车身装焊工艺,要求先行熟悉装焊程序,熟悉焊接方法及质量控制,了解设备使用,了解汽车车身装焊夹具及装焊生产线的使用。对于汽车涂装工艺,要求掌握汽车车身涂装基础知识,熟悉汽车涂装,重点了解白车身表面磷化、电泳涂装、静电喷涂和汽车车身涂装三个基本工艺体系的工艺流程与应用。

4.1 汽车车身结构

汽车车身是容纳乘客或货物的空间,也是驾驶员的工作场所。汽车车身正以多种多样的款式并持续被改进创新,不断满足安全、节油、舒适和耐用等技术要求。本章依然以结构分析、材料应用和制造工艺的思路介绍与分析各类汽车车身结构特征、材料选用及车身覆盖件的冲压、装焊与涂装工艺等内容。

尽管不同的生产厂家、不同时期对不同系列的车身结构与款式存在不同的设计理念和制造要求,但汽车发展到现在,其分类仍然不外乎轿车车身、客车车身和货车车身三大类,如图 4-1 所示。

4.1.1 轿车车身

轿车车身可按车身承载方式、外形和车身壳体结构进行分类。

1. 按车身承载方式分类

轿车车身按承载方式分为承载式车身和非承载式车身两类。

(1) 承载式车身。

承载式车身又称整体式车身,如图 4-2 所示。

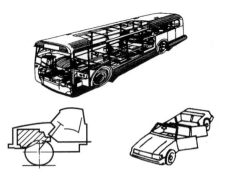

图 4-1 汽车车身结构类型

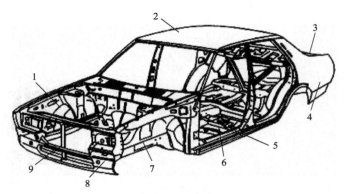

图 4-2 承载式轿车车身
1—前挡泥板；2—顶盖；3—后围板；4—后侧围板；5—底板边梁；
6—地板总成；7—前纵梁；8—前围板；9—散热器固定框

承载式车身的特点是：前、后轴之间没有连接车架，车身直接承受从地面和动力系统传来的力，其是承担全部载荷的刚性壳体。这类车身有利于减轻自身重量，使车身结构合理化和轻量化。因此，现代轿车几乎都采用承载式车身。

承载式车身之所以能够承载并保证整体有足够的刚度和强度，在于车身底板与上部车身主体装焊成了一个刚性框架，使得整个车身的各个零部件，包括底板、骨架、车顶、内外蒙皮等都程度不同地参与承载，这样车身直接承受的从地面和动力系统集中传来的力就会高度分散而作用于车身各个结构部件。

可见，承载式车身的优点是：重量轻，生产条件得到改善，适合现代化大批量生产；宜采用薄钢板冲压成形，更适合点焊和多工位自动焊接；车身结构紧凑，生产效率高；由于薄钢板冲压与焊接性能好，因此车身组焊后，焊接应力与焊接变形小，质量容易得到保证；而且，当汽车发生碰撞事故时，承载式车身对碰撞冲击能的吸收性好，相对更为安全。

但是，承载式车身也有不足之处。其主要缺点是：汽车底盘部件与车身结合部位在汽车运动载荷冲击下容易发生疲劳破坏；同时，乘客室易受到汽车底盘振动和噪声的干扰。

（2）非承载式车身。

非承载式车身又称为有车架式车身，如图 4-3 所示。其结构是车身下部有一个具有足够刚度与强度的独立车架。车身通过弹性元件支撑紧固于车架上，作用于汽车整体和内部的载荷基本上都由车架支撑承受，车身壳体几乎不承载或承载很小。

非承载式车身具有以下优势：

①良好的减振性。车身基本不承载，反作用力小；车架受弹性支撑并紧固于车身，车架与车身两者可较好地吸收或缓和来自路面的冲击，获得良好的减振效果，能够提高乘坐舒适性。

②装配工艺简化。底盘和车身实施分开装配后再总装，装配工艺简化，专业化生产水平得到提高。

③易于车身改型。因车架式车身具有独立的整车装配基础，便于汽车上各总成和部件的安装，也有利于改变车型或改装成新型车辆。

④安全性得到进一步保证。汽车一旦发生碰撞事故，车架可以对车身和乘员起到一定的保护作用。

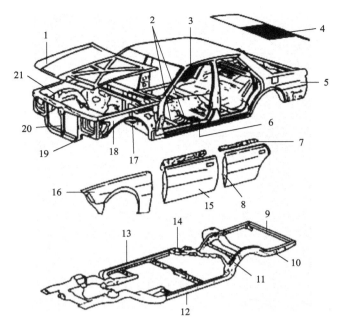

图 4-3 非承载式车身与车架

1—发动机罩；2—前底板横梁和外侧座椅支架；3—后侧轮罩内板；4—行李箱盖内板；5—后侧围板（后翼子板）；6—车门槛板和底板侧梁；7—门内侧加强板；8—门铰链侧板；9—后横梁；10，14—后边梁；11—上、下中横梁；12—内、外中边梁；13—防震梁；15—门外板；16—翼子板；17—前内隔板；18—前围板；19—水箱支架；20—发动机罩锁扣支架；21—挡泥板

非承载式车身的主要缺点是：整车质量加大；车辆承载底面提高；车架型材截面尺寸增加，需要另行购置生产车架的冲压模具与大吨位设备，汽车制造成本相对较高。

2. 按车身外形分类

轿车车身的外形，从适用上讲，主要由座椅位置与数量、车门数、顶盖要求、发动机与备胎位置等因素来确定。

（1）车身背部结构类型。

①折背式车身。折背式车身指车身背部有角折线条的车身形式，也称浮桥式或船形式车身，如图 4-4（a）所示。其主要特征是车身背部有明显的头部、中部和尾部三段，大多数都安排有两排座位。这种轿车的车门可有两门和四门两种形式。

②直背式车身。直背式车身如图 4-4（b）所示。车身背部的后风窗与行李箱连接处近似平直，比折背式更趋流线型，有利于降低空气阻力；后行李箱空间加大，又称快背式或溜背式车身。

③短背式车身。如图 4-4（c）所示，这种车身背部，特别是尾部较短，使得整车长度短，因此又称为鸭尾巴车身。它可减少车辆在行进中的偏摆，有利于提高轿车的行驶稳定性。

④舱背式车身。如图 4-4（d）所示，该车身头部，即顶盖较折背式长，后背即尾部比直背式还短，角度也小。后行李箱与后窗演变为一个整体的背部车门。这种车身亦称快背式车门。

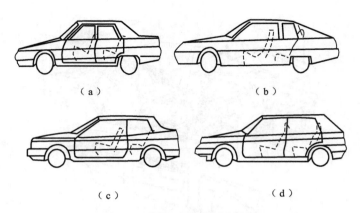

图 4-4 按车身背部结构分类

(a) 折背式车身；(b) 直背式车身；(c) 短背式车身；(d) 舱背式车身

(2) 车身厢数结构类型。

轿车按车身厢数结构可分为三厢式轿车和两厢式轿车两种。

图 4-4 (a)~(c) 所示为典型的三厢式轿车车身。典型的三厢式轿车车身为封闭的刚性结构，有四个或四个以上侧窗、两排或两排以上座位和一侧两个或两个以上车门因其发动机室、乘客室、行李箱分隔成相互独立的三段布置而得名。

图 4-4 (d) 所示为典型的两厢式轿车。其后部形状按较大的内部空间设计，因将乘客室与行李箱布置于同一段而得名。

(3) 轿车按用途及车门数分类。

轿车按用途及车门数可分为二门轿车、四门轿车，二门旅行车、四门旅行车，二门敞篷车，二门客货两用车（又称皮卡）等类型。

3. 按车身壳体结构分类

轿车车身空间具有安装发动机、装载乘客和行李的功能，其车身壳体结构可分成开式与闭式两种。

(1) 开式壳体车身。

开式壳体车身即指车壳不带顶盖的敞篷式轿车，如图 4-5 (a) 所示。

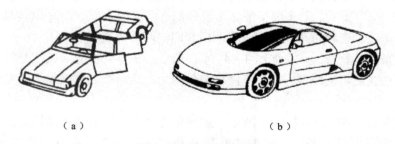

图 4-5 车身壳体结构

(a) 开式壳体车身；(b) 闭式壳体车身

(2) 闭式壳体车身。

闭式壳体车身的车壳是一个由板件构成的封闭系统，呈现出一个由板件结构所构成且近于平行的封闭六面体，如图4-5（b）所示。

4.1.2 客车车身

1. 按车身用途分类

客车按照其用途不同可分为城市客车车身、长途客车车身和旅游客车车身等结构。由于车身结构用途与要求不同，故彼此间都存在一些差别，其差别主要体现在外观和车室布置上。

（1）城市客车车身。

城市客车是指在城区内运送乘客的客车，其运行状态是站距短，乘客上下车辆频繁；结构上，车底板离地高度较小，车门较多，尺寸宽大；为了增大过道宽度和站立面积，座位分布多采用单双排座（1+2）的布置形式；车内高度相对较大；为扩大乘客视野，车顶凸度一般不大；为提高城市客车内面积利用率，目前双层客车也逐渐增多。

（2）长途客车车身。

随着高速公路建设事业的快速发展，我国长途汽车客运已经显露其竞争优势。这对长途客车的设计与制造质量提出了极为严格甚至是异常苛刻的要求。众所周知，汽车长途客运，乘客乘坐时间长，客流量相对稳定，要求清洁卫生，舒适度高。从长途客车结构要求上讲，一般只有一道乘客门，座椅布置密集。车底板下有较大的行李空间，底板离地一般高出1m以上。

另一类长途卧铺车，乘客需要在车上过夜，只安装卧铺，不设置座椅，多为双层结构且车身较长。为考虑行驶中的稳定性，车身底板离地距离较小，将适度降低重心。

（3）旅游客车车身。

旅游客车为乘客旅游、观光设计，其结构与长途客车无本质差别，但其外观、内饰要求更加豪华和讲究。旅游客车更注重旅客的舒适性，如车上附设卫生间等，需要充分考虑种种配套设施。为观光方便，乘客视野要求开阔。

2. 按车身承载形式分类

客车按车身承载形式可分为承载式、半承载式、薄壳式和非承载式四种客车车身。

（1）承载式车身。

为减轻自重并使车身结构更加合理，有些客车采用无车架承载式结构。因此，根据客车车身上下承载程度不同，可将承载式结构分为整体承载式和基础承载式两种结构。

①整体承载式车身。如图4-6所示，车身上下部结构形成统一的整体，整个车身均承载。当车身承受载荷时，各构件以强济弱，使得整个车身壳体能够达到受力稳定平衡状态。

②基础承载式车身。如图4-7所示，基础承载式车身视车身侧围腰线窗台梁以下到地板的侧壁骨架和底部结构为车身基础。车身基础是客车的主要承载件，其顶盖和窗柱均为非承载件。

基础承载式车身底架是承载基础，其纵向与横向构件可采用薄壁型钢或薄钢板冲压、焊接而成形为一种空间框架结构，高度达到0.5m左右。基于此，可充分利用车身底板下面两侧空间作为行李箱。然而因底架基础结构高度较大，所以车身底板离地距离较高，因此，这种基础承载式车身一般只用于长途客车或旅游客车。

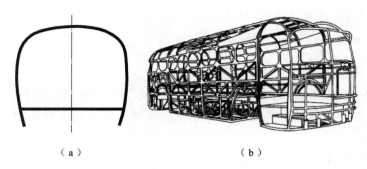

图 4-6　大客车整体承载式车身

（a）整体承载式车身示意图；（b）整体承载式大客车车身骨架结构

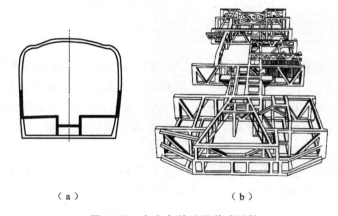

图 4-7　大客车基础承载式结构

（a）基础承载式车身示意图；（b）基础承载式大客车底架结构

除了这种车身基于底部为空间框架结构的特征之外，同时还采用了凹形地板，以提高安全性。也就是说，乘客在客车内的直通道是一条凹槽，底面低于座椅下地板平面 150mm（离地约 1.2m）。乘客立足平面（座椅下平面）与底架上平面有一个 150mm 的高度差。这样，当车辆前后和两侧遭到撞击时，乘客均处于冲压部位上方 150mm 而提高了安全性。

（2）半承载式车身。

半承载式客车车身如图 4-8 所示，车身下部与底架组成一个整体。车身骨架的立柱下端与底架纵梁两侧悬伸的横梁刚性相连。于是，车身能承担部分弯、扭载荷，故称半承载式。其目标是减小整车质量。

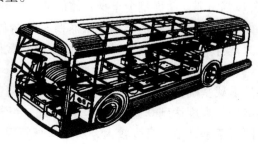

图 4-8　半承载式客车车身

(3) 薄壳式车身。

薄壳式车身又称为应力壳体式车身,是飞机机身薄壳结构的移植和运用,如图4-9所示。

薄壳式车身无独立骨架,由板块式构件构成车身整体并承担结构载荷,如顶盖、车底、侧板、后围及车身的各种加强构件等。

当然,也可以采用集骨架式结构与薄壳式车身优点于一体的复合型车身的结构形式。这类车

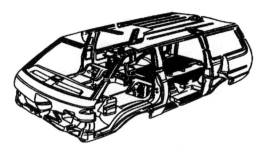

图4-9 (面包车)薄壳式车身

身通常为从第二立柱到最后立柱间采用框架式结构,而前围、后围则用薄壳式结构。

薄壳式客车车身的车底用优质钢板冲压而成,一般在覆盖件内表面都加焊了加强梁构件。车内底板与客车一样,覆盖有以隔声、绝热和密封为目标的底板装饰材料。

薄壳式车身结构广泛应用于旅行客车与微型客车。

(4) 非承载式车身。

非承载式车身由底盘车架与车身骨架连接而成。其中载荷主要由底盘车架承担,车身几乎不承载。目前国产客车大多采用此结构。

图4-10所示为悬伸梁与底横梁、车架连接的底盘车架结构。

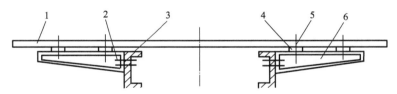

图4-10 悬伸梁与底横梁、车架连接的底盘车架结构

1—底横梁;2—车架与悬伸梁连接螺栓;3—车架纵梁;4—橡胶缓冲垫;5—底横梁与悬伸梁连接螺栓;6—悬伸梁(牛腿)

图4-11所示为车身骨架,上下两层引出局部图示为圈点处的型钢连接方式。该车身骨架直接组装在底盘车架上。车架纵梁两侧的悬伸梁(俗称牛腿),用螺栓与纵梁相连;底横梁支撑在悬伸梁上;车厢侧立柱与底横梁焊接;为弥补悬伸梁与车架纵梁上平面度的误差,缓和车身的冲击和振动,在底横梁及悬伸梁之间安装有橡胶缓冲垫。

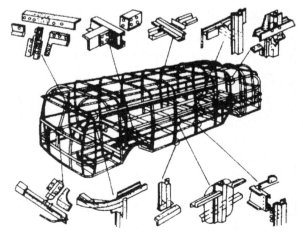

图4-11 非承载式客车车身骨架结构

4.1.3 货车车身

货车车身结构（驾驶室、货厢）相对轿车和客车要简单，可按以下方法分类。

1. 按驾驶室与发动机相对位置分类

货车发动机一般为前置，中置和后置常用于变形车，而且极为少见。

以发动机前置而言，按与驾驶室相对位置可分为长头式、短头式和平头式等形式。

（1）长头式（图4-12（a））。长头式有单独的发动机罩，发动机维修方便，汽车通过性好。其缺点是轴距与汽车总长加大，视野较差。长头式多用于中型货车。

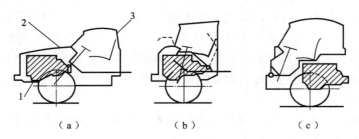

图4-12　货车车身结构类型
(a) 长头式；(b) 短头式；(c) 平头式
1—发动机；2—发动机罩；3—驾驶室

（2）短头式（图4-12（b））。短头式是将发动机的一部分置于驾驶室之前，一部分伸于驾驶室内，驾驶室内外都有发动机罩。其特点是轴距略为缩短，驾驶室内拥挤，发动机维修不太方便。

（3）平头式（图4-12（c））。平头式是驾驶室位于发动机之上，发动机罩在驾驶室内。其优点是轴距与汽车总长较短，机动性好，视野开阔，承载面积利用系数高。但是夏天驾驶室内比较闷热。由于平头式货车车身在结构上不断追求改进，其优点更加突出，现代轻型、中型、重型货车及专用（特种）汽车上的应用越来越普遍。

2. 按驾驶室与货厢的连接关系分类

货车车身几乎都属于非承载式。驾驶室、货厢与车架都采用弹性连接。按驾驶室与货厢的连接关系分为分体式和连体式两种。

（1）分体式。绝大多数货车车身属于这种形式。驾驶室、货厢与车架各成一体。驾驶室常以三点支撑在车架上，其中两点多采用弹簧或橡胶垫的浮式连接。这样，可以减少驾驶室振动和车架歪扭变形对驾驶室的影响。货厢大多为前栏板固定，侧栏板和后栏板可以翻转而构成栏板式货厢。栏板通常应用带料开卷后沿自动线自动滚压、切断、焊接与涂装而成。对于重型车辆，其货厢装载量大，特别是高边货厢，栏板几乎都用厚钢板加工并焊接而成。

（2）连体式。驾驶室与货厢连为一体，多数微型和轻型货车车身均属于此种结构形式，多采用薄壳式结构。

4.1.4 汽车车身基本构件

汽车车身主要包括车身壳体、车门、车窗、车前钣制件、车身内外装饰件和车身附件、座椅以及通风、暖气、冷气、空气调节装置等。货车和专用汽车还包括车厢和其他装备。

车身壳体是一切车身部件的安装基础,是一个刚性的空间结构。通常由纵、横梁和支柱等主要承力元件及连接钣件组成。客车车身具有骨架结构,轿车与货车驾驶室没有明显的骨架。但在制造中需要保证车身壳体具有隔声、绝热、防振、防腐和密封等功能。

车门通过铰链安装在车身壳体上,结构复杂,属于重要部件。

车身覆盖件形成容纳发动机、车轮等部件的空间。

4.2 汽车车身材料

目前所应用的汽车车身材料主要有低合金高强度钢板、铝合金、镁合金、钛合金、泡沫合金板、蜂窝夹芯复合板、工程塑料和高强度纤维复合材料等。对此,可以归结为四类,即钢板、薄钢板卷料,铝、镁、钛等轻型合金,非金属材料和其他新材料。

汽车车身主要依靠冲压与焊接装配成形。钢板,特别是薄钢板卷料(见图4-13),应用普遍,是汽车车身的主体材料。其性能特点是:强度高,塑性好,屈强比(材料屈服强度与抗拉强度之比)低,具有良好的冲压成形性能。这类适宜于冲压的钢板与薄钢板卷料一般是低合金高强度钢,如16Mn、08Al等,其焊接性能好,且为大批量生产,价格不高。对于Q235等普通碳素钢板,一般只适用于冲压形状简单的浅拉深或弯曲件。

(a) (b) (c)

图4-13 钢板与薄钢板卷料

(a) 带料;(b) 卷料;(c) 板料

1. 高强度钢板

08Al为微量合金化的低碳高强度钢板,平均含碳量在0.08%左右。加入少量Al是为了细化晶粒,抑制三次渗碳体的析出,有助于提高抗拉强度和塑性。其抗拉强度是普通低碳钢的2~3倍,深拉深性能极好,可轧制成很薄的钢板,适宜于车身覆盖件冲压,一般呈薄钢板卷料供货,是车身轻量化的重要材料。

16Mn钢是一种应用非常广泛的低合金高强度钢板,主要用于冲制各种车身加强件与骨架件。

在汽车车身制造中,高强度钢板和薄钢板卷料主要以冷轧钢板或超低碳高强度超深冲压冷轧钢板、镀锌钢板、轻量化迭层钢板等产品类型供货。根据车身构件的作用与要求不同,在各类钢板采购和使用中,需要注意以下事宜:

(1) 含磷高强度冷轧钢板的应用。含磷高强度冷轧钢板主要用于轿车蒙皮、车门、顶盖和行李箱外盖板,也用于货车驾驶室的冲压件。其特点是强度较高,比普通冷轧钢板高15%~25%,且冲压中其塑性与应变硬化指数下降甚微,同时具有良好的耐蚀性与焊接性能。

(2) 烘烤硬化冷轧钢板（BH 钢）。这种钢板经过冲压、拉深变形及烘漆烘烤热处理，屈服强度得以提高。BH 钢板既薄又有足够的强度，是车身板轻量化的首选材料。

(3) 双相冷轧钢板（DP 钢）。双相冷轧钢板组织中同时具有马氏体和铁素体两种晶体，具有连续屈服、屈强比低和加工硬化高，兼备高强度与高塑性的综合优点。经烘漆烘烤还可进一步提高强度，适用于形状复杂且要求强度高的车身材料，如车门加强板、金属保险杠等。

(4) 超低碳高强度超深冲压冷轧钢板（IF 钢）。这种材料主要用来冲压乘用车车身内外覆盖件。要求具有高强度和良好的成形性和贴模性。其合金成分与晶体结构特点是：

①超低碳，碳的质量分数不大于 0.05%。

②合金成分中加入了少量钛（Ti）或铌（Nb），促使碳、氮固定成金属化合物，改变了碳、氮呈间隙固溶原子的存在状态，因此，这种钢被称为无间隙原子钢，简称 IF 钢。

③在 IF 钢冶炼中添加适量的磷，以起固溶强化作用，即磷可以以一定的溶解度溶于铁素体中，强化铁素体基体，同时还具有较好的烘烤硬化性能。因此，这类钢现在又称为超低碳高强度烘烤硬化冷轧钢板，实现了深冲性、高强度与烘烤硬化三结合，特别适用于一些形状复杂而强度要求高的特性冲压件。

目前世界上 IF 钢的产量已达数千万吨。

IF 钢的供货品种有：镀锌 IF 钢板、热镀锌 IF 钢板、高强度 IF 钢板、镀铝 IF 钢板等。现代轿车每辆车用 IF 钢板可达几百千克，约占钢板总用量的 40%。

(5) 镀锌钢板。镀锌钢板的特点在于通过钢板表面镀锌，既美观又具有良好的耐腐蚀能力。从 20 世纪 70 年代到现在，轿车车身材料广泛采用镀锌薄钢板，主要用于车身内外板。奥迪轿车的车身部件绝大部分采用镀锌钢板（部分用铝合金板）。上海帕萨特车身的外覆盖件采用电镀锌工艺，内覆盖件内部采用热镀锌工艺。这样可让车身防腐蚀保质期长达 11 年。

(6) 轻量化迭层钢板。迭层钢板是在两层薄钢板之间压入一层塑料的复合材料。表层钢板为 0.2~0.3mm 厚；塑料层的厚度占总厚度的 25%~65%；与单层等厚钢板相比，只有其质量的 57%，而且隔热防振性能良好。这种复合钢板主要用于发动机罩、行李箱盖和车身底板等部件。

2. 铝、镁合金与钛合金

在前面第 1 章、第 3 章有关汽车发动机零件毛坯与车轮制造中，都结合产品使用要求而介绍了铝合金等材料的应用。现在就汽车车身制造中有关铝、镁、钛合金等轻型合金材料的应用进行对比分析。

与汽车钢板相比，铝合金具有密度小（$2.7g/cm^3$）、比强度高、耐腐蚀、热稳定性好、易成形、可回收再生和技术成熟等优势。德国奥迪 A2 型轿车全铝合金车身骨架和外板结构，比使用传统钢材，减重 43%；平均油耗降至每百公里 3L 的水平；车身扭转刚度提高 60%，比同类钢制车身减重 50%，深受环保人士的青睐。

采用激光束压合新工艺，可以将不同厚度的铝合金板压合或将铝合金板同钢板压合成复合板材，随之再在板材表面涂敷耐腐蚀材料，这就有力地推进了汽车轻量化并保证了良好的耐蚀性。

镁合金和钛合金都属于轻合金。镁的密度仅有 $1.8g/cm^3$，但其比强度、比刚度比铝更高，阻尼性、导热性好，电磁屏蔽能力强，尺寸稳定性更好。钛的密度为 $4.6g/cm^3$，约为钢的 60%，但其强度和表面硬度超过钢，且不容易生锈。钛合金车身零件或结构相对更轻、更坚固、更耐腐蚀。

现在铝、镁合金与钛合金车身零件与结构应用不广，不是由于性能低下或成形技术的不成熟，而是因为使用轻型合金车身零件与结构的生产成本过高，最终是一个关于性价比的科学评估问题。

3. 非金属材料

汽车车身所用非金属材料主要是工程塑料和玻璃纤维增强树脂基或碳纤维增强树脂基复合材料。

工程塑料与通用塑料相比，具有优良的力学性能、电性能、耐化学稳定性、耐热性、耐磨性和尺寸稳定性等；工程塑料比金属材料轻、成形能耗少，热塑性塑料可以回收利用；工程塑料是实现汽车轻量化和节能的良好材料。但是，塑料在阳光作用下容易出现性能老化现象。

工程塑料通常用于车身覆盖件、前围、后围、内外装饰件、散热器面罩、保险杠和车轮保护罩等。

高强度纤维复合材料是一种多相成分材料，它由有机高分子、无机非金属或树脂等原材料复合而成。玻璃纤维增强树脂基复合材料和碳纤维增强树脂基复合材料因为耐腐蚀能力强，具有良好的绝缘性和成形性，加工工艺简单，生产周期短，成本低，因此已在汽车上获得成功应用，主要用于制造轿车车身覆盖件、客车前后围和货车驾驶室等零部件。

4. 其他新材料

这里指的其他新材料是泡沫合金板、蜂窝夹芯复合板和金属基复合材料。

泡沫合金板由粉末合金烧结制成。其特点是密度小，仅为 $0.4\sim0.7g/cm^3$，弹性好，当受力压缩变形后，可凭其自身弹性恢复至原来的形状。泡沫合金的种类主要有泡沫铝合金、泡沫锌合金、泡沫锡合金和泡沫钢板材等。泡沫合金板由于特殊性能，特别是出众的低密度、良好的隔热吸振性能，深受汽车制造商的青睐。目前，用泡沫铝合金制成的零部件有发动机罩、行李箱盖等。

蜂窝夹芯复合板由两层薄面板中间夹一层厚而极轻的蜂窝板组成。根据夹芯蜂窝材料的不同，其可分为纸蜂窝、玻璃布蜂窝、玻璃纤维增强树脂蜂窝和铝蜂窝等。面板可以采用玻璃钢、塑料、铝板和钢板等材料。

金属基复合材料和非金属复合材料的结构原理一样，只是复合材料的基体是金属，用高强度纤维增强，是一种理想的高强度复合材料。当然，其生产成本比玻璃纤维增强树脂基复合材料和碳纤维增强树脂基复合材料要贵。

4.3 汽车车身覆盖件冲压工艺

4.3.1 车身覆盖件的结构与质量要求

1. 车身覆盖件的结构特点

车身覆盖件形状及尺寸有以下特点：

（1）材料薄，相对厚度小。板料厚度一般为 0.3~1.0mm，相对厚度 t/L（板厚与坯料最大长度之比）最小值可达 0.0003。

（2）轮廓尺寸大。如驾驶室顶盖的坯料尺寸可达 2800mm×2500mm。

（3）形状复杂。大多数为三维空间曲面，且形状和轮廓不规则，难以建立比较简单的数学模型或几何方程来描述。

（4）轮廓内部常带有局部孔洞、弯曲等不规则形状，如图 4-14 所示。车身覆盖件一般带有窗口、局部凸起或凹陷等形状。这些形状特征会对整个冲压件的成形带来较大影响。

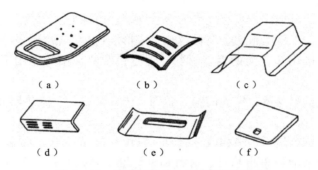

图 4-14 汽车覆盖件内部局部形状示例

2. 车身覆盖件的质量要求

（1）优异的表面质量。对于车身覆盖件，尤其是外覆盖件的可见表面，一般有严格的外观装饰性要求，不允许有任何波纹、皱纹、凹痕、擦伤、边缘拉痕等有损表面完美的缺陷；覆盖件上的装饰棱线、装饰肋条，要求清晰、平整、光滑、左右对称并过渡均匀。两个覆盖件的衔接处要求吻合一致，不允许参差不齐。

（2）较高的尺寸精度和形状精度。车身覆盖件具有较高的轮廓尺寸、孔位尺寸、局部形状尺寸等精度要求，以保证焊装或组装时的准确性和互换性，便于实现车身冲压与焊接的自动化，保证车身外观形状的一致性和观赏性。

（3）良好的结构工艺性。主要指车身覆盖件在零件形状与结构上，要求具有良好的冲压成形性、焊接装配性、操作安全性和材料利用率等。覆盖件的冲压工艺性能关键是拉深成形性能的好坏。

（4）足够的刚度。覆盖件刚度往往不够，致使汽车行驶时车身会产生振动与噪声，使覆盖件提前损坏，缩短车身使用寿命。由此必须通过塑性变形后的加工硬化和合理的结构设计来保证车身的足够刚度。

4.3.2 车身覆盖件的冲压工艺

汽车车身覆盖件由于具有不规则的空间曲面，轮廓尺寸大，板薄，刚度低，精度要求高，因此冲压成形困难。同时，其冲压模具尤为复杂，质量上容易出现回弹、起皱、拉裂、表面缺陷和平直度低等问题，需要认真加以克服。

1. 车身覆盖件成形工艺分类

为了有利于冲压成形，简化冲压工序与模具结构，根据汽车车身外形特点（主要是覆盖件本体的对称性）和拉深复杂程度，可以将各类覆盖件分为：

（1）对称型覆盖件，如水箱罩、前围板、发动机罩、行李箱罩等。
（2）不对称型覆盖件，如车门外板、车门内板、前后翼子板等。
（3）可对称成形覆盖件，如左、右前围侧板和左、右顶盖边梁等，可安排一模两件。
（4）带凸缘面的覆盖件，如车门外板。
（5）压弯覆盖件，如带风窗玻璃框的轿车顶盖、后行李箱盖板等。

需要指出的是，对于对称型或不对称型覆盖件，还可以按其拉深变形复杂程度与拉深高度分为均匀拉深与不均匀拉深或浅拉深和深拉深等。

2. 覆盖件冲压基本工序

覆盖件形状复杂，轮廓尺寸大，不可能简单地经过一两道冲压工序就制成。

覆盖件冲压成形的基本工序有落料、拉深、翻边、整形、冲孔和修边等。根据实际需要和可能，可将落料—拉深、修边—冲孔、修边—翻边或翻边—冲孔等工序复合进行。所谓工序复合，是在压力机上滑块一次行程中于模具同一工位同时完成两道以上工序。

（1）剪板和拉深。覆盖件冲压成形先从剪板和拉深开始。剪板一般通过开卷—剪板自动线上完成。拉深工序是汽车覆盖件冲压基本成形工序。覆盖件的形状主要通过板料毛坯在拉深模中拉深成形。拉深件需经过整形和修边。

（2）落料。落料工序一般安排在拉深、翻边后再进行，要通过落料才知后续拉深工序所需要的坯料形状和尺寸。因为在生产技术准备时，覆盖件形状复杂，不可能事先计算出其准确的坯料尺寸，所以必须在拉深工艺试冲成功后才能确定坯料的形状和尺寸。

（3）整形。整形工序主要是将拉深工序中尚未完全成形的覆盖件形状成形出来。其变形性质一般是胀形或局部成形，通常和修边或翻边工序一同复合完成。胀形或局部成形是保持覆盖件整体形状与尺寸不变，只是通过局部面积增大、壁厚减薄而成形局部，如压制加强筋和标牌字样等。

（4）修边。修边主要是切除拉深件上的工艺补充部分和四周边角余料。工艺补充部分仅为拉深工序所需要而增加的板料补充部位。凡是非拉深件结构本体部分，包括工艺补充面，应在拉深成形后于修边模中切除。

（5）翻边。翻边主要是根据需要将覆盖件的边缘进行翻边，一般安排在修边之后。

（6）冲孔。冲孔用以加工覆盖件上的各种孔，一般安排在拉深或翻边之后进行。若先冲孔，会造成在拉深或翻边时孔的位置、尺寸、形状发生精度变化，影响以后覆盖件的安装与连接。

3. 车身覆盖件的拉深工艺

前已说明，车身覆盖件冲压成形工序多，一般需要4~6道甚至10道以上工序才能完工。然而，又往往只希望采用一次拉深成形。因此，在车身覆盖件的拉深成形中，需要特别注意以下技术要点：

（1）拉深工艺设计要为后续工序坯料的定位创造有利条件。如图4-15所示，拉深工序充分考虑了修边时的定位要求。其中4-15（a）表示模具左边设置了工件边定位槽；如

图 4-15 (b) 所示,设计了为工件定位用的工艺孔和导正销。

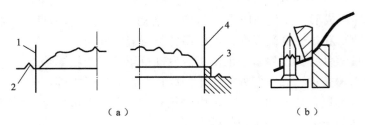

图 4-15 拉深工序为修边工序考虑的工件定位结构
(a) 翻边修边定位;(b) 工艺孔修边定位
1,4—工件切割线;2—定位槽;3—修边凹模

(2) 反向拉深的应用。对于覆盖件上与冲压方向相反的局部成形,可以通过同时采用反向拉深成形,如图 4-16 所示。但需注意,在正拉深成形时,常采用凸、凹模大圆角,使得其正拉深侧壁保持一定斜度。此时要求反拉深的深度不得超过正拉深的深度。中部反拉深部位建议采用 30°斜度的侧壁,深度≤20mm。

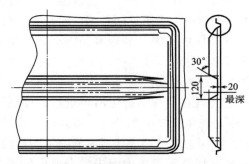

图 4-16 覆盖件的反拉深成形和减小深度等措施

(3) 非拉深工序主要靠胀形或局部成形来实现,如覆盖件上的装饰棱线、装饰肋条、装饰凹坑、加强肋、躲避包等部分结构等。为防止开裂,需要采取局部加大圆角,使成形侧壁成一定斜度。

(4) 两覆盖件间衔接与配合要求严格。即相连装饰棱线、装饰肋条、凹坑等要尽量吻合一致,光滑过渡,间隙要小,不影响外观。

(5) 覆盖件凸缘的内圆角半径的控制。其凸缘的内圆角半径一般取 8~10mm,当小于 5mm 时可增加整形工序。

(6) "成双拉深法"的应用。对于形状对称,零件尺寸又不太大的覆盖件,可采用"成双拉深法",可通过增加工艺补充而设计成一个拉深件进行整体拉深,冲压成形后再切开成两件,如图 4-17 所示。

(7) 选用冲压性能好的材料。覆盖件材料要求有良好的塑性变形能力,一般多为 08 或 08Al 等高强度镀锌钢板。

(8) 对于浅拉深件,要注意控制好回弹。

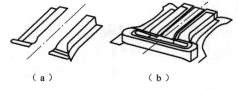

图 4-17 成双拉深的工艺补充
(a) 两产品示意图;(b) 成双拉深件示意图

4.3.3 车身覆盖件冲压工艺实例

轿车车身外覆盖件主要由门（左/右前、后门）、盖（发动机罩盖、顶盖、行李箱盖）、两翼（左/右前、后翼子板）及两侧（左/右侧围外板）等组成。这些覆盖件形状结构各有特点，其冲压成形工艺也各有不同。下面举例分述。

1. 发动机罩内板冲压

（1）结构工艺性分析。

如图 4-18 所示，发动机罩内板实际上是一个整体方形加强件，其四面梁与中间两斜弯梁都具有不同深度的曲折截面，靠中部三个三角形孔形成两斜弯梁，四面梁上分布有不少小孔。该工件将与发动机罩外板通过点焊而成发动机罩整体。

（2）工艺流程。

工艺流程为：下料（剪板或落料）→一次拉深→切边→分步冲孔→弯曲整形，如图 4-18 所示。

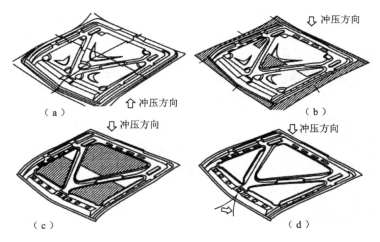

图 4-18 发动机罩内板冲压加工工艺流程
(a) 拉深；(b) 切边；(c) 冲孔；(d) 弯曲整形

2. 轿车顶盖冲压

轿车顶盖是一头弯曲并需要冲制安装玻璃孔的浅拉深件，其四周需要翻边，面积比较大，形状较简单，为典型的覆盖件。

图 4-19 所示为轿车顶盖的冲压工艺过程，即：落料→拉深、两侧切边→修边、冲孔→整形、翻边→翻边、冲孔、整形。

3. 轿车左/右侧围外板冲压

轿车左/右侧围外板是轿车车身上尺寸最大的两个覆盖件。其工艺过程为：下料并落料（1 340mm×3 175mm）→拉深→修边冲孔→翻边整形冲孔→翻边整形冲孔→修边冲孔→修边冲孔整形（图 4-20）。

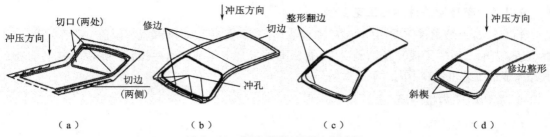

图 4-19 轿车顶盖冲压工艺过程

(a) 拉深两侧切边（2 000t 双动压机）；(b) 修边冲孔（1 000t 单动压机）；
(c) 整形翻边（1 000t 单动压机）；(d) 翻边冲孔整形（1 000t 单动压机）

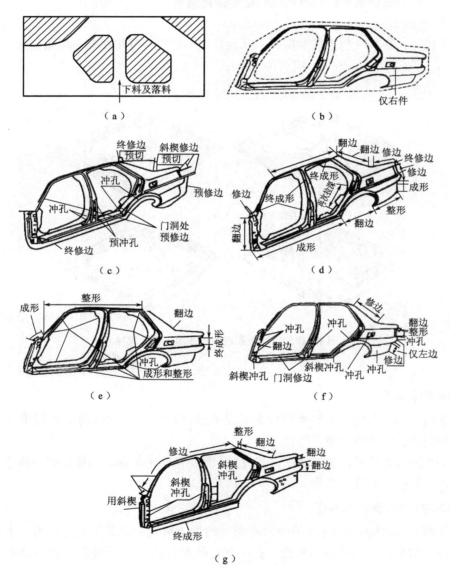

图 4-20 轿车右侧围外板冲压工艺过程

(a) 下料及落料；(b) 拉深；(c) 修边、冲孔；(d) 翻边、修边、整形；
(e) 翻边、整形、冲孔；(f) 修边、冲孔；(g) 修边、冲孔、整形

4.3.4 车身覆盖件冲压模具

车身覆盖件冲压模具主要有三种,即拉深模、修边模和翻边模。其中拉深模是直接影响汽车覆盖件成形质量和生产效率的关键。冲压模具的设计、制造和调整是汽车覆盖件冲压生产中最重要的环节之一。

1. 汽车覆盖件冲压模具特点

汽车覆盖件冲压模具与一般薄板冲压模具相比,具有以下特点:

(1) 模具形状和结构更复杂,质量大,一副轿车左/右侧围外板的拉深或翻边模具,其质量将超过20t。图4-21所示为多套汽车模具的外观。

图4-21 汽车模具外观

(2) 模具制造难度更大,精度和表面粗糙度要求更高。模具型面要求光整,棱线清晰,表面粗糙度不大于0.40μm。

(3) 一个汽车覆盖件需要数套模具配套,而且各模具间的依赖关系大。特别是成套模具投入制造时,既不能同时加工,也不能按工序顺序加工验收,而应综合考虑,合理制定整套模具的加工路线并采取统一的合理检测方法。

(4) 模具调试更加重要和复杂。汽车制造厂对大型车身覆盖件成形模具的调试,一般至少需要1~2个月的时间。要使模具达到最佳工作状态,必须制定出合适的工艺参数(如压边时的最大与最小压边力),直至获得完全合格的制件才能正式投入生产。

2. 覆盖件拉深模

覆盖件拉深模具与使用的压力机有密切关系。因拉深使用的压力机目前有单动和双动两类,所以拉深模也相应有单动和双动之分。双动拉深模具有压边力大、拉深深度深、卸料板为刚性等优点,应用更多。

(1) 单动倒装拉深模结构(图4-22)。

一般是浅拉深或形状对称的拉深件,都在单动压力机上采用单动拉深模拉深。拉深凸模安装在下工作台面上,凹模置上,故称之为倒装拉深模。

(2) 双动正装拉深模结构(图4-23)。

凸模通过固定座安装在双动压力机的内滑块上,压边圈安装在双动压力机的外滑块上,凹模位于上方。此被称为正装拉深模。压力机内、外滑块闭合高度差 $H = 350 \sim 500$mm。

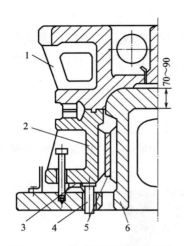
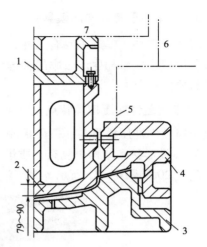

图 4-22　单动倒装拉深模结构
1—凹模；2—压料圈；3—调整块；
4—气顶柱；5—导板；6—凸模

图 4-23　双动正装拉深模结构
1—固定座；2—凸模；3—凹模；
4—压料圈；5—过渡垫板；
6—外滑块；7—内滑块

（3）覆盖件拉深模典型结构。

拉深模主要由凸模、凹模和压边圈组成。凹模有两种结构：闭口式凹模和通口式凹模，目前绝大多数采用闭口式凹模。

①闭口式拉深凹模。闭口式凹模的凹模底部是整体封闭结构（铸有下通出气口），将在凹模型腔上直接加工出型面（加强肋与凹槽等）或做成局部独立的凹模结构兼作顶出器。这种结构称为带有活动顶出器的闭口式凹模结构。图 4-24 所示为车身顶盖成形闭口式拉深凹模结构。

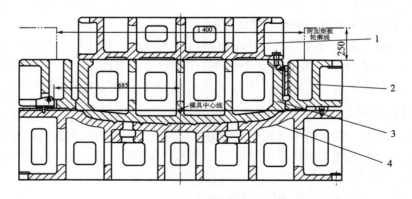

图 4-24　车身顶盖成形闭口式拉深凹模结构
1—凸模固定板；2—压料圈；3—凸模；4—凹模

②通口式拉深凹模。图 4-25 所示为带有凹模芯的通口式拉深凹模结构。通口式拉深凹模的型腔四周跟随凸模和压料圈贯通，下面加装凹模底板。通口式拉深凹模的优势体现在模具制造工艺上，便于在凹模的支撑面上划线。待凹模贯通孔加工后，可以分别依靠贯通孔和凹模型面安装凸模和顶出器实现数控或仿形加工。

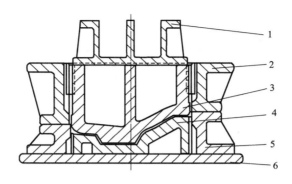

图 4-25 带有凹模芯的通口式拉深凹模结构
1—固定板；2—压料圈；3—凸模；4—凹模；5—凹模框；6—底板

（4）拉深模主要工作零件。

拉深模工作零件主要指凸模、凹模和局部成形的凸、凹模镶块等。由于车身覆盖件拉深凸模、凹模轮廓尺寸大，采用高强度模具合金铸铁，并用实型铸造方法铸造毛坯。型面加工后进行表面火焰淬火处理。

3. 覆盖件修边模

（1）覆盖件修边模的功能特征。

覆盖件修边模是用于将拉深、成形、弯曲后的工件多余边角余料及中间非结构部分切除的分离模，与普通落料模、冲孔模等冲裁模有较大的不同。修边通常在拉深成形后进行。

工件经拉深、成形、弯曲变形后，形状复杂，冲切部位可能是任意空间曲面，修边线多为较长的不规则轮廓，往往要经过多次修边才能得以完成；而且，冲压件往往有不同程度的弹性变形，通常由于弹性变形而产生较大的侧向力；再就是修边是覆盖件冲压过程的最后一道工序，必须充分保证制件轮廓与表面不受任何伤害，故对覆盖件修边模的设计制造要求很高。

（2）覆盖件修边模结构。

覆盖件修边模可分为垂直修边模、带斜楔机构的修边模和组合修边模等类型。

图4-26所示为车身覆盖件的垂直修边模典型结构。

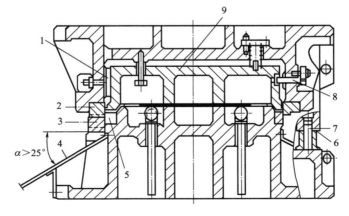

图 4-26 车身覆盖件的垂直修边模典型结构
1—导板；2—凹模镶块；3—废料切断装置；4—废料滑槽；5—凸模镶块；6—限位圈；7—导柱；8—限位器；9—顶出器

图 4-27 所示为水平斜楔修边模结构。

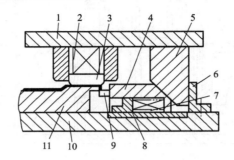

图 4-27 水平斜楔修边模结构

1—上模板；2—弹簧；3—压料板；4—从动斜楔；5—主动斜楔；6—反侧板；
7—弹簧；8—滑板；9—凸模；10—下模板；11—凹模

图 4-28 所示为两侧同时带斜楔的水平修边模和倾斜修边模。

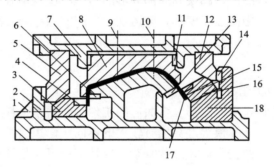

图 4-28 两侧带斜楔的水平和倾斜修边模

1，15—复位弹簧；2—下模；3，16—滑块；4，17—修边凹模；5，12—斜楔；
6，13—凸模镶块；7—上模；8—卸件器；9—弹簧；10—螺钉；11，14—防磨导板；18—背靠块

4. 覆盖件翻边模

翻边是车身覆盖件冲压成形的最后工序，翻边质量的好坏将直接影响汽车整车的装配精度和质量。翻边工序除满足覆盖件装配尺寸要求外，还能改善修边造成的变形。

（1）覆盖件翻边模的分类。

①垂直翻边模。翻边凹模刃口沿上下方向垂直运动。

②斜楔翻边模。翻边凹模刃口沿水平或倾斜方向运动，即需通过斜楔机构将压力机滑块的垂直方向运动转变为凹模刃口沿所需翻边方向运动。

③垂直斜楔翻边模。凹模刃口既有上下垂直方向运动，又有水平或倾斜方向运动。

（2）覆盖件翻边模典型结构。

覆盖件翻边通常包括轮廓外形翻边和窗口封闭内形翻边，如图 4-29 所示。

翻边特点：由于翻边边缘呈不规则立体结构，仅靠一个方向的运动来完成是不可能的，故翻边模一般由设计、制造多组沿不同方向运动的凹模组合来共同完成。各组凹模的局部结构型式也如修边模一样采用镶块式结构。

图 4-30 所示为发动机罩轮廓外形翻边凹模镶块结构。

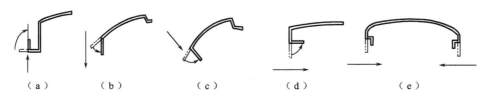

图 4-29 各种典型覆盖件翻边形式

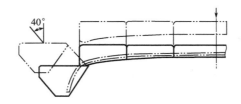

图 4-30 发动机罩轮廓外形翻边凹模镶块结构

如图 4-30 所示,采用凹模镶块式结构,左边斜镶块先翻边,下边镶块再移动翻边,避免两者发生运动干扰,并使交接处经历两次翻边成形,提高了翻边质量。

图 4-31 所示为一种覆盖件的窗口封闭内形翻边模,采用斜楔两面开花式结构。图 4-31 所示为模具闭合状态。随着压力机滑块上移,两面斜楔 1、9 带着翻边凹模 20 水平退回;中心斜楔 7 下移;活动翻边凸模 8 复位而取出工件。翻边成形与此相反。

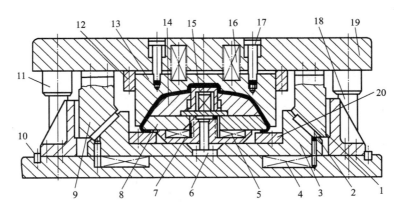

图 4-31 斜楔两面开花式翻边模结构

1、7、9—斜楔;2—滑板;3—滑块;4、5、16—弹簧;6—轴销;8—活动翻边凸模;10—键;11—导套;12—固定块;13—压件器;14—凸模座;15—定位块;17—螺钉;18—导柱;19—上模座;20—翻边凹模

图 4-32 所示为一种典型的覆盖件外形翻边凸模扩张结构示意图。

如图 4-32 所示,工件翻边特别是水平或倾斜翻边后,因翻边凸缘的妨碍,工件可能取不出来。故通常采用翻边凸模扩张结构,在翻边凹模翻边时,翻边凸模先扩张成完整的刃口形状,翻边完成后,翻边凸模再缩小,让开翻边后的工件凸缘,使工件可取出。翻边凸模扩张结构的动作将由斜楔机构来实现。

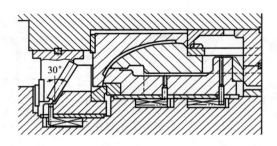

图 4-32 轿车后围上盖板轮廓外形翻边凸模镶块扩张结构

4.4 汽车车身装焊工艺

汽车车身壳体的几百种薄板冲压件，经焊接、铆接、螺纹连接或粘接而装配成完整牢靠的"白车身"。其中，焊接是薄板冲压件主要、可靠和自动化水平最高的装配方法。装焊工艺技术是汽车制造工艺的重要内容与关键技术。在此先了解白车身的装焊程序和焊接基本知识。

4.4.1 白车身的装焊程序

以轿车为例，白车身由底板、前围、后围、左右侧围、顶盖和车门等分总成组成，而各分总成又由许多冲压零件、合件和组件组成，如图4-33所示。

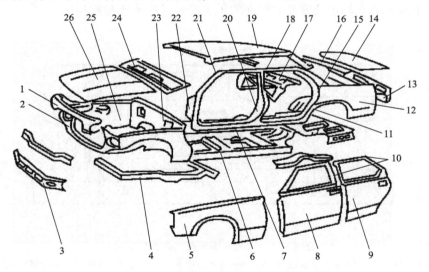

图 4-33 轿车白车身本体结构及覆盖件

1—发动机罩前支撑板；2—散热器固定框架；3—前裙板；4—前框架；5—前翼子板；6—地板总成；7—门槛；
8—前门；9—后门；10—门窗框；11—车轮挡泥板；12—后翼子板；13—后围板；14—行李箱盖；
15—后立柱（C柱）；16—后围上盖板；17—后窗台板；18—上边梁；19—顶盖；20—中立柱（B柱）；
21—前立柱（A柱）；22—前围侧板；23—前围板；24—前围上盖板；25—前挡泥板；26—发动机罩

汽车车身装焊过程的最大特色是具有明显的程序性。车身按零件位置不同，分为上、下、左、右、前、后六大部分。轿车白车身装焊的一般程序是：零件→合件→组件→分总成→总成（白车身）。图4-34为自动化生产线上用焊接机器人焊接白车身的情景。

图 4-34 自动化生产线上用焊接机器人焊接白车身

4.4.2 汽车车身焊接方法与设备

汽车车身的焊接方法主要有电阻焊、CO_2 气体保护焊和激光焊。其中电阻焊应用最多,激光焊近年来发展迅速。

1. 电阻焊

电阻焊又称接触焊,属于压力焊,是各种焊接方法中效率最高、最适合大批量汽车生产的薄板件焊接方法。电阻焊(点焊)操作与原理如图 4-35 所示。其热源来自被焊工件的接触电阻热,加压并通电后,受压接触中心形成熔核,并借助压力产生塑性变形,断电冷却形成接点或接缝。电阻焊包括点焊、缝焊和凸焊。

 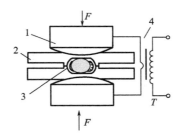

图 4-35 电阻焊(点焊)操作与原理
1—电极;2—工件;3—熔核;4—变压器

(1)点焊。

点焊是一种最具代表性的电阻焊,使用固定摇臂式、压力机式和移动式点焊机操作。

点焊具有焊接过程简单、不产生弧光、易实现机械化和自动化等优点,广泛应用于"白车身"的装焊。

①点焊过程:焊件预压→通电加热→加压焊接→断电冷却→卸压移位,如图 4-36 所示。

②点焊形式。

按供电方向不同,分为单面点焊和双面点焊。

按同时完成焊点数量多少,分为单点焊、双点焊和多点焊。

单面点焊是指用一个或多个压头(电极)压紧两块工件的一侧,而另一侧接另一个电极(或附加电极板)所进行焊接的形式,适用于厚薄不等或不能两面夹紧进行点焊的工件,如图 4-37 所示。

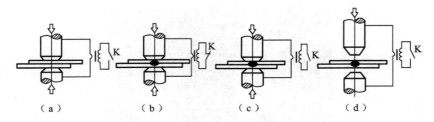

图 4-36 点焊工艺过程示意图

(a) 预压接触;(b) 通电加热;(c) 加压焊接;(d) 断电冷却、卸压

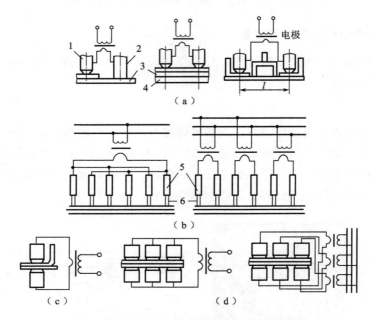

图 4-37 不同形式的单面点焊和双面点焊图

(a) 不同形式的单点焊;(b) 单面多点焊;(c) 双面单点焊;(d) 双面多点焊(一个和多个变压器)

1—压头(电极);2、6—电极;3—工件;4—多层板;5—液压缸

双面点焊是指一对或多对压头(每对各为一个电极)从两侧夹紧并完成焊接的点焊形式,如图 4-37(c)、(d)所示。双面点焊适用于能两面夹紧进行点焊的工件。

③点焊工艺质量的影响因素。

点焊结构由单个或若干个焊点连接。由于接头质量的好坏取决于焊点质量及其点距大小,故必须依靠合理的工艺条件来保证。

焊点尺寸:焊点尺寸指焊点直径 d,即焊点熔核直径,其大小对焊点质量有重要影响。

焊点间距及焊点数目:焊点间距指相邻两焊点的中心距(一般 50~60mm);焊点数目则用一定长度上的焊点数目表示。焊点数直接影响点焊板件接头的强度。间距越小,焊点越密集,接头强度越高。

点焊接头形式:常见的点焊接头形式有单剪搭接接头、双剪搭接接头、带垫片的对接接头和弯边搭接接头等,如图 4-38 所示。其中单剪搭接接头和弯边搭接接头应用最广泛。

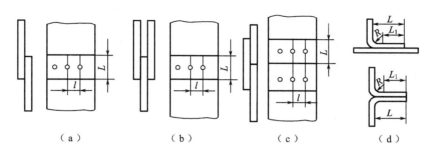

图 4-38 点焊的接头形式

(a) 单剪搭接接头；(b) 双剪搭接接头；(c) 带垫片对接接头；(d) 弯边搭接接头

点焊工艺参数：点焊工艺参数主要考虑焊点强度与通电时间的关系及焊接压力的影响。一般情况是通电时间延长时，熔核尺寸不断增大，焊点强度随之提高；但通电时间过长，反而使焊点压坑加深，接头强度降低，表面质量变坏。因此，需要按规范参数控制好通电时间。焊接压力要根据被焊材料种类、厚度和焊接工艺规范决定，大小要科学合理。

选择与确定点焊工艺规范参数的基本原则是三句话，即与材料物理性能相适应；焊接过程中不产生飞溅；满足产品结构与质量要求。

④控制车身点焊质量的措施。

车身点焊质量问题主要有：未焊透、焊穿、飞溅、压痕、缩孔及裂纹等，直接影响汽车的安全性、可靠性和使用寿命。建议采取以下措施解决：

(a) 焊件焊前表面清理。去除氧化膜及污物，焊前除尘、除油、除锈，加大表面接触电阻。

(b) 保证板件装配质量。避免车身覆盖件装配时间隙过大或板件相互位置错移。

(c) 合理选择焊点间距。在保证连接强度的条件下，焊点间距尽量大一些。

(d) 调节好不同厚度板和多层板的焊接电流。对于不同厚度板和多层板的焊接，需解决不同板厚和多层板的点焊质量问题。

比如，车身外覆盖件与内加强件焊接，外覆盖件薄，内加强件厚，各自截面通过的电流强度不一样，熔核偏向厚件，不能形成实际有效的坚固焊点。这如何解决？思路是：当点焊两个厚度不同的板件时，焊接电流等规范应该由薄的一方决定，再按厚板或平均厚度修正，使厚板电流稍微有增大。

在实际生产中，如板件厚度相差太大（超过1:3），焊点大约会在两板厚度之和的一半位置上生成，如图4-39（a）所示，此时焊点根本起不到连接作用。其解决措施是薄板一侧使用小直径电极，让厚板电极直径加大，实际是加大了厚板的散热，此时导致熔核向薄板方向移动，如4-39（b）所示。

在车身制造中，还会遇到三层板的焊接，如图4-40所示。图4-40（a）中的中间板厚，这时焊接规范由薄板决定并予以适当增大。图4-40（b）中的中间板薄，此时焊接规范由厚板决定，可以适当减小，以缩短焊接时间。

⑤车身点焊设备。

点焊机按用途可分为通用和专用两大类。通用点焊机按安装方法不同还可分为固定式、移动式或悬挂式三类。专用点焊机主要是多点点焊机。

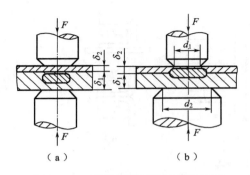

图 4-39　焊件厚度不同的点焊情况

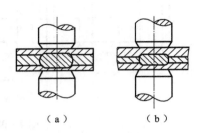

图 4-40　三层不同厚度板件的点焊情况

（a）固定式点焊机。在车身焊接中主要用来点焊接合件、分总成和一些较小的总成。焊接时焊机不动，焊完一个点后，由板件移动一个点距再焊下一个焊点。

（b）移动式或悬挂式点焊机。车身覆盖件一般外形尺寸大，刚度较差，易变形，移动不便，故在车身装焊生产线上广泛采用悬挂移动式点焊机，如图 4-41 所示。

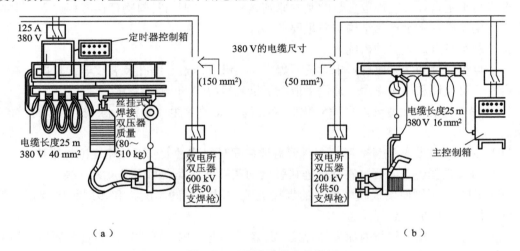

图 4-41　悬挂移动式点焊机
（a）有缆式点焊机；（b）无缆式点焊机

（2）缝焊及原理。

缝焊原理与点焊基本相同，只是以旋转的滚盘状电极替代了点焊的柱状电极，焊件置于两滚盘电极之间，靠滚盘转动带动焊件移动通以焊接电流，就会形成类似连续点焊的焊缝，图 4-42 所示为缝焊操作与原理示意图。

缝焊的焊接过程与点焊一样，也存在加压、通电加热焊接和冷却结晶三个阶段。

（3）凸焊及原理。

图 4-42　缝焊操作与原理示意图

凸焊是点焊的一种变型。其不同点在于预先在板件上加工出凸点，或利用焊件上能使电流集中的型面、倒角等作为焊接时的相互接触部位，如图 4-43 所示。焊接时靠凸点接触，提高单位面积上的压力和电流密度，有利于将板件表面氧化膜压破，使热量集中，减小分流，一次可在接头处形成一个或多个熔核，提高了生产率，减小了接头的翘曲变形。车身制造中，可将有凸点的螺母、螺钉焊在薄板上，亦称螺柱焊。

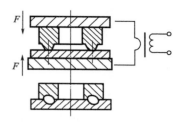

图 4-43 凸焊示意图

2. CO_2 气体保护焊

CO_2 气体保护焊以 CO_2 作为保护气体，利用焊丝与工件间产生的电弧熔化金属，焊丝作为填充金属的一种电弧焊接方法。

（1）CO_2 气体保护焊设备组成。

CO_2 气体保护焊设备主要由焊接电源、焊枪、送丝机构、供气（CO_2）系统和控制电路组成，如图 4-44 所示。

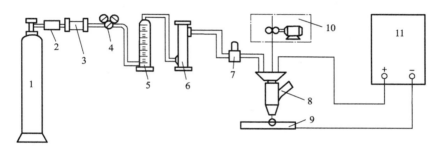

图 4-44 CO_2 气体保护焊焊接设备示意图

1—CO_2 气瓶；2—预热器；3—高压干燥器；4—减压表；5—流量计；6—低压干燥器；
7—电磁气阀；8—焊枪；9—工件；10—送丝机构；11—电源控制箱

（2）CO_2 气体保护焊的焊接过程。

如图 4-44 所示，焊丝由送丝机构送入焊枪导电嘴，进入焊接区与焊件接触并引燃电弧。此时气瓶中的 CO_2 气体经预热、干燥、减压后已提前以一定的流速由喷嘴喷出，使电弧及熔池与空气隔离，防止了空气对熔化金属的氧化作用。

焊丝不断地被熔化到焊件的熔池里，形成连续的焊缝。焊接完成后再关闭 CO_2 气体的供应。

（3）CO_2 气体保护焊的特点及应用。

CO_2 气体保护焊具有焊接质量高、适用范围广、生产率高、成本低、操作性能好、抗锈能力强、易于实现机械化和自动化等优点，在汽车车身尤其是客车车身的制造中得以广泛应用。

其不足之处在于：受风力影响大，露天作业受到一定限制；弧光和热辐射较强；不能采用交流电。

3. 激光焊

激光焊属于特种焊范畴，近年来发展迅速，尤其是在轿车车身制造中已越来越被推广应用。激光焊设备的关键是大功率激光器,主要有两大类:一类是固体激光器;另一类是气体激光器或称 CO_2 激光器。

汽车工业中,激光焊主要用于车身框架结构(如顶盖与侧面车身)焊接和零件焊接,如前挡风玻璃框架、车门内板、车身底板、中立柱、顶盖和侧围等。传统焊接方法的电阻点焊已经逐渐被激光焊接所代替。

4.4.3 汽车车身装焊夹具及装焊生产线

汽车车身是由内外覆盖件及骨架组合而成的复杂空间薄板壳体结构。车身装焊时,先将零件装焊成合件,再将合件装焊为分总成,最后将分总成装焊为车身壳体总成,这就是车身的装焊过程。

1. 车身装焊夹具

单独的冲压板件自身刚度差,需利用相应工具和装置定形、定位并夹紧,再利用焊接等方法使板件连接成整体。这些用于板件在焊接装配前定形、定位并夹紧的工具和装置通常称作装焊夹具。它有利于保证车身的装配质量、提高劳动生产率和降低工人的劳动强度。

(1) 装焊夹具的工作要求。

①装焊夹具使被焊零部件装配时获得正确的位置和可靠夹紧,保证焊件焊后能获得合格的几何形状和尺寸,并防止产生焊接变形。

②使用安全可靠。装焊夹具要求有足够的强度和刚度,使之足以承受各个方向的作用力和反作用力。

③便于施工操作。要求装焊夹具使装配和焊接过程简化,操作程序合理,工件装卸方便;定位、夹紧和松开应省力而快捷;施焊方便,便于中间质量检查。

④制造简单,维修便利。尽可能实现标准化和通用化,便于易损零部件修理或更换。

⑤低成本和低能耗。

(2) 装焊夹具的结构要求。

①适应于车身制件的准确定位与快速装夹。因为车身覆盖件多为空间曲面,形状复杂,刚性差,易变形,需要在焊接中起到形状和表面的保护作用。

②车身制件装焊时,事先需要由人或机器人逐件送入夹具,装焊完后再将已装焊成整体的车身合件或分总成从夹具中取出。夹紧机构采用手动、气动或液压的快速夹紧装置,要求操作方便,装夹时间短,能够保障快夹快松。

③由于车身总成装焊夹具(主焊台)结构复杂,结构设计、制造中,要求保证通过调整样架的使用或其他方法实施正常检验、调整和校正,以保持其形状和位置精度。

④刚度、强度好且质量较小。

(3) 装焊夹具分类。

装焊夹具种类繁多,按用途可分为以下几种:

①装配夹具。装配夹具的任务是按照车身图样与工艺要求,实现零件或部件的正确定位与夹紧,实施点固焊接(即点定焊),它不必用于完成所有焊接工作。

②焊接夹具。焊接夹具的作用是使已点固好的零部件能够顺利完成所有焊缝或焊点,具有防止焊接变形的效果,并使各种方位的焊缝或焊点能够尽可能地调整到最有利于施焊位置

的功能。

③装焊夹具。装焊夹具的作用是能够满足完成整个焊件的全部装配与焊接，兼备了装配夹具和焊接夹具两者的功能。汽车车身的大型装焊夹具一般属于装焊夹具一类。

按夹具施用对象不同可分为合件装焊夹具、分总成装焊夹具和车身总成装焊夹具。

2. 典型车身装焊夹具

（1）合件夹具。

图4-45所示为驾驶室门支柱和内盖板点焊用的两合件装焊样板夹具，用铝板制造，质量仅1.6kg，是一个简单的装焊夹具。

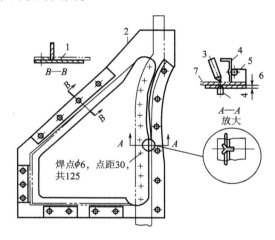

图4-45 驾驶室点焊装焊样板

1—内盖板；2—样板；3—上电板；4—门支柱；5—门限位器；6—固定座；7—内盖板

装夹时，门支柱靠其外形及限位器固定座定位，内盖板靠其三面翻边定位（双点划线表示零件轮廓与位置）。零件用手压紧，在固定式点焊机上焊接。样板中部开有与内盖板形状相似的三边形孔洞，便于点焊操作和减轻样板质量。

（2）分总成装焊夹具。

大、中型客车车身的前、后围，左、右围，顶盖及地板等六大片骨架（加强件）的装焊夹具都属于分总成装焊夹具。这种分总成装焊夹具可以在客车制造公司获得。

概括起来，这类夹具的结构具有以下特点：体积较大，结构简单；大都用工件曲面的外形定位；焊件的各梁在焊接部位必须夹紧而不可松动。夹具体几乎都是用型材焊制而成，上面布有许多螺旋夹紧器或快速铰链式夹紧器，快速铰链式夹紧器装在两铰链支座上，可以旋转并固定于任何角度，使焊接部位能够处于最方便的位置。

（3）车身总成装焊夹具。

车身总成装焊夹具尺寸大，结构复杂，精度要求高。按定位要求方式的不同可以分为一次性装配定位夹具和多次性装配定位夹具等。

①一次性装配定位夹具。车身总成主要的装焊工作是在一台总装夹具上完成，车身装焊的定位和夹紧只进行一次，易于保证车身装焊质量。由此，在实际生产中，可以根据车身生产批量，设置一台或数台同样的夹具。单台夹具则采用固定式。多台夹具可随行配置在车身装焊生产线上随生产线移动，在各个工位上分工完成车身总成装焊。这种多台夹具称为随行

夹具。图4-46所示为用于驾驶室总装配线上的随行夹具。

②多次性装配定位夹具。如果车身总成必须经过两台或两台以上不同的总装夹具才能完成装焊所有定位和焊接工序，那么每通过一台总装夹具就要使车身总成被定位一次，因此，对于不同夹具上的定位必须保证一致，符合允差要求，以减小车身装配误差。

车身总成装焊夹具制造简单，夹具数量较少，不存在水、气和电源连接问题。但是，增加定位夹紧次数，每增加一次，就将出现装配误差一次，质量稳定性随之下降。

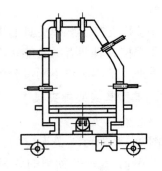

图4-46 驾驶室随行装焊夹具

多次性装配定位的总装夹具一般只适用于有骨架的驾驶室总成的装焊。

3. 辅助工具

装焊辅助工具主要包括调整样架（简称样架）和检验夹具等。

车身样架的作用是保证装焊夹具有统一、精确的定位，夹具使得各夹具和各工位的定位块具有相同的空间位置，以保证各夹具上装焊的车身具有正确而一致的形状。

车身样架用于分析车身装焊质量，校正夹具上定位元件的磨损，以便重新复制夹具。

4. 检测工具（简称检具）

车身检具的作用是检测车身零部件的装焊质量和整个车身的质量。它是对车身轮廓形状、尺寸和孔位尺寸进行检测的综合性专用检测工具，是车身装焊过程中必不可少的检测工具。其要求是具有精确、高效的功能。

5. 车身装焊生产线

对于较大批量生产的车身装配焊接，需要采用多工位流水生产线，以提高生产效率，降低经济成本。车身装焊线的基本形式主要有贯通式装焊生产线、环形装焊线（地面、地下之分）和"门框"式装焊线。

（1）贯通式装焊生产线。

贯通式装焊生产线（见图4-47）被广泛应用于汽车车身制造中，适用于专用焊机的配置和悬挂式点焊机手工操作等工艺方法。

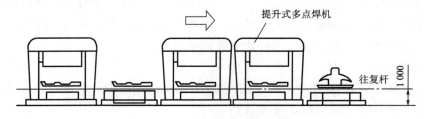

图4-47 贯通式装焊线示意图

贯通式装焊生产线的特点是：占地面积较少，所有装夹焊接定位工装都分别固定在各自工位上，运行时仅工件作前移传送；整线驱动较简单，工件靠贯通式往复杆传送；当车身横向输送时，利于分总成的机械化上下料；但只宜采用固定式夹具，不宜采用随行夹具。

贯通式装焊生产线比较适用于车身底板、车门、行李箱盖、发动机盖等轮廓形状较简单、刚性较好、结构较完整、组成零件较少的分总成的装焊。

（2）环形装焊线。

环形装焊线采用随行夹具，工件装夹在随行夹具上一起前移传送，依次完成各个工位的装焊，待全部装焊工作结束后，工件已具有一定的刚性，工件吊离随行夹具，空的随行夹具返回原处待用。其特点及应用是：工位越多，随行夹具数量就越多，投资大；工件装焊质量能够得到保证；较适用于工件刚性较差、组成零件数较多（如前围板等），特别是尺寸精度要求较严格的部件、总成等的装焊。

①地面环形装焊线。

如图4-48所示，装焊结束后随行夹具从地面环线返回，故占地面积较大，但整线传动机构简单，通过链条带动拨杆运动，拨杆再推动大链条做地面环行，从而带动小车运行。

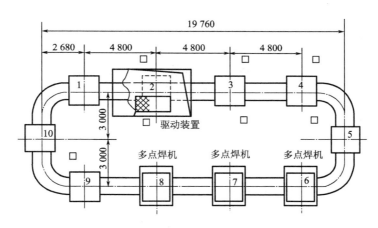

图4-48 地面环形装焊夹示意图

②地下环形装焊线。

如图4-49所示，随行夹具在最后一个工位通过升降机构降到地下，地面以下的地坑里走完空行程，再通过端部的升降装置从地坑返回初始位置的第一个工位后，开始进行下一个工件的装焊。

地下环形装焊线占地面积较小，有利于采用随行夹具，但其夹具和升降机构较复杂，且地坑地沟的建筑工程量大。

（3）"门框"式装焊线。

图4-50所示为一种比较先进的"门框"式环行装焊线。其特点是，厂房面积利用较合理，无须在左右侧围分总成的中间留出存放面积；效率高，成本低，生产柔性较强。

图4-50中车身主总成装焊线Q的两旁分布有左、右侧围的分总成装焊线C、D，它们实为两条闭式循环悬链。悬链下悬吊着一定数量的"门框"，一个"门框"实际就是一台悬吊式的装焊随行夹具。E、F分别表示上述左右侧围板总成"门框"。装焊线中，每一个方块A代表一台随行夹具。

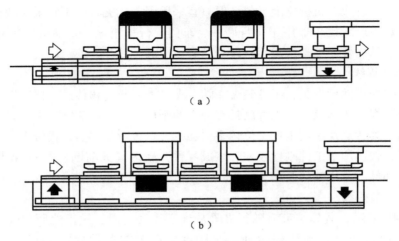

图 4-49 地下环形装焊线示意图
(a) 采用提升式多点焊机；(b) 采用托起式多点焊机

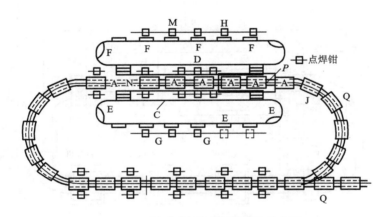

图 4-50 "门框"式环行装焊线示意图

两旁左右侧围分总成"门框"（装焊随行夹具）中，两循环悬链外段 H、G 是左右侧围板总成装焊工位；J 为主总成装焊线 Q 的底板，底板 J 各自带着总成装入相应的车身随行夹具内。主总成装焊线前方 M 所指是左右侧围"门框"夹具连同左右侧围总成上线与车身的随行合装夹具。N 表示车身主总成已经吊开，使得左右侧围板"门框"夹具与车身环行线脱离。实际在 N 工位上，"门框"夹具已经轮空。

这里，需要说明一下"门框"式环行装焊线的车身装焊运行状况。如图 4-50 所示，先在两循环悬链外段 H、G 处依次将车身左右侧围零件装入吊架"门框"的随行夹具内，待其定位夹紧后，各工位使用悬吊式点焊钳实施左右侧围分总成的焊装。侧围分总成装焊好后由 C、D 悬链传送到 P 点与车身环形随行夹具合装，经过若干焊接工位，把左右侧围分总成焊接于车身底板上并放开左右"门框"夹具。空的"门框"随行夹具通过环行回位到 N 点，随即与车身随行夹具脱离，由悬链送回其装焊起始位置。车身随行夹具带着焊有左右侧围分总成的车身底板继续前行。车身总成经过一系列装焊工位后下线。

4.5 汽车车身涂装工艺

汽车车身涂装指将涂料均匀涂覆在车身覆盖件表面并干燥成膜的工艺。车身涂料的涂膜，具有坚韧耐磨、附着力强、颜色多样和防锈、防腐、耐酸、耐潮湿、耐高温等性能；有的还具有防振、消声、隔热的效果；对汽车车身起着重要的保护作用和装饰作用，能大大提高汽车车身的使用寿命和汽车的使用效果。

4.5.1 汽车车身涂装基础知识

1. 汽车车身涂装的基本概念

（1）涂装的概念。

涂装是指将涂料均匀涂覆在车身覆盖件表面并干燥成膜的工艺过程。

（2）涂装的功能。

涂装应该具备的功能包括保护、装饰和防腐蚀等特种功能。20世纪90年代以前，汽车涂装的重点研究对象是汽车车身防腐蚀。德国大众防腐蚀功能指标是要求3年无表面锈蚀，12年无穿孔锈蚀；美国防腐蚀功能指标是要求8年无结构锈蚀。

20世纪90年代以后重点研究的是汽车车身的装饰性。

（3）涂装三要素。

整个涂膜的质量取决于所用涂装材料（包括前处理药液、涂料等）、涂装工艺和涂装管理。三者相互关联，相互影响，常称涂装三要素。

①涂装材料。在涂装过程中，材料的性能对涂层质量起着重要的作用。材料的质量和配套性是获得汽车车身优质涂层的基本条件。

②涂装工艺。涂装工艺是充分发挥涂装材料性能，以获得优质涂层、降低涂装生产成本和提高经济效益的必要条件。

③涂装管理。涂装管理是对涂层质量的保证，是确保涂装工艺实施、涂装设备正常发挥作用所必需的管理。

2. 车身涂料

（1）性能要求。

根据汽车特殊使用条件及高效率、大批量的流水作业要求，汽车涂料应满足下列要求：

①漂亮的外观效果。汽车车身表面漆膜丰满，光泽柔和华丽，鲜艳性好，色彩多样是现代汽车涂装的发展潮流。当代轿车车身多使用金属闪光涂料和含有云母珠光颜料的涂料。这样就使得从外观看去，能够更加赏心悦目，给人以美感的享受。

②优异的耐候性、耐腐蚀性和漆膜寿命。汽车车身涂装要求在各种气候条件下保持"七不"，即不失光、不变色、不起泡、不开裂、不脱落、不粉化和不锈蚀。要求漆膜的使用寿命不低于汽车本身的寿命，一般应保持在10年以上。

③施工性和配套性良好。汽车车身采用多层涂装；各涂层间要求附着力好，无缺陷；能满足现代化涂装流水线生产的需要。

④力学性能优良。汽车车身在漆膜力学性能方面要求具有良好的附着力、坚韧耐冲击和一定的耐弯曲、耐划伤、耐摩擦等性能。

⑤耐擦洗性和耐污性好。在耐擦洗性和耐污性方面要求具有耐毛刷、肥皂和清洗剂清洗的表现,与其他常见的污渍接触后不残留痕迹。

⑥具有可修补性和良好的经济性。

(2) 车身用涂料组成。

涂料一般由基料、添加剂和辅助剂三部分组成。

①基料。基料(漆基)为漆膜主要成膜物质,是使涂料黏附在制件表面上成为涂膜的物质,也称固着剂,是构成涂料的基础。目前汽车车身涂料广泛应用油料和树脂两类基料。

以油料作为主要成膜物质(基料)的涂料,称为油性涂料或油性漆,如以桐油和天然树脂合用为主的成膜涂料,即油性涂料或油性漆。以树脂作为主要成膜物质(基料)的涂料,称为树脂涂料或树脂漆。例如,应用酚醛树脂或改性酚醛树脂作为基料,即主要成膜物质,市场上称为酚醛树脂涂料或酚醛树脂漆。

②添加剂。添加剂也称次要成膜物质,为了给予涂膜一定的遮盖力和着色力,增加涂膜厚度,需要加入一定质量分数的添加剂,如颜料等。颜料等添加剂能够增强和提高涂膜遮盖力,使得涂料品种丰富多彩。然而它不能单独构成膜,这是添加剂与基料的根本不同。

③辅助剂。辅助剂亦称辅助成膜物质,包括稀料(挥发剂)和多种辅助材料,如催干剂、增韧剂、乳化剂和性能稳定剂等。它对涂料成膜或对涂膜性能只起辅助作用,不能单独成膜。

(3) 汽车涂层分类。

汽车涂装产品涂层按要求级别与产品类型分类详见表4-1。从表4-1中可见,不同涂层的涂料适用于不同级别要求与不同产品。对于高级轿车车身、高级轿车车轮、弹簧、托架、副车架等和高档发动机、变速箱,分别需要高级装饰涂层、重级防护底部涂层和重级防护内部涂层;对于普通轿车、吉普车和轿货车等,则采用中级或一般装饰涂层等。

表4-1 汽车涂装产品涂层分类

序号	涂层分类名称	涂装产品名称
1	车外上部涂层	
1.1	高级装饰涂层	高级轿车车身
1.2	中级装饰涂层	普通轿车、吉普车、轿货车等
1.3	一般装饰涂层	普通客车、轻型车及卡车驾驶室、覆盖件等
1.4	外部非金属件装饰涂层	塑料保险杠、塑料车轮罩盖、塑料装饰条
1.5	外部防护装饰黑涂层	保险杠、雨刮器、后视镜壳体及支架、外漏脚踏板等
1.6	重级防护一般装饰涂层	轿货车厢、出口轻型车车厢及卡车车厢等
1.7	中级防护一般装饰涂层	轻型车车厢、卡车车厢、轿车油箱等
1.8	轻级防护一般装饰涂层	翻斗车车厢、改装车车厢等

续表

序号	涂层分类名称	涂装产品名称
2		车外底部涂层
2.1	重级防护底部涂层	高级轿车车轮、弹簧、托架等、副车架等
2.2	中级防护底部涂层	普通轿车车轮、弹簧、托架、制动系统零件等
2.3	中级防护底部涂层	轻、中、重型卡车、客车的车架、车轮、底盘零件等
2.4	轻级防护底部涂层	车桥总成、传动轴、制动系统零件、减震器等
3		车内件涂装
3.1	重级防护内部涂层	高档发动机、变速箱等
3.2	中级防护内部涂层	一般发动机、变速箱
3.3	轻级防护内部涂层	非外漏铸锻件、毛坯及中厚板件半成品等
3.4	车身内部非金属件涂层	仪表盘、杂物盒、烟灰缸、装饰条等塑料件
4		特种涂层
4.1	耐酸涂层	蓄电池及托架
4.2	耐热涂层	消声器、进排气管、缸盖等
4.3	防声、绝热、抗磨、耐冲击涂层	车体下表面及顶棚内表面

汽车涂料按涂装对象分为新车原装漆和汽车修补漆两类。

按涂层位置分为车用底漆（多为电泳漆）、中间漆和面漆三类。车用底色漆包括实色底漆和金属闪光底漆等；车用面漆即实色面漆（无须罩光），也可以是车用罩光清漆等。

按车身涂装方式不同可分为电泳漆、液态喷漆、粉末涂料和特种涂料，如PVC（聚氯乙烯）密封涂料与防锈蜡、保护蜡等涂装后处理材料等。

按汽车使用部位分为车身用涂料，货厢用涂料，车轮、车架和车桥等部件用的耐腐蚀涂料，发动机或底盘总成用涂料，车内装饰用涂料等。

（4）车身用底漆。

车身用底漆是直接涂布在经表面处理的白车身表面上的第一道涂料，是整个涂层的基础。

车身用底漆应有的特性：

①黏附力强，能与腻子和面漆涂层黏附牢固。

②良好的防锈能力、耐腐蚀性、耐潮湿性和抗化学试剂性。

③较高的机械强度和适当的弹性。不脆裂脱落，不易折裂卷皮，能满足面漆品质耐久的要求。

④与中间涂层或面漆涂层相处配套良好，具有抗溶性，不至于相互咬起。

⑤良好的施工性，能适应汽车涂装工艺和大量流水生产的要求。

车身用底漆的分类：

①车身底漆分为优质防腐蚀性涂层底漆、高级装饰性填充底漆、中级装饰性保护性涂层底漆和一般防锈蚀保护性涂层底漆四类。

②按底漆使用漆料的不同，分为醇酸底漆、酚醛底漆与环氧底漆等。

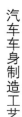

③按底漆颜料中所含铝、锌、铬等金属氧化物的不同，分为铁红酚醛底漆、锌黄醇酸底漆和环氧富锌底漆等几类。

（5）车身用中层涂料。

车身用中间层涂料具有以下特性：

①与底漆、面漆层相处配套良好。涂层间相互结合力强，硬度适中，不被面漆溶剂咬起。

②较强的填平性。能填平被涂表面微小波纹和消除某些微细形差缺陷。

③打磨性能良好。即通过湿打磨得到平整光滑的表面；经得起高温烘干并保持良好硬度；再打磨时不沾砂纸。

④涂层在潮湿环境下不起泡。

（6）车身用面漆性能。

面漆质量关系车身最终外观装饰效果、涂层硬度和其他多种使用耐久性能，包括耐候性、抗崩裂性、耐潮湿性、防腐蚀性和耐药剂性等。同时还需良好的施工性能，以适应汽车流水生产要求。

4.5.2 汽车车身涂装工艺

汽车涂装工艺过程如图4-51所示，主要包括前处理、电泳、中涂和面漆。

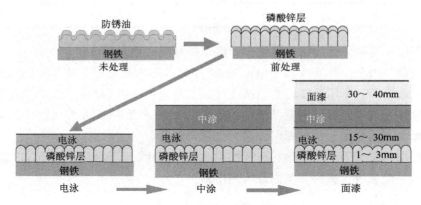

图4-51 汽车车身涂装工艺过程

1. 涂装前处理

涂装前处理是指车身表面涂漆前清除车身表面和其他板材所附着的油脂、铁锈、氧化皮、焊渣、酸碱和灰尘等污物的过程，其作用是为涂层提供清洁干净的基底，以增加涂料与金属表面间的结合力，提高涂层质量，延长涂层使用寿命。

前处理工艺将根据表面污物的性质、沾污程度、被涂金属种类、制品粗糙度以及最后涂层的作用来选择表面处理方法和工序，包括脱脂、表面调整（表面调整简称表调）、磷化、钝化、水洗、纯水洗等。其中主要工序为脱脂、表调和磷化。

图4-52所示为前处理工艺流程图。图4-53所示为前处理作用效果图。

（1）脱脂。

脱脂就是前处理工艺中去掉工件表面动植物油、矿物油（缓蚀剂）和冲压油等油污的过程。脱脂方法包括物理机械法（擦抹法、喷沙法和超声振荡法）和物理化学方法两大类。

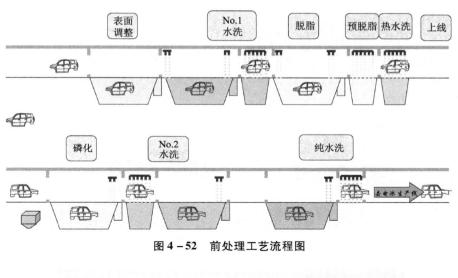

图 4-52　前处理工艺流程图

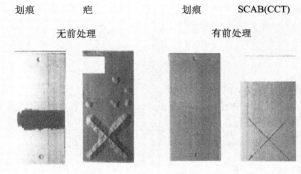

图 4-53　前处理作用效果图

常用的脱脂方法有溶剂脱脂法、乳化剂清洗脱脂法和碱液清洗脱脂法等，如图 4-54 所示。

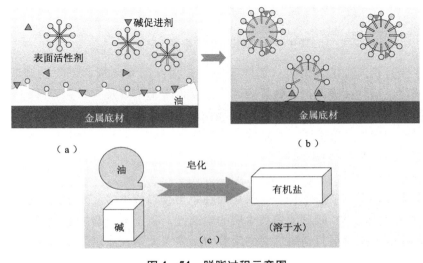

图 4-54　脱脂过程示意图
(a) 溶剂脱脂；(b) 乳化剂脱脂；(c) 碱液脱脂

(2) 表调。

表调即表面调整，是在含有表调剂（活化剂）的溶液中进行前处理的过程。表调的作用在于有利于改变金属表面微观状态，促使后续磷化过程中形成晶粒细小、均匀致密的磷化盐膜，如图4-55所示。同时，通过表调，可以有效减少磷化工艺时间。图4-56所示为磷化时间与表调工艺关系。

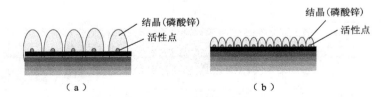

图4-55 细致、均匀的磷酸盐晶粒的形成和生长过程
(a) 活性点较少的皮膜结晶；(b) 活性点较多的皮膜结晶

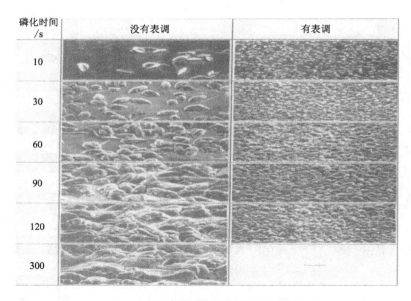

图4-56 磷化时间与表调工艺关系

表调剂主要有粉体和液体两种。粉体表调剂包括钛系表调剂、草酸表调剂和锰表调剂等。钛系表调剂包括含钛表调剂、钛镁表调剂、钛铁表调剂以及含钛和硼砂的表调剂等。液体表调剂是近年来开发的新产品，主要有钛系和锌系两大类。液体表调剂的优点是可通过采用压力泵实现自动滴加，取代了人工加料，节省了大量水，而且表调液稳定性良好，无须经常换槽和补充，使用寿命增长。

(3) 磷化。

在车身制造过程中，漆前车身表面磷化处理是当今必备工序。其作用是通过金属涂层基底磷化，生成一层保护膜，能显著提高涂层的耐蚀性，阻止金属腐蚀于涂层下或涂层被破坏的部位扩展，并能增强涂层与金属之间的附着力，将大大延长涂层的使用寿命。磷化指用磷酸或锰、铁、锌、镉的磷酸盐溶液与经过脱脂、表调后的金属表面反应，于金属表面结晶出一层薄薄的不溶于水的磷化膜的过程。图4-57所示为车身磷化槽现场情景。磷化膜晶体成

分为 $Zn_2Fe(PO_4)_3 \cdot 4H_2O$ 和 $Zn_2(PO_4)_2 \cdot 4H_2O$。通过磷化处理所得到的磷化膜，要求均匀、致密、坚实。

图 4-57　车身磷化槽现场情景

在车身制造过程中应用较广的是喷淋式快速磷化处理，采用磷酸锌盐磷化。磷化膜厚度为 $1.5 \sim 3.0 \mu m$。图 4-58 所示为全喷淋式漆前处理磷化工艺流程。

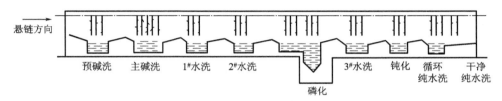

图 4-58　全喷淋式漆前处理磷化工艺流程

2. 电泳涂装底漆

轿车底漆大多采用电泳涂装。电泳涂装是将经过前处理工艺的白车身或工件和对应电极送入电泳槽中，电泳槽盛满水溶性树脂配制的电泳漆液。将白车身或工件和对应电极分别接上电极后，在电场力作用下，漆液于白车身或工件表面沉积而形成均匀涂膜。这是一种先进的涂装方法。图 4-59 所示为车身电泳涂装示意过程。图 4-60 所示更接近电泳涂装实际流程。

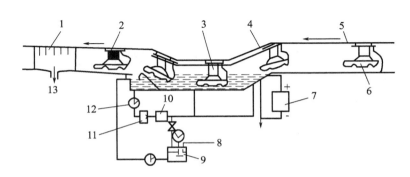

图 4-59　车身电泳涂装示意图

1—水洗；2—滴漏；3—电泳涂漆；4—接触极杆；5—电极安装；6—车身壳体；7—电源；
8—涂料补充；9—溶解槽；10—热交换器；11—过滤器；12—溢流槽；13—排水

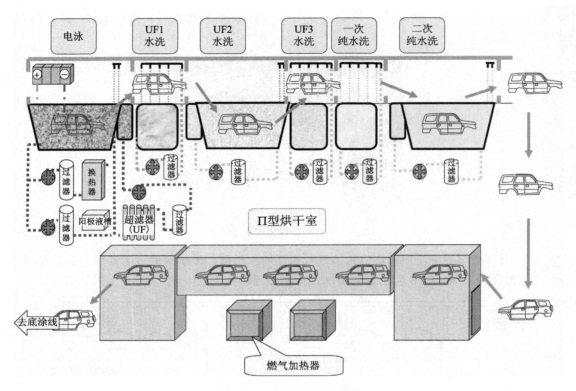

图 4-60 电泳涂装工艺流程

电泳涂装,按使用电源性质分为直流电泳涂装与交流电泳涂装,可采用定电压或定电流控制;如果使用直流电泳涂装,则按涂料的沉积极性可分为阳极电泳涂装和阴极电泳涂装。

轿车底漆目前大多采用阴极电泳和定电压法涂装。这是因为阳极电泳涂装过程中,工件作为阳极易发生电偶腐蚀,导致表面磷化膜会部分溶解,降低了涂膜的耐腐蚀性。

轿车底漆漆膜厚度一般控制在 $25\mu m$ 左右,具有极强的防腐蚀能力。

这里指出,在白车身或工件的电泳涂装中,漆液之所以能够产生表面沉积而快速形成涂膜,其机制在于阴极电泳中分别发生了"电解、电泳、电沉积、电渗"四个物理或电化学过程。其中"电解"即电泳过程中水的电解;"电泳"即涂料在电场力作用下离解成带电粒子而向工件泳动;"电沉积"是带电涂料粒子在工件上的析出并沉积形成电泳膜;"电渗"即在电场力的持续作用下,电泳膜内水分的不断渗出,致使涂膜脱水。

电泳涂装具有以下优势:

①涂层质量好,涂膜厚度均匀,附着力强。电泳涂装通过带电涂料粒子在工件表面上的沉积可以使一般涂装法不易涂覆的工件内腔、凹缘、焊缝及锐边等部位都能获得均匀、平整、光滑的涂膜。

②施工速度快,容易实现机械化与自动化和维持连续生产,劳动生产率得以提高,大大降低劳动强度。

③电泳涂装不产生漆雾,涂料利用率高达 90%~95%。因采用水作主要溶剂,故能减少空气污染,改善工作环境。没有或少有漆雾,减轻了发生火灾的危险。

电泳涂装存在以下不足之处:

①设备较复杂，一次性投资费用高。
②只能在导电的工件表面上进行涂漆，且烘烤温度较高，耗电量比较大。
③涂料颜色不易变换，存在废水处理问题等。

电泳涂装需要注重以下工艺要点：

（1）超滤器（UF）的应用。

超滤器又称UF水洗系统，是电泳涂装系统中的一种必备装置。其工作原理如图4-61所示。图4-61中说明，水洗电泳槽原液流入超滤器后，将通过管状超滤膜（图4-61中注明为半透膜）的超滤而不断地将电泳漆中的水、乙醇、丁醇、无机杂质离子及低分子树脂等与具有高分子量的树脂漆料、颜料颗粒进行分离。原液被超滤后称为超滤水（液），又称UF滤液；未能透膜颗粒为浓缩电泳漆液，可随即重新回收到电泳槽中。超滤水（或称UF滤液）被流入滤液槽（或称UF水洗槽）中，可继续用来清洗电泳槽原液，回收电泳涂料。

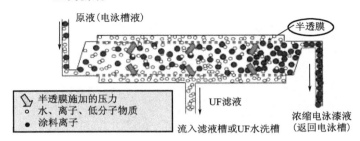

图4-61 超滤装置示意图

由上所述，超滤器的超滤作用主要是控制电泳漆液中的金属离子含量，回收电泳涂料，提供冲洗超滤液等。这样，电泳涂料的回收率可达95%。

（2）工艺参数的合理选择。

①电压。电泳电压决定漆膜厚度和外观效果。电压过低则泳透力小，漆膜薄；电压高，则泳透性好，但不能太高，否则会使漆膜表面粗糙，有针孔、橘皮状等缺陷出现。一般选用130～180V。

②电泳时间。漆膜厚度随着电泳时间的延迟而增加，但当漆膜达到一定厚度后，再继续延迟时间，漆膜厚度也不再增加。一般电泳时间控制为1～3min。

③漆液温度。电沉积量随漆液温度升高而增厚，但温度也不能过高，过高会影响漆膜与金属表面结合力。漆液温度一般控制在（25±5）℃为宜，最高不得超过35℃。

④漆液固体含量。漆液固体含量影响泳透力和漆膜厚度，一般控制为10%～15%。

⑤漆液的pH。一般保持在6.5左右。

（3）其他注意事项。

电泳底漆前，一定要严格检查工件表面和磷化膜质量，绝对不允许有锈、油污和灰尘存在。磷化膜应该均匀致密，不得有露底现象，要确保漆膜厚度在20～30μm。底漆的颜色不限，一般为铁红色、灰色，应属于防锈颜料。

3. 中涂与面漆工艺

（1）车身接缝处涂装密封胶。

在车身完成电泳底漆并干燥后,为了有利于防振、防锈、防水与隔声降噪和提高舒适性,于车身中涂和面漆前,在各覆盖件接缝处实施一道涂装密封胶工序,又称之为PVC胶密封工艺。图4-62中所示分布于车身内外白色细长条状即打胶机打出并经干燥的PVC密封胶。这种密封胶是以PVC树脂为主,加入一定配方的增塑剂、填充料、颜料、附着力促进剂和稳定剂等添加物而混合成一种黏稠膏状物质,它实质上也是一种无溶剂型涂料,其固体组分达95%以上(挥发物小于5%)。

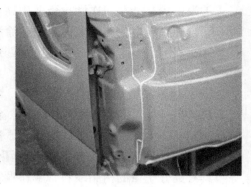

图4-62 涂密封胶工艺

(2)中涂与面漆涂装方法与装备。

中涂与面漆涂装是车身涂装的最终工艺。图4-63所示为中涂与面漆工艺流程。图4-64列出了中涂与面漆涂装情景,包括手工喷涂、鸵鸟毛擦净、机器人喷涂和面漆精修现场。下面分别介绍几种涂漆方法与装备。

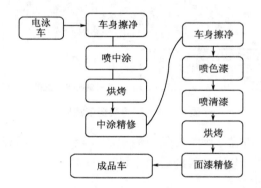

图4-63 中涂与面漆工艺流程

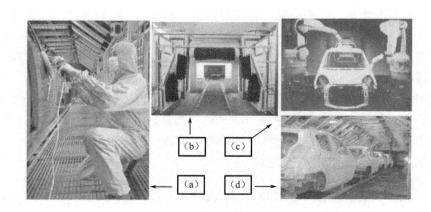

图4-64 中涂与面漆涂装情景
(a)手工喷涂;(b)鸵鸟毛擦净;(c)机器人喷涂;(d)面漆精修现场

①手工刷涂。

手工刷涂是一种手工采用毛刷蘸漆刷涂的古老而传统的涂装方法。除一些快干和分散性不好的涂料外，手工刷涂几乎可以用于所有涂料，尤其是能够适用于那些容易渗透金属表面的细孔、附着力好的油性涂料。手工刷涂的优点是设备简单，施工方便灵活，不受工件形状和大小的限制；缺点是劳动强度大，效率低。涂装质量常取决于操作者的经验和技巧，漆膜质量难以保证。该方法虽然应用普遍，但在汽车生产中只适于车身的局部维修或小批量生产。

②浸涂。

浸涂是指将工件浸入涂料槽中，保持一定时间后取出，经滴漆、流平、干燥工序完成涂装的方法。漆膜厚度取决于漆液的黏度而不是浸涂时间。操作中，要求工件入槽和出槽保持垂直位置；入槽、出槽需缓慢匀速动作。工件在滴漆、流平及干燥过程中也应保持与浸涂同样的最佳位置，以利于漆液更快流尽，漆膜均匀无流痕。为避免涂料发生沉淀，在大容量槽内，需要设置搅拌器搅拌。

浸涂具有设备简单，易于实现机械化或自动化，生产效率较高等特点，适用于外观装饰要求不太高的防蚀性涂层。浸涂易出现漆膜上薄下厚、流挂等不利现象，不适合于挥发型和含有重质颜料的涂料及双组分涂料等。

③喷涂。

喷涂实质为利用压缩空气喷涂。它是以压缩空气气流为动力，在喷枪喷嘴处形成负压而将漆流带出并分散呈雾滴状，能够涂布于工件表面上的方法。喷涂是目前涂装施工中使用最普遍的方法，在汽车维修中应用很广。

喷涂的优点是设备简单，易操作，既可手工喷涂，也可机械化操作，适合喷涂各种不同形状尺寸的工件，生产效率高（比刷涂高 5~10 倍）。涂装质量上，涂膜厚薄均匀、光滑平整；能喷入工件缝隙、小孔、弯曲和凹凸部位。喷涂可进行大面积施工，适用于多种涂料，尤其适用于快干漆涂装。

喷涂的缺点是涂料渗透性和附着性较差，漆膜较薄；涂料有效利用率较低且污染环境，伤害人体，易造成火灾或爆炸。基于这些原因，喷涂环境需要有良好的防护和通风设备。

这里介绍一下人工喷涂装备及技术要求。

人工喷涂装备主要是喷枪。喷枪按涂料供给方式分为吸上式喷枪、重力式喷枪和压送式喷枪三种，如图 4-65 所示。

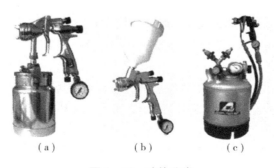

图 4-65　喷枪分类
(a) 吸上式；(b) 重力式；(c) 压送式

在人工喷涂中，有以下操作要求：

(a) 要求走枪姿势正确。喷枪垂直物面，不能挑枪，如图4-66所示。

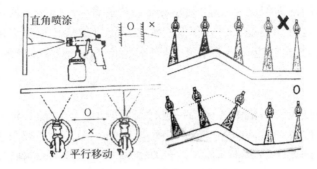

图4-66 人工喷涂走枪姿势示意图

(b) 喷涂距离要求保持在20~30cm的稳定范围。如图4-67所示，喷涂距离过近，容易造成涂料堆积，喷幅变窄，导致工作效率和质量低下，出现图4-67（a）中1的情况。喷涂距离过远，就会造成涂料扩散，漆面厚度与涂膜质量达不到规定要求，出现如图4-67（b）中2的情况。

(c) 要求喷幅保持30~45 cm的范围。喷幅是指喷枪走枪时扫动一次，涂料遮盖的范围。喷涂重叠率需要稳定在1/3~2/3范围内，重叠率是指喷枪走枪时，一次扫动喷幅和上一次喷幅重复的范围大小，如图4-68所示。

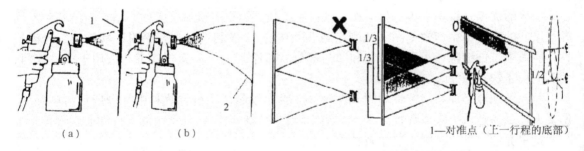

图4-67 喷涂距离控制
（a）喷距过近；（b）喷距过远

图4-68 喷幅和喷涂重叠率控制

(d) 喷涂速度保持在50~80 cm/s，要求匀速喷涂。

(e) 遵循"从前往后、从上到下、从里到外，先边角后平面"的喷涂顺序原则。

④静电喷涂。

静电喷涂是一种较先进的涂装方法。它是使喷枪（负极）喷出的漆雾带负电，工件接正极，通过静电引力而将漆雾均匀沉积在工件表面上。漆雾沉积经烘干后便形成牢固的涂膜。

静电喷涂与空气喷涂相比，涂膜均匀，附着力好，外观质量好；生产效率高，可实现喷涂过程连续化和自动化；漆雾飞散损失小，可节约涂料10%~50%，涂料利用率高达80%~90%；劳动环境和条件得到改善，降低了劳动强度。

但是，静电喷涂需要较高的电压。电压越高，涂着率越高，喷涂质量越好。因此，这种高压喷涂要求设备具有良好的绝缘性，设备相对复杂。同时，当工件形状发生改变时，容易造成电场强弱不一，导致涂层均匀度、漆膜流平性及光泽度等因漆雾密度减小而受到影响。

⑤粉末涂装。

粉末涂装是一项涂装新技术，它是一种以固体树脂粉末作为成膜物质的涂覆工艺。

粉末涂装的特点是：

（a）涂装使用无溶剂粉末涂料，根除了有机溶剂的逸散，减少了环境污染，改善了劳动条件。

（b）一次涂层厚度较厚，无须先涂底漆，只需涂一层烘一次即可达到溶剂型涂料的多道涂层厚度。

（c）宜采用自动流水线生产，能够显著降低劳动强度，提高生产效率。

另外，粉末被喷涂时，所散落的粉末仍可回收再利用，涂料利用率高，有利于降低生产成本。

但是，粉末涂装需要专用设备，工件要进行高温烘烤，涂料调色没有溶剂型那么方便。

4.5.3 汽车车身典型涂装工艺

汽车车身涂装属于多层涂装。由于各种汽车的使用条件及外观要求各不相同，故其涂装工艺也各不一样。涂装可分为三个基本工艺体系。

1. 三涂三烘

三涂三烘指该体系具有底漆、中间和面漆三涂层，且三层先后各需要烘干。三涂三烘体系一般用于外观装饰性要求高的轿车、旅行车和大客车等乘用车车身。

三涂三烘体系的工艺流程一般安排如下：

碱性液脱脂→锌盐磷化→干燥（120℃/10min）→涂装底漆［喷涂溶剂型环氧树脂底漆，膜厚15~25μm，烘干（150℃/30min）］→干或湿打磨→晾干→中间涂层［静电自动喷涂溶剂型三聚氰胺醇酸树脂漆，膜厚20~30μm，烘干（150℃/30min）］→湿打磨→晾干→涂面漆［喷涂三聚氰胺醇酸树脂系面漆（金属闪光色用丙烯酸树脂系），膜厚35~45μm，烘干［(130~140℃)/30min］。

2. 三涂二烘

三涂二烘保持三涂层，但底漆层不安排烘干，待涂完中间层后一并烘干一次，到喷涂完面漆后再烘干一次，即只烘干两次。该体系一般用于外观装饰要求不必太高的旅行车和大客车车身及轻型载重汽车的驾驶室等。

三涂二烘体系的工艺流程是：

碱性液脱脂→锌盐磷化→干燥（120℃/10min）→底漆涂层［电泳底漆，膜厚15~25μm，不烘干（仅晾干水分）］→静电自动喷涂中间涂层［喷涂与其相适应的水性涂料，膜厚20~30μm，预烘干（100℃/10min）；与底漆一起烘干（160℃/30min）］→喷涂面漆［三聚氰胺醇酸树脂系面漆（金属闪光色用丙烯酸树脂系），膜厚35~45μm，烘干（130~140℃）/30min］。

3. 二涂二烘

二涂二烘体系只保留底漆涂层和面漆涂层两层，不安排中间涂层，然而两层分别先后要求烘干。该体系一般用于中型、重型载货汽车的驾驶室。涂层总膜厚为55~75μm。

二涂二烘体系的工艺流程建议为：

碱性脱脂→锌盐磷化→干燥（120/10min）→底漆涂层［电泳底漆，膜厚 20~30μm，烘干（160℃/30min）］→干或湿打磨→晾干→面漆涂层［喷涂三聚氰胺醇酸树脂系面漆（金属闪光色用丙烯酸树脂系），膜厚 35~45μm，烘干［（130~140℃）/30min］。

4.5.4 汽车车身涂装面漆常见缺陷

在车身涂装生产过程中，涂装三要素（涂装材料、涂装工艺、涂装管理）任何一个要素出现问题，均有可能造成涂装产品的缺陷。图 4-69 所示为常见六种车身涂装面漆缺陷。

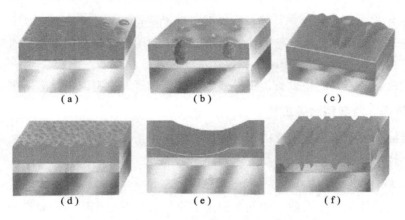

图 4-69　车身涂装面漆常见缺陷
(a) 缩孔；(b) 颗粒；(c) 流挂；(d) 橘皮；(e) 遮盖不良；(f) 砂纸痕

本章知识点

1. 三大汽车车身结构及其分类方法。
2. 各类汽车车身结构特点及主要构件。
3. 汽车车身材料要求与各类车身材料选用分析与比较。
4. 车身覆盖件的质量要求与工艺分析。
5. 车身覆盖件的冲压工艺（基本工序、拉深工艺要点、典型实例）。
6. 车身覆盖件冲压模具结构特点与应用。
7. 汽车车身主要焊接方法与设备。
8. 电阻焊与 CO_2 气体保护焊原理、工艺与应用。
9. 汽车车身装焊夹具及装焊生产线的基本要求、分类与应用。
10. 汽车车身涂装基础知识，包括涂装三要素、车身涂料等。
11. 汽车涂装工艺及典型涂装工艺流程。

思考与习题

1. 综述三类汽车车身（轿车、客车和货车）分类方法与结构特点（综述性，不少于 300 字的技术短文）。

2. 说明汽车车身基本构件与组成。

3. 分析汽车车身主体材料的使用与工艺性要求；分别分析高强度钢板与薄钢板卷料、铝镁合金与钛合金、工程塑料与复合材料等非金属材料的性能特性与应用概况。（自拟标题和提纲，可写成小论文形式，不局限于教材，注意格式与文字排版）。

4. 阐述汽车覆盖件冲压成形基本工序及排序要求。

5. 何谓板料拉深？说明车身覆盖件的拉深工艺要点。

6. 分析汽车覆盖件冲压模具的特点。汽车覆盖件冲压模具主要有哪几类？各有何功能与结构要求？

7. 以点焊为例说明电阻焊的工作原理、过程及其在汽车车身制造中的应用。

8. 以 CO_2 气体保护焊为例，说明其工作原理、过程及其在汽车车身制造中的应用。

9. 说明汽车车身装焊夹具的要求与结构特点。

10. 说明汽车车身装焊生产线的使用要求与应用。

11. 指出涂装三要素的含义。

12. 汽车涂料应满足哪些功能与性能要求？汽车车身用涂料由哪几部分组成？

13. 汽车涂装工艺过程包括哪几部分？说明白车身前处理工艺内容及其必要性。

14. 什么叫磷化？说明磷化的作用和磷化膜的成分。

15. 何谓电泳涂装？说明电泳涂装中"电解、电泳、电沉积、电渗"四个物理或电化学过程的实质。如何正确选用电泳涂装的工艺参数？

16. 请分别介绍中涂与面漆的几种涂装方法与相关装备。重点说明静电喷涂的工作原理和应用效果。

17. 分析汽车车身涂装三个基本工艺体系的工艺流程与应用。

第 5 章
汽车装配工艺

 学习目标

本章介绍汽车装配工艺。先讲述常用装配方法和装配精度等基础知识，然后分节说明汽车装配的工艺过程和内容、汽车装配技术与质量要求，以及汽车总装工艺常用设备及应用知识等。

学习本章内容，要求了解常用装配方法和掌握装配精度内容与要求；熟悉汽车装配工艺过程和组织形式；熟悉汽车装配技术和质量控制；最后要求了解汽车总装工艺常用设备及其应用。

❀ 5.1 汽车装配基础知识

汽车装配是汽车制造工艺过程的最终环节。它是把经检验合格的数以万计的各类零件，按规定精度标准和技术要求组合成分总成、总成和整车，并经严格检测程序，确认其合格的完整工艺过程。

汽车产品要求具有良好的动力性、经济性和耐久性，以实现其在各种复杂环境中的运载功能。现代汽车产品更要求其具有安全可靠、造型美观、乘坐舒适等性能并满足环保要求。这些要求最终是通过装配工艺来保证的。若装配不当，以昂贵的代价制造出的合格零件却不一定能够装配出合格的汽车。因此，装配是保证产品质量的重要环节。

汽车装配的特点是零件种类多，数量大，作业内容极其复杂。装配零部件除发动机、传动系统、车身、悬架、车轮、转向系统、制动系统、空调系统等之外，还有大量内外饰件、电器、线束、软管、硬管、玻璃和各类油液加注等。图 5-1 所示为轿车总装配车间情景。

图 5-1 轿车总装配车间情景

5.1.1 汽车装配的基本概念

1. 装配

汽车装配是将各种零件、合件、部件或分总成、总成，按规定技术条件和质量要求连接组合成完整产品的生产过程。装配中的连接方式有可拆卸活动连接、不可拆卸活动连接、可拆卸固定连接和不可拆卸固定连接等。

2. 装配工

装配工是一类具有良好素质和熟练装配技术的专职人员。装配工通过使用手动、气动、电动工具与工装等机械设备定点或在生产线上进行汽车总成及分总成装配调试；也可以对汽车软轴、钢圈、板簧、散热器等部件进行制造、装配与调试的工作。

3. 汽车装配特点

（1）零件种类多、数量大，装配关系复杂，装配位置多样，由此决定了它仍以手工业为主。

（2）连接方式多样。

（3）属于大批量生产和流水作业。

（4）可以实施柔性化和混流装配。

5.1.2 汽车装配的常用方法

汽车总装配中的常用方法主要有螺纹连接法、粘接法、液体充注法、卡扣法、卡箍连接法、销连接法和电器线束的插接法等。

1. 螺纹连接法

螺钉、螺栓依靠螺纹连接，是机械装配的基本方法。螺纹连接约占汽车装配作业工作量的30%。个别部位的螺纹连接还需要采用手动扳手，较普遍的是采用风动扳手或电动扳手以及电动螺丝刀进行操作。

2. 粘接法

粘接法是通过粘接剂的粘接力把相关零件粘接成一体。其中，需要采用粘接法连接的零部件和内饰件一般是衬垫、隔声材料和车门内装饰护板等；而外饰件则包括挡风玻璃、车灯与标志件等。普通粘接操作方法是：对小件，可以先在车身上涂上粘接剂；对大件，则在零件粘接表面上直接涂上粘接剂，随后再粘接到汽车车身的连接部位。

3. 液体充注法

液体充注法是将各种液体注入相关总成内的方法。汽车装配中需要注入的液体包括燃油、发动机机油、变速器齿轮油、散热器冷却液、动力转向液压油、制动液、空调制冷剂、挡风玻璃洗涤液等。

4. 卡扣法

卡扣法就是通过卡扣来连接的方法。其操作要求是将安装在零件卡座上的卡扣连接车身对应位置上的安装孔，以此实现零件与车身的对接。卡扣法多用于内饰件的装配。

5. 卡箍连接法

卡箍连接法就是用卡箍来束紧相关连接零件的方法。卡箍具有钢带式、钢丝式和蜗杆传动式等类型，多用于油、气、水管路的装配与束紧。卡箍在软管和硬管插接后能对管件起到固定作用。

6. 销连接法

销连接主要对零件装配起到准确定位而不起紧固作用。在汽车装配中也是如此，一般通过开口销或其他类型的销轴实现两个相关零件连接时的定位。

7. 电器线束的插接法

插接法多用于电器件线束的装配，以实现整车电路的接通。插接法通过线束之间、线束与汽车电器装置之间设计成公母两端的插接。

5.1.3 装配精度的意义和内容

从汽车总装配来讲，其重点是一个装配精度的问题。装配精度是指产品装配后的实际几何参数、功能与理想几何参数、功能要求的符合程度。

1. 装配精度的意义

正确规定机器和部件的装配精度是产品设计的重要环节之一，它不仅关系到产品质量，也影响到产品制造的经济性。装配精度是制定装配工艺规程和选择合理装配方法及确定零件尺寸公差与技术条件的主要依据。

2. 装配精度的内容

汽车装配精度同其他机器一样，其内容包括零部件间的相互位置精度、相对运动精度和相互配合精度。

1）相互位置精度

相互位置精度指产品中相关零部件间的位置尺寸精度和几何位置精度。位置尺寸精度指相关零部件间的距离尺寸精度，如汽车发动机缸体各气缸中心距的尺寸精度等。零部件间的几何位置精度指相关零件之间的同轴、平行、垂直及各种跳动等的精度要求，如汽车发动机缸体各气缸轴线与曲轴主轴承座孔轴线的垂直度等。

2）相对运动精度

相对运动精度指具有相对运动的零部件间在运动方向和运动速度上的允许偏差。它包括运动方向上的精度和运动速度上的精度。

运动方向上的精度指零部件间相对运动的直线度、平行度和垂直度等，如发动机活塞与曲轴连杆轴颈的运动垂直度等。

运动速度上的精度指内传动链的传动精度，即内传动链首末两端件的实际运动速度关系与理论值的符合程度。

3）相互配合精度

相互配合精度指零部件间的相互配合精度，包括配合表面的配合精度和接触精度。其中，零部件间的配合精度是指配合面间达到规定间隙或过盈要求的程度。它关系到配合性质和配合质量。相互配合精度由国家标准《公差和配合》确定，例如轴和孔的配合间隙或配合过盈的变化范围等。

零部件间的接触精度指两相互接触、相互配合的表面接触点数和接触点分布情况与规定值的符合程度。

装配接触精度影响到接触刚度和配合质量，例如曲轴轴瓦与轴颈的接触面、锥体配合面和齿轮啮合等。

3. 装配精度与零件精度的关系

装配精度与零件精度的关系包含4方面内容：

（1）零件精度是保证装配精度的基础，但装配精度不仅取决于零件的加工精度，还取决于装配方法实际达到的精度。

（2）装配方法不同，对各零件的精度要求也不同。实际上，即使零件加工精度很高，由于采用的装配方法不当，也无法保证装配后的产品满足高品质的要求。

（3）装配精度由相关零件的加工精度和合理装配方法共同保证。

（4）装配精度如完全靠装配尺寸链中各组成零件自身加工精度直接保证，那么对零件的加工精度要求就会很高，甚至导致零件加工困难或无法加工。

因此，在生产中将以经济精度加工的相关零部件，通过采取一系列的装配工艺措施（如选择、修配和调整等），形成不同的装配方法来保证装配精度。

5.2 汽车装配的工艺过程和内容

5.2.1 装配基本过程

一个完整的装配过程包括装配前的准备、装配作业和装配后的调整与检查三个阶段。

1. 装配前的准备

装配前的准备工作非常重要，必须认真做好装配人员安排、工艺、技术、工具/工装设备和零件准备。

（1）工艺准备。

工艺准备中，要求从事装配作业和生产一线管理的人员读懂并熟悉相关岗位工序的汽车装调工艺卡和作业指导书；读懂相关岗位工序的工艺附图；熟悉汽车零件编号等。

（2）技术准备。

技术准备中，最初要对操作者进行岗前培训，使之具备一定的装配技术能力和技巧后方能上岗。比如，在一般情况下，对M8以下螺栓或自攻螺钉要求能用风动工具直接打紧；打紧过程中不能损伤零件表面，而且对螺栓或螺母的螺纹，要求能控制紧固到一定的力度，不能存在打不紧或过紧甚至将螺栓损坏的情况。

（3）工具/工装设备操作技能准备。

在工具/工装设备准备中，至关重要的是学会选用好本岗位工序所用的工具。在多种产品混流装配时，要求装配工能够根据装配要求选用和调整工具与工装，使之具有熟练操作适用设备的能力和技能，能够跟上生产节拍和保证产品质量，同时要求对本岗位设备能够进行检查和做好日常维护保养工作。

（4）零件准备。

要求装配前必须认真检查所装零件及总成，一旦发现零件、总成存在质量问题，必须停止装配并报告，及时处置。

(5) 装配工作之前要求保持四洁。

四洁是指场地清洁（无杂物、油污）、压缩空气清洁（无水分或过量油雾）、零件（总成）清洁（表面无包装物、灰尘或油污）和装配人员手套、衣物等防护用品清洁。

2. 装配作业

装配作业必须按工序流程和装配工艺规程进行。当车身或移工车进入本工位区域后就开始投入装配作业。装配操作中，装配人员一般不能超过本岗位的区域装配，不能影响上下道工序的装配。

在事先设计汽车装配工艺和制定汽车装配工艺规程（装配工艺卡）时，要求设计或制定技术文件者应结合现有装配条件，遵循先进、合理、经济、可靠的四项原则，以达到最佳综合效果为目标。具体要充分考虑以下几个方面：

(1) 满足产品结构要求和整车技术条件。

(2) 选用与产量匹配的先进、成熟的工艺方法和设备，满足生产纲领、产品质量、效率高、投资少、见效快并具有长期综合功能的需要。

(3) 具有一定的适应产品规格变化和产量变化的能力。

(4) 工时定额指定合理。根据限定的工艺设备和装备，以熟练的操作工人用正常的操作速度为参考标准来确定工时定额并留有余地，也可用"预定动作时间标准法——MTM"来取得各项操作动作的标准时间。

(5) 车间工艺平面布置要综合考虑总装配线、工人操作地、零部件总成存放地和通道地的合理性。工人作业位置（简称工位）的布置要有利于工人安全操作，做到疏密有度并均匀布局。

(6) 各个作业位置（工位）的工人工作量要力求均衡，且不超过生产节拍时间。

3. 装配后的调整和检查

汽车总装配后的调整和检查是汽车整个制造工艺过程的最终环节。它将经检验合格的数以万计的各类零件，按既定精度标准和技术要求组合成整车后，必须经过严格的检测程序才能确认其是否合格。无论是部件、分总成还是总成，装配后都要进行严格的检查试验。只有这样才能最终证明和保证装配符合工艺要求。

装配后的检查范围包括：

(1) 检查有没有漏装或错装的现象。

(2) 检查是否装配牢靠。对所装配的零件与零件的接触面要求贴附，弹簧垫圈要求紧平；对有扭矩要求的螺栓（螺母）的扭矩值必须符合要求等。凡紧固后已符合要求的螺栓（螺母），需要做出相应标记。

(3) 动态试验检测。对于活动件或电动机构，应进行活动试验或通电检测，看是否符合使用要求。例如，加注制动液后应踩制动踏板进行试验，检查制动踏板能否达到一定的高度或气路中是否还存有剩余空气；检查电动车窗能否进行升降。

(4) 避免车身上遗留物品与工具。装配后应将工具与其他遗留物品等随身带走。更不能将车身当作垃圾箱，将包装物和被打坏的螺钉或多余的螺栓（螺母）等物品保留在车身上。

5.2.2 装配的组织形式

对于整车和可以单独组织装配的大型总成（如发动机），其装配生产组织可以分为固定式装配和流水式装配两大类。

1. 固定式装配

固定式装配时，装配对象的基础件安放在固定工位上，工人将零件和总成按次序逐一定点安装，最后经调整检测而形成成品的装配方式。

2. 流水式装配

流水式装配是成品随输送装置在多工位生产线上按装配顺序由一个工位向另一个工位移动，在每个工位按工艺规程完成一定的装配工序后，最后通过调整检测而完成整个产品的装配形式。

汽车流水式总装配的特点是采用"一个流"组织生产，即将整车各个零部件上线和装配动作划分为一道道工序，每个工位完成若干个工序内容，一般不允许中间制品停滞，每个工人只需熟悉某个或某几个工序即可上线操作。各工位配以必要的设备和工具，从而可以大幅度地提高劳动生产率且保证质量。根据产品及其生产批量不同，产品在生产线上的移动可以是自由的，也可以是强制的。

（1）自由流水方式。

自由流水方式是指产品的工序间移动没有严格的时间要求，生产的节拍不在单一产品上体现，使生产具有一定的柔韧性。这种方式主要用于小型部件或总成装配，适用于多品种批量生产。

（2）强制流水方式。

强制流水方式是指产品的工序间移动以某种形式的机械化输送装置来实现，有严格的节拍要求，工人必须在规定的节拍时间内完成规定的全部装配工序。这种方式适用于大批量生产，在现代汽车装配生产中应用最广。强制流水方式分为间歇式移动和连续式移动两种。在间歇式移动中，工人在装配线停止时间内装配；连续式移动是工人跟随装配线在移动中进行装配。待本工位装配完毕时再返回初始位置开始下辆车的同工序内容的装配作业。

5.2.3 装配方法的选择

合理选择装配方法是装配工艺的核心问题。装配方法的选择，一般遵循以下原则：
①优先选择完全互换法。
②当封闭环的精度要求较高，而组成环的环数较少时，可考虑采用选配法。
③在采用上述装配方法而使零件加工困难或不经济时，特别是在单件小批生产中，宜选用修配法或调整装配法。

1. 互换装配法

互换装配法是指在装配过程中，零件互换后仍能达到装配精度要求的装配方法。大批量生产中都采用互换装配法。

采用互换装配法时，产品装配精度主要取决于零件的加工精度。其特点是，装配时不经任何调整和修配，就可达到装配精度要求。如汽车在使用中某一零件磨损，再买一新的同类零件更换上去即可正常使用。其实质是通过控制零件的加工误差来保证产品的装配精度。

按其互换程度不同,互换装配法又分为完全互换法和不完全互换法。

(1) 完全互换法。

完全互换法是指一批零件或部件在装配时无须分组、挑选、调整和修配,直接按装配关系连接就可以达到装配精度要求的装配方法。

完全互换装配法具有以下特点:装配质量稳定可靠,有利于产品的维护和零部件的更换;装配工作简单,易于实现装配机械化和自动化,生产率高;易于组织流水线装配、零部件制造协作和专业化生产;当零件的技术要求高时,零件尺寸公差要求较严格,加工相对较困难,会使零件制造成本增加。

完全互换装配法主要适用于组成环较少或组成环较多但装配精度要求较低的各种生产类型。

(2) 不完全互换法(大数互换装配法)。

不完全互换法是指一批零件装配时,绝大部分零件无须挑选或修配,装配后即能达到装配精度要求的装配方法,故又称为大数互换装配法。

正常情况下,零件加工尺寸成为极限尺寸的可能性较小;而在装配时,各零部件的误差遇到同时为最大或最小的概率更小;显然,出现极限上偏差的轴与极限下偏差的孔碰对,更是微乎其微。

不完全互换法的互换程度要偏低一些。采用不完全互换装配法有利于零件的经济加工,使绝大多数产品能够保证装配精度。

2. 选择装配法

选择装配法简称选装法,是指将零件的制造公差适当放宽到经济可行的程度,然后挑选其中尺寸合适的零件进行装配,以保证装配精度的装配方法。选装法常用于装配精度要求高而组成环数又较少的成批或大批量生产。

选择装配法分为直接选配法、分组互换装配法、复合选配法三种形式。

(1) 直接选配法。

直接选配法即在装配时,由装配工人凭经验直接从待装配的零件中挑选合适的零件进行装配,然后检测是否达到装配精度要求的装配方法。

这种方法需要技术较熟练的工人,装配精度在很大程度上取决于工人的技术水平,同时装配时间较长且装配质量不够稳定。它适用于封闭环公差要求不严、产品产量不大或生产节拍要求较低的小批量生产。

(2) 分组互换装配法。

分组互换装配法是指装配时,将选择相同公差组别的零件进行装配,以保证同组零件具有互换性的一种装配方法。这种装配方法在发动机装配中应用较多,如活塞销与活塞销孔、活塞销与连杆小头衬套孔、柴油机精密偶件中的喷油嘴偶件与柱塞副偶件等。

图 5-2 所示为汽车发动机活塞销与活塞销孔的装配实例。它是一种分组互换装配法。

已知活塞销直径 d 与活塞销孔直径 D 的基本尺寸为 28mm。按装配技术要求,在冷态装配时应保证过盈量有 $Y = 0.0025 \sim 0.0075$ mm。据此,可将其分为 4 组,如表 5-1 所示。

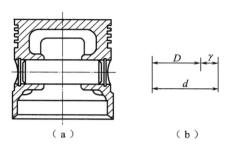

图 5-2　发动机活塞销与活塞销孔的配合
(a) 活塞销与销孔配合关系；(b) 尺寸与过盈量

表 5-1　活塞销直径 d 与活塞销孔直径 D 的分组尺寸一览表　　　　mm

组别	标志涂颜色	活塞销 直径 d（$\phi 28_{-0.0100}^{0}$）	活塞销孔 直径 D（$\phi 28_{-0.0150}^{-0.0050}$）	配合情况	
				最小过盈	最大过盈
I	红	$\phi 28_{-0.0025}^{0}$	$\phi 28_{-0.0075}^{-0.0050}$	0.0025	0.0075
II	白	$\phi 28_{-0.0050}^{-0.0025}$	$\phi 28_{-0.0100}^{-0.0075}$		
III	黄	$\phi 28_{-0.0075}^{-0.0050}$	$\phi 28_{-0.0125}^{-0.0100}$		
IV	绿	$\phi 28_{-0.0100}^{-0.0075}$	$\phi 28_{-0.0150}^{-0.0125}$		

分组互换装配法具有以下技术特点：对零件制造精度要求不高，但可获得高装配精度。加工中，零件尺寸公差可放大，但配合表面形状公差和表面粗糙度不能放大，仍需按分组公差确定；同时要求同组别零件分组公差应相等，否则会改变配合性质；零件加工完成后，需使用精密量具或仪器进行专人测量、分组和分组存放，这将增加部分制造成本。装配时，要求各组别的零件数量相等，否则导致不配套而造成浪费。

分组互换装配法适用于大批量生产中装配组成环少而装配精度要求高的装配机构。

(3) 复合选配法。

复合选配法是指由直接选配法和分组选配法复合组织的一种装配方式，即零件加工后先行检测分组，到装配时又由各对应组的装配人员再分组适当选配。

复合选配法的优点是，虽然配合件公差不一定相等，也不像互换装配法那么对制造精度要求严格，但因分组操作，专人选配，既降低了零件的加工精度，又提高了装配速度，而且装配精度很高；既能满足一定的生产节拍，又能降低制造成本。

分组选配法的缺点是：增加了零件的测量、分组工作，增加了零件存储量，相对使零件的存储、运输工作过程复杂化。

分组选配法应用于精密偶件，如汽车发动机气缸与活塞的装配、精密机床中精密件的装配和滚动轴承的装配等。

3. 修配装配法

修配装配法是指将影响装配精度的各个零件先按经济加工精度制造。装配时，因各零件之间会产生较大的累积误差。故在装配时，将通过去除指定零件上预留的修配量来达到装配精度要求。这种通过对零件进行修配而装配的方法称为修配装配法。

修配装配法实质也是一种调整装配法，即最终通过调整件（指预留修配件）来补偿累积误差，只是具体调整方法不同而已。

修配装配法一般适用于产量小的场合，如单件小批生产或产品试制。

选择修配件应满足以下要求：便于装拆，易于修配。通常选定形状较简单，修配面较小的零件作为修配件。尽量不选公共组成环上的零件，因为公共环上的某一个零件难以同时满足几个装配要求。

修配装配法分为单件修配法、合并加工修配法、偶件加工修配法和自身加工修配法四类。

（1）单件修配法。

单件修配法指选定某一固定的零件作为修配件，在装配过程中用去除金属层（切削）的方法改变其尺寸，以满足装配精度要求的方法。

图5-3所示为高压油泵喷油嘴体与轴针偶件装配图及装配尺寸链。选定轴针为修配件，装配时通过修磨轴针轴肩H面改变其尺寸，以保证间隙要求。

（2）合并加工修配法。

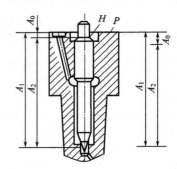

图5-3 高压油泵喷油嘴体与轴针偶件及其装配尺寸链

合并加工修配法是指将两个或多个零件合装在一起进行加工修配，以减少累积误差和修配量的方法；但合并加工的零件不再具有互换性，必须做好标记以免错用。

比如，汽车发动机气缸体与离合器壳体总成，装配时要求离合器壳体后端面与轴承座孔轴线垂直，生产中一般将它们合装在一起，精加工离合器壳体后端面，从而可以放宽气缸体端面与轴承座孔轴线的垂直度和离合器壳体两端面平行度要求。

（3）偶件加工修配法。

偶件加工修配法是通过偶件互研满足配合要求的方法。如柴油机精密对偶件的柱塞与套筒、针阀与阀体都必须通过互研才能满足装配要求。需要注意，同类偶件不允许互换。

（4）自身加工修配法。

如卧轴矩台平面磨床工作台面与其进给方向不平行时，可用平面磨床自身的砂轮磨削工作台。这种用机床自身加工自身零件的方式来保证本体装配精度的方法称为自身加工修配法。

这种方法主要用于机床制造，能保证较高的位置精度。

修配装配法在汽车制造中的应用。如汽车、拖拉机中主减速器的主、从动锥齿轮，因其有较高的啮合精度要求，在用其他方法保证轴向位置精度之前，应先把主、从动锥齿轮进行直接选配研磨，打上标记，然后才完成成对装配。

又如柴油机高压油泵中的精密偶件，如喷油泵的栓塞副和喷油器偶件等，必须先用分组选配再通过研磨的方法来保证装配精度。选配后研磨也属于修配装配法。

4. 调整装配法

调整装配法为用改变调整零件的相对位置或选用合适的调整件来达到装配精度的方法。

其适用于组成件数比较多而装配精度要求又高的场合。

图 5-4 分别列举三种调整装配的汽车部件。

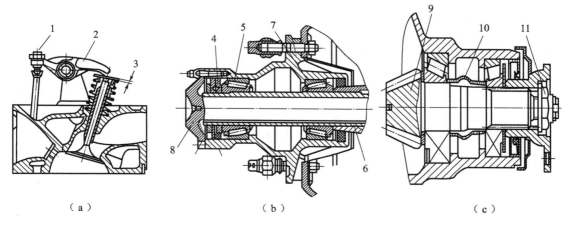

图 5-4 三种调整装配的汽车部件

（a）内燃机气门装配间隙可动调整装配；（b）汽车中轮毂轴承间隙的可动调整装配；
（c）用波形套调整汽车主动锥齿轮轴承预紧力

1—调整螺钉；2—摇臂；3—间隙；4—调整螺母；5—左右圆锥滚子轴承；6—半轴套管；7—制动鼓；
8—半轴及轮毂；9—主动锥齿轮；10—波形套；11—调整螺母

5.3 汽车装配技术和质量要求

5.3.1 总装装配工艺守则

1. 装配基本要求

（1）汽车装配必须严格按照装配作业指导书、各有关标准、装配工艺基本守则的要求进行装配。

（2）装配的零部件（含自制件）必须具有检验合格证。安全件必须是经国家"3C"认证的厂家产品，并贴有"3C"认证标志。

（3）首次供货装配或经更改设计首次装配的零部件（含自制件），需有试装通知方能投入装配。

（4）装配前应对零部件进行检查和清理，堵截不合格和不清洁的零件混入装配。

（5）装配环境必须清洁，装配工作场地（含工具箱等）应符合"5S"（整理、整顿、清扫、清洁、安全）要求。

（6）装配中，零件应轻拿轻放，不得磕碰划伤，严禁为追求快的装配速度而过度锤击零件，做到文明装配。

（7）作业员工的衣着应注意不使钥匙等坚硬物外露，做到谨慎操作，避免划伤车身油漆表面。

（8）装配生产线的装配工，在工序装配作业完成后，应将本工序的装配质量状况填写随车卡并签名或盖章。安全件、关键件和重要件的生产厂厂名必须记录以便追溯。

(9) 电子电器及其相关功能件经检验后需关闭整车电源,以免造成蓄电池亏电。

2. 螺钉、螺栓和螺母的连接

(1) 用于装配的螺钉、螺栓等紧固件,其品种规格和力学性能等级必须符合产品或工艺文件的要求,做到按位入座,不得错装。

(2) 用气动工具作螺钉、螺栓等紧固件的拧紧工具时,气动管路的分段气压应保持在 0.4～0.6MPa 之间。

(3) 对螺钉、螺栓与螺母等紧固件,严禁打击和使用不合适的扳手头与套筒头。紧固时不得损伤螺钉、螺栓的十字槽或头部。

(4) 对装配工序卡片规定有拧紧力矩要求的螺钉、螺栓和螺母,一定要用定值扭矩扳手做终结拧紧,并涂上绿漆标识。

(5) 螺钉、螺栓和螺母的拧紧力矩应符合装配工序卡片规定的要求。装配工序卡片未有拧紧力矩要求的螺钉、螺栓和螺母,其拧紧力矩应符合表 5-2 常用紧固件性能等级及对应扭矩的要求。

表 5-2 常用紧固件性能等级及对应扭矩

力学性能等级	螺纹直径/mm	螺距/mm	拧紧力矩/(N·m)		
			标准值	最大值	最小值
5.6	6	1	4.5	6	3
	8	1.25	10.6	14	7
	10	1.25	28	34	22
	10	1.5	26	33	19
	12	1.25	50	60	40
	12	1.5	47	56	38
8.8	6	1	9	12	6
	8	1.25	23	26	16
	10	1.25	63	79	45
	10	1.5	59	75	37
	12	1.25	99	115	78
	12	1.5	97	113	75
10.9	10	1.25	78	93	63
	10	1.5	74	90	52
	12	1.25	145	115	108
	12	1.5	142	113	106
	14	1.25	190	206	176
	14	1.5	189	204	174

(6) 当螺纹连接一端材料为铝或铝合金时,均按 5.6 级范围紧固。

（7）凡是作业指导书内要求紧固和牢固的装配，必须做到：有弹垫时，弹垫压平；无弹垫时，平垫或紧固件端面与被紧固件贴合而无间隙，要求在不使用工具的情况下不能拧动紧固件。

（8）同一个零件用多个螺钉（螺栓）紧固时，各螺钉（螺栓）应顺时针、交错和对称逐步拧紧。若有定位销，应从定位销处的螺钉（螺栓）开始。

（9）同一个零件同时有圆形螺钉（螺栓）孔和腰形螺钉（螺栓）孔时，应先装圆形孔的螺钉（螺栓），后装腰形孔的螺钉（螺栓），再交错逐步拧紧。

（10）同一个零件同时有大圆形螺钉（螺栓）孔和腰形螺钉（螺栓）孔时，应先装腰形孔的螺钉（螺栓），后装大圆形的螺钉（螺栓），最后再交错逐步拧紧。

图 5-5 所示为不同情况下紧固件的装配拧紧顺序。

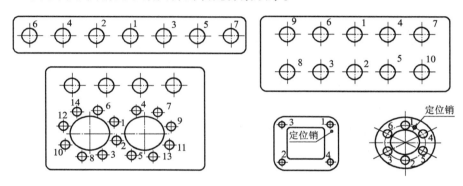

图 5-5　螺栓装配拧紧顺序

3. 销连接

（1）开口销装入相关零件后，其尾部应分开 60°~90°。用于轴端开槽螺母的开口销，其尾部分开允许大于 90°，并贴靠在轴端或螺母上。

（2）重要的圆锥销装配时应与孔进行涂色检查，其接触长度不小于工作长度的 60%，并要求分布在接合面的两侧。

（3）定位销的端面一般应略为突出零件表面，必要时也可平齐或略低于零件表面。内螺纹圆锥销装入相关零件后，其大端应沉入孔中。

4. 铆接

（1）铆钉的材料与规格尺寸必须符合产品或工艺文件的规定。铆钉孔的加工要符合工艺要求。

（2）铆接时不得损坏被铆接零件的表面，也不得使被铆接的零件变形。

（3）铆接后不得出现松动现象。铆钉头部必须与被铆接零件紧密接触并光滑圆整。

5. 粘接

（1）标牌、表面装饰板的粘接（粘贴）。

①标牌、表面装饰板的粘接胶必须符合产品或工艺文件的要求。

②被粘接的表面应事先做好工艺规定的预处理（如表面用浸有工业酒精的纱布涂抹干净并晾干）。

③要求被粘贴零件粘装定位正确，粘贴平整，无折纹。

(2) 风挡玻璃的粘装。

①风挡玻璃胶应为细腻均匀膏状物，无杂质等异物。

②车身风挡玻璃周框及风挡玻璃粘接处应按工艺要求做好清洗液清洁、晾干等预处理。

③风挡玻璃胶应涂注均匀、适量，玻璃的粘装按压要求定位正确，保持玻璃周边间隙均匀。

④粘的玻璃应酌情加贴固定胶带，确保12h内不位移。

6. 各种管线、密封条、电插接件

(1) 管、线的安装。

①油管安装要规范、顺畅，无任意歪斜和乱弯乱拱现象。

②制动油管管接头压紧密合稳固，不漏油，拧紧力矩符合工艺要求。

③各种软管与接管的套接，其套入深度一般应超过接管的两个管节。接管无管节或只有一个管节时，套入的深度应保证软管端头超出其夹紧卡箍，超出长度一般为0.8~1.5cm的卡箍宽度（卡箍窄取大值，卡箍宽取小值）。

④软管上标有标示线则按标示线位置固定卡箍。

⑤各种拉线（如驻车制动拉线、机盖锁拉线、油门拉线等）安装顺畅、折弯处弯曲圆滑、不扭曲，且挂扣稳固。

(2) 密封条装配。

①各种密封条（如车门密封条、背门密封条等）应压装平整，无皱折、起拱、脱唇口等现象。圆角处应平合而不脱空。

②为便于冬天低气温装配，工位上应就近配备恒温箱放置密封条、橡胶件，使冷硬的密封条或橡胶件能够加温软化待用。

③存放在恒温箱里的密封条、橡胶件应遵循先进先出原则，存放最长时间不允许超过4h。

(3) 电气线路及电插接件。

①电气线束按规定线路铺设平顺，无明显突然凸起和突然弯曲现象。各装卡处要求卡扣牢固。

②电插接件插接必须正确稳固，插到位和锁紧。插接时不得损坏接线端子或将接线端子压出。

③电插件插接完毕后必须自检，要求遵循"一插、二响、三按"原则。

5.3.2 典型装配过程质量要求

1. 具有预紧力零件的装配

预紧力是机械、建筑等专业的一个常用术语。比较通用的概括性描述是：在连接中（连接方式和用途多样）与承受载荷之前，为增强连接的可靠性和紧固性，防止承载后连接件间出现缝隙或相对滑移而需要预先增加的一定紧固力。

具有预紧力装置的种类和预紧方式主要有以下几种：

(1) 螺纹预紧力。装配时，螺纹连接通过拧紧而增加预紧力。

(2) 带传动预紧力。带传动中，传动带预先张紧在带轮上，此时传动带所受到的拉力即带传动预紧力。

(3) 轴承预紧力。轴承预紧力是指在安装轴承部件时，需要采取一定措施，预先对轴承施加的一定轴向载荷。轴承预紧的作用是用来消除轴承内部的游隙，使滚动体和内、外套圈之间产生一定的预变形，始终保持压紧状态。

(4) 弹簧预紧力。弹簧预紧力是通过对弹簧预先施加的压力，其作用是让弹簧获得最大弹性恢复力和弹性维持力。

2. 螺纹预紧力计算

汽车、机械装备的发展对产品装配质量要求越来越高。事实上，几乎所有的装配件都难以离开螺纹连接，控制好螺纹连接的质量对各种产品装配来说有着十分重要的作用。实验证明，较大的预紧力可提高连接的可靠性和材料疲劳强度。但预紧力过大，会增大连接件的尺寸，也可能在装配或偶然过载时拉断螺栓而出现事故；预紧力过小，连接件间会出现缝隙，产生泄漏或相对滑移。因此，装配时应控制好预紧力的大小，力求大小适当。

螺栓紧固工件时将形成三种作用力，即被连接件外表面与螺栓内端的摩擦力矩 T_1、螺栓头部螺纹副的摩擦力矩 T_2 和作用于工件的夹紧力。在这三个力中，前两项摩擦力矩将形成抵抗螺纹松动的力，作用于连接件的夹紧力正是装配所不可缺少的作用力。试验证明，被连接工件外表面与螺栓内端的摩擦力所形成的力矩，其大小占外载扭矩的 50% 左右；螺栓头部螺纹副的摩擦力矩约占 40%，工件的夹紧力约占 10%，这就是螺纹紧固力分配的"541"法则。

"541"法则是一种正常情况下螺纹紧固件拧紧力矩的分配比例，但对于追加润滑剂装配的螺纹紧固件以及紧固螺钉并不适用。在装配过程中，螺栓承受预紧力加上螺栓工作载荷所形成的拉应力不得超过螺栓的最大抗拉强度。图 5-6 所示为螺栓应力变化的过程。

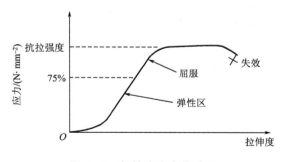

图 5-6 螺栓应力变化过程

装配时预紧力的大小通过拧紧力矩来控制。螺栓预紧时，拧紧力矩 $T=FL$。该力矩使螺栓和被连接件之间产生预紧力 Q_P。前已分析，拧紧力矩 T 等于螺栓副间的摩擦力矩 T_1 和螺母环形端面与被连接件（或垫圈）支承间的摩擦力矩 T_2 之和，由此，拧紧力矩为

$$T = T_1 + T_2$$

式中 T_1 与 T_2 在此不予计算，请查看其他资料。

合理选择连接螺栓的预紧力 Q_P，可以保证装配件连接的可靠性和紧密性，防止因冲击或振动而产生连接件间的缝隙、相对滑移、螺栓松脱或脆断等现象，乃至引起机械设备的损坏。螺栓的预紧力加上螺栓工作载荷应小于螺栓额定载荷，一般通过使用扭矩扳手可以有效控制螺栓预紧力。

3. 具有配合要求零件的装配与调整

为满足车辆外观和性能要求，在零部件设计时需对配合零部件提出配合和装配要求。装配的配合要求主要包括过盈、间隙、过渡配合，共三大部分。

（1）过盈配合。

过盈配合是指相互配合件间具有过盈（包括最小过盈等于零）的配合。过盈配合又有干涉配合、压入配合和紧配之称。其配合性质是孔和轴配合时，孔的最大极限尺寸总是小于或等于轴的最小极限尺寸，孔与轴之间为无间隙配合。过盈配合用于孔、轴间的紧固连接，不允许两者之间产生相对运动。例如，在装配各种油管管路、软管和硬管连接部分等就需要过盈配合，以保证装配性能要求。

过盈配合具有以下状态：

①最松状态。孔的最大极限尺寸减去轴的最小极限尺寸所得到的差值为最小过盈 Y_{min}，为孔轴配合的最松状态。

②最紧状态。孔的最小极限尺寸减去轴的最大极限尺所得的差值为最大过盈 Y_{max}，为孔轴配合的最紧状态。

比如，某车型要求离合软管和离合器总泵连接卡箍（图 5-7）之间的配合是过盈配合。其中卡箍内径为 16.3mm，软管外径为 17.4mm，过盈量 $Y = 17.4 - 16.3 = 1.1(mm)$。

图 5-7 离合软管和离合极限器总泵连接卡箍

（2）间隙配合。

相互配合件间具有间隙（包括最小间隙等于零）的配合称为间隙配合。间隙配合又叫活动配合，简称松配。

孔和轴配合时，孔的最小极限尺寸大于或等于轴的最大极限尺寸，孔与轴之间总是有间隙的配合。间隙配合允许孔、轴配合后产生相对运动。间隙配合处于最大间隙（最松配合）状态与最小间隙（最紧配合）状态之间。

①最大间隙状态。当孔为最大极限尺寸而轴为最小尺寸时，称为最大间隙 X_{max}。装配后

的孔、轴为最松的配合状态。

②最小间隙状态。当孔为最小极限尺寸而轴为最大极限尺寸时，称为最小间隙 X_{min}。装配后的孔、轴为最紧的配合状态。

结论是：孔和轴配合时，孔的最小极限尺寸总是大于或等于轴的最大极限尺寸，间隙配合中，孔轴之间总是存有间隙。比如 $\phi 68^{+0.040}_{+0.010}$ 的孔和 $\phi 68^{\ 0}_{-0.030}$ 的轴的配合即间隙配合，因孔的最小极限尺寸总是大于轴的最大极限尺寸，如图 5-8、图 5-9 所示。

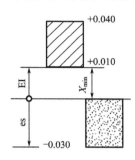

图 5-8　轴和孔的间隙配合

图 5-9　前保险杠与翼子板间隙

（3）过渡配合。

过渡配合指可能具有间隙或过盈的配合。孔和轴配合时，孔、轴之间可能具有间隙也可能具有过盈配合。过渡配合主要用于孔、轴间的定心连接。

过渡配合具有最松、最紧两种状态。最松状态是孔的最大极限尺寸减去轴的最小极限尺寸所得的差值为最大间隙 X_{max}。最紧状态是孔的最小极限尺寸减去轴的最大极限尺寸所得的差值为最大过盈 Y_{max}。如 $\phi 68^{+0.020}_{-0.010}$ 的孔和 $\phi 68^{\ 0}_{-0.030}$ 的轴的配合即过渡配合，在它们的公差范围内，有可能是间隙配合，也有可能形成过盈配合，如图 5-10 所示。

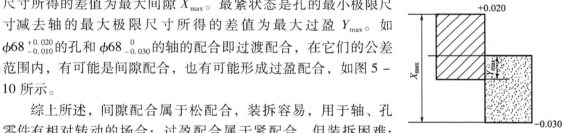

图 5-10　过渡配合

综上所述，间隙配合属于松配合，装拆容易，用于轴、孔零件有相对转动的场合；过盈配合属于紧配合，但装拆困难；过渡配合属于不松不紧的配合。过盈配合和过渡配合一般用于轴、孔零件相对静止的场合。如果轴、孔零件装配后不需要经常装拆（无须经常更换维修）时，应该选用过盈配合；如果轴、孔零件装配后需要经常装拆，即轴零件或孔零件一般是易损件时，为了便于拆装，必须选用过渡配合。如轴承与轴和机架孔的配合、轴套与孔的配合等都选择过渡配合。

5.3.3　产品防护

对汽车来讲，产品防护简单分为大、小两个方面。大的方面指车身和其他工序的劳动成果防护；小的方面指工序中的产品防护。

1. 各工位零部件放置的防护

（1）装配人员移动物件时，要做到轻拿轻放，防止磕碰或划伤，确保不致因物件转移而造成零部件的损伤。

（2）装配人员需要事先检验发运到工位上的零部件的编号、名称、规格和生产厂（对生产厂有要求时）及外观质量状况，以确保不误装和错装。

（3）零部件应选用合格的工位器具整齐平稳地摆放。对于不能重压的零部件，不能超过规定的堆放层次，以确保零部件的放置不受损坏。

（4）零部件工位器具的放置应整齐有序，符合"6S"（整理、整顿、清扫、清洁、素养、安全）的要求，以确保装配人员作业通道的畅通。

（5）不合格品的存放区要有明显标识，做好隔离，以防误用。

2. 装配操作对产品的防护

（1）零件应轻抬轻放，不得磕碰与划伤零部件。严禁为追求快的装配速度而过度锤击零件，要做到文明装配。

（2）下道工序装配人员应对上序作业成果进行有效防护。严禁为求本工序操作便利而破坏上道工序劳动成果的现象发生。

（3）作业人员的衣着应注意不使用和外露钥匙等坚硬物，力求谨慎操作，避免划伤车身油漆表面。

（4）油液加注作业人员必须及时用清洁的纱布将滴漏的液渍擦抹干净，以防对车身油漆或零部件造成腐蚀或沾污。

3. 调试及入库过程中对产品的防护

（1）调试中不得划伤、碰撞车身各油漆面，确因意外损伤油漆表面时，应做出标记，以便补漆和补检验。

（2）调试过程中对各有关零部件进行调整时，应细心操作，谨防损坏零件，对因操作失误而造成零件损伤的，调试人员应对其进行更换，并对损坏件进行明确标识。

（3）路试调试人员应按"道路试车规范"的要求安全行车，确保道路试车时车辆不被碰撞和损坏。

（4）调试完成和整车检验合格后，应及时向储运科转运，并在转运过程中做好相应防护工作，确保转运过程中不出现车身油漆表面划伤、磕碰或其他损坏。

5.4 汽车总装工艺常用设备简介

为了获得高性能、高质量的汽车产品，对于总装车间的生产设备与装备，必须具有非常高的可靠性、先进性和生产效率，要求其基本无故障地运转，并保证先进装配工艺的实施。工艺设备设计制造水平也是汽车装配技术水平的标志。生产设备性能高，不仅直接影响到汽车性能的提高，而且还意味着高效的生产能力和自动化程度的发挥。

汽车装配的技术装备主要包括：输送设备，发动机前、后桥等各大总成上线设备，各种油液加注设备，专用装配设备和出厂检测设备等。

（1）输送设备。输送设备用于总装配线、各总成分装线以及大总成上线的输送。

（2）大总成上线设备。各大总成上线设备指发动机前桥、后桥等总成在分装、组装后运送至总装配线，并在相应工位完成上线所采用的输送与吊装设备。

（3）油液加注设备。各种油液加注设备包括燃油、润滑油、清洁剂、冷却液、制动液和空调冷媒剂等各种加注设备。

(4) 专用装配设备。专用装配设备包括车号打号机、螺纹紧固设备、车轮装配专用设备、自动涂胶机和液压桥装运小车等。

(5) 出厂检测设备。出厂检测设备包括前束试验台、侧滑试验台、转向试验台、四轮定位仪、前照灯检测仪、制动检测台、车速试验台、排气分析仪和故障诊断仪等。

5.4.1 整车装配常用工具

整车装配常用装配工具,主要包括扭力扳手、气动扳手和电动扳手等。

1. 扭力扳手

扭力扳手是用于测量扭力值大小的一种量具,主要用于装配中紧固螺栓、螺母和工程品质保证中的拧紧力测量,如图 5-11 所示。

图 5-11 扭力扳手

扭力扳手使用注意事项如下:

(1) 扭力扳手是精密机械仪器。装配使用时应小心谨慎,不可强制施加作用力而导致内部机构失灵。

(2) 不能把扭力扳手当铁锤使用,应轻拿轻放,不可随意乱丢。

(3) 不能把扭力扳手作为拆装工具去拧紧或拧松紧固件和另作他用。

(4) 不能超量程工作。当达到设定值和听到"咔喳"声后应停止加力。

(5) 定时对扭力扳手进行校检。

2. 气动扳手

气动扳手用于拧紧生产过程中的螺栓、螺母等紧固件。压缩空气通过气管接头进入把手,经换向阀决定转动方向后,进入发动机室,推动室内叶片旋转产生动力,将通过冲击装置来提高紧固件的拧紧力。气动扳手分为气动冲击扳手和定扭矩气动扳手,如图 5-12、图 5-13 所示。稳定的气压可以保证更高的精度,纯净的空气能够降低工具磨损和出现故障的风险。

气动工具的优点:

(1) 结构简单,轻便,安装维护简单。

(2) 压力等级低,使用安全 (0.45~0.60MPa)。

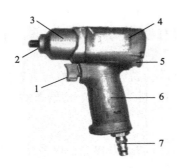

图 5-12 气动冲击扳手
1—扳机；2—前轴；3—打击机构；4—马达；
5—换向按钮；6—把手；7—气管接头

图 5-13 定扭矩气动扳手

（3）工作介质为空气，可循环利用，无须成本。
（4）排气处理简单，无污染，成本低廉。
（5）利用空气的可压缩性，可以储存能量实现集中供气，对冲击负载有较强的适应能力。
（6）空气流动损失小，可集中供应和远距离输送。

气动扳手的使用注意事项与维护保养：
（1）轻拿轻放，用完后放在规定位置。
（2）根据螺纹直径的不同，合理选择气动工具型号。如果扭矩值选择太小，功能满足不了工艺要求，还会加大工具内部磨损，减少工具使用寿命。如果扭矩值选择太大，容易造成螺栓折断，既耽误工时，又浪费螺栓。
（3）不能长时间打空转，否则会加大叶片与机体的磨损，降低使用寿命。
（4）每班前在气动工具的气管接头处加几滴润滑油，然后空转一下。

3. 定值式电动扳手

定值式电动扳手（图 5-14）结合了气动扳手和扭力扳手的用途，并通过蓄电池提供动力，使用方便，但价格较其他扳手昂贵。

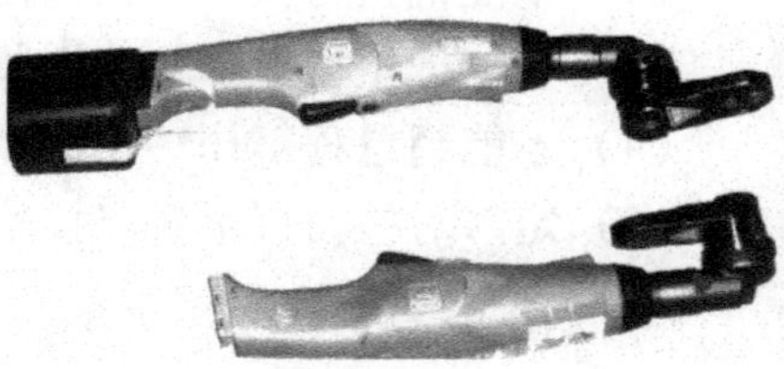

5.4.2 整车装配常用设备

图 5-14 定值式电动扳手

整车装配常用设备包括输送设备、全自动装配线、加注设备、螺栓紧固设备、专用设备和检测设备等。

1. 智能标记机

智能标记机用于打印整车 VIN 号。VIN 号是车辆的身份证明，每辆车都配有唯一的 VIN 号。

2. 玻璃打胶机器人

玻璃打胶机器人用于整车前、后风挡玻璃自动涂胶。机器人系统的采用确保了玻璃涂胶的一致性，进而确保了产品质量。机器人系统采用人工上、下料和玻璃预处理；系统自动完成前、后风挡玻璃输送，定位夹紧，识别玻璃型号并依次对前、后玻璃自动涂胶和翻转等工作以及人工安装前、后风挡玻璃的工作方式。

整套系统的运转通过 PLC 控制和管理，具有涂胶速度/胶量的协调控制功能，能够保证胶型/胶量稳定，符合涂胶工艺要求。特别是在玻璃转角部分的胶型/胶量符合要求的功能方面，满足了产品质量需求，生产效率得到很大提高。图 5-15 所示为玻璃打胶机器人的外观状况。

3. 油液加注设备

汽车装配中的油液加注设备主要有助力转向液真空加注机、发动机冷却液真空加注机和洗涤液加注机等。它们的功能分别是加注液压助力转向油液、发动机系统冷却液和汽车风窗洗涤液。

图 5-15　玻璃打胶机器人外观

助力转向液真空加注机包括抽真空系统、加注系统、补液系统、压缩空气系统、夹注枪、控制系统和其他辅助部分。工作过程为：第一次抽真空→稳压检测→二次抽真空→压力加注助力转向液→回吸→完成加注。

发动机冷却液真空加注机用于加注发动机系统冷却液。该设备包括抽真空系统、加注系统、补液系统、压缩空气系统、加注枪、控制系统和其他辅助部分。

洗涤液加注机主要用于汽车风窗洗涤液加注。

各种油液加注设备使用时的注意事项有：

（1）检查油管、气管有无渗漏，如有则加固。

（2）检查气路各表压力参数值是否在正常范围内，如不正常，应调至正常。

（3）检查按钮开关、指示灯有无破损，检查加注枪外观完好状态、移动管路的牢固和可靠性，压力表的正常状况，储液罐有无足够液体等。

（4）加注过程中严禁按下停止按钮。如加注过程中报警，可按手动按钮再打回自动重新加注。

4. 杜尔制动与空调一体化加注机

杜尔制动与空调一体化加注机用于制动液、空调冷媒剂加注，如图 5-16 所示。

图 5-16　杜尔制动与空调一体化加注机

5. AGV（Automatic Guided Vehicle）小车

AGV 小车用于动力总成及后桥总成的合装。它是一种以电池为动力，装有非接触导引装置的无人驾驶自动化搬运小车,其外观如图 5-17 所示。

图 5-17 AGV 小车

AGV 小车可根据预先设定的程序和行驶路径,在计算机系统的监控下自动行走到指定地点。

AGV 小车的工作过程如下:首先在上线位置将待装的发动机及后桥总成吊至小车托盘上,自动接受主线信号,随后通过控制台调度而自动运行到被装车体下,逐步自动跟踪、定位、举升,直到完成自动装配并返回上线工位、充电等一系列工作。

该设备集成了许多先进的理论和应用技术,主要内容包括导航定位、车载伺服驱动与控制、交通管理、安全保护、货物装卸、地面计算机控制与管理、系统仿真、无线电通信、红外线通信、信息采集与处理和自动充电等。

AGV 自动导航系统彻底减免了人工移栽发动机总成及后桥总成的高强度作业,提高了底盘系统安装的精度,实现了更为人性化的生产作业,保证了产品装配质量,突显出工艺布置以人为本的理念。

图 5-18 所示为 AGV 小车正在完成车身举升后自动合装动力及后桥总成。

图 5-18 AGV 小车的应用

6. 轮胎充气机、轮胎拆装机和动平衡机

轮胎充气机、轮胎拆装机和动平衡机分别用于轮胎的分装、充气,并在完成分装后测试轮胎动平衡,如图 5-19、图 5-20 所示。

图 5-19 轮胎拆装机、轮胎充气机

图 5-20 轮胎动平衡机

7. 轮胎螺母拧紧机

电动轮胎螺母拧紧机用于整车轮胎的拧紧工作。该拧紧机精度能够达到福特认证 A-10

级,最大扭矩达 200N·m,如图 5-21 所示。

图 5-21 轮胎螺母拧紧机

电动轮胎螺母拧紧机工作过程如下:设备采用人工上件,拧紧过程无须人工控制,用于电动轮胎螺母拧紧机自动拧紧轮胎螺母。作业完毕后自动退回起始作业位置。轮胎螺母拧紧机能够自动控制扭矩,自动实施角度监控,拧紧精度可达 ±2%,最终扭力得到合格保持而能确保产品质量。设备要求保证在 500 万次拧紧后,测试精度保持在 ±25% 范围。

 本章知识点

1. 汽车装配基础知识(常用装配方法和装配精度等)。
2. 汽车装配的工艺过程和内容。
3. 汽车装配工艺过程和组织形式。
4. 汽车装配技术和质量控制。
5. 汽车总装配工艺常用设备及其应用。

 思考与习题

1. 汽车装配的任务与要求是什么?汽车装配与其他机器装配有何特点?
2. 汽车总装配中的常用装配方法主要有哪几种?重点说明螺纹连接与销连接的装配特点。
3. 说明装配精度的内涵与应用意义。
4. 装配精度与零件精度的关系包含哪几方面的内容?
5. 一个完整的汽车总装配过程包括哪几个阶段?说明各个阶段主要的工作内容与要求。
6. 何谓流水式装配?"一个流"是什么意思?
7. 装配方法的选择,一般要遵循哪几项原则?
8. 重点说明互换装配法和修配装配法的意义、效果和应用。
9. 说明汽车总装配的基本要求;分类说明典型装配过程的质量要求。
10. 说明汽车总装车间的生产设备与装备的应用特点。汽车总装配的技术装备主要包括哪些项目?各完成什么功能?

第 6 章
汽车零件加工工艺规程的制定

本章介绍汽车零件机械加工工艺规程的制定。机械加工工艺规程是指如何将汽车零件的机械加工工艺过程和操作要求、方法用表格或文字的形式制定出用于组织生产、指导生产、制定生产计划的工艺文件。工艺规程的编制是工艺人员的核心工作。学习制定机械加工工艺规程，要求掌握制定工艺规程的原则，了解制定加工工艺规程的步骤，掌握分析与设计机械加工工艺路线的内容和方法，熟悉加工余量、工序尺寸和工艺尺寸链的计算，学会机械加工生产率和经济性的分析等。最终要求学习者通过本课程学习，能够结合汽车生产实际和将来职业岗位需要完成零件机械加工有关工艺设计的课题与试验研究。

6.1 基准

6.1.1 基准的概念

工件是由若干空间点、线、面所构成的几何实体，其形状、位置与尺寸取决于所有点、线、面间的相互位置关系，包括尺寸大小、平行度和同轴度等。

基准就是用来确定工件几何要素间的几何关系所依据的那些点、线、面。

可见基准：轮廓要素（如平面、棱线、素线、顶点）。

不可见基准：中心要素（如轴线、球心、对称中心线或面），要由相应的表面来体现。

基面：体现零件中心要素基准的表面。

6.1.2 基准的分类

根据基准作用的不同，其可分为设计基准和工艺基准两大类。

1. 设计基准

设计基准即设计图样上所选用的基准。如图 6-1（a）所示，球心 O 是尺寸 $S\phi100$ 的设计基准。

球面上点 B 是加工 A 面时设计尺寸 80 的设计基准。图 6-1（b）所示的轴心线是 $\phi15H7$ 和 $\phi25h6$ 的设计基准；平面 A 和 C，它们都是设计基准，其中 A、C 互为设计基准。一个零件可以有一个或几个设计基准。

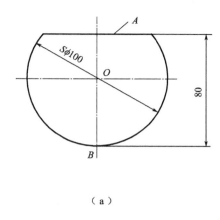
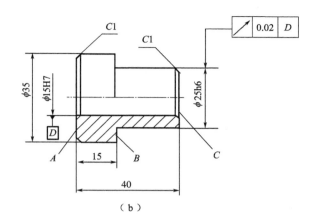

图 6-1 工件的设计基准

2. 工艺基准及其分类

工艺基准即机械加工工艺过程中所采用的基准。工艺基准按用途不同分为工序基准、定位基准、测量基准和装配基准四种。

（1）工序基准——加工工序图上的基准（图6-2）。

工序基准用以确定本工序加工表面加工后必须保证的尺寸、形状与位置。工序基准应尽可能与设计基准重合。为使定位或试切测量方便，工序基准可与定位基准或测量基准重合，这种原则称为基准重合原则。

在图6-3中，C面位置由设计尺寸L_1确定，其设计基准为B面；但加工时从工艺上考虑，需按尺寸L_2加工C面，则L_2为本道工序的工序尺寸，A面即工序基准。

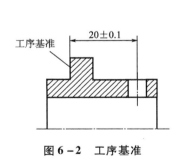
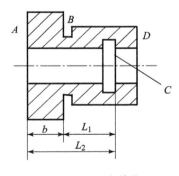

图 6-2 工序基准　　　　　　图 6-3 工序基准

（2）定位基准。

在工件加工时用来确定工件加工位置所采用的基准，或在加工时用于工件定位的基准，称为定位基准。定位基准由实际存在的面或内外圆柱面（体现不可见的假想的内、外圆柱轴线）作为定位基面。如图6-4所示，零件加工A面和B面时，若装夹定位面为D面和C面，则该工序定位基准为D面和C面。如图6-5所示，加工阶梯轴上表面E，用V形块对小轴外圆面定位，此时定位基准为阶梯轴轴心线O。如图6-6所示，铣削轴套零件缺口面

B、C，采用心轴定位，则定位基准为轴套内孔底面 A 和轴套零件轴心线 $O—O$。其中 A 面确定了缺口 B 面的轴向位置，轴心线 $O—O$ 确定了缺口 C 面的径向位置。一般当用 V 形块对零件外圆面定位时，其定位基准为外圆轴心线；当用心轴对零件内孔定位时，其定位基准为内孔轴心线。

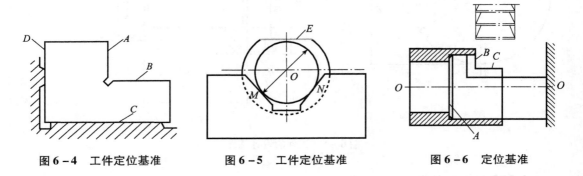

图 6-4　工件定位基准　　　　图 6-5　工件定位基准　　　　图 6-6　定位基准

定位基准表示法：在零件加工工序卡上，零件定位基准一般用"⊥"符号表示。

如图 6-7 所示齿轮轮齿加工，其定位基准为齿轮底面和齿轮内孔。

定位基准（基面）又有粗基准和精基准之分。

在机械加工的第一道工序中，只能用毛坯上未加工的表面作定位基准，这种定位基准称为粗基准。在随后的工序中，用加工过的表面作定位基准，这个表面称为精基准。对任意一个加工零件而言，粗基准一般只能应用一次。

（3）测量基准——用以测量被加工表面尺寸和位置的基准。

在图 6-8 中，在检测阶梯轴平面尺寸 H_2 时，以圆柱面下母线作为测量基准。

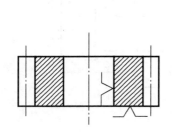 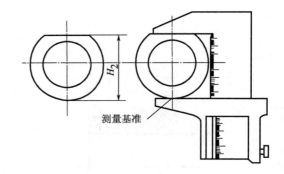

图 6-7　齿轮轮齿加工定位基准　　　　图 6-8　测量基准

（4）装配基准——装配时用以确定零件或部件在产品中的相对位置所采用的基准。

图 6-9（a）所示为以 A 端面和轴颈面为装配基准面；图 6-9（b）所示的倒挡齿轮 2 则以壳体 1 右端内端面和内孔表面为装配基准面。

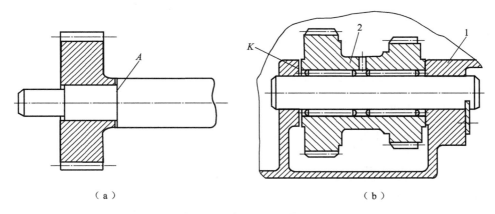

(a)　　　　　　　　　　　　（b）

图 6-9　装配基准与装配基准面实例

6.2　机械加工工艺规程及其制定步骤

6.2.1　机械加工工艺规程

机械制造中，通常将合理制定的零部件的机械加工工艺过程按一定的表格和要求格式书写成册，作为指令性技术文件，即机械加工工艺规程。当然，不同部门其工艺规程表现形式也各不相同。

机械加工工艺规程分类为机械加工工艺过程卡、工序卡、检验工序卡等。

1. 机械加工工艺过程卡

机械加工工艺过程卡是说明零件机械加工工艺过程的工艺文件，供工艺人员使用。表 6-1 所示为离合齿轮机械加工工艺过程卡，从过程卡上可以直观地了解到该离合齿轮加工由 10 道工序组成，以及每道工序加工的内容、使用的设备、加工时间及使用的材料等信息。

表 6-1　机械加工工艺过程卡片

机械加工工艺过程卡片				产品型号	CA6140	零（部件）图号			共1页
				产品名称	车床	零（部件）名称	离合齿轮		第1页
材料牌号	45钢	毛坯种类	模锻件	毛坯外形尺寸	$\phi21mm \times 68mm$	每毛坯可制件数	1	每台件数 1	备注
工序号	工序名称	工序内容		车间	工段	设备	工艺设备	工时/s	
								准终	单件
I	粗车	粗车小端面、外圆 $\phi90mm$、$\phi117mm$ 及台阶面，粗镗孔 $\phi68mm$				C620-1 卧式车床	三爪自定心卡盘		107

续表

工序号	工序名称	工序内容	车间	工段	设备	工艺设备	工时/s 准终	工时/s 单件
Ⅱ	粗车	粗车大端面、外圆 $\phi106.5mm$ 及台阶面、沟槽,粗镗 $\phi94mm$ 孔,倒角			C620-1 卧式车床	三爪自定心卡盘		118
Ⅲ	半精车	半精车小端面、外圆 $\phi90mm$、$\phi117mm$ 及台阶面,半精镗孔 $\phi68mm$,倒角			C620-1 卧式车床	三爪自定心卡盘		74
Ⅳ	精镗	精镗孔 $\phi68mm$,镗沟槽 $\phi71mm$,倒角 $C0.5$			C616A 卧式车床	三爪自定心卡盘		44
Ⅴ	滚齿	滚齿达图样要求			Y3150 滚齿机	心轴		1191
Ⅵ	粗铣	粗铣4个槽口			X62 卧式铣床	专用夹具		165
Ⅶ	半精铣	半精铣4个槽口			X62 卧式铣床	专用夹具		138
Ⅷ	钻孔	钻 $4×\phi5mm$ 孔			Z518 立式钻床	专用夹具		
Ⅸ	去毛刺	去除全部毛刺			钳工台			
Ⅹ	终检	按零件图样要求全面检查						
			设计（日期）	审核（日期）	标准化（日期）	会签（日期）		
标记	处数	更改文件号	签字	日期	标记	处数	更改文件号	签字 日期

2. 工序卡

工序卡需要对每道工序作进一步详细说明,是一种直接用于指导工人操作的工艺文件。

表6-2所示为离合齿轮加工工艺中第1道工序粗车的工序卡。工序卡中画有工序图,工序图中对该零件的定位基准、加工后的尺寸及公差有详细的尺寸标注。此外工序卡上对加工顺序（工步）、切削用量、使用设备及刀、夹、量具等均作出具体规定。

表 6-2 工序卡

机械加工工序卡片	产品型号	CA6140	零（部件）图号		共10页	第1页
	产品名称	车床	零（部件）名称	离合齿轮		

		车间	工序号	工序名	材料牌号	
			I	粗车	45钢	
		毛坯种类	毛坯外形尺寸	每毛坯可制件数	每台件数	
		模锻件	φ121mm×68mm	1	1	
		设备名称	设备型号	设备编号	同时加工件数	
		卧式车床	C620-1		1	
		夹具编号		夹具名称	切削液	
				三爪自定心卡盘		
		工位器具编号		工位器具名称	工序工时/s	
					准终	单件
						107

工步号	工步内容	工艺装备	主轴转速/(r·s⁻¹)	切削速度/(m·s⁻¹)	进给量/mm	背吃刀量/mm	进给次数	工步工时/s	
								机动	辅助
1	车小端面，保持尺寸 66.4₋₀.₃₄⁰ mm	Y15 90°偏刀、YT5镗刀、游标卡尺、内径百分尺	2.0	0.59	0.52	1.3	1	22	
2	车外圆满 φ91.5mm		2.0	0.59	0.65	1.25	1	17	
3	车台阶面，保持尺寸 20₀⁺⁰·²¹ mm		2.0	0.76	0.52	1.3	1	18	
4	车外圆 φ118.5₋₀.₅₄⁰ mm		2.0	0.76	0.65	1.25	1	15	
5	镗孔 φ65₀⁺⁰·¹⁹ mm		6.17	1.26	0.2	1.5	1	35	

				设计（日期）	审核（日期）	标准化（日期）	会签（日期）
标记	处数	更改文件号	签字	日期	标记	处数	更改文件号	签字	日期

3. 检验工序卡

检验工序卡即对成批或大量生产中重要检验工序作详细说明，用以指导产品检验的工艺文件。

6.2.2 制定加工工艺规程的步骤

制定加工工艺规程的内容和步骤如下，分述如下：

（1）准备相关原始资料。制定零件机械加工工艺规程需要以下原始资料：

①产品的零件图。

②产品的验收质量标准。

③产品的生产纲领及生产类型。

④零件毛坯图及毛坯生产情况,如毛坯的加工余量、结构工艺性、铸件的分型面和浇冒口位置、锻件的模锻斜度和飞边位置等,以便正确选择零件加工时的装夹部位和装夹方法,能够合理确定工艺过程。

⑤本厂生产条件。应全面了解工厂设备的种类、规格和精度状况,工人的技术水平,现有刀、辅、量、夹具规格以及非标装备的设计制造能力等。

⑥各种相关手册、标准等技术资料。

⑦国内外先进工艺及生产技术的发展与应用资料。

(2) 分析产品装配图和零件图。制定加工工艺规程时,首先需要根据产品装配图和零件图熟悉产品的性能、用途和工作条件,明确各零件的相互装配位置及其作用,了解和研究各技术条件制定的依据,找出其主要技术要求和关键技术问题等;同时必须仔细审查图纸尺寸、视图和技术要求是否完整、正确和统一,分析关键技术问题,审查零件的结构工艺性。

(3) 进行零件结构工艺审查。零件结构工艺分析的目的是对所设计的零件,要求在满足使用功能的前提下,分析和研究产品制造的可行性和经济性。零件的结构工艺性对加工工艺过程影响很大。若零件的使用性能相同而结构不同,则其加工方法及制造成本将有很大差别。对零件作结构工艺性分析时,应主要考虑以下两方面内容:

①检查,看零件标注尺寸是否合理和完整,设计基准是否与工艺基准匹配,检查尺寸标注是否正确,要求尺寸规格尽量标准化。

②分析零件结构工艺性。要求零件结构便于加工和度量,具有足够的刚度。

如果在工艺审查中发现了问题,需要及时与产品设计部门联系,共同研究解决办法。零件结构工艺性分析与改进实例如表6-3所示。

表6-3 零件结构工艺性分析与改进实例

序号	改前	改后	说明
1	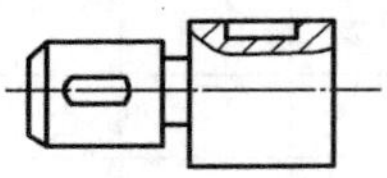	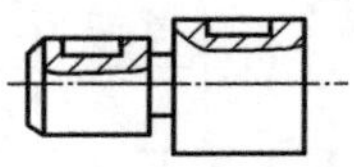	改后两键槽方位、尺寸均相同,可在一次装夹中加工出来
2	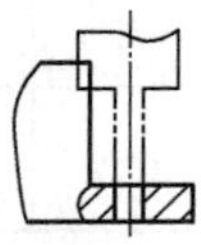	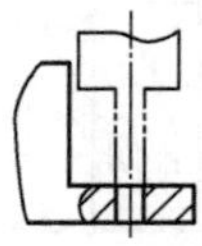	便于引进刀具,保证加工
3	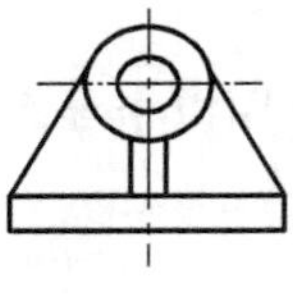	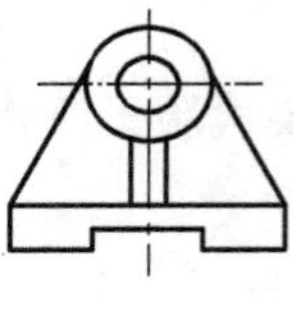	底面积小,稳定性好,加工量小
4	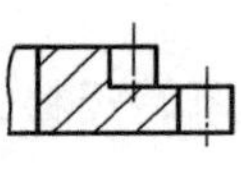	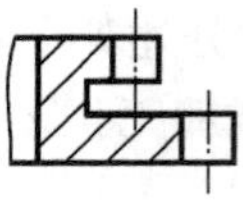	设计退刀槽,保证加工

续表

序号	改前	改后	说明
5			钻头不易钻偏和折断
6			避免了深孔加工，节省了材料，紧固件连接可靠
7			退刀槽尺寸相同，节省换刀时间
8			通、直孔容易加工
9			减少零件的加工表面面积，可降低刀具消耗，保证配合表面接触良好
10			孔端圆形凸台平行，以便同时加工出来
11			提高安装刚度，减少空程损失，生产率高
12			尽量将加工表面放在零件外部

续表

序号	改前	改后	说明
13			尽量将加工表面放在零件外圆表面

(4) 确定毛坯种类及其制造方法。汽车与常用的机械零件的毛坯来自铸件、型材、模锻件、冲压件、焊接件以及粉末冶金、成型轧制件等。零件的材料和毛坯种类一般从零件图纸上可以得到明确。有的随着零件材料的选定而确定，如选用铸铁、铸钢、铸铜、铝镁铸造合金等，此时毛坯必为铸件。

对于材料为结构钢的零件，除了货车前梁、军车曲轴、连杆等重要零件明确是锻件外，大多数只规定了材料及其热处理要求，这就需要工艺规程设计人员根据零件的作用、尺寸和结构形状来确定毛坯种类。如制作一般的阶梯轴，若各阶梯的直径差较小，则可直接以圆棒料作毛坯；重要的轴或直径差大的阶梯轴，为了减少材料消耗和切削加工量，宜采用锻制毛坯。

常用毛坯的特点及适用范围如表6-4所示。

表6-4 各类毛坯的特点及适用范围

毛坯种类	制造精度（IT）	加工余量	原材料	工件尺寸	工件形状	力学性能	适用生产类型
型材		大	各种材料	小型	简单	较好	各种类型
型材焊接件		一般	钢材	大、中型	较复杂	有内应力	单件
砂型铸件	14级以下	大	铸铁、铸钢、青铜	各种尺寸	复杂	差	单件小批
自由锻件	14级以下	大	钢材为主	各种尺寸	较简单	好	单件小批
模锻件	11~14	一般	钢、锻铝、铜等	中、小型	一般	好	中、大批量
金属型铸造	10~12	较小	铸铝为主	中、小型	较复杂	较好	中、大批量
精密模锻	8~11	较小	钢材、锻铝等	小型	较复杂	较好	大批量
压力铸造	8~11	小	铸铁、铸钢、青铜	中、小型	复杂	较好	中、大批量
熔模铸造	7~10	很小	铸铁、铸钢、青铜	小型为主	复杂	较好	中、大批量
冲压件	8~10	小	钢	各种尺寸	复杂	好	大批量
粉末冶金件	7~9	很小	铁、铜、铝基材料	中、小尺寸	较复杂	一般	中、大批量
工程塑料件	9~11	较小	工程塑料	中、小尺寸	复杂	一般	中、大批量

(5) 制定机械加工工艺路线。机械加工工艺路线是机加工工艺规程的核心。其主要内容包括选择定位基准、确定加工方法、安排加工顺序以及热处理、检验和其他工序。拟定工艺路线是制定工艺规程的关键性一步，必须在充分调查研究的基础上提出工艺方案，并加以

分析比较，最终确定一个最佳经济合理的方案。

（6）确定各工序加工余量、工序尺寸和公差。

（7）确定各工序设备、刀具、夹具、量具和辅助工具。设备的选择应在满足零件加工工艺的需要和可靠地保证零件加工质量的前提下，与生产批量和生产节拍相适应。首先应优先考虑采用标准化的工艺装备和充分利用现有条件，以降低生产准备费用。对改装或重新设计的专用机床、专用或成组工艺装备，应在进行经济性分析和论证的基础上提出设计任务书。

（8）确定各工序的切削用量及时间定额。

（9）填写工艺文件。

下面将就制定加工工艺规程中的几个重要环节给予分节总结与介绍。

6.3 工艺路线分析与设计

拟定机械加工工艺路线的第一步是选择被加工零件的定位基准。定位基准选择合理与否，将直接影响零件加工质量。例如，基准选择不当，往往会增加工序，致使工艺路线不合理、夹具设计困难，达不到零件加工的精度要求，特别是位置精度，所以首先要把握好零件加工时的定位基准选择。在最初的工序中只能选择未加工的毛坯表面（即铸造、锻造或轧制表面等）作为定位基准，这种定位基准称为粗基准。用加工过的表面作定位基准称为精基准。另外，为了满足工艺需要在工件上专门设计的定位基准，称为辅助定位基准（或称为工艺基准）。根据加工基准先行原则，在选择定位基准时应先考虑精基准的选择，后考虑粗基准的选择，因为加工精基准时需要用粗基准。

6.3.1 精基准的选择原则

1. 基准重合原则

为使定位或测量方便，用设计基准作为定位精基准，可避免由于基准不重合而出现定位误差，这种基准选择原则称为基准重合原则。在对加工面位置尺寸和位置关系有决定性影响的工序中，特别是当位置公差要求较严时，一般不应违背这一原则。否则，将由于存在基准不重合误差而增大加工难度，造成质量问题。

如图6-10所示零件，设计尺寸为A和B，设顶面f和底面e已加工好（即尺寸A已经保证），现用调整法铣削一批零件的g面。

为保证设计尺寸B，以e面定位，则定位基准e与设计基准f不重合。由于铣刀相对于夹具定位面e而调整，对于一批零件来说，刀具调整好后位置不再变动。加工后尺寸B的大小除受本工序加工误差Δj的影响外，还与上道工序的加工误差T_A有关。这一累计误差乃所选定位基准与设计基准不重合而产生。这种定位误差称为基准不重合误差。它的大小等于设计基准与定位基准之间的联系尺寸A的公差T_A和加工尺寸B的误差Δj之和。为了保证尺寸B的精度，应限制$\Delta j + T_A \leqslant T_B$。也就是说，采用基准不重合的定位方案，必须控制该工序的加工误差和基准不重合误差的总和不得超过尺寸B的公差T_B。这样既缩小了本道工序的加工允差，又对前面工序提出了较高的要求，使得加工成本提高，这当然应该尽量避免。所以，在选择定位基准时，需要尽量使定位基准与设计基准相重合。

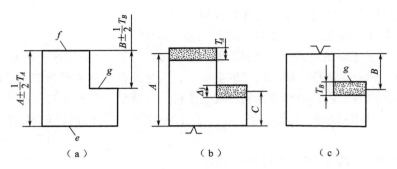

图 6-10 基准重合分析

(a) 零件图；(b) 基准不重合；(c) 基准重合

若以 f 面定位加工 g 面，做到基准重合，此时尺寸 A 的误差对加工尺寸 B 无影响，本工序的加工误差只需满足 $\Delta_j \leq T_B$ 即可。

上面所述就是强调基准重合的意义所在。

2. 基准统一原则

用同一组基准定位加工零件上尽可能多的表面，这就是基准统一原则。应用基准统一原则可以简化工艺规程，简化夹具结构，减少制造工作量和成本，缩短生产准备周期，甚至方便流水线的物流。由于减少了基准转换，有利于保证各加工表面的相互位置精度。比如，箱体零件采用一面（底面）两孔（轴承孔）定位（图 6-11），轴类零件采用两中心孔定位（图 6-12），盘套类零件常使用止口面作统一精基准，齿轮加工多采用齿轮的内孔及一端面为定位基准等都属于基准统一原则范畴。

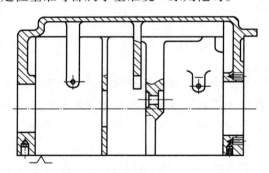

图 6-11 箱体采用一面两孔定位图

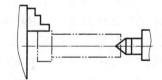

图 6-12 轴类零件采用两中心孔定位

3. 互为基准原则

当对工件上两个相互位置精度要求很高的表面进行加工时，需要用两个表面相互作为基准，以反复进行加工，能够充分保证高的位置精度要求。例如，要保证精密齿轮的齿圈跳动精度，在齿面淬硬后，先以齿面定位磨削内孔，再反过来又以内孔定位磨削齿面，从而有效地保证位置精度。再如，车床主轴的前锥孔与主轴支承轴颈间有严格的同轴度要求，加工时就得先以轴颈外圆为定位基准来加工锥孔，然后再以锥孔作为定位基准来加工外圆，如此反复多次，最终达到加工要求。图 6-13 所示即采用车床主轴的前锥孔与主轴支承轴颈两者间互为基准的范例之一。

4. 自为基准原则

某些要求加工余量小而均匀的精加工工序，将选择加工表面自身作为定位基准，称为自为基准。图 6-14 所示为磨削车床导轨面，用可调支撑支撑床身零件；在导轨磨床上，用百分表找正导轨面相对机床运动方向

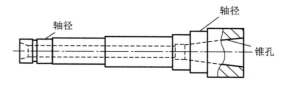

图 6-13 车床主轴采用互为基准

的正确位置；然后依着用百分表所找正的导轨面的运动轨迹来加工导轨面，保证余量均匀，以满足对导轨面的质量要求。又如采用浮动镗刀镗孔（图 6-15）和常用珩磨孔、拉孔及无心磨外圆等，都能实现自动对中，都属于自为基准。

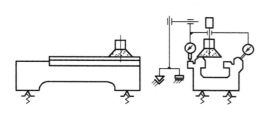

图 6-14 加工表面自身作为定位基准

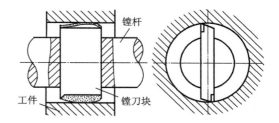

图 6-15 浮动镗刀镗孔（自动对中）

6.3.2 粗基准的选择原则

机械加工中，粗基准的选择将遵循以下几个原则。

1. 选主要非加工表面原则

为了保证工件上加工面与主要非加工面的相互位置要求，应以主要非加工面作为粗基准，如图 6-16 所示。其外圆为主要非加工表面，且面积大，定位稳定，适合做粗基准。对于次要非加工面，则不宜做粗基准。因为在毛坯制造时会坚持重视壁厚分布的均匀、质量的平衡，以及尺寸、形状的对称性等。对于次要非加工面，一般只检查轮廓尺寸。

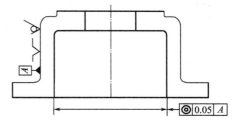

图 6-16 主要非加工面为粗基准

2. 余量均匀分配原则

如果首先要求保证工件某重要表面加工余量均匀时，应选择该表面的毛坯面作为粗基准。如图 6-17 所示，加工时若以不加工外圆表面 1 作粗基准定位，则加工后内孔 2 与外圆 1 同轴，可以保证零件壁厚均匀，但加工内孔 2 的余量则不均匀（图 6-17（a））。然而，若以零件毛坯孔 3 作粗基准定位，则加工内孔 2 与毛坯孔 3 同轴，可以保证加工余量均匀，但内孔 2 与不加工面外圆 1 不同轴，加工后壁厚会不均匀，上厚下薄，如图 6-17（b）所示。

如车床床身加工，导轨面是床身的重要表面，精度要求高、晶体组织致密且要求均匀。这时若以导轨面为粗基准加工底面，再以底面为基准加工导轨面，即可保证其余量均匀（图 6-18（a））；否则若以底面为粗基准加工导轨面（图 6-18（b）），就无法满足保证导

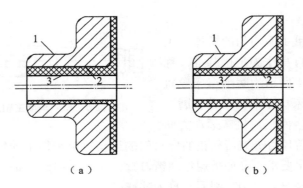

图 6-17　粗基准选择比较

(a) 外圆为粗基准；(b) 内孔为粗基准

1—外圆；2—内孔；3—毛坯孔

轨面余量分布均匀的要求。

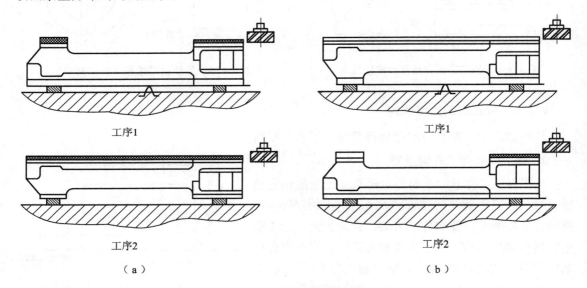

图 6-18　粗基准选择比较

(a) 导轨面为粗基准；(b) 底面为粗基准

上述两个原则是选择粗基准最主要的原则。两个原则有时相互矛盾，需根据具体情况加以选择。

除上述两个原则外，选择粗基准还要考虑以下要求，即粗基准的不重复使用原则和便于工件装夹的原则。

3. 不重复使用原则

因为粗基准本身是毛坯表面，精度和粗糙度均较差，初次加工被选为粗基准实属不得已，故接下来安排加工则应选择已加工面为基准。如果再重复使用粗基准，就会造成两次加工出的表面之间存在较大的位置误差。

如图 6-19 所示，第一道工序以不加工外圆表面定位来加工中心内孔，而第二道工序仍以外圆表面定位加工凸缘上的几个均布孔，显然，该凸缘上的均布孔自然会与中心内孔产生较大的同轴度误差。正确的工艺方案应以已加工过的内孔定位加工均布孔才算合理。

4. 便于工件装夹原则

要求选用的粗基准面应尽可能平整、光洁，且有足够大的尺寸，不允许有锻造飞边，铸造浇、冒口或其他缺陷。也不宜选用铸造分型面作粗基准。又如，缸体加工的粗基准，通常选取两端主轴承座孔和气缸内孔的毛坯孔。如果毛坯铸造精度较高，能保证缸体侧面对气缸孔轴线的尺寸精度，那也可选用侧面上的几个工艺凸台作为粗基准，这样便于定位和装夹。

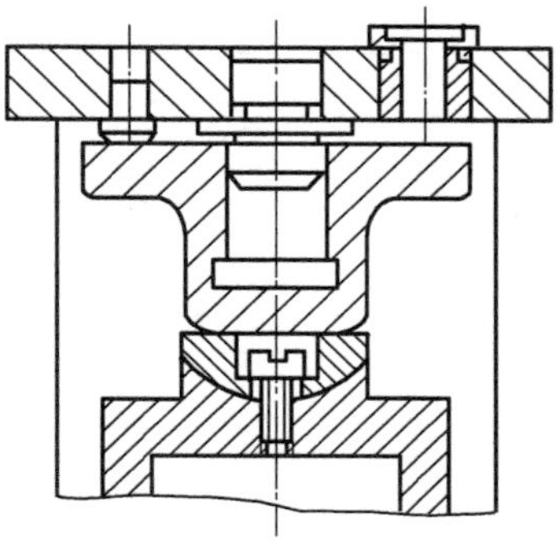

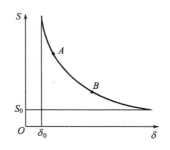

图 6-19　不重复使用粗基准

6.3.3　经济加工精度与加工方法的选择

1. 经济加工精度

经济加工精度指在正常加工条件下（包括采用符合质量标准的设备和工艺装备，使用标准技术等级的工人，不延长加工时间），用一种加工方法所能得到的加工精度和表面粗糙度。

任何一种加工方法的加工误差与加工成本之间都有如图 6-20 所示关系。图 6-20 中 δ 为加工误差，表示加工精度，S 表示加工成本。由图 6-20 中曲线可知，两者关系的总趋势是加工成本随着加工误差的减小而上升，但在不同的误差范围内成本上升的比率却不同。显然，位于 A 点左侧的曲线，加工误差每减小一点，其加工成本幅度会上升较大；当加工误差减小到一定程度时，所投入的成本即使再大，加工误差的下降也微乎其微，这说明无论哪一种加工方法，加工误差的减小是有极限的（图中 δ_0）。从图 6-20 中也可看到，位于 B 点右侧，即使加工误差放大许多，成本下降也很少。这说明对于任一种加工方法，成本下降也有一个极限，即最低成本 S_0。只有在曲线的 AB 段，加工成本随着加工误差的减小而上升的比率相对稳定。可以认定，只有当加工误差等于曲线 AB 段所对应的误差值时，采用相应的加工方法加工才算经济合理。于是，人们称 AB 段所对应的误差值或所对应的精度即该加工方法的经济精度。因此，加工经济精度是指一个精度范围而不是一个单值。

各种加工方法的经济精度随年代增长和技术进步而不断提高，如图 6-21 所示。

表 6-5、表 6-6 和表 6-7 分别给出了外圆表面、内孔及平面加工中各种加工方法所对应的经济加工精度和表面粗糙度，可供参考。

图 6-20　加工误差与加工成本的关系

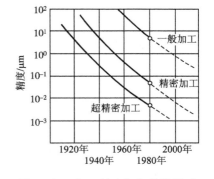

图 6-21　加工精度与年代的关系

表6-5 外圆加工中各种加工方法的经济加工精度及表面粗糙度

加工方法	加工情况	经济加工精度（IT）	表面粗糙度 $Ra/\mu m$
车	粗车	12~13	10~80
	半精车	10~11	2.5~10
	精车	7~8	1.25~5
	金刚石车（镜面车）	5~6	0.02~1.25
铣	粗铣	12~13	10~80
	半精铣	11~12	2.5~10
	精铣	8~9	1.25~5
车槽	一次行程	11~12	10~20
	二次行程	10~11	2.5~10
外磨	粗磨	8~9	1.25~10
	半精磨	7~8	0.33~2.5
	精磨	6~7	0.13~1.25
	精密磨（精修砂轮）	5~6	0.08~0.42
	镜面磨	5	0.008~0.08
抛光			0.08~1.25
研磨	粗研	5~6	0.16~0.63
	精研	5	0.04~0.32
	精密研	5	0.008~0.08
超精加工	精	5	0.08~0.32
	精密	5	0.01~0.16
砂带磨	精磨	5~6	0.02~0.16
	精密磨	5	0.01~0.04
滚压		6~7	0.16~1.25

注：加工有色金属时，表面粗糙度 Ra 取小值。

表6-6 孔加工中各种加工方法的加工经济精度及表面粗糙度

加工方法	加工情况	经济加工精度（IT）	表面粗糙度 $Ra/\mu m$
钻	$\phi 15mm$ 以下	11~13	5~80
	$\phi 15mm$ 以上	10~12	20~80
扩	粗扩	12~13	5~20
	一次扩孔（铸孔或冲孔）	11~13	10~40
	精扩	9~11	1.25~10

续表

加工方法	加工情况	经济加工精度（IT）	表面粗糙度 $Ra/\mu m$
铰	半精铰	8~9	1.25~10
	精铰	6~7	0.32~5
	手铰	5	0.08~1.25
拉	粗拉	9~10	1.25~5
	一次拉孔（铸孔或冲孔）	10~11	0.32~2.5
	精拉	7~9	0.16~0.63
推	半精推	6~8	0.32~1.25
	精推	6	0.08~0.32
镗	粗镗	12~13	5~20
	半精镗	10~11	2.5~10
	精镗（浮动镗）	7~9	0.63~5
	金刚镗	5~7	0.16~1.25
内磨	粗磨	9~11	1.25~10
	半精磨	9~10	0.32~1.25
	精磨	7~8	0.08~0.63
	精密磨（精修整砂轮）	6~7	0.04~0.16
珩	粗珩	5~6	0.16~1.25
	精珩	5	0.04~0.32
研磨	粗研	5~6	0.16~0.63
	精研	5	0.04~0.32
	精密研	5	0.008~0.08
挤	滚珠、滚柱扩孔器，挤压头	6~8	0.01~1.25

注：加工有色金属时，表面粗糙度 Ra 取小值。

表6-7 平面加工中各种加工方法的经济加工精度及表面粗糙度

加工方法	加工情况	经济加工精度（IT）	表面粗糙度 $Ra/\mu m$
周铣	粗铣	11~13	5~20
	半精铣	8~11	2.5~10
	精铣	6~8	0.63~5
端铣	粗铣	11~13	5~20
	半精铣	8~11	2.5~10
	精铣	6~8	0.63~5

续表

加工方法	加工情况	经济加工精度（IT）	表面粗糙度 $Ra/\mu m$
车	半精车	8~11	2.5~10
	精车	6~8	1.25~5
	细车（金刚石车）	6	0.02~1.25
刨	粗刨	11~13	5~20
	半精刨	8~11	2.5~10
	精刨	6~8	0.63~5
	宽刀精刨	6	0.16~1.25
插	普通立插	10~11	2.5~20
拉	粗拉（铸造或冲压表面）	10~11	5~20
	精拉	6~9	0.32~2.5
平磨	粗磨	8~10	1.25~10
	半精磨	8~9	0.63~2.5
	精磨	6~8	0.16~1.25
	精密磨	6	0.04~0.32
刮	25mm×25mm 内点数	8~10	0.63~1.25
		10~14	0.32~0.63
		13~16	0.16~0.32
		16~20	0.08~0.16
		20~25	0.04~0.08
研磨	粗研	6	0.16~0.63
	精研	5	0.04~0.32
	精密研	5	0.008~0.08
砂带磨	精磨	5~6	0.04~0.32
	精密磨	5	0.01~0.04
滚压		7~10	0.16~2.5

注：加工有色金属时，表面粗糙度 Ra 取小值。

2. 选择加工方法应考虑的问题

加工方法选择应综合考虑生产类型、本单位生产条件、材料加工性能、加工表面类型、相关形状与尺寸、加工质量要求等诸多因素。对于汽车零件来讲，由于生产批量大、质量要求高，常采用自动流水生产和社会配套加工，若对生产条件、材料与毛坯性能等控制严格，则更要全面分析和选择加工路线。

6.3.4 典型表面的加工路线

这里就汽车零件三类典型表面，即外圆表面、圆孔及平面的加工路线分别予以介绍和总结。

1. 外圆表面加工路线

图6-22给出了外圆表面的典型加工路线,以及路线中各工序所能达到的精度和粗糙度。由此可概括成四条基本路线。

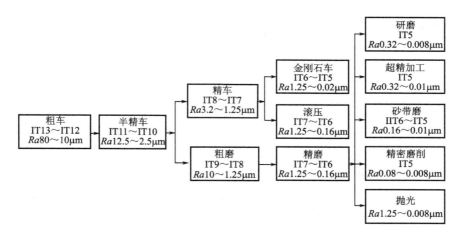

图6-22 外圆表面的典型加工路线

(1) 粗车-半精车-精车。对于一般常用材料,这是应用最广泛的一条工艺路线。精度要求不高于IT7、粗糙度$Ra \geq 0.8 \mu m$的零件表面,均可采用此加工路线。

(2) 粗车-半精车-粗磨-精磨。对于黑色金属材料,精度要求高和表面粗糙度值要求较小、零件需要淬硬时,其后续工序只能用磨削而采用此加工路线。

(3) 粗车-半精车-精车-金刚石车。对于有色金属,用磨削加工通常不易得到所要求的表面粗糙度,因为有色金属比较软,容易堵塞磨粒间的空隙,故最终工序多用精车和金刚石车。

(4) 粗车-半精车-粗磨-精磨-光整加工。对于黑色金属材料的淬硬零件,精度要求高和表面粗糙度值要求很小,常用此加工路线,如发动机曲轴加工。

表6-8所示为上述典型外圆表面加工的四条基本路线特点比较。

表6-8 典型外圆表面的加工路线比较

加工路线 分项	粗车-半精车- 精车	粗车-半精车- 粗磨-精磨	粗车-半精车- 精车-金刚石车	粗车-半精车- 粗磨-精磨-光整
适用材料	常用材料	黑色金属、淬硬	未淬黑色金属及有色金属	黑色金属、淬硬
尺寸精度	中	较高	高	高
粗糙度	中	小	较小	小
生产类型	大批量	小批量	各种	各种

2. 圆孔的加工路线

图6-23所示为典型圆孔的加工路线框图,也可把它归纳为四条基本的加工路线。

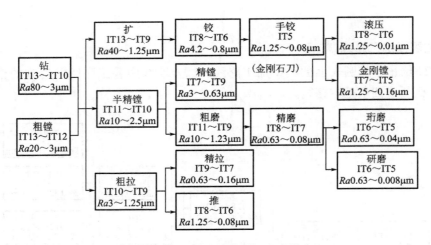

图 6-23 圆孔的典型加工路线

（1）钻（粗镗）-粗拉-精拉。多用于大批量生产中加工盘套类零件的圆孔、单键孔和花键孔。加工出的孔的尺寸精度可达 IT7，且加工质量稳定，生产效率高。当工件上无铸出或锻出的毛坯孔时，第一道工序安排钻孔；若有毛坯孔，则安排粗镗孔；如毛坯孔的精度好，可直接拉孔。

（2）钻-扩-铰。主要用于直径 $D<50mm$ 的中小孔加工，是一条应用最为广泛的加工路线，在各种生产类型中都有应用。加工后孔的尺寸精度通常达 IT6~8，表面粗糙度 $Ra0.8$~$4.2\mu m$。若尺寸、形状精度和粗糙度要求还要高，可在铰后安排一次手铰。由于铰削加工对孔的位置误差的纠正能力差，因此孔的位置精度主要由钻-扩来保证；位置精度要求高的孔不宜采用此加工方案。

（3）钻（粗镗）-半精镗-精镗-浮动镗（或金刚镗）。这也是一条应用非常广泛的加工路线，在各种生产类型中都有应用。用于加工未经淬火的黑色金属及有色金属等材料的高精度孔和孔系（IT5~IT7级，$Ra0.16$~$1.25\mu m$）。与钻-扩-铰工艺路线不同的是：所能加工的孔径范围大，一般孔径 $D \geq 18mm$ 即可采用装夹式镗刀镗孔；加工出孔的位置精度高，如金刚镗多轴镗孔，孔距公差可控制在 ± 0.005~$\pm 0.01mm$，常用于加工位置精度要求高的孔或孔系，如连杆大小头孔、发动机箱体孔系等。

（4）钻（粗镗）-半精镗-粗磨-精磨-研磨（或珩磨）。这条工艺路线常用于黑色金属特别是淬硬零件的高精度的孔加工。其中研磨孔的原理和工艺与前述外圆研磨相同，只是此时研具是一圆棒。如发动机缸体活塞孔就是采用这条工艺路线。

表 6-9 所示为上述典型孔加工的四条基本路线特点比较。

表 6-9 典型孔的加工路线特点比较

加工路线 特点	钻（粗镗）- 粗拉-精拉	钻-扩-铰	钻（粗镗）- 半精镗-精镗- 浮动镗（金刚镗）	钻（粗镗）- 半精镗-粗磨- 精磨-研磨（珩磨）
适用材料	未淬火黑色、 有色金属	未淬火黑色、 有色金属	未淬火黑色金属 及有色金属	黑色金属、淬硬件

续表

加工路线 特点	钻（粗镗）- 粗拉-精拉	钻-扩-铰	钻（粗镗）- 半精镗-精镗- 浮动镗（金刚镗）	钻（粗镗）- 半精镗-粗磨- 精磨-研磨（珩磨）
位置精度	高	低	高	高
生产类型	大批量	小批量	各种	各种
孔径范围	大	<50mm	$D \geqslant 18$mm	大

3. 平面加工路线

图 6-24 所示为常见平面加工路线框图，可概括为五条基本工艺路线。

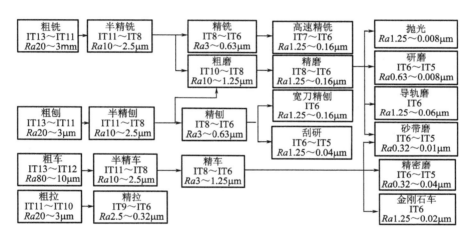

图 6-24 平面典型的加工路线

（1）粗铣-半精铣-精铣-高速精铣。铣削是平面加工中用得最多的方法。若采用高速精铣作为终加工，不但可达到较高精度，而且可获得较高的生产效率。高速精铣的工艺特点是：高速（$v = 200 \sim 400$m/min），小进给（$f = 0.04 \sim 0.10$mm/Z），小吃深（$a_p < 2$mm）。其精度和效率主要取决于铣床的精度和铣刀的材料、结构和精度，以及工艺系统的刚度。在大规模生产中应用较多，如发动机缸体平面加工。

（2）粗刨-半精刨-精刨-宽刀精刨或刮研。此工艺路线以刨削加工为主。通常，刨削的生产率较铣削低，但机床运动精度易于保证刨刀的刃磨和调整，故在单件小批生产中应用较多。

宽刀精刨可达到较高的精度和较低的表面粗糙度，在大平面精加工中用以代替刮研。刮研是获得精密平面的传统加工方法，由于其生产率低，劳动强度大，已逐渐被其他机械加工方法代替，但在单件小批生产中仍普遍采用。

（3）粗铣（刨）-半精铣（刨）-粗磨-精磨-研磨、精密磨、砂带磨或抛光。此工艺路线主要用于淬硬表面或高精度表面的加工，淬火工序可安排在半精铣（刨）之后。

（4）粗拉-精拉。这是一条适合于大批量生产的加工路线，主要特点是生产率高，特别是对台阶面或有沟槽的表面，其优点更为突出。如发动机缸体的底平面、曲轴轴瓦的半圆孔及分界面，都是一次拉削完成的。由于拉削设备和拉刀价格昂贵，因此只有在大批量生产中使用才经济。由于拉床有返程损失，耗能高，此工艺趋于淘汰。

（5）粗车－半精车－精车－金刚石车。此加工路线主要用于有色金属零件的平面加工，如轴类零件的端面。如果是黑色金属，则在精车以后安排精磨、砂带磨等工序。

各类典型平面加工路线所应用的生产类型见表6-10。

表6-10 典型平面加工路线特点比较

加工路线	粗铣－半精铣－精铣－高速精铣	粗刨－半精刨－精刨－宽刀精刨或刮研	粗铣（刨）－半精铣（刨）－粗磨－精磨－研磨、精密磨、砂带磨或抛光	粗拉－精拉	粗车－半精车－精车－金刚石车
生产类型	大批量	小	小	大	各种

6.3.5 加工顺序的安排

1. 切削加工顺序安排的原则

在上一节外圆表面、典型孔及平面的加工路线介绍中，充分体现了这些原则的贯彻使用。总结起来，安排切削加工顺序的原则是：

（1）先粗后精。零件的加工一般应划分加工阶段，将粗精加工分开。即先进行粗加工，然后进行半精加工，最后是精加工和光整加工。

（2）先主后次。先考虑主要表面的加工，后考虑次要表面的加工。因为主要表面加工容易出废品，应放在前阶段进行，以减少工时的浪费。应予指出，先主后次的原则必须正确理解和使用。次要表面一般加工余量较小，加工起来比较方便。因此，把次要表面加工穿插在各加工阶段中进行，就能使加工阶段的任务更加明显和进展顺利，还能增大加工阶段的时间间隔，可允许有足够的时间让残余应力重新分布并使其引起的变形充分体现，便于在后续工序中做到及时修正。

（3）先面后孔。先加工平面，后加工孔。因为平面一般面积较大，轮廓平整。先加工好平面，便于加工孔时的定位安装，利于保证孔与平面的位置精度，同时也能给孔的加工带来方便。另外，由于平面已加工好，对于平面上的孔加工时，使刀具的初始工作条件得以改善。

（4）先基准后其他。第一道工序一般进行定位基面的粗加工或半精加工，有时还包括精加工。然后以精基面来定位加工其他表面，如曲轴第一道工序是铣端面，钻两端中心孔，后续工序就可以以两端中心孔为精基准定位加工其他轴颈。

2. 热处理工序的安排

汽车零件机械加工过程中，合理穿插退火、正火、淬火或调质与表面热处理等热处理工序是十分重要的技术环节，来不得半点马虎。其执行原则是：

（1）为改善材料切削性能而进行的热处理工序（如退火、正火等），需安排在切削加工之前。

（2）为消除内应力而进行的热处理工序（如退火、人工时效等），最好安排在粗加工之后，精加工之前进行；有时也可安排在切削加工之前。

（3）为改善工件材料的力学性能而进行的热处理工序（如调质、淬火或表面淬火等）通常安排在粗加工后、精加工之前。其中渗碳淬火一般安排在切削加工后，磨削加工之前。对于表面淬火、渗碳和离子氮化等变形小的热处理工序，可允许安排在精加工后进行。

（4）为了提高零件表面耐磨性或耐蚀性而进行的热处理工序以及以装饰为目的的热处理工序或表面处理工序（如镀铬、镀锌、氧化、磷化等）一般放在工艺过程的最后。

3. 辅助工序的安排

辅助工序一般包括去毛刺、倒棱、清洗、探伤、校直、防锈、退磁、检验等。其中检验工序是主要的辅助工序，它对保障产品质量有着极其重要的作用。

检验工序的安排原则是：

（1）安排在关键工序或较长工序前后。

（2）在零件换车间加工前后，特别是在热处理工艺前后一般都要进行形状、尺寸和表面硬度，甚至是 X 光透视或金相组织的检查。

（3）在粗加工后精加工前的中间检查。

（4）零件全部加工完毕的最终检测等。

6.3.6 工序的集中和分散

在安排机械加工过程中，有一个工序集中还是工序分散的选择问题。所谓工序集中，就是将工件加工内容集中在少数几道工序内完成，每道工序的加工内容较多。工序分散就是将工件加工内容分散在较多的工序中进行，每道工序的加工内容较少，工序最少时可以少到一道工序只包含一个简单工步。

工序集中可用多刀刃、多轴机床、自动机床、数控机床和加工中心等技术措施集中，称为机械集中；也可采用普通机床顺序加工，称为组织集中。

1. 工序集中

可以断定，在一次安装中可完成零件多个表面加工，可以较好地保证这些表面的相互位置精度，同时减少了装夹时间和减少工件在车间内的搬运工作量，有利于缩短生产周期。

工序集中将减少机床数量，并相应减少操作工人，节省车间面积，简化生产计划和生产组织工作。

工序集中还可采用高效率的机床或自动线、数控机床等，生产率高。

因为工序集中需要采用专用设备和工装，使得投资增大，后期设备调整和维修复杂，生产准备工作量增加。

2. 工序分散

如上面所述，工序分散就是将工件加工内容分散在较多的工序中进行，每道工序的加工内容较少。如此，机床设备及工艺装备简单，调整和维修方便，工人易于掌握，生产准备工作量少，便于平衡工序时间。

工序分散可采用最合理的切削用量，减少基本时间。设备数量多，操作工人多，占用场地大。

3. 工序集中与工序分散的应用比较

工序集中和工序分散各有利弊，应根据生产类型、现有生产条件、企业能力、工件结构特点和技术要求等进行综合分析，择优选用。

单件小批生产采用通用机床顺序加工，使工序集中，可以简化生产计划和生产组织。多品种小批量生产可采用数控机床等先进的加工方法。

对于重型工件，为了减少工件装卸和运输的劳动量，工序应适当集中。

大批大量生产的产品，可采用专用设备和工艺装备，如多刀、多轴机床或自动机床等，将工序集中，也可将工序分散后组织流水生产。但对一些结构简单的产品，如轴承和刚性较差、精度较高的精密零件，则工序应适当分散。

6.3.7 加工阶段的划分

为了保证零件的加工质量、生产效率和经济性，即贯彻"质量、效率、成本和安全"原则，通常在安排工艺路线时，都必须划分成几个加工阶段。对于一般精度要求的零件，可划分成粗加工、半精加工和精加工三个阶段。对精度要求高或特别高的零件，尚需随后相继安排精密加工（含光整加工）和超精密加工阶段。各阶段的主要任务是：

（1）粗加工阶段。粗加工阶段主要是去除各加工表面的大部分余量，约占总余量75%，并加工出精基准。

（2）半精加工阶段。半精加工用来减少粗加工阶段留下的误差，使加工面达到一定的精度，为精加工做好准备，并完成一些精度要求不高的表面，如非配合面的加工等。

（3）精加工阶段。精加工阶段主要是保证零件的尺寸、形状、位置精度及表面粗糙度符合图纸要求。这是相当关键的加工阶段。大多数表面至此加工完毕，也为少数需要进行的后续精密加工或光整加工做好准备。

（4）精密和超精密加工阶段。精密和超精密加工必须采用一些高精度的加工方法，如精密磨削、珩磨、研磨、金刚石车削等，以进一步提高表面的尺寸和形状精度，降低表面粗糙度，最终达到图纸的精度要求。

6.4 加工余量与工序尺寸

6.4.1 加工余量的概念

1. 加工总余量与工序余量

加工总余量即毛坯余量，是指毛坯尺寸与零件设计尺寸之差，也就是某加工表面上需要切除的金属层总厚度。工序余量是指相邻两工序的尺寸之差，也就是某道工序工步所切除的金属层厚度，也可以理解为工件被加工面对于切屑刀具的相对位置。显然有

$$Z_0 = Z_1 + Z_2 + \cdots + Z_n = \sum_{i=1}^{n} Z_i \qquad (6-1)$$

式中：Z_0——加工总余量，mm；

Z_i——第 i 道工序余量，mm；

n——工序数目。

工序余量可以分为单边余量和双边余量。通常平面加工属于单边余量（图6-25），回转面如外圆、内孔加工等和某些对称平面如键槽等加工均属于双边余量（图6-26（a）、（b）、（c））。

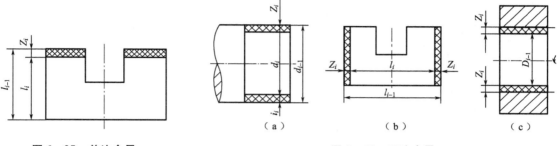

图6-25 单边余量

图6-26 双边余量

（a）外圆；（b）对称平面；（c）孔加工

单边余量。设某加工表面上道工序的尺寸为l_{i-1}，本道工序的尺寸为l_i，则本道工序的基本余量Z_i可表示成

$$Z_i = l_{i-1} - l_i \tag{6-2}$$

零件的对称面，其加工余量为双边余量（图6-26），即

$$2Z_i = l_{i-1} - l_i \tag{6-3}$$

同样，外圆表面为

$$2Z_i = d_{i-1} - d_i \tag{6-4}$$

内圆表面为

$$2Z_i = D_i - D_{i-1} \tag{6-5}$$

加工余量也有公差，其大小等于本道工序尺寸公差T_b与上道工序尺寸公差T_a之和（见图6-27），即

$$T_z = T_a + T_b \tag{6-6}$$

工序尺寸的公差按"入体原则"标注，好处是可以减少废品。因为人们加工时，习惯将粗加工靠近名义尺寸，而公差带则标注在名义尺寸之外，故起到了"过载"保护的作用。

图6-28、图6-29分别表示了被包容件与包容件的工序尺寸及其公差、工序余量和毛坯余量之间的关系。图中工艺过程包括粗加工、半精加工和精加工三道工序。

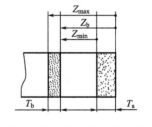

图6-27 加工余量及公差

图中，$d_{坯}(D_{坯})$、$d_1(D_1)$、$d_2(D_2)$、$d_3(D_3)$分别表示粗加工、半精加工、精加工工序尺寸；Z_1、Z_2、Z_3分别表示粗加工、半精加工和精加工工序余量，Z_0表示毛坯总余量；$T_{坯}$、$T_{坯,1}$、T_2、T_3分别表示毛坯、粗加工、半精加工、精加工工序余量公差。

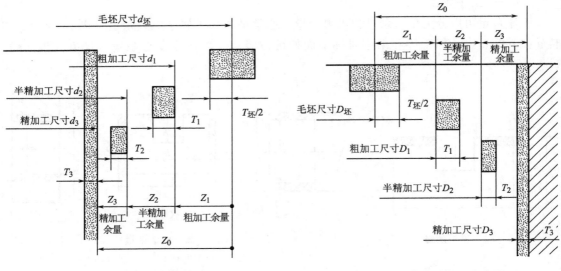

图 6-28 被包容件各工序余量　　　图 6-29 包容件各工序余量

2. 确定加工余量的方法

确定加工余量的方法主要有计算法、查表法和经验法三种。其中，查表法是根据有关手册提供的资料查出各表面的总余量以及不同加工方法的工序余量的方法。这种方法方便迅速，使用最广。而经验估算法是根据工艺人员的经验来确定加工余量的方法。为避免产生废品，其所确定的加工余量一般偏大，适于单件小批生产。

6.4.2 工序尺寸及公差的确定

在加工过程中，多数情况属于基准重合。此时，可按如下方法确定各工序尺寸和公差。

（1）先确定各工序加工余量。

（2）从最终加工工序开始，即从设计尺寸开始，依次根据各工序加工余量，计算出各工序的基本尺寸，直到毛坯尺寸为止。

（3）除最终加工工序取设计尺寸公差外，其余各工序按各自采用的加工方法所对应的加工经济精度确定工序尺寸公差。

（4）除最终加工工序按图纸标注公差外，其余各工序按"入体原则"标注工序尺寸公差。

（5）一般毛坯余量已事先确定，故第 1 道加工工序的由毛坯余量减去后续各半精加工和精加工的工序余量之和而求得。

【例】某机床主轴一外圆设计尺寸要求为 $\phi 50_{-0.011}^{0}$，表面粗糙度为 $Ra0.4\mu m$，试制定其加工路线，并确定各加工工序的加工余量、工序尺寸及其公差。

根据外圆最终尺寸 $\phi 50_{-0.011}^{0}$ 可知其公差为 0.011mm，查表 6-11 可知其最终尺寸加工精度等级为 IT5 级。查图 6-22 外圆表面的典型加工路线，选用的加工路线为：粗车→半精车→粗磨→精磨→研磨。该加工路线加工精度和表面粗糙度都能满足设计要求。下面确定该加工路线各加工工序加工余量、工序尺寸及其公差。

表 6-11 标准公差数值（GB/T 1800.3—1998）（节选部分）

基本尺寸 /mm		标准公差等级												
		IT1	IT2	IT3	IT4	IT5	IT6	IT7	IT8	IT9	IT10	IT11	IT12	IT13
	至	μm												mm
6	10	1	1.5	2.5	4	6	9	15	22	36	58	90	0.15	0.22
10	18	1.2	2	3	5	8	11	18	27	43	70	110	0.18	0.27
18	30	1.5	2.5	4	6	9	13	21	33	52	84	130	0.21	0.33
30	50	1.5	2.5	4	7	11	16	25	39	62	100	160	0.25	0.39

按机械加工手册所给数据，并按上述方法确定的工序尺寸及公差列于表 6-12 中。其中研磨、精磨、粗磨的加工余量可查阅相关手册（表 6-13、表 6-14）。

表 6-12 主轴工序尺寸及公差的确定

工序名称	工序余量/mm	经济精度/mm	表面粗糙度 $Ra/\mu m$	工序尺寸/mm	尺寸公差/mm
研磨	0.01	h5 ($^{0}_{-0.011}$)	0.04	50	$\phi 50^{0}_{-0.011}$
精磨	0.1	h6 ($^{0}_{-0.016}$)	0.16	50+0.01=50.01	$\phi 50.01^{0}_{-0.016}$
粗磨	0.3	h8 ($^{0}_{-0.039}$)	1.25	50.01+0.1=50.11	$\phi 50.11^{0}_{-0.039}$
半精车	1.1	h11 ($^{0}_{-0.016}$)	2.5	50.11+0.3=50.41	$\phi 50.41^{0}_{-0.016}$
粗车	4.49	h13 ($^{0}_{-0.039}$)	16	50.41+1.1=51.51	$\phi 51.51^{0}_{-0.039}$
锻造		±2		51.51+4.49=56	$\phi 56 \pm 2$

表 6-13 研磨外圆加工余量（节选部分）

零件基本尺寸/mm	直径余量/mm
>18~30	0.007~0.010
>30~50	0.008~0.011

表 6-14 粗磨、精磨外圆加工余量（节选部分）

零件基本尺寸/mm	粗磨/mm	精磨/mm
	折算长度	
	≤200	≤200
>18~30	0.12	0.08
>30~50	0.3	0.1

6.5 工艺尺寸链

6.5.1 直线尺寸链概述

在零件加工过程中,由同一零件有关工序尺寸所形成的尺寸链,称为工艺尺寸链。

尺寸链中的每一个尺寸,称为尺寸链的尺寸环。各尺寸环按其形成的顺序和特点,可分为封闭环和组成环。凡在零件加工过程中最终形成的环(或间接得到的环)称为封闭环,如图 6–30 中的尺寸 A_0。尺寸链中除封闭环以外的各环,称为组成环,组成环按其对封闭环影响又可分为增环和减环。

图 6–30　尺寸链示例

凡其环变动(增大或减小)引起封闭环同向变动(增大或减小)的环,称为增环。反之,由于其环变动(增大或减小)引起封闭环反向变动(减小或增大)的环,称为减环。

6.5.2 尺寸链的计算

工艺尺寸链基本上均用极值法计算。极值法是根据尺寸链尺寸及公差关系和各环上、下偏差关系计算封闭环公差的方法。该法使用简便、可靠。

尺寸链尺寸及公差关系和尺寸链偏差关系如图 6–31、图 6–32 所示。

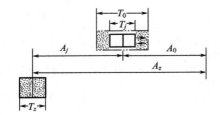

图 6–31　尺寸链尺寸及公差关系

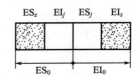

图 6–32　各环上、下偏差关系

由图 6–31 可知,减环 A_j 的公差 T_j、增环 A_z 的公差 T_z、减环 A_j 及 T_j 均可随增环 A_z 增加或减小,并在增环 A_z 公差范围 T_z 内作水平移动。

由图 6–31 和图 6–32 可得出下列计算公式。

1. 封闭环的基本尺寸

封闭环的基本尺寸等于各增环基本尺寸之和减去各减环基本尺寸之和,即

$$A_0 = \sum_{z=1}^{m} A_z - \sum_{j=m+1}^{n-1} A_j \tag{6-7}$$

式中:A_0——封闭环的基本尺寸;
　　　A_z——增环的基本尺寸;
　　　A_j——减环的基本尺寸;
　　　m——增环数;
　　　n——尺寸链总环数。

2. 封闭环上、下偏差

尺寸链封闭环的上(下)偏差等于各增环上(下)偏差之和减去各减环下(上)偏差

之和，即

$$ES_0 = \sum_{z=1}^{m} ES_z - \sum_{j=m+1}^{n-1} EI_j \quad (6-8)$$

$$EI_0 = \sum_{z=1}^{m} EI_z - \sum_{j=m+1}^{n-1} ES_j \quad (6-9)$$

式中：ES_0、EI_0——封闭环的上、下偏差；

ES_z、EI_z——增环的上、下偏差；

ES_j、EI_j——减环的上、下偏差。

3. 封闭环公差

尺寸链封闭环的公差等于各组成环公差之和，即

$$T_0 = \sum_{i=1}^{n-1} T_i \quad (6-10)$$

式中：T_0——封闭环公差（极值公差）；

T_i——组成环公差。

4. 极值竖式法

表 6-15 所示为尺寸链极值竖式计算表，封闭环尺寸及偏差写在计算表中最下面一行，增环和减环尺寸及偏差写到其他任意处。表中每一列前两行相加等于第三行。需要注意的是，表中数值均为代数值。

竖式计算法口诀：封闭环和增环的基本尺寸和上下偏差照抄；减环基本尺寸变号；减环上下偏差对调且变号。

表 6-15 尺寸链极值竖式计算表

	基本尺寸 A	上偏差 ES	下偏差 EI	公差 T
增环 减环	$+A_z$ $-A_j$	ES_z $-EI_j$	EI_z $-ES_j$	T_z T_j
封闭环	A_0	ES_0	EI_0	T_0

6.5.3 尺寸链封闭环、增环、减环简易判别方法

（1）封闭环的判断。

尺寸链中封闭环尺寸的特点是最后形成和间接保证。从这个特点可以引伸出 2 个判据：

①在尺寸链中的一系列尺寸中，那些不是最后形成的尺寸，在本工序加工前就已经加工好的尺寸，肯定不是封闭环，可以先排除。

②经过第①步把不是封闭环的尺寸排除后，对剩余尺寸再用间接保证和直接保证方法确定封闭环。即：本工序加工时，如果该尺寸的设计基准和本工序的定位基准重合，则该尺寸是直接保证尺寸，就不是封闭环，是组成环；如果不重合，则该尺寸是间接保证尺寸，是封闭环。

（2）增环、减环简易判定。

用增环、减环的定义去判定尺寸链中的增环、减环很烦琐，下面介绍一种简易判定法：在尺寸链图中先给封闭环取定一个方向（从右向左）并画出箭头，再循此方向从封闭环左

侧出发,环绕尺寸链一圈回到封闭环右侧,然后以各组成环所在环绕线的方向画出箭头,凡箭头方向与封闭环箭头方向相反的为增环,方向相同的为减环。

如图6-33所示,各组成环尺寸上面箭头与封闭环A_0箭头相比较,方向相反的为增环,方向相同的为减环。由此可知,上述尺寸链中,A_1:增环;A_2:增环;A_5:增环;A_4:减环;A_3:减环。

图6-33 增环、减环简易判定

6.5.4 几种典型工艺尺寸链计算

1. 定位基准与设计基准不重合

例1 本工序以A面为定位基面,加工B面,保证尺寸$25^{+0.25}_{0}$。试计算从A面至B面的工序尺寸A_2及偏差。(参见图6-34所示工序图)

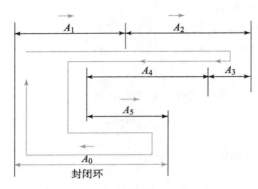

[解] 由题意知,工艺尺寸链如图6-35所示,计算所需工序尺寸A_2及偏差。

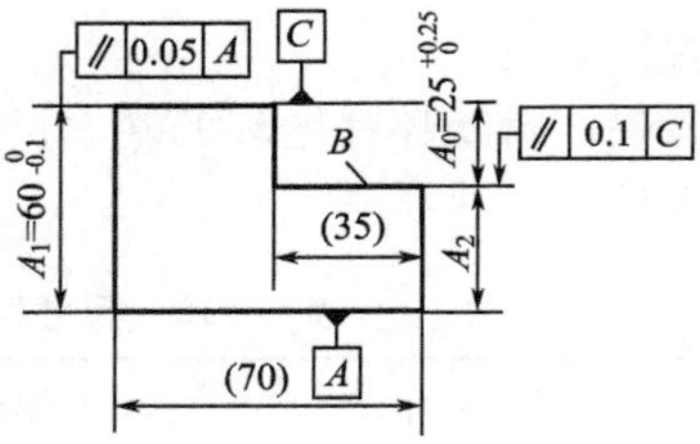

图6-34 工序图 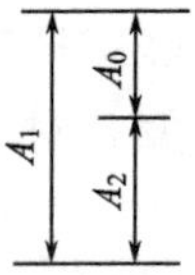　　图6-35 尺寸链图

该尺寸A_1已加工好,已直接得到;尺寸A_2的设计基准与定位基准重合,也能直接得到;由此,A_1、A_2为组成环,尺寸A_0为间接得到,属封闭环。其中A_1为增环(A_1增大或减小引起封闭环同向变动),A_2为减环(A_2增大或减小引起封闭环反向变动)。

将已知数据引入表6-16中,参照竖式计算法口诀,即可求出$A_2 = 35^{-0.10}_{-0.25}$。

表6-16 例1尺寸链极值竖式计算表

	A	ES	EI	T
A_1	+60	0	-0.10	0.10
A_2	-(35)	-(-0.25)	-(-0.10)	0.15
A_0	25	+0.25	0	0.25

例2 本工序加工直角面C和D。

以左端A面为定位基面,加工C面,保证尺寸$20^{0}_{-0.2}$。设计基准为B面。试计算从A面至C面的工序尺寸A及偏差。

[**解**] 工序图如图 6-36（a）所示，工艺尺寸链如图 6-36（b）所示。由题意知，尺寸 $40_{\ 0}^{+0.05}$ 已直接加工好，且为增环，65 ± 0.05 已直接加工好且为减环。

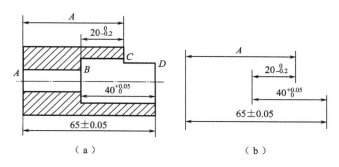

图 6-36 工序及尺寸链图

（a）工序图；（b）尺寸链

$20_{-0.2}^{\ 0}$ 间接形成为封闭环。将已知数据引入表 6-17 中，即可得所求为：$A = 45_{-0.15}^{-0.10}$。

表 6-17 例 2 尺寸链极值竖式计算表

	A	ES	EI	T
A_1	+45	-0.10	-0.15	0.05
A_2	+40	+0.05	0	0.05
A_3	-65	-(-0.05)	-(+0.05)	0.10
A_0	20	0	-0.20	0.20

2. 测量基准与设计基准不重合

例 3 如图 6-37 所示，本工序加工 C 面。

为保证设计尺寸 $50_{-0.1}^{\ 0}$，其设计基准为 B 面。

由于该尺寸不便测量，现改为以右端 A 面为测量基准。由于测量基准与设计基准不重合，需计算测量尺寸 X。

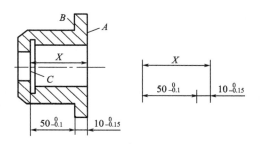

图 6-37 工序及尺寸链图

[**解**] 由题意知，封闭环为 $50_{-0.1}^{\ 0}$，增环为 X，减环为 $10_{-0.15}^{\ 0}$。由于 $T_j > T_0$，组成环公差大于封闭环公差，减环公差 $10_{-0.15}^{\ 0}$ 设计不合理，调整减环公差为 $10_{-0.06}^{\ 0}$，将 T_j 改为 0.06，得 $A_j = 10_{-0.06}^{\ 0}$，如表 6-18 所示，可得 $X = 60_{-0.10}^{-0.06}$。

表 6-18 例 3 尺寸链极值竖式计算表

	A	ES	EI	T
X_z	+60	-0.06	-0.10	0.04
A_j	-10	-(-0.06)	0	0.06
A_0	50	0	-0.10	0.10

3. 工序间的工序尺寸及偏差的计算

例4 图6-38所示为一带键槽的齿轮孔加工。镗内孔至$\phi 39.6^{+0.1}_{0}$，插键槽至尺寸A；热处理，磨内孔至$\phi 40^{+0.05}_{0}$，并同时间接保证键槽深度尺寸$43.6^{+0.34}_{0}$。

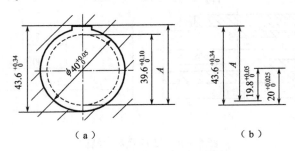

图6-38 工序及尺寸链图
(a) 工序图；(b) 尺寸链图

[解] 由题意知，封闭环为：$43.6^{+0.34}_{0}$；增环为A和孔的半径$20^{+0.025}_{0}$；减环为镗内孔半径$19.8^{+0.05}_{0}$。将已知数据代入表6-19中得，$A = 43.4^{+0.315}_{+0.050}$。

表6-19 例4尺寸链极值竖式计算表

A	ES	EI	T
20	0.025	0	0.025
43.4	0.315	0.05	0.265
-19.8	0	-0.05	0.05
43.6	+0.34	0	0.34

6.6 机械加工生产率和经济性

6.6.1 生产率

生产率是衡量生产效率的一个综合性指标，表示在单位时间内生产出合格产品的数量，或在单位时间内为社会创造财富的价值。不断提高劳动生产率是降低成本、增加积累和扩大再生产的主要途径，但需注意生产率与产品质量、加工成本之间的关系。首先，任何提高劳动生产率的措施，必须以保证产品质量为前提，否则毫无意义。其次，提高劳动生产率时应该具有成本核算观点。在工艺过程中，若不恰当地采用自动化程度过高、复杂而又昂贵的设备，则生产率虽有提高，但由于设备折旧费太大，结果加工成本却高出很多。

1. 时间定额

时间定额是指在一定生产条件下，规定生产一件产品或完成一道工序所需消耗的时间。时间定额是安排作业计划、进行成本核算、确定设备数量、人员编制及规划生产面积的重要依据，是工艺规程的重要组成部分。

2. 时间定额组成

（1）基本时间。基本时间是指直接用于改变生产对象的尺寸、形状、相互位置，以及表面状态或材料性质等的工艺过程所消耗的时间。对于切削加工而言，基本时间是指切去材料所消耗的机动时间，包括真正用于切削加工的时间以及切入与切出时间。

（2）辅助时间。辅助时间指为实现工艺过程而必须进行的各种辅助动作所消耗的时间。这里所说的辅助动作包括装卸工件、开停机床、改变切削用量、测量工件以及进退刀等。确定辅助时间的方法主要有两种：在大批量生产中，将各辅助动作分解，然后采用实测或查表的方法确定各分解动作所需消耗的时间，并累计之。在中小批生产中，按基本时间的一定百分比估算并在实际生产中进行修改，使之趋于合理。

（3）布置工作地时间。布置工作地时间指为使加工正常进行，工人照管工作地（如更换刀具、润滑机床、清理切屑、收拾工具等）所消耗的时间。

（4）休息和生理需要时间。

（5）准备和终结时间。准备和终结时间指为生产一批产品或零部件而进行准备和结束工作所消耗的时间。包括加工一批工件前熟悉工艺文件、准备毛坯、安装刀具和夹具、调整机床等准备工作，加工一批工件后拆下和归还工艺装备、发送成品等结束工作。

3. 单件时间的计算公式

$$T_S = t_B + t_A + t_C + t_R \tag{6-11}$$

式中：T_S——单件时间；

t_B——基本时间；

t_A——辅助时间；

t_C——布置工作地时间；

t_R——休息与生理需要时间。

4. 单件工时定额的计算公式

$$T_Q = t_S + t_P/B \tag{6-12}$$

式中：T_Q——单件工时定额；

t_P——准备终结时间；

B——批量。

在大批量生产中，由于 t_P/B 数值很小，常常忽略不计，此时可令

$$T_Q = t_S \tag{6-13}$$

6.6.2 提高生产率的措施

1. 缩短基本时间

（1）提高切削用量。提高切削速度 v、进给量 f 和背吃刀量 a_p，都可以缩短基本时间。

（2）减少切削行程长度。减少切削行程长度也可以缩减基本时间，如采用排刀装置，用几把车刀同时加工同一表面。

（3）合并工步。用几把刀具或复合刀具对同一工件的几个不同表面或同一表面同时进行加工，或把原来单独的几个工步集中为一个复合工步，各工步的基本时间就可以全部或部

分相重合，从而减少工序的基本时间。

（4）采用多件加工。顺序多件加工即工件顺着走刀方向一个接着一个装夹，如图6-39（a）所示。这种方法减少了刀具切入和切出的时间，也减少了分摊到每一个工件上的辅助时间。平行多件加工即在一次走刀中同时加工多个平行排列的工件，如图6-39（b）所示。平行顺序多件加工为上述两种方法的综合应用，如图6-39（c）所示，这种方法适用于工件较小、批量较大的情况。

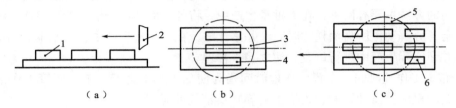

图6-39　多件加工

（a）顺序加工；（b）平行加工；（c）平行顺序综合加工
1，4，6—工件；2—刨刀；3—铣刀；5—砂轮

2. 缩短辅助时间

图6-40所示为采用辅助时间与基本时间重合来提高生产率的例子。其实，平时从事任何工作或日常生活，为提高工作或时间效率，也常常需要建立这个正确的理念。

生产中，如果辅助时间占单件时间的55%~70%，那么人们就必须考虑缩短辅助时间来提高生产率。由此，采用快速动作夹具和自动上、下料装置等都是好办法，这样可以有效缩短装卸工件所占用的辅助时间。于是，采用转位夹具或转位工作台，在利用机床加工的时间内装、卸工件，即将装、卸工件的辅助时间与基本时间重合。图6-40（a）所示为直线往复移动式加工；图6-40（b）所示为连续式回转加工。

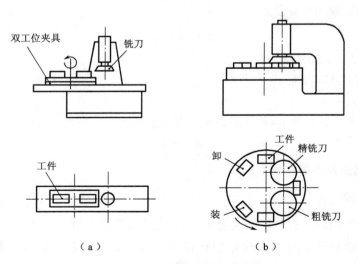

图6-40　辅助时间与基本时间重合

（a）直线往复移动式加工；（b）连续式回转加工

3. 缩短技术性服务时间

缩短技术性服务时间主要是指耗费在更换刀具、修磨砂轮、调整刀具位置的时间。通常可以采用快速换刀、快速对刀、机夹式不刃磨刀具等措施来减少技术性服务时间。

4. 缩短准备结束时间

实践证明，采用成组技术，把结构形状、技术条件和工艺过程都比较接近的工件归为一类，制定出典型的工艺规程并为之选择、设计好一套工具和夹具，可以缩短准备结束时间。这样，在更换下一批同类工件时就不必更换工具和夹具或经过少许调整就能投入生产。

本章知识点

1. 机械加工工艺规程及其作用。
2. 制定工艺规程的原则和原始资料。
3. 制定加工工艺规程的内容和步骤。
4. 基准的概念及分类。
5. 粗基准选择的原则与应用。
6. 精基准选择的原则与应用。
7. 各种机械加工方法所对应的经济加工精度和表面粗糙度状况。
8. 汽车零件三类典型表面，即外圆表面、典型孔及平面的加工路线。
9. 切削加工顺序安排的原则。
10. 热处理工序和辅助工序在机械加工加工路线安排中的意义与要求。
11. 工序集中与工序分散的应用意义与安排原则。
12. 加工余量、工序尺寸和工艺尺寸链的计算。
13. 机械加工生产率和经济性的分析。

思考与习题

1. 何谓机械加工工艺规程？它表现出哪几种技术文件的形式？
2. 制定机械加工工艺规程需要哪些原始资料？
3. 进行零件结构工艺审查包含哪些内容？试举例说明。
4. 汽车与常用机械零件的毛坯来自哪几方面？分别说明其成形特点。
5. 选择粗基准和精基准需要分别遵循哪些基本原则？就一个典型汽车零件的加工工艺分别予以说明。
6. 何谓经济加工精度？说明加工误差与加工成本的关系。
7. 选择零件机械加工方法应考虑哪些问题？
8. 说明并比较外圆表面加工的四条典型加工路线。
9. 说明并比较圆孔加工的四条基本加工路线。
10. 说明并比较平面加工的五种加工路线方案。
11. 说明切削加工顺序安排的原则及应用。
12. 说明热处理在机械加工加工路线安排中的意义与要求。举例说明热处理工艺在机械

加工工艺过程中的安排与作用。

13. 说明机械加工辅助工序的内容与作用。

14. 何谓机械加工过程中的工序集中与工序分散？说明其安排原则。

15. 说明加工余量与工序尺寸计算的意义。

16. 何谓工艺尺寸链？何谓增环、减环与封闭环？如何运用极值竖式计算方法计算尺寸链？

17. 何谓时间定额？机械加工中时间定额由哪几方面的内容组成？

18. 如何提高机械加工的生产效率？说明缩短机械加工基本时间的具体措施。

19. 如图6-41所示的轴承座零件，除 B 面外，其他尺寸均已加工完毕。现加工 B 面保证尺寸 $90_{\ 0}^{+0.4}$，而加工 B 面时 $90_{\ 0}^{+0.4}$ 尺寸不容易直接保证，现加工方案为：加工 B 面时以表面 A 定位，试计算 A 面到 B 面间的工序尺寸 L。

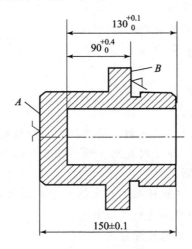

图6-41 轴承座零件

第 7 章
工件装夹与机床夹具

本章介绍机械加工中的工件装夹与机床夹具设计。概括地说，汽车制造中的形体主要依靠模具成形，如铸造、模锻、冲压、粉末冶金与塑料成形等。而各种零件形面的机械加工却无不用到夹具，以使之在机床运动和机械加工过程中始终保持正确的位置与牢固地夹紧。因此，工件装夹与机床夹具设计是本课程中一个比较系统化的重要章节。学习中要求在了解工件装夹要求与夹具功能、夹具组成与分类之后，重点掌握工件定位与夹紧中的几个基本知识点，即工件定位原理及其应用、工件定位方式及定位元件、工件在夹具上的夹紧及典型夹紧机构。最后本章就车、铣、钻、镗四类机床夹具分别做了重点介绍，要求通过本章学习掌握夹具设计的内容与方法。

❀ 7.1 工件装夹与机床夹具概述

实现汽车零件的机械加工，首先必须在机床上完成工件装夹，使得工件相对刀具保持精确定位和获得夹紧，以保证加工工序的完成和稳定的加工质量。

机床夹具是机床上完成工件装夹的重要工艺装置。如图 7-1 所示钻孔夹具，工件在心轴、套筒端面上定位，扭紧心轴螺母，夹牢零件，然后钻头穿过钻套进行加工。

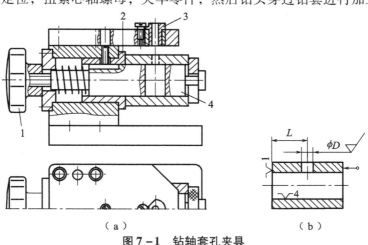

图 7-1 钻轴套孔夹具
(a) 夹具；(b) 轴套零件
1—螺母；2—定位套筒；3—钻套；4—定位心轴

7.1.1 工件装夹要求与夹具功能

1. 保证加工质量

工件装夹的首要任务是保证加工精度，保证被加工件的加工面与定位面之间以及被加工表面之间的位置精度。用夹具装夹工件加工时，工件相对于刀具及机床的位置精度由夹具保证，不受工人技术水平的影响，使一批批工件的加工精度得以趋于一致。

2. 提高劳动生产率

使用夹具完成工件装夹，可以减少划线、找正、调整等辅助时间，且易于实现多件、多工位加工，并能提高工件刚性而允许使用较大的切削用量。采用机动夹紧装置还可实现快速装夹，这对汽车零件的大批量生产至关重要。

3. 扩大机床使用范围

在机床上使用夹具可使复杂加工得以简化，以扩大机床的使用范围。例如，在车床上使用镗模完成镗孔工作；又如，可使用靠模夹具在车床或铣床上进行仿形加工。

4. 改善工人的劳动强度，保证安全

实施多件装夹可减少夹紧次数、增加上下料装置等，从中改善工人的劳动强度。同时还可以通过在夹具设计中采用可靠装夹和必要的防护装置来保证工人操作安全。

7.1.2 夹具的组成

如前所述，在机床上完成工件装夹主要依靠机床夹具。机床夹具的机构组成将围绕夹具功能的实现而设定（图7-2）。其主要机构组成包括定位元件、夹紧装置、对刀装置、连接元件、夹具体及和其他装置。

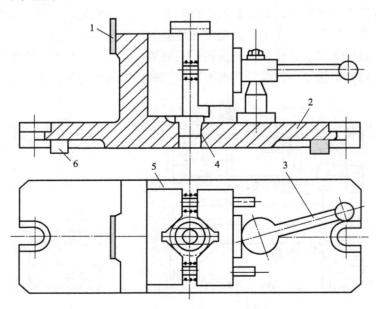

图7-2 铣轴端槽夹具

1—对刀块；2—夹具体；3—手柄；4—支承套；5—V形块；6—定向键

1. 定位元件

用来确定工件在机床夹具中正确位置的元件称为定位元件。定位元件上必须有其相应的定位面直接与工件基准面发生接触。这里要十分明确，机床夹具的定位面是指定位元件上的一个平面、外圆柱面、圆孔或组合表面，而基准面则是指工件形体上的表面，绝不能把机床夹具的定位面与工件的基准面混为一谈。

夹具常见定位元件包括支承钉、支承板、V形块和圆柱销等。而支承钉表面和V形块表面均为定位面。夹具的定位元件应采用较好的材料制造，以保证具有良好的耐磨性和使用寿命。

2. 夹紧装置

夹紧装置是将工件压紧夹牢，确保其在加工过程中不因受外力作用而破坏定位的装置。它由夹紧元件、夹紧机构和动力装置组成，如图7-2中的压板和手柄。

3. 对刀装置

对刀装置是确定或引导刀具与工件被加工面之间位置的元件，如图7-2中的对刀块。

4. 连接元件

连接元件是能够确保夹具在机床上有正确位置的元件，如图7-2中的定向键。

5. 夹具体

夹具体是将夹具所有零部件连接成为一个整体的基础构件，如图7-2中的夹具体。

6. 其他装置

其他装置是指根据工件的某些特殊加工要求而设置的装置，如分度装置、靠模装置和上下料装置等。

7.1.3 夹具的分类

机床夹具按使用范围分为通用夹具、专用夹具、成组夹具、组合夹具和随行夹具五种基本类型。

1. 通用夹具

车床上三爪卡盘、四爪单动卡盘，铣床上平口虎钳、分度头、回转台等均属于通用夹具。通用夹具一般已标准化，在市场上可以购买。通用夹具的特点是适应性广，但生产效率低，主要适用于单件小批量生产。

2. 专用夹具

专用夹具是针对某一零件某一道工序专门设计的。其特点是结构紧凑，操作迅速、方便、省力，可以保证较高的加工精度和生产效率，但设计制造周期较长、制造费用较高。当产品变更时，夹具将无法再使用，只适用于产品固定且批量较大的生产。针对汽车生产，本章将重点讨论专用夹具。

3. 成组夹具

成组夹具是用于相似零件成组加工的夹具。

4. 组合夹具

这类夹具是由一套完全标准化的元件，根据零件的加工要求拼装而成的夹具。其特点是灵活多变，万能性强，制造周期短，元件可以重复使用，适合于新产品试制和单件小批量生产。

5. 随行夹具

随行夹具是指在加工自动线上所使用的夹具，它可载着工件移动到相关工位。

夹具按所使用的机床不同还可分为车床夹具、铣床夹具、钻床夹具、镗床夹具、磨床夹具、齿轮机床夹具等。根据夹紧动力源不同也可分为手动夹具、气动夹具、液压夹具、电动夹具、磁力夹具等。

7.2 工件定位原理及其应用

工件定位的目的在于加工产品更换后需要重新装夹，必须保证被加工工件在机床夹具中占有准确的位置。

7.2.1 工件的六点定位原理

1. 工件的自由度

工件在夹具中的定位，就是要使一批工件在夹具中都占据一致的正确的加工位置。这一确定位置可以通过用定位支撑点限制工件相应自由度的方法来获得。一个尚未定位的工件在空间直角坐标系中具有 6 个自由度（6 个方向活动的可能性），即沿轴 x、y、z 方向的移动自由度 ($\vec{x}$、$\vec{y}$、$\vec{z}$)；绕轴 x、y、z 的转动自由度 ($\hat{x}$、$\hat{y}$、$\hat{z}$)。理论上统一将工件某个方向活动的可能性称为一个自由度，那么工件在空间就可能具有 6 个自由度，即 $\vec{x}$、$\vec{y}$、$\vec{z}$ 和 $\hat{x}$、$\hat{y}$、$\hat{z}$，如图 7-3 所示。由此可见，在分析工件定位的问题时，可转化为在空间直角坐标系中用相应的定位支撑点（将具体的定位元件抽象化）来限制工件的自由度。

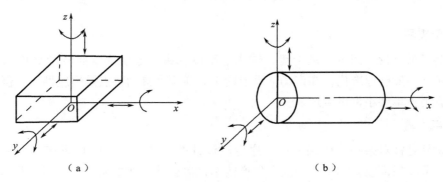

图 7-3 工件的 6 个自由度
(a) 矩形工件；(b) 圆柱体工件

2. 六点定位原理（六点定位规则）

用合理分布的 6 个支撑点限制工件的 6 个自由度，即给定相应的 6 个约束，就此确定其空间唯一确切位置。此称为六点定位原理或六点定位规则，如图 7-4 所示。

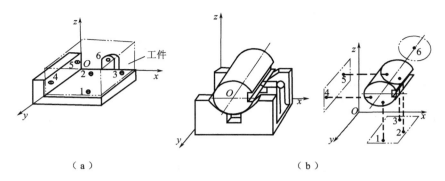

图 7-4 工件的六点定位分析
(a) 矩形工件；(b) 圆柱体工件

3. 应用六点定位原理的注意事项

夹具中的实际定位支撑并非几何学中的点、线、面，可用窄长平面（条形）替代直线，用小平面替代点，如图 7-5 所示。定位时，要求支撑点与工件定位基准面始终保持接触，这样才能限制自由度，起到定位约束作用。一般来说，支撑点的定位作用不受力的影响。外力作用将通过夹紧装置对工件实施夹紧。

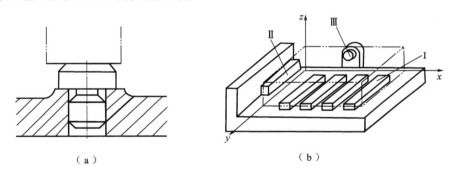

图 7-5 夹具中的实际定位支承
(a) 用小平面替代点；(b) 用窄长平面（条形）替代直线

7.2.2 工件正确定位应限制的自由度

工件在夹具中的定位，归属于工序定位，即要求将前后工件能够准确定置在一定工位上完成所有工序内容。工件定位只需限制对加工精度有影响的自由度，并非 6 个自由度都必须全部被限制。因此，工件的自由度可以被分为第一类自由度和第二类自由度。第一类自由度为保证加工要求而必限的自由度；第二类自由度为与加工精度要求无关紧要的自由度。对第二类自由度是否实施限制，将根据工件承受切削力、夹紧力和刀具在工件加工表面运行工作行程范围来考虑。

如图 7-6 所示，要求在长方体（工件）上完成铣通槽这一道工序。槽宽 20 ± 0.05，槽深及其双向位置精度要求都在图中标注清楚。槽的长度尺寸应该在原长方体加工中已经达到要求。可见，该长方体（工件）上铣通槽必须限制 5 个自由度，即第一类自由度有 5 个，包括 $\vec{x}$、$\vec{z}$ 和 $\widehat{x}$、$\widehat{y}$、$\widehat{z}$；与加工要求无关紧要的第二类自由度只有 $\vec{y}$。

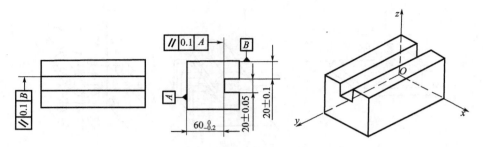

图 7-6 工件上铣通槽应限制的自由度

第一种自由度的分析方法及步骤：
(1) 明确工件在本工序的加工要求和相应的工序基准。
(2) 根据工序基准的所在位置建立空间直角坐标系。
(3) 依次找出影响本工序加工要求的自由度。
(4) 将找出的自由度进行归纳即可得到本工序应限制的第一种自由度。

例如：图 7-7（a）为在球上铣一个平面；图 7-7（b）为通过球心钻一个通孔。其限制的第一种自由度为：沿着 z 轴的一个移动自由度；沿着 x 和 y 轴的两个移动自由度。

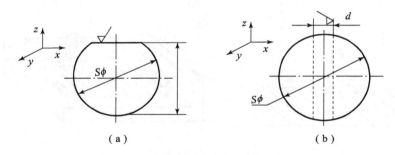

图 7-7 第一种自由度分析

为保证加工精度要求，常见加工工件形式所应限制的自由度如表 7-1 所示。

表 7-1 常见加工工件所应限制的自由度（共 12 种形式）

序号	加工形式	第一类自由度[①]	序号	加工形式	第一类自由度
1		$\vec{z}$	3		$\vec{z}$, $\widehat{x}$, $\widehat{y}$
2		$\vec{z}$, $\widehat{y}$	4		$\vec{x}$, $\vec{y}$, $\widehat{x}$, $\widehat{y}$

续表

序号	加工形式	第一类自由度①	序号	加工形式	第一类自由度
5		$\vec{y}$, $\vec{z}$ $\hat{x}$, $\hat{z}$	9		$\hat{x}$, $\vec{y}$, $\vec{z}$
6		$\vec{x}$, $\vec{z}$ $\hat{x}$, $\hat{z}$	10		$\vec{x}$, $\vec{y}$ $\hat{x}$, $\hat{y}$
7		$\vec{x}$, $\vec{z}$ $\hat{x}$, $\hat{y}$, $\hat{z}$	11		$\vec{x}$, $\vec{y}$ $\hat{x}$, $\hat{y}$
8		$\vec{x}$, $\vec{y}$, $\vec{z}$ $\hat{x}$, $\hat{y}$	12		$\vec{x}$, $\vec{y}$, $\vec{z}$ $\hat{x}$, $\hat{y}$, $\hat{z}$

① 为方便分析，本书中所建立的坐标系，若不特殊指明，均以左右方向为 x 轴方向，上下方向为 z 轴方向，进出纸面方向为 y 轴方向，并以主视图为准，即主视图为 xOz 平面。

7.2.3 关于几种工件定位的定义

1. 完全定位

完全定位即已不重复地限制了工件 6 个自由度的定位。当工件在 x、y、z 三个坐标方向均有尺寸要求或位置精度要求时，一般采用完全定位，如在长方体上铣不通槽。

2. 不完全定位

根据工件加工要求，不需要限制工件全部自由度的定位方式称为不完全定位。图 7-8 所示为不完全定位实例。其中，图 7-8（a）中车床加工外圆或通孔不需要限制 x 轴旋转自由度；图 7-8（b）磨平面只需要限制底面 3 个自由度，即可保证平面的高度尺寸。

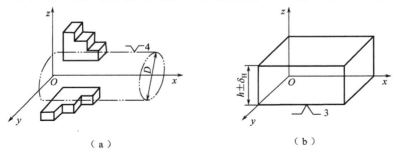

图 7-8 不完全定位实例

（a）车（镗）床上加工通孔；（b）磨削平板的上平面

3. 欠定位

第一类自由度未被完全限制的工件定位即欠定位。因为欠定位无法保证加工要求,故零件机械加工中绝不允许有欠定位现象发生。

如图7-6在长方体上铣槽,如$\vec{z}$未限制,就不能保证槽底与工件下底面的距离尺寸要求;如果$\vec{x}$或$\vec{y}$未限制,同样就不能保证槽底面与工件底面的平行度要求。

4. 过定位

过定位也称重复定位或超定位,属于多个定位元件重复限制同一个自由度的定位现象。如图7-9所示,工件上平面对A面有垂直度公差要求,若用夹具两个大平面A、B定位,则A面限制了$\vec{x}$、$\vec{y}$、$\vec{z}$三个自由度,B面限制了$\vec{x}$、$\vec{y}$、$\vec{z}$三个自由度,其中自由度$\vec{y}$被A、B面同时重复限制,这显然是一种过定位。

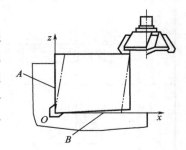

图7-9 过定位实例

过定位容易出现定位干扰,产生加工误差。通常情况下应该尽可能消除或减少过定位现象。要消除或减少过定位现象,建议采取以下措施或方法:

方案一:选择合适的定位元件,消除定位元件重复限制的自由度。如图7-9所示的定位方式里,B面大平面改为两个支撑钉,或者1个长条形窄平面,即可消除$\vec{y}$自由度,使整个定位方案不过定位,如图7-10(a)所示。

方案二:提高工件定位基准及定位元件工作表面间的位置精度。降低定位面的粗糙度。

方案三:采用菱形销(削边销),即常在采用"一面两孔"组合定位时,将两定位销中之一改制成菱形销(削边销)。菱形的长轴与两孔中心连线垂直,如图7-10(b)所示。这样,既可保证机床夹具定位的准确性,又不致发生工件出现过定位现象。

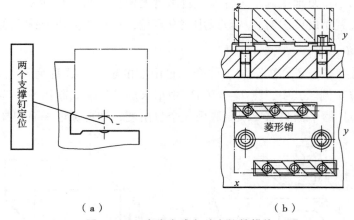

(a) (b)

图7-10 消除或减少过定位的措施

(a) 改变定位元件结构;(b) 将圆销之一改制成菱形销(削边销)

再如图7-11所示,工件以内孔和端面定位,图7-11(a)内孔采用长心轴定位,端面采用大平面定位,则长心轴限制4个自由度,大平面限制3个自由度,显然该定位方案过定位了。

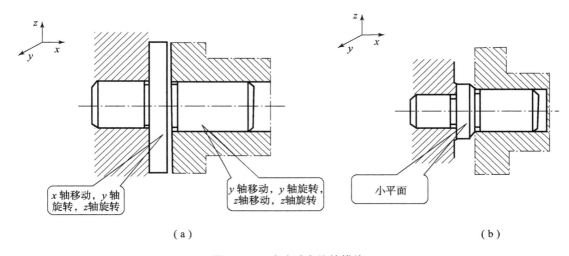

图 7–11 消除过定位的措施
(a) 改善前；(b) 改善后

其中 y 轴的旋转、z 轴的旋转被重复限制，会造成定位不准确。改进方案：把左边的大平面改成小平面或者支撑钉，而小平面只限制一个 x 轴移动自由度，则整个方案过定位消除。

当然，过定位是否允许存在，要视具体情况而定。如果工件定位基准面经机加工后，其形状、尺寸和位置精度较高，而工件刚性又较差，则允许过定位，增加工艺系统刚性。

7.3 工件定位方式及定位元件

机械夹具中常用的定位方式，有平面、外圆、内孔、V 形块等，而这些定位方式则由定位元件来实现。定位元件的结构不仅要保证工件定位要求，也要适应定位元件自身的制造和装配等。一般来说，对于夹具定位元件的设计，需要满足下列要求：

(1) 定位元件的精度要与工件加工精度匹配。
(2) 要有足够的刚度。
(3) 具有良好的耐磨性。

7.3.1 平面定位

平面定位是夹具中最常见的定位方式，它由支撑钉和支撑板实现。支撑元件通常有固定式、可调式和浮动式三类。

1. 固定支撑

固定支撑一般用于已加工平面的定位。

支撑钉有平头式、球头式、锯齿头式和套筒式四种形式，如图 7–12 所示。平头支撑钉用于精基准，并要求在安装后磨削一次，乃至精度较高。球头用于粗基准。锯齿头由于易积存铁屑而影响定位，故通常用于侧面定位。套筒式便于支撑钉磨损后更换，同时保护了底板零件不被磨损，多用于大量生产。支撑钉与底板连接根部，采用退刀槽结构是为了保证自身定位牢靠。

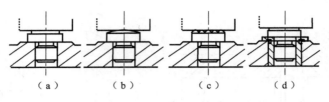

图 7 – 12　定位支撑钉

(a) 平头式；(b) 球头式；(c) 锯齿头式；(d) 套筒式

支撑板有无槽和有槽两种结构形式，如图 7 – 13 所示，拟用螺钉与下底板固定。无槽支撑板内埋头螺钉处容易积存铁屑，故常用于侧面定位或顶面定位。槽式结构主要用于避免积存铁屑，同时可以减小支撑面积，且其定位表面的精度较高。

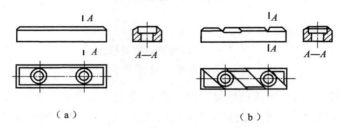

图 7 – 13　定位支撑板

(a) 无槽式；(b) 有槽式

固定支撑钉与夹具底座一般采用 H7/m6 配合。带套筒者与套筒采用 H7/js6 配合。其使用材料与制造工艺要求如下：直径 $d \leqslant 12\text{mm}$ 的支撑钉或支撑板，可采用 T7A 钢 + 淬火处理；对于 $d > 12\text{mm}$ 的支撑钉或支撑板，则采用 20 钢 + 渗碳淬火。渗碳层深度要求达到 0.8～2.2mm，表面硬度 60～64HRC。当同时使用两个以上支撑钉或支撑板时，为了保证其工作面保持在同一个平面上，装配后应将其顶面增加一次终磨。

支撑钉与支撑板的结构、尺寸均已标准化，设计时可查阅有关国家标准手册。

2. 可调支撑

可调支撑多用于未加工平面的定位，以调节和补偿毛坯尺寸误差。一般要求每加工一批毛坯需要调整一次。图 7 – 14 所示为 4 种可调支撑的基本形式，均由螺钉和螺母组成。支撑高度调整后，用螺母锁紧。平头式适用表面质量较好的毛坯；球头、可调球头式支撑能自动适应工件定位基准面位置变化，但结构复杂；水平式支撑适用于侧面支撑。

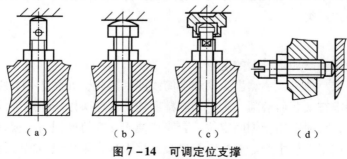

图 7 – 14　可调定位支撑

(a) 平头；(b) 球头；(c) 可调球头；(d) 水平式

3. 浮动支撑

在定位过程中，浮动支撑能自动适应工件定位基准面位置的变化。浮动支撑能增加与工件定位面的接触点数目，使接触应力减小。多点支撑只限制一个自由度，多用于刚性不足表面或毛坯表面、断续平面、阶梯表面、带有角度误差的平面定位。浮动式定位支撑如图 7 – 15 所示。

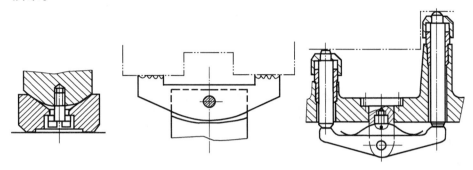

图 7 – 15　浮动式定位支撑

4. 辅助支撑

辅助支撑是在工件定位后参与支撑的元件，它不起定位作用。切削过程中，有时为了提高工件的刚度和定位稳定性，采用辅助支撑。如图 7 – 16 所示零件，被加工面距定位基准和夹紧点比较远，且加工部位处于悬臂状态，刚性差，加工时易出现变形和振动，因此必须在加工面附近设置辅助支撑。

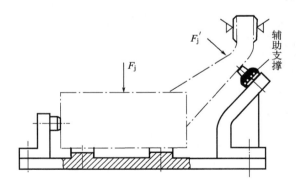

图 7 – 16　辅助支撑应用

如图 7 – 17 所示，有三种辅助支撑。图 7 – 17（a）类形式的结构最简单，依靠旋转支撑的摩擦力而带动工件；7 – 17（b）类形式避免了上述不足，获得了支撑稳固的良好效果。前两类辅助支撑均用于小批量生产。图 7 – 17（c）类为推力式辅助支撑，用于大批量生产。

需要指出的是，辅助支撑不能起定位作用，只能用于增加工件的刚性。辅助支撑受力较小，要求便于快捷或手动调节；同时还要考虑其使用频繁而易磨损；螺母宜采用套筒式结构。

在汽车零部件制造夹具设计中，由于自动化程度越来越高，手动操纵的辅助支撑越来越少，更多的是自动工作的辅助支撑。

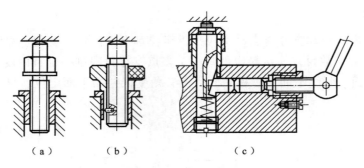

图 7-17 三种辅助支撑

图 7-18 所示为发动机缸体加工夹具辅助支撑应用。其工作原理是：发动机缸体采用"一面两孔"定位，即采用夹具上的圆柱销、削边销和两个销所在的小平面和远端处一个小平面组成的大平面定位。但是缸体铣削时切削力大，缸体又是薄壁件，缸体底面中间部位悬空刚性较差，影响加工精度。因此必须在缸体底面与夹具接触处加 4 个辅助支撑。其位置如图 7-18 所示。这样可提高刚性，但是为了避免过定位，采用液压升降式辅助支撑。即缸体先在夹具上定位，定位完成后，4 个辅助支撑在液压驱动下抬升直到和缸体底面相接触，由传感器检测到位后，液压升降式辅助支撑停止抬升，并通过控制系统锁死，这样既没有破坏原来的定位位置，又起到支撑作用。

图 7-18 发动机缸体加工辅助支撑应用

发动机曲轴加工，其主要定位基准为两端中心孔。用的定位元件为两个顶尖，单纯的顶尖定位有两个缺点，一个是不能传动转矩，需要专门设计鸡心夹头带动曲轴旋转，另外一个是刚性低，容易变形。如果同时采用车床三爪卡盘和顶尖定位，又会产生过定位。在现代曲轴夹具设计中，采用辅助支撑就可以解决过定位问题。图 7-19 所示为发动机曲轴加工液压辅助支撑的应用。其工作原理是：三爪卡盘上的三个卡爪（夹紧块）由液压驱动，可以独立移动。曲轴先在两个顶尖上定位，然后带位置传感器的三个卡爪（夹紧块）向中心移动，当任意一个卡爪接触到工件后停止运动，直到三个卡爪（夹紧块）都接触到工件后，再同时夹紧。这种带位置检测液压独立驱动的三爪卡盘不会破坏原来顶尖的定位位置，只起到夹紧支撑作用，提高了曲轴加工刚性。在现代曲轴专用加工机床上广泛采用。

图 7-19　发动机曲轴加工辅助支撑应用

7.3.2　外圆定位

工件以外圆柱面作定位基准时，根据其外圆柱面的完整程度、加工要求和安装方式，可以采用诸如 V 形块、定位套筒、外圆定心夹紧机构的定位方式。其中以 V 形块最为常见。

1. V 形块

V 形块定位具有下列特点：首先是定位时的对中性好，可用于非完整外圆表面定位，应用范围较广；其次是不论定位基准是否经过加工，不论是完整的圆柱面还是局部圆弧面，均可采用 V 形块定位。

V 形块有长短之分，长 V 形块限制 4 个自由度，而短 V 形块限制 2 个自由度。

V 形块是常用的外圆定位元件。V 形块两斜面的夹角 α 一般取 60°、90° 或 220°，其中 90° 者应用最多。90° V 形块结构业已标准化，见图 7-20。

V 形块的材料一般用 20 钢，渗碳层深度达 0.8~1.2mm，淬火硬度为 60~64HBC。

设计非标 V 形块时，可按图 7-20 进行有关尺寸计算。V 形块的基本尺寸为：

D——标准心轴直径，即工件定位用外圆直径（mm）；

H——V 形块高度（mm）；

N——V 形块开口尺寸（mm）；

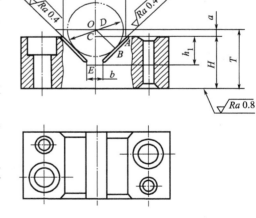

图 7-20　V 形块结构

T——V 形块在夹具上的安装尺寸是其主要设计参数，该尺寸将用作 V 形块检验和调整的依据；

$α$——V 形块两斜面的夹角。

设计 V 形块应根据所需定位的外圆直径尺寸 D 计算，可以先设定 $α$、N 和 H 值再求 T 值。

$$T = H + \frac{1}{2}\left[\frac{D}{\sin(\alpha/2)} - \frac{N}{\tan(\alpha/2)}\right] \quad (7-1)$$

当 α 为 90°时，可有

$$T = H + 0.707D - 0.5N \quad (7-2)$$

2. 定位套筒

工件以定位套筒定位的方法一般适用于精基准定位。定位套筒结构如图 7-21 所示。图 7-21（a）所示为短定位套定位，套筒孔限制工件 2 个自由度；图 7-21（b）所示为长定位套定位，套筒孔限制工件 4 个自由度。

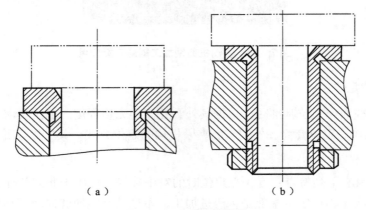

图 7-21 定位套筒结构

定位套筒一般安装在夹具底板上，用以支撑外圆表面。其好处在于，定位套筒被磨损后可以进行更换。如果直接在底板上打孔定位，则将造成定位孔被磨损后必须更换底板，致使成本明显增加。

3. 外圆定心夹紧机构

这种机构既能定心又能夹紧。图 7-22 所示为拉式锥面刀柄定心夹紧结构，锥孔限定 5 个自由度。

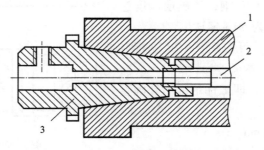

图 7-22 刀柄定心夹紧结构
1—主轴；2—拉杆；3—刀柄

7.3.3 圆孔定位

工件以圆孔定位的常用定位元件有定位销、圆锥销、圆柱心轴和圆锥心轴等。圆孔定位还经常与平面定位联合使用。

1. 定位销

几种常用的圆柱定位销如图 7-23 所示。

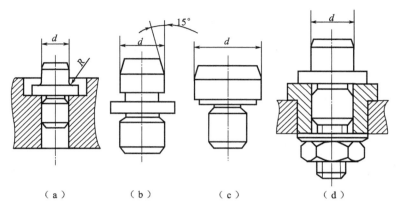

图 7-23 常用的圆柱定位销

(a) $d<10$; (b) $d=10\sim18$; (c) $d>18$; (d) $d>10$

圆柱销工作部分直径 d 按 g5、g6、f6 或 f7 的精度等级制造。图 7-23 (a)、(b)、(c) 所示定位销与夹具体的连接将采用过盈配合。图 7-23 (d) 所示为带衬套的可换式圆柱销结构，定位销与衬套的配合则采用间隙配合，位置精度较固定式定位销低，一般用于大批量生产。为便于工件顺利装入，定位销的头部设置有 15°倒角。

短圆柱销限制工件只有 2 个自由度。长圆柱销限制工件具有 4 个自由度。

2. 圆锥销

在加工套筒、空心轴等类工件时，也经常用到圆锥销，如图 7-24 所示。图 7-24 (a) 用于粗基准，图 7-24 (b) 用于精基准。圆锥销限制了工件 3 个自由度。工件在单个圆锥销上定位容易倾斜，所以圆锥销一般与其他定位元件组合定位。如图 7-25 所示，工件以底面作为主要定位基面，采用活动圆锥销，只限制两个转动自由度，即使工件的孔径变化较大，也能保证准确定位。

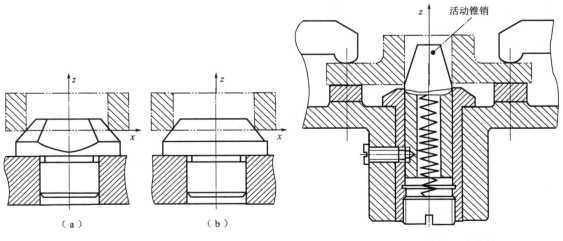

图 7-24 圆锥销定位　　　　图 7-25 圆锥销组合定位

3. 定位心轴

定位心轴主要用于套筒类和空心盘类工件的车、铣、磨及齿轮加工，常见有圆柱心轴和圆锥心轴等结构形式。

图 7-26 所示为间隙配合圆柱心轴，其定位精度不高，但装卸工件方便。

图 7-27 所示为过盈配合圆柱心轴，常用于对定心精度要求高的场合。当工件孔的长径比 $L/D>1$ 时，工作部分可允许略带锥度。

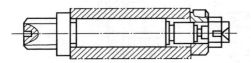

图 7-26 间隙配合圆柱心轴

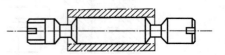

图 7-27 过盈配合圆柱心轴

如前所知，短圆柱心轴只限制工件 2 个自由度，长圆柱心轴限制工件 4 个自由度。

图 7-28 所示为某工件在圆锥心轴上定位的情形。定位时，圆锥孔和圆锥心轴的锥度相同，因此定心精度与角向定位精度均较高，而轴向定位精度取决于工件孔和心轴的尺寸精度。圆锥心轴可单体限制除绕其 x 轴线转动的自由度 $\widehat{x}$ 之外的其他 5 个自由度。

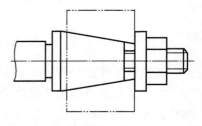

图 7-28 圆锥心轴上定位

4. 组合表面定位

在实际加工过程中，工件往往不是采用单一表面的定位，而是采取组合表面定位的形式，常见的有平面与平面组合、平面与孔组合、平面与外圆柱面组合、平面与其他表面组合、锥面与锥面组合等多种形式。最典型的组合表面定位是一面两销组合定位、双顶尖轴组合定位等。

顶尖定位方案如图 7-29 所示，这种方案常见于车床加工轴类零件，需要用两个顶尖孔定位。图 7-29 中，前顶尖 1 为固定顶尖，后顶尖 2 为活动顶尖（浮动顶尖）。其中，固定顶尖限制 3 个自由度，浮动顶尖限制 2 个自由度。很多初学者很容易写出该方案限制的自由度（表 7-2），并得出结论，该方案 $\widehat{x}$ 和 $\widehat{y}$ 都有过定位，方案不合理。

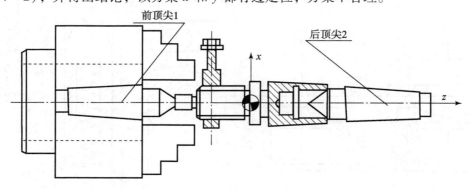

图 7-29 顶尖定位

表 7-2 顶尖能够限制的自由度（错误分析）

定位元件	限制的自由度					
	$\vec{x}$	$\vec{y}$	$\vec{z}$	$\hat{x}$	$\hat{y}$	$\hat{z}$
前顶尖1	√	√	√			
后顶尖2	√	√				
合计	2	2	1	0	0	0

表 7-2 所示的分析结果明显错误，问题出现在：对顶尖 1 的自由度分析是以顶尖 1 为原点的坐标系进行的，对顶尖 2 的自由度分析是以顶尖 2 为原点的坐标系进行的，两个坐标系不是同一个坐标系，因此就会得出过定位的错误结论。正确的分析方法是：统一坐标系，以顶尖 1 为坐标系的原点，则顶尖 2 对工件沿 x、y 轴平移的限制转化为绕顶尖 1 的 y 轴和 x 轴的回转。这种定位元件限制自由度转化的现象经常在组合定位时出现，故分析组合定位时一定要小心对待。经自由度转化后的正确分析结果见表 7-3。图 7-29 所示顶尖定位方案合理。

表 7-3 自由度转化分析（正确分析）

定位元件	限制的自由度					
	$\vec{x}$	$\vec{y}$	$\vec{z}$	$\hat{x}$	$\hat{y}$	$\hat{z}$
前顶尖1	√	√	√			
后顶尖2				√	√	
合计	1	1	1	1	1	0

7.4 工件定位误差分析

7.4.1 定位误差组成

在机床夹具设计中，应当分析与计算定位误差。采用夹具加工一批工件时，由于一批工件在夹具上定位时，每个工件所占据的位置不完全一致，使加工后各工件的加工尺寸不一而形成误差。这种只与工件定位有关的误差，称为定位误差，用符号 ε_D 表示。在工件的加工过程中，产生误差的因素很多，定位误差仅是加工误差的一部分，为了保证加工精度，一般限定定位误差不超过工件加工公差 T 的 $1/3 \sim 1/2$，即 $\varepsilon_D \leq (1/3 \sim 1/2)T$，式中，$T$ 为工件加工尺寸公差。

造成定位误差的主要因素来自基准不重合误差和基准位移误差。

1. 基准不重合误差

定位基准与设计基准不一致所引起的定位误差称为基准不重合误差。

如图 7-30 所示零件，设 e 为已加工面，f 和 g 为待加工面。在加工 f 面时，若选 e 面为定位基准，则 f 面的设计基准和定位基准都是 e 面，基准重合，没有基准不重合误差，尺寸 A 的制造公差为 T_A。为获得尺寸 B，在加工 g 面时可有两种方案：

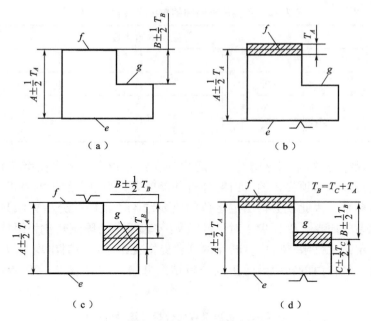

图 7-30 基准不重合误差分析

(1) 加工选用 f 面作为定位基准（图 7-30（c）），此时，定位基准与设计基础重合。没有基准不重合误差，尺寸 B 的制造公差为 T_B。

(2) 选用 e 面作为定位基准来加工 g 面（图 7-30（d）），此时，设计尺寸 B 的设计基准 f 面和定位基准 e 面不重合，尺寸 B 的制造公差为 $T_C + T_A$，显然其制造公差比以 f 面定位大了一个增量 T_A，而这个增量 T_A 就是基准不重合误差值。也就是说，工序尺寸 C 是直接得到的（设计基准和定位基准重合），尺寸 B 是间接得到的（设计基准和定位基准不重合）。

基准不重合误差 ε_C 的大小应等于设计（工序）基准相对于定位基准在该工序（加工）尺寸方向的最大变动量（位移量）。

基准不重合误差 ε_C 的计算公式表示为：

$$\varepsilon_C = \delta_C \cos\beta$$

式中：δ_C——工序（设计）基准与定位基准之间尺寸的最大变动量。

β——设计（工序）基准的变动方向与工序（加工）尺寸方向间的夹角。

判断有无基准不重合误差的关键是确定该定位方式的定位基准。一般当圆柱形工件以外圆表面在 V 形块或者定位套定位时，其定位基准为外圆表面的轴心。当工件以平面进行定位时，其定位基准为该平面。

2. 基准位移误差

工件在夹具上定位时，由于定位副的制造误差或定位副配合间隙的影响，工件的定位基准位置发生变动，定位基准在加工尺寸方向上产生的最大位置变动量，称为基准位移误差，用符号 ε_W 表示。不同的定位方式和不同的定位副结构，其定位基准的变动量的计算方法不同，下面分析几种常见的定位方式产生的基准位移误差的计算方法。

(1) 工件以平面定位。

工件以平面定位时，只是表面的不平整误差，一般不考虑基准位移误差，$\varepsilon_W = 0$。

（2）工件以外圆柱面在V形块上定位。

工件以外圆柱面在V形块上定位时，其定位基准为工件外圆柱面的轴心线，定位基面为外圆柱面。

当工件有尺寸误差时，工件的定位基准会产生偏移，如图7-31所示，当工件的尺寸公差在δ_D范围变化，其工件轴心线（定位基准）也会在z向O'和O''之间变动。O'和O''之间的变动量即基准位移误差。

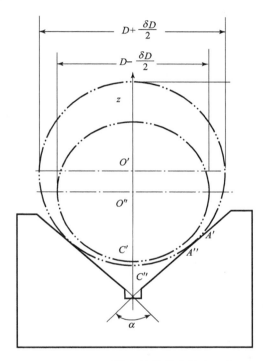

图7-31 V形块定位的基准位移误差

根据其几何关系，可得当工件以外圆柱面在V形块上定位时，其z向的基准位移误差为

$$\varepsilon_W = \frac{\delta_D}{2\sin(\alpha/2)}$$

式中：δ_D——外圆直径公差；
α——V形块的夹角。

（3）工件以圆孔在圆柱销、圆柱心轴上定位。

其定位基准为孔的中心线，定位基面为内孔表面。

如图7-32所示，工件的孔被装夹在水平放置的心轴上铣削平面，要求保证尺寸h。由于工件的定位基面内孔D和夹具定位心轴d_1皆有制造误差，如果心轴制造得刚好为$d_{1\min}$，则工件所得到的内孔刚好为$D_{\max}$。当工件在水平放置的心轴上定位时，工件内孔与心轴将在P点接触，此时工件实际内孔中心的最大下移量$\Delta_{ab} = (D_{\max} - d_{1\min})/2$。显然，该$\Delta_{ab}$就是定位副制造不准确而引起的基准位移误差。根据心轴放置方式以及心轴和孔的配合关系，其基准位移误差的计算有以下三种形式。

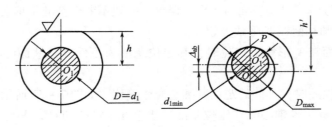

图 7 - 32　内孔定位的基准位移误差

①工件上圆孔与刚性心轴间隙配合，心轴水平放置。此时工件定位孔与心轴（销）为固定单边接触，工件定位孔尺寸为 $\phi D^{+\delta_D}_{0}$，心轴尺寸为 $\phi d^{0}_{0-\delta_{d_0}}$。

$$\varepsilon_W = \frac{D_{max} - d_{0min}}{2} = \frac{(D+\delta_D) - (d_0 - \delta_{d_0})}{2} = \frac{\delta_D + \delta_{d_0} + X_{min}}{2}$$

式中：X_{min}——孔和心轴配合的最小间隙。由于此最小间隙为一个固定数值，且方向已知（朝下），在调刀时可以消除。所以与定位误差无关。因此当工件定位孔与心轴（销）为固定单边接触时，其基准位移误差为：$\varepsilon_W = \dfrac{\delta_D + \delta_{d_0}}{2}$，即内孔公差与心轴公差之和的一半。

②工件上圆孔与刚性心轴间隙配合，心轴垂直放置。此时工件定位孔与心轴（销）为任意边接触，工件定位孔尺寸 $\phi D^{+\delta_D}_{0}$，心轴尺寸为 $\phi d^{0}_{0-\delta_{d_0}}$。

$$\varepsilon_W = \delta_D + \delta_{d_0} + X_{min}$$

③工件上圆孔与刚性心轴过盈配合，心轴水平或垂直放置。

由于过盈配合，心轴最小直径要比孔最大直径大，因此一批工件的定位基准在定位时没有任何位置变动，孔中心和心轴中心重合，即定位副不准确引起的基准位移误差 ε_W 为 0。

7.4.2　定位误差计算

定位误差的计算一般有几何作图法和合成法两种方式，常用的是合成法，其原理如下：

由于定位误差是由基准不重合误差以及基准位移误差所造成的，因此定位误差可以由这两项误差组合而成。计算定位误差时，先分别求出基准不重合误差与基准位移误差，然后再将两项误差组合后得出定位误差。即：$\varepsilon_D = \varepsilon_C \pm \varepsilon_W$。

合成法的具体解算方法如下：

(1) 当 $\varepsilon_C = 0$，$\varepsilon_W \neq 0$ 时，$\varepsilon_D = \varepsilon_W$。

(2) 当 $\varepsilon_C \neq 0$，$\varepsilon_W = 0$ 时，$\varepsilon_D = \varepsilon_C$。

(3) 当 $\varepsilon_C \neq 0$，$\varepsilon_W \neq 0$ 时，则：

①如果工序（设计）基准不在定位基面上：$\varepsilon_D = \varepsilon_C + \varepsilon_W$。

②如果工序（设计）基准落在定位基面上：$\varepsilon_D = \varepsilon_C \pm \varepsilon_W$。

公式中"＋""－"的确定方法如下：

①分析定位基面直径由大到小（或由小到大）时，定位基准的变动方向。

②然后设定定位基准的位置不变，分析定位基面直径由大到小（或由小到大）做相同变化时，工序（设计）基准的变动方向。

③如果上述判断中两者的变动方向相同，取"＋"，而两者变动方向相反时取"－"。

a. 当工件以外圆柱面在 V 形块上定位，且工序（设计）基准落在定位基面的上母线时，基准变化的分析（图 7-33）。

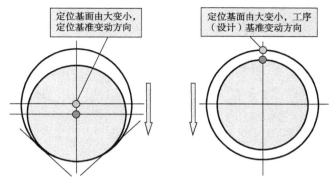

图 7-33 外圆柱面在 V 形块上定位"±"判断方法

由于两个基准的变化方向相同，故取"+"。

b. 当工件以外圆柱面在 V 形块上定位，且工序（设计）基准落在定位基面的下母线时，基准变化的分析（图 7-34）。

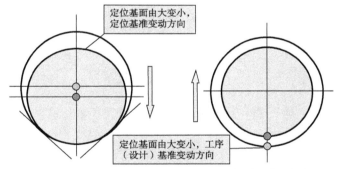

图 7-34 外圆柱面在 V 形块上定位"±"判断方法

由于两个基准的变化方向相反，故取"-"。

c. 当工件以内孔在心轴上定位，且工序（设计）基准落在定位基面的上母线时，基准变化的分析（图 7-35）。

由于两个基准的变化方向相反，故取"-"。

d. 当工件以内孔在心轴上定位，且工序（设计）基准落在定位基面的下母线时，基准变化的分析（图 7-36）。

由于两个基准的变化方向相同，故取"+"。

【例 1】 计算图 7-37 所示定位方式的定位误差。

解：图 7-37（a），$\varepsilon_{D(20)} = \varepsilon_{C(20)} = 0.28$。

图 7-37（b） $\varepsilon_{D(20)} = \varepsilon_{C(20)} = 0$。

【例 2】 如图 7-38 所示，用铣刀铣削斜面，求加工尺寸为 (39 ± 0.04) mm 的定位误差。如果要求定位误差 $\varepsilon_D \leq \frac{1}{2}T$，其中 T 为加工尺寸公差，试问这种定位方案是否满足加工要求？

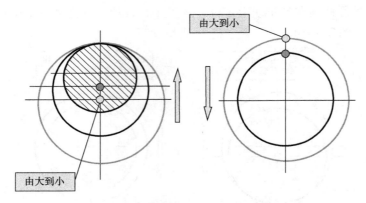

图 7-35 工件内孔定位"±"判断方法（一）

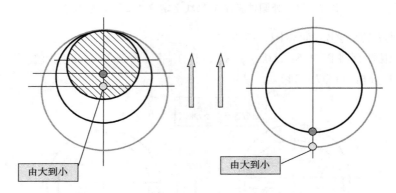

图 7-36 工件内孔定位"±"判断方法（二）

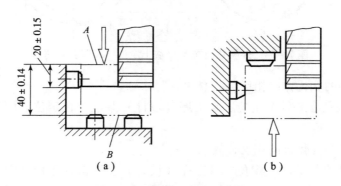

图 7-37 案例 1 定位示意图

解：（1）基准不重合误差：

$$\varepsilon_C = 0$$

（2）基准位移误差：

$$\varepsilon_W = \frac{\delta_D}{2\sin(\alpha/2)} = 0.707\delta_D = 0.707 \times (0.04\text{mm}) = 0.028\text{mm}$$

将 ε_W 值投影到加工尺寸方向，即 $\varepsilon_D = \varepsilon_W \cos 30° = 0.028 \times (0.866\text{mm}) = 0.024\text{mm}$

$\varepsilon_D = 0.024 \leq \frac{1}{2}T = \frac{1}{2} \times 0.08 = 0.04$，所以该定位方案满足要求。

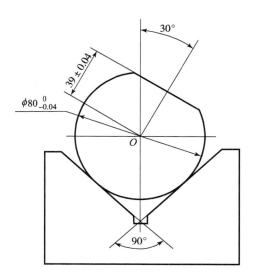

图7-38 案例2定位示意图

【例3】如图7-39所示,工件以外圆柱面在V形块上定位加工键槽,保证键槽深度$34.8_{-0.17}^{0}$mm,试计算其定位误差。如果要求定位误差$\varepsilon_D \leq T/2$,其中T为加工尺寸公差,试问这种定位方案是否满足加工要求?

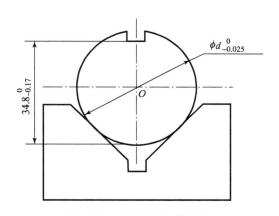

图7-39 定位误差计算示例3

解:(1)计算基准不重合误差。$34.8_{-0.17}^{0}$mm的设计基准与定位基准不重合,所以有基准不重合误差,其值为:$\varepsilon_C = \delta_d/2 = 0.025mm/2 = 0.012\ 5$mm。

(2)计算基准位移误差。该工序的定位方式为外圆柱方式,采用的定位元件是V形块,所以该工序的基准位移误差为:$\varepsilon_W = \dfrac{\delta_D}{2\sin(\alpha/2)} = 0.707\delta_D = 0.707 \times 0.025mm= 0.017\ 7$mm。

(3)计算该工序的定位误差。因为工序基准在定位基面上,所以$\varepsilon_D = \varepsilon_C \pm \varepsilon_W$。

经分析,此例中的工序基准变动的方向与定位基准变动的方向相反,取"-",所以有
$$\varepsilon_D = \varepsilon_C - \varepsilon_W = 0.017\ 7 - 0.012\ 5 = 0.005\ 2\ (\text{mm})$$

（4）校核。因为 $\varepsilon_D = 0.0052$ mm，所以满足 $\varepsilon_D \leq T/2 = 0.17/2 = 0.085$（mm），故该外圆柱定位方式合理，满足要求。

【例4】已知：大圆直径公差为0.03，小圆直径公差为0.02，同轴度误差为0.02，V形块的夹角为90°，零件图如图7-40所示，求加工孔30尺寸的定位误差（其定位方案见图7-41）。如果要求定位误差 $\varepsilon_D \leq T/2$，其中 T 为加工尺寸公差，试问这种定位方案是否满足加工要求？

求：$\varepsilon_{D(30)} = ?$

解：由分析可知，$\varepsilon_{C(30)} \neq 0$，$\varepsilon_{W(30)} \neq 0$，得：

$$\varepsilon_{C(30)} = 0.03/2 + 0.02 = 0.035 \text{（mm）}$$

$$\varepsilon_{W(30)} = \frac{0.02}{2\sin 45°} = 0.014 \text{（mm）}$$

$\varepsilon_{D(30)} = \varepsilon_{C(30)} + \varepsilon_{W(30)} = 0.049$（mm）（设计基准不在定位基面上，取"+"）

因为 $\varepsilon_{D(30)} = 0.049$ mm，所以满足 $\varepsilon_{D(30)} \leq T/2 = 0.11/2 = 0.055$（mm），故该外圆柱定位方式合理，满足要求。

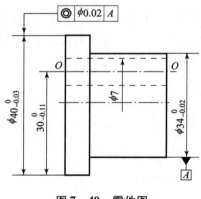

图7-40 零件图

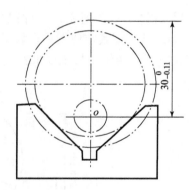

图7-41 定位方案

【例5】已知：工件定位孔与定位销的配合为固定单边接触，加工上表面。定位孔直径为 $\phi 20^{+0.02}_{0}$，定位销直径为 $\phi 20^{-0.02}_{-0.03}$，零件图定位方式如图7-42所示。

解：由分析可知，工件上圆孔与刚性心轴间隙配合，且为固定单边接触。

$\varepsilon_{C(59)} \neq 0$，$\varepsilon_{W(59)} \neq 0$

$$\varepsilon_{C(59)} = \frac{0.12}{2} + 0.04 = 0.1 \text{（mm）},$$

$$\varepsilon_{W(59)} = \frac{0.02 + 0.01}{2} = 0.015 \text{（mm）}$$

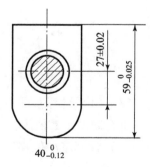

图7-42 定位方案

由于59尺寸设计基准不在内孔定位基面上，取"+"。$\varepsilon_{D(59)} = \varepsilon_{C(59)} + \varepsilon_{W(59)} = 0.115$ mm。

$\varepsilon_{D(59)} = 0.115$ mm，所以不满足 $\varepsilon_{D(59)} \leq T/2 = 0.025/2 = 0.0125$（mm），故该定位方式不满足要求。

7.5　工件在夹具上的夹紧

工件在夹具上仅完成定位还不能保证机械加工的正常进行，因为它们在加工过程中会受到切削力、重力、惯性力或离心力的作用而发生位移，因此，在工件定位后必须对其夹紧并要求牢靠。这种压紧夹牢工件的机构称为夹紧装置。

7.5.1　夹紧装置组成

1. 力源装置

力源装置是产生夹紧力的装置。常用力源装置有气压、液压、手动、磁力、电动等形式。气压驱动的优点是不存在漏油，故环境清洁，机构也简单，应用较广泛，只是夹紧力较小。液压驱动由于漏油、装置庞大等原因一般不宜采用。手动夹紧用于简单场合。图7-43所示为一副典型的气动夹具，其力源装置是气缸1。

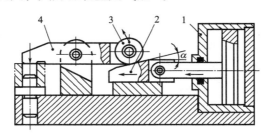

图7-43　气动夹具
1—气缸；2—楔块；3—滚轮；4—杠杆

2. 传力机构

传力机构位于力源和夹紧元件之间，将原动力以一定的大小和方向传递给夹紧元件。如图7-43所示杠杆4、楔块2，它们的作用有三点：改变力的方向，改变力的大小，并具有自锁性能。

3. 夹紧元件

夹紧元件与工件直接接触而完成夹紧工作，图7-43中所示杠杆4对夹紧元件的要求是对工件实施夹紧时不能破坏工件的正确位置；夹紧力大小要合适，必须防止因夹紧力过大而损伤工件表面或使工件产生过大的夹紧变形；结构应简单，便于制造与维修。

7.5.2　夹紧装置的设计要求

夹紧装置是夹具的重要组成部分。合理设计夹紧装置将有利于保证工件的加工质量、提高生产率和降低工人的劳动强度。因此，对夹紧装置应该提出以下基本要求：

（1）夹紧过程中，不能破坏工件定位位置。

（2）夹紧力的大小适当并稳定，保证工件在加工过程中不产生移动或振动，不产生过大变形和表面损伤。

（3）夹紧动作准确迅速，操作方便，工作效率高。

（4）省力、安全，降低劳动强度，改善劳动条件。

(5) 结构简单，便于制造与维修。

夹紧装置的合理性，基于保障、稳定工件准确定位的前提而取决于夹紧力的方向、作用点和大小三个要素的科学合理。

1. 夹紧力的大小

实践证明，夹紧力大小应当适当。因为夹紧力过大会增大工件的夹紧变形，还会加大夹紧装置尺寸，造成浪费；夹紧力过小会使工件夹不紧，加工中工件的定位位置将被破坏，甚至可能引发安全事故。

确定夹紧力大小的方法有两种：分析计算法和经验类比法。

分析计算法根据静力平衡原理列出静力平衡方程式求得夹紧力。确定夹紧力时，可将夹具和工件看成一个整体，将作用在工件上的切削力、重力和惯性力等视为外力。在考虑夹紧力时，为使夹紧可靠，需要乘一个安全系数 k。粗加工时可取 $k=2.5 \sim 3.0$，精加工时取 $k=2.0 \sim 2.5$。由于加工过程中切削力、惯性力的作用点、方向和大小都有可能随时改变，故在计算夹紧力大小时应该充分考虑一些最不利的情况。

实际生产中一般很少通过计算法求得夹紧力，而是采用类比的方法估算夹紧力的大小。加工中由于刀具的磨钝、工件材料性质和加工余量的不均匀等因素的影响和变化，导致切削力很难精确计算，只是提供一个参考。因此，生产中常常采用类比的方法来估算夹紧力的大小。到夹紧装置被正式使用时，可以通过应用试验并根据实际加工情况给予修正和调整。

2. 夹紧力的方向

夹紧力方向应使所需夹紧力尽可能小并保证夹紧可靠。

图 7-44 所示为夹紧装置中夹紧力 Q、切削力 F 和重力 G 三者作用方向的分布及效果。如图 7-44（a）所示，三力方向重合，能充分利用切削力 F 和重力 G 合成而起到夹紧作用，所需夹紧力最小。同时，夹紧力的方向垂直于工件的主要定位基面，与工件刚度最大方向一致，工件夹紧变形小，故最为合理。相反，图 7-44（f）所示恰恰是切削力 F 和重力 G 与夹紧力反向，需要在平衡切削力 F 和重力 G 后才能起到夹紧作用，显然，夹紧力将会很大且不安全，为最不合理。

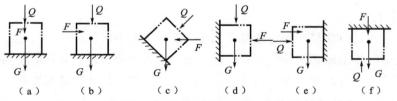

图 7-44 夹紧力、切削力和重力作用方向的分布及效果
(a) 最合理；(b) 较合理；(c) 可行；(d) 不合理；(e) 不合理；(f) 最不合理

由图 7-44 看出，支撑面在底部并处于水平位置最好，支撑面不宜倾斜或位于侧面、顶部。

图 7-45 所示直角支座以 A、B 面定位镗孔，要求保证孔中心线垂直于 A 面。为此，应选择设计基准 A 面为主要定位基准，要求夹紧力 F_{j1} 的方向垂直于 A 面。这样，无论 A 面与 B 面有多大的垂直度误差，都能保证孔中心线与 A 面垂直。相反，如果夹紧力 F_{j2} 方向垂直于 B 面，则因 A、B 间有垂直度误差（$\alpha>90°$ 或 $\alpha<90°$），使得镗出的孔不垂直于 A 面而

可能超差。

在选择夹紧力作用方向时，一个主要目标是使工件变形尽可能小。特别是对于薄壁零件加工，一般应该考虑设计专用夹具来改变夹紧力的作用方向而用以减小夹紧变形，如图 7 - 46 所示。

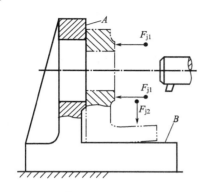

图 7 - 45　夹紧力垂直工件主要定位面

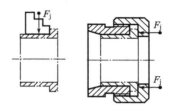

图 7 - 46　改变夹紧力方向

3. 夹紧力的作用点

夹具设计中，合理选择夹紧力的作用点应该遵循下列原则：

（1）夹紧力的作用点应对正定位元件或位于定位元件所形成的支撑面内而保证定位。如图 7 - 47 所示，因作用点位于支撑面范围之外，故造成工件倾斜或移动而破坏了定位。

（2）夹紧力的作用点选择位于工件刚性较好的部位，使得夹紧稳固可靠。如图 7 - 48 所示，将作用点由中间的单点改成两旁的两点施夹，其变形大为改善，且夹紧也较可靠。

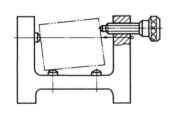

图 7 - 47　夹紧力不在支撑面内

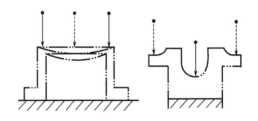

图 7 - 48　夹紧力位于刚性较好部位

（3）夹紧力的作用点应尽可能靠近被加工表面。这样，可以减小切削力对工件形成的翻转力矩。必要时应在工件刚性差的部位增加辅助支撑并施加附加夹紧力，以免产生振动和变形。图 7 - 49 中，辅助支撑尽量靠近齿轮被加工表面，同时给予附加夹紧力。这样翻转力矩小，又同时增大了工件的刚性，既保证了定位夹紧的可靠性，又减小了振动变形。

夹紧力三要素的确定，是一个综合技术性问题，需要全面考虑工件的结构特点、工艺方法、定位元件的结构和布置等多种因素。

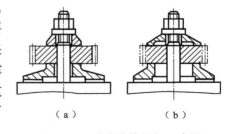

图 7 - 49　夹紧点靠近加工表面

（a）改前；（b）改后

7.5.3 典型夹紧机构

常用的基本夹紧机构有斜楔、螺旋、偏心夹紧机构等形式，它们都是根据斜面夹紧原理来夹紧工件。

1. 斜楔夹紧机构

斜楔是夹紧机构中最为基本的一种形式，如图 7-50 所示。其特点是具有增力作用，可改变夹紧力方向和获取小的夹紧行程；斜楔是利用斜面移动所产生的分力来夹紧工件；斜楔常用于气动和手动夹具中。但是，为了保证斜楔工作时的可靠性，斜楔结构中要求在夹紧后能够自锁。

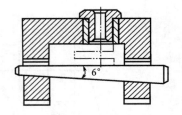

图 7-50 斜楔夹紧机构

下面以斜楔为研究对象进行受力分析。

如图 7-51 所示，斜楔受到三个力的作用，即工件反力 R_1、夹具体反力 R_2 和斜楔驱动力 Q。

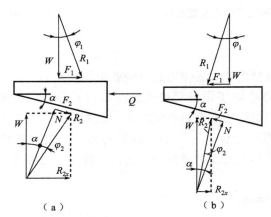

图 7-51 斜楔受力分析

工件反力 R_1、夹具体反力 R_2 均由正压力和摩擦力合成，它们的垂直分量均相等，为 W。

夹紧时，斜楔受力平衡，可得

$$W = \frac{Q}{\tan(\alpha + \varphi_2) + \tan\varphi_1} \tag{7-3}$$

式中：W——夹紧力。

夹紧后斜楔驱动力 Q 消失，当满足

$$W\tan\varphi_1 \geq W\tan(\alpha - \varphi_2) \tag{7-4}$$

时，斜楔才能自锁。

由式（7-4）可得自锁条件：

$$\alpha \leq \varphi_1 + \varphi_2 \tag{7-5}$$

钢铁表面间的摩擦系数一般为 $f = 0.10 \sim 0.15$，可知摩擦角 φ_1 和 φ_2 值为 $5.75° \sim 8.5°$。因此，斜楔夹紧机构满足自锁的条件是：$\alpha \leq 11.5° \sim 17°$。但为了保证自锁可靠，一般取 α 为 $10° \sim 15°$ 或更小些。

斜楔夹紧机构结构简单，工作可靠，但由于其机械效率较低，夹紧行程小且操作不方便，因而很少直接应用于手动夹紧，一般多用于机动夹紧和工件质量较高的场合。

2. 螺旋夹紧机构

螺旋夹紧机构可以看作绕在圆柱表面上的斜面，将它展开就相当于一个斜楔。图7-52所示为最简单的螺旋夹紧机构，图7-53所示为螺旋-压板组合夹紧机构。

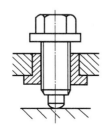

图7-52 螺旋夹紧机构

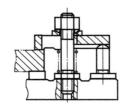

图7-53 螺旋-压板组合夹紧机构

螺旋夹紧机构结构简单，易于制造，夹紧行程大，扩力比宽，自锁性能好。由于螺旋升角小，螺旋夹紧机构的自锁性能好，夹紧力和夹紧行程都较大，在手动夹具上应用较多。但夹紧动作缓慢，效率低，不宜使用在自动化夹紧装置上。

螺旋夹紧机构的自锁条件和斜楔夹紧机构相同。螺旋夹紧机构因其螺旋升角 α 很小（一般为 $2°\sim4°$），故自锁性能好。

3. 偏心夹紧机构

偏心夹紧机构是斜楔夹紧机构的一种变型，它是通过偏心轮直接夹紧工件或与其他元件来组合夹紧工件，如图7-54所示。常用的偏心件有圆偏心和曲线偏心两种形式。圆偏心夹紧机构具有结构简单、夹紧迅速等优点，但它的夹紧行程小，增力倍数小，自锁性能差，故一般只应用于被夹紧表面尺寸变动不大和切削过程振动较小的场合。

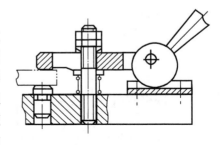

图7-54 偏心夹紧机构

4. 铰链夹紧机构

图7-55所示为铰链夹紧机构。铰链夹紧机构的优点是动作迅速，增力比大，易于改变力的作用方向；缺点是自锁性能差，一般常用于气动与液动夹紧中。

5. 定心夹紧机构

定心夹紧机构能够在实现定心作用的同时，起着夹紧工件的作用。定心夹紧机构中与工件定位基面相接触的元件，既是定位元件，又是夹紧元件。

定心夹紧机构是一种同时实现对工件定心定位和夹紧的定位夹紧机构。工件在夹紧过程中，利用定位夹紧元件的等速移动或均匀弹性变形来消除定位副制造不准确或定位尺寸偏差对定心或对中的影响，使这些误差或偏差能够均匀而对称地分配在工件的定位基准面上。

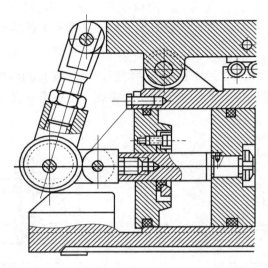

图 7-55 铰链夹紧机构

定心夹紧机构按工作原理可分为两大类：

一是按等速移动原理工作的定心夹紧机构。如图 7-56 所示，是一种螺旋定心夹紧机构。螺杆两端的螺纹旋向相反，螺距相同。当其旋转时，通过左右螺旋带动两 V 形左右钳口对向移向中心，从而对工件同时起着定位和夹紧作用。这类定心夹紧机构的特点是制造方便，夹紧力和夹紧行程较大。但由于制造误差和组成元件间的间隙较大，故定心精度不高，常用于粗加工和半精加工中。

图 7-57 所示为一种常见定心式车床夹具，用双顶尖定位。

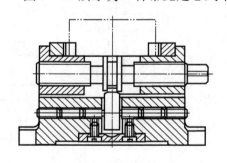

图 7-56 定心夹紧机构

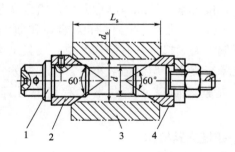

图 7-57 定心式车床夹具
1—心轴；2—顶尖套；3—工件；4—活顶尖套

二是以均匀弹性变形原理进行工作的定心夹紧机构。

图 7-58 所示为液性塑料定心夹紧机构。工件以内孔作为定位基面，装在薄壁套筒上，而起直接夹紧作用的薄壁套筒则压配在夹具体上，并在所构成的环槽中注满液性塑料。当旋转螺钉通过柱塞向腔内加压时，液性塑料便向各个方向传递压力，在压力作用下薄壁套筒产生径向均匀的弹性变形，从而将工件定心夹紧。

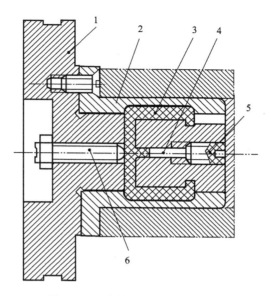

图 7-58 液性塑料定心夹紧机构
1—夹具体；2—薄壁套筒；3—液性塑料；4—柱塞；5—螺钉；6—限位螺钉

7.6 车床夹具

车床夹具用来加工工件内、外回转表面及端面。车床夹具多数安装在主轴上，少数安装在床鞍或床身上。本节介绍前一类车床夹具。

安装在车床主轴上的通用夹具有三爪自定心卡盘、四爪单动卡盘、花盘、前后顶尖以及拨盘与鸡心夹头的组合车床夹具。这些夹具已经标准化，并可作为机床附件独立配置。

7.6.1 车床夹具分类

专用车床夹具按工件定位方式不同分为定心式、角铁式和花盘式等。

1. 定心式车床夹具

在定心式车床夹具上，工件常以孔或外圆定位，夹具则采用定心夹紧机构。

心轴类车床夹具适用于以工件内孔定位，用以加工套类、盘类等回转体零件，主要用于保证工件被加工外圆表面与内孔定位基准间的同轴度。按照与机床主轴连接方式的不同，心轴类车床夹具可分为顶尖式心轴和锥柄式心轴两种，由于其结构简单而经常被采用。前者用于加工长筒形工件，后者仅能加工短的套筒或盘状工件。心轴的定位表面根据工件定位基准的精度和工序加工要求，可以设计成圆柱面、圆锥面、可胀圆柱面以及花键等特形面。常用类型有圆柱心轴和弹性曲轴心轴等。弹性心轴有波纹套弹性心轴、蝶形弹簧片心轴、液性介质弹性心轴和弹簧心轴等。

图 7-59 所示为手动弹簧心轴，工件以精加工过的内孔在弹性套筒 5 和心轴端面上定位。旋紧螺母 4，通过锥体 1 和锥套 3 使弹性套筒 5 产生向外均匀的弹性变形，将工件胀紧，以实现对工件的定心夹紧。手动弹簧心轴的弹性变形量较小，要求工件定位孔的精度高于 IT8，定心精度一般可达 0.02~0.05mm。

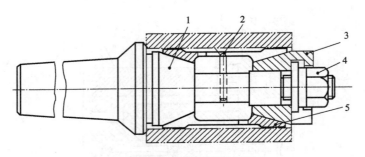

图 7-59 手动弹簧心轴
1—锥体；2—防转销；3—锥套；4—螺母；5—弹性套筒

2. 角铁式车床夹具

在车床上加工曲轴、壳体、支座、杠杆、接头等在零件的回转端面时，由于零件形状较复杂，难以装夹在通用卡盘上，因而需设计专用夹具。

这种夹具的夹具体呈角铁状，故称其为角铁式车床夹具。采用带摆动 V 形块的回转式螺旋式压板机构夹紧，用平衡块来保持夹具平衡。图 7-60 所示为曲轴角铁式车床夹具。

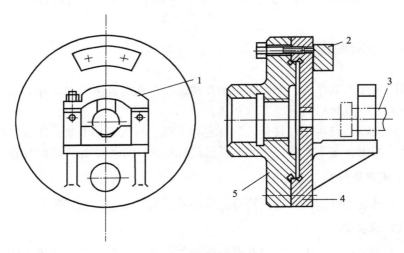

图 7-60 曲轴角铁式车床夹具
1—压板；2—平衡块；3—曲轴；4—夹具体；5—过渡盘

3. 花盘式车床夹具

这类夹具的夹具体称为花盘，上面开有若干个 T 形槽，以安装定位元件、夹紧元件和分度元件等辅助元件，如图 7-61 所示。用花盘可加工形状复杂工件的外圆和内孔。这类夹具不对称，要注意平衡。

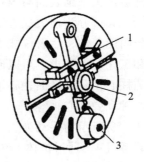

图 7-61 花盘式车床夹具
1—压板；2—工件；3—平衡块

7.6.2 车床夹具设计要点

车床夹具与主轴的连接方式。由于加工中车床夹具随车床主轴一起回转，要求车床夹具与主轴二者轴线有较高的同轴度。通常连接方式有以下几种：夹具通过主轴锥孔与主轴连接，夹具通过过渡盘与机床主轴连接，如图 7-62 所示。

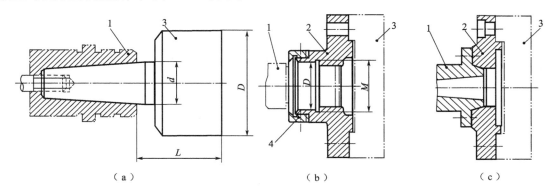

图 7-62 车床夹具与机床主轴的连接
1—车床主轴；2—过渡盘；3—专用夹具；4—压块

1. 夹具安装在车床主轴锥孔中

如图 7-62（a）所示，夹具安装在车床主轴锥孔中。这种连接方式的定心精度较高，适用于径向尺寸 D 小于 140mm 或 $D \leqslant (2 \sim 3)d$ 的小型夹具。

2. 夹具与机床主轴外圆连接

图 7-62（b）、（c）所示为夹具与机床主轴外圆的连接方式。其特点是通过使用过渡盘来实施夹具与机床主轴外圆的连接。这种连接方式适用于径向尺寸较大的夹具。过渡盘的使用，使同一夹具可以用于不同型号和规格的车床上，增加了夹具的通用性。过渡盘与机床主轴配合处的形状结构设计取决于机床主轴的前端结构。

图 7-62（b）所示为 CA6140 车床主轴与过渡盘的连接结构。过渡盘 2 以内孔与主轴 1 前端的轴径按 H7/h6 或 H7/js6 配合定心，用螺纹紧固，使过渡盘端面与主轴前端的台阶面接触。为防止停车和倒车时因惯性作用而松脱，用两块压块 4 将过渡盘压在主轴凸缘端面上。这种安装方式的安装精度将受到其相互配合精度的影响。

图 7-62（c）所示为 CA6140 车床主轴与过渡盘的连接结构。过渡盘 2 以锥孔和端面在车床主轴 1 前端的短圆锥面和端面上定位。安装时，先将过渡盘推入主轴，使其端面与主轴端面之间有 0.05~0.10mm 的间隙，用螺钉均匀拧紧后，会产生一定的弹性变形，使端面与锥面全部接触。这种安装方式定心准确，刚性好，但加工精度要求高。

常用车床主轴前端夹具的结构尺寸可参阅夹具手册。

夹具与过渡盘多采用平面及定位止口定位，按 H7/h6 或 H7/js6 配合，并用螺钉锁紧。过渡盘常为机床配件，但止口的凸缘与大端面将由用户按需自行加工。

3. 其他连接方式

如果车床没有配备过渡盘，可将过渡盘与夹具体合成一个零件设计；也可采用通用花盘来连接夹具与主轴，但必须在夹具外圆上加工一段找正圆，用以保证夹具相对主轴径向位置。

4. 车床夹具的平衡及结构要求

对角铁式、花盘式等结构不对称的车床夹具，设计时应采用平衡装置以减小由离心力产生的振动和主轴轴承磨损。

由于车床夹具一般在悬臂状态下工作，因而其结构力求简单紧凑、轻便且安全，要求悬伸长度尽量小，使其重心靠近主轴前支承。为保证安全，夹具体应制造成圆形，且夹具体上的各元件不允许伸出夹具体直径之外。此外，夹具的结构还应便于工件的安装、测量和切屑的顺利排出与清理。

7.7 铣床夹具

铣床夹具主要用于加工平面、凹槽及各种成形表面，一般由定位元件、夹紧机构、对刀装置对刀块与塞尺、定位键和夹具体组成。

由于铣削加工切削用量及切削力较大，又是多刃断续切削，加工时易产生振动，因此在设计铣床夹具时应注意：夹紧力要足够大且能自锁；夹具安装准确可靠，即安装及加工时要求正确使用定向键与对刀装置；夹具体具有足够的刚度和稳定性，做到结构科学合理。

7.7.1 典型铣床夹具

1. 直线进给式

图7-63所示为铣一种菱形连杆上直角凹槽的直线进给式夹具。夹具直接安装在按直线进给方式运动的铣床工作台上。工件以一面两孔在定位支撑板、圆柱销和菱形销上定位。拧紧厚螺母将通过螺栓带动杠杆，使两副压板同时夹紧两个工件。夹具上一次可同时安装6根连杆，生产率高。

2. 圆周连续进给

圆周连续进给铣床夹具多数安装在有回转工作台的铣床上，加工过程中随回转盘旋转做连续的圆周进给运动，这样可以在不停车的情况下装卸工件，提高加工效率，适用于大批量生产。

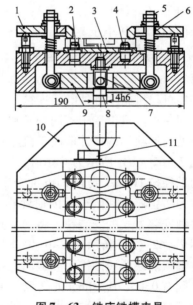

图7-63 铣床铣槽夹具

1—压板；2—圆销；3—支撑板；4—菱销；
5—螺母；6—螺栓；7—铰链；8—定位键；
9—杠杆；10—夹具体；11—对刀块

图7-64所示为铣拨叉用的圆周连续进给铣床夹具，回转工作台上一共备有12个工位。工件以内孔、端面及侧面通过定位销2和侧挡销4定位，由液压缸6驱动拉杆1，并通过开口垫圈3将工件夹紧。工作台由电动机连接蜗杆蜗轮机构带动回转，从而将工件依次送入切削区AB。当工件离开切削区而被加工好后，在非切削区CD内，可将工件卸下，并装上待加工工件，使得辅助时间与铣削时间相重合，能够有效提高机床利用率。

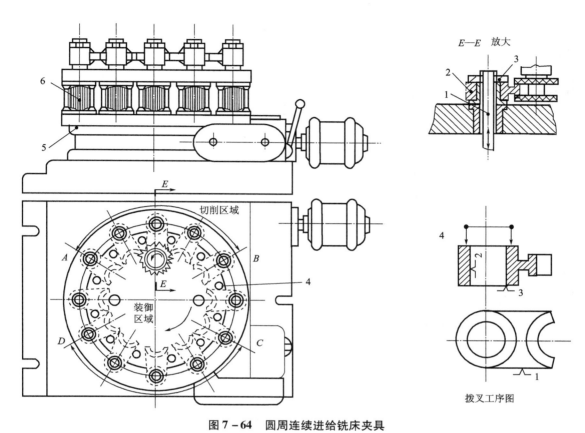

图 7-64 圆周连续进给铣床夹具

1—拉杆；2—定位销；3—开口垫圈；4—侧挡销；5—转台；6—液压缸

7.7.2 铣床夹具设计要点

1. 定位稳定，夹紧可靠

铣削加工是多刀多刃断续切削，切削用量和切削力较大，且切削力的方向不断改变，容易产生振动。因此，定位装置的设计和布置，应尽量使定位支撑面积大一些；夹紧力应作用在工件刚度较大的部位上；当从侧面压紧工件时，压板在侧面的着力点必须低于工件侧面的支撑点；夹紧力要求靠近加工面；夹紧装置要有足够的夹紧力，自锁性好，一般不宜采用偏心夹紧，特别是粗铣时应当特别注意。

2. 提高生产率

铣削加工有空行程，加工辅助时间长，因此要求尽可能安排多件、多工位加工，尽量采用快速夹紧、联动夹紧和液压气动等高效夹紧装置。

3. 定位键

定位键也称定向键。定位键通常安装在夹具底面的纵向槽中。一般用两个，安装在一条直线上。两工件距离越远，导向精度越高，可以直接用螺钉紧固在夹具体上，如图 7-65 所示。

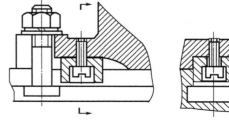

图 7-65 定位键的装配关系

定位键通过与铣床工作台的形槽配合确定夹具在机床上的正确位置，并能承受部分切削扭矩，以减轻夹紧螺栓负荷，增加夹具的稳定性。

定位键具有矩形和圆形两种。定向精度要求高或重型夹具不宜采用定位键，而是在夹具体上加工出一窄长面作为找正基面来校正夹具的安装位置，如图7-66所示。

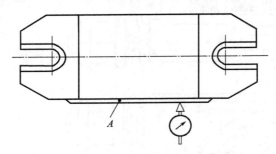

图7-66 铣床夹具的找正基面

4. 对刀装置

对刀装置由对刀块和塞尺组成，用来确定刀具的位置。图7-67所示为铣床夹具中的对刀装置。

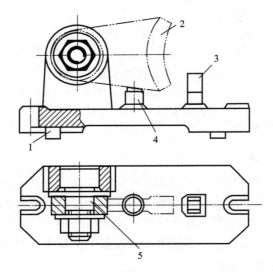

图7-67 铣床夹具对刀装置
1—定位键；2—拨叉；3—对刀块；4—定位支撑；5—定位元件

对刀块常用销钉和螺钉紧固在夹具体上，其位置应便于使用塞尺对刀，不妨碍工件装卸。对刀时，在刀具与对刀块之间加一塞尺，避免刀具与对刀块直接接触而损坏刀刃或造成对刀块过早磨损。塞尺有平塞尺和圆柱形塞尺两种，其厚度和直径为3~5mm，制造公差h6。

图7-68（a）所示为圆形对刀块，用于铣单一平面时对刀；图7-68（b）所示为直角对刀块，用于铣槽或台阶面时对刀；图7-68（c）、(d)所示用于铣成形面的特殊对刀块。

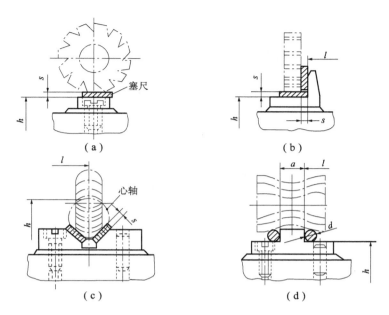

图 7-68 对刀装置

5. 夹具体设计

为提高铣床夹具在机床上安装的稳固性,减轻其断续切削等引起的振动,夹具体不仅要有足够的刚度和强度,其高度和宽度比也应恰当,其高宽比一般保持 $H/B ≤ 2～2.25$ mm,这样可以降低夹具重心,使工件加工表面尽量靠近工作台面。

若夹具体较宽,可在同一侧设置两个与铣床工作台 T 形槽间等距的耳座。对重型铣床夹具,夹具体两端还应设置吊装孔或吊环等,以便搬运与吊装。

7.8 钻床夹具

钻床夹具是在钻床上用于钻孔、扩孔、铰孔及攻取螺纹的机床夹具。钻模一般设有安装钻套的钻模板,以确定刀具位置并引导刀具进行切削,保证孔的加工要求和大幅度提高生产率。钻床夹具主要由钻套、钻模板、定位及夹紧装置夹具体组成。

7.8.1 钻床夹具典型结构

钻模的结构形式很多,可分为固定式、分度式、盖板式和滑柱式等主要类型。

1. 固定式钻模

固定式钻模在机床上的位置一般固定不动,要求加工精度较高,主要用于立式钻床上加工直径较大的单孔及同轴线上的孔,或在摇臂钻床上加工轴线平行的孔系。为了提高加工精度,在立式钻床上安装钻模时,要求先将安装在主轴上的钻头伸入钻套中,以确定钻模的位置后再将夹具夹紧,如图 7-69 所示。

2. 分度式钻模

带有分度装置的钻模称为分度式钻模。

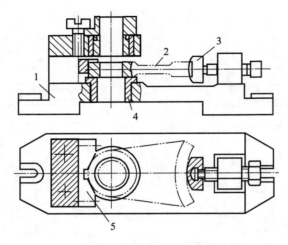

图 7-69 固定式钻模
1—夹具体;2—拨叉;3—夹紧装置;4—定位套;5—V 形块

分度式钻模的分度方式有两种,即回转式分度和直线式分度。

回转式钻模应用较多,主要用于加工平面上呈圆周分布、轴线互相平行的孔系,或分布在圆柱面上的径向孔系。工件一次安装,经夹具分度机构转位可顺序加工各孔。

图 7-70 所示为卧式回转分度式钻模。这类钻模多用以加工工件圆柱面上 3 个径向均布孔。在分度盘的左端面上有呈圆周均布的 3 个轴向钻套孔,内设定位锥套。钻孔前,对定销在弹簧力的作用下插入分度锥孔,反转手柄,螺套通过锁紧螺母使分度盘锁紧在夹具体上。钻孔后,正转手柄,将分度盘松开,同时螺套 4 上的端面凸轮将对定销拔出,将分度盘转动 120°,直至对定销重新插入第二个锥孔,然后锁紧加工另一孔。

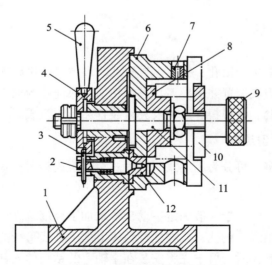

图 7-70 卧式回转分度式钻模
1—夹具体;2—对定销;3—横销;4—螺套;5—手柄;6—分度盘;7—钻套;
8—定位件;9—旋钮;10—开口垫圈;11—转轴;12—锥套

3. 盖板式钻模

盖板式钻模没有夹具体，其定位元件和夹紧装置直接安装在钻模板上。钻模板在工件上定位，夹具结构简单轻便，切屑易于清除，常用于箱体等大型工件上的小孔加工，也可以用于中小批量生产中的中小工件孔加工。加工小孔时，可以不设夹紧装置。

图 7-71 所示为加工主轴箱 7 个螺纹孔的盖板式钻模。工件以端面及两大孔作为定位基面，在钻模板的 4 个支撑钉 1 组成的平面、圆柱销 2 及菱形销 6 上定位；旋转螺杆 5，推动钢球 4 向下，钢球同时使三个柱塞 3 外移，将钻模板夹紧在工件上。

4. 滑柱式钻模

图 7-72 所示为手动滑柱式钻模通用底座。升降钻模板通过两根导柱与夹具体的导孔相连。转动操纵手柄，经斜齿轮带动斜齿条导杆移动，使钻模板实现升降。

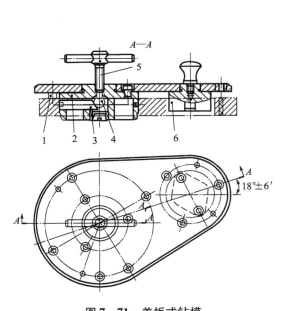

图 7-71 盖板式钻模

1—支撑钉；2—圆柱销；3—柱塞；
4—钢球；5—螺杆；6—菱形销

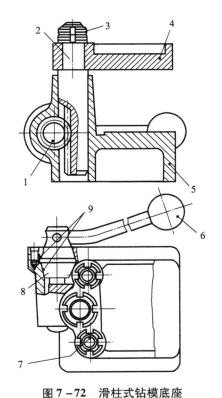

图 7-72 滑柱式钻模底座

1—齿轮；2—斜齿轴；3—螺母；4—钻模板；
5—夹具体；6—手柄；7—导柱；
8—齿轮轴；9—锥面

滑柱式钻模的特点是：夹具可调，操作方便，夹紧迅速；钻孔的垂直度和孔距精度一般，适用于中等精度的孔和孔系加工。

7.8.2 钻套结构设计

钻套用来导引钻头，以保证被加工孔的位置精度和提高工艺系统的刚度。钻套可分为标准钻套和特殊钻套两大类。

1. 标准钻套

标准钻套又分为固定钻套、可换钻套和快换钻套,如图 7－73 所示。

(1) 固定钻套。

图 7－73（a）所示为固定钻套的两种形式。钻套直接压入钻模板或夹具体的孔中,位置精度高,但磨损后不易更换,在中小批生产中使用。

(2) 可换钻套。

图 7－73（b）所示为可换钻套的标准结构。钻套 1 以间隙配合安装在衬套 2 中,衬套压入钻模板 3 中,并用螺钉 4 固定,以防止钻套在衬套中转动。可换钻套磨损后,将螺钉松开便可迅速更换,多用于大批量生产。

(3) 快换钻套。

如图 7－73（c）所示,快换钻套适用于在同一道工序中,需要依次将同钻套安装在钻模板或夹具体上,用来确定工件上加工孔的位置,引导钻头进行加工,提高加工过程中工艺系统的刚性并防振。

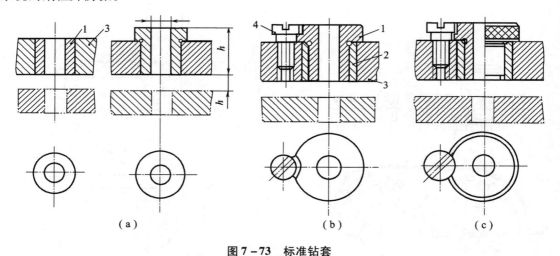

图 7－73 标准钻套
(a) 固定钻套；(b) 可换钻套；(c) 快换钻套
1—钻套；2—衬套；3—钻模板；4—螺钉

2. 特殊钻套

由于工件的形状特殊,或者被加工孔位置的特殊性,不适合采用标准钻套,就需要自行设计结构特殊的钻套。图 7－74 所示为几种特殊钻套的例子。

图 7－74（a）所示为在凹形表面上钻孔的加长钻套。钻套可做成悬伸式。为减少刀具与钻套的摩擦,可将钻套引导高度以上的孔径放大,做成阶梯形。

其中,图 7－74（b）所示为在斜面或圆弧面上钻孔的钻套。排屑空间的高度 <0.5mm,可避免钻头引偏或折断。

图 7－74（c）、(d) 所示为小孔距钻套。将两孔做在同一个钻套上时,要用定位销确定钻套位置。

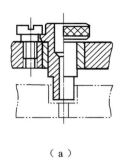 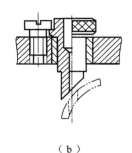 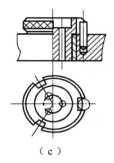 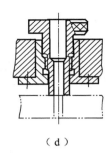

（a）　　　　　　（b）　　　　　　（c）　　　　　　（d）

图 7-74　四种特殊钻套

3. 钻套结构尺寸

（1）导向孔径 d。如图 7-75 所示，钻套基本尺寸取刀具的最大极限尺寸。对于钻头、扩孔钻、铰刀等定尺寸刀具，按基轴制选用动配合 F7 或 G6。

（2）钻套高度 H。对于一般孔距精度

$$H = (1.5 \sim 2)d$$

当孔距精度要求高于 ±0.05mm 时，

$$H = (2.5 \sim 3.5)d$$

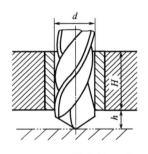

图 7-75　钻套的尺寸

（3）钻套与工件距离 h。增大 h 值，排屑方便，但刀具的刚度和孔加工精度都会降低。

钻削易排屑的铸铁时，常取

$$h = (0.3 \sim 0.7)d$$

钻削较难排屑的钢件时，常取

$$h = (0.7 \sim 1.5)d$$

工件精度要求高时，取 $h=0$，使切屑全部从钻套中排出。

7.8.3　钻模板结构

钻模板用于安装钻套，并确保钻套在钻模上的位置。常见的钻模板有以下几种：

1. 固定式钻模板

固定式钻模板与夹具体铸成一体，或用螺钉和销钉与夹具体连接在一起。其特点是结构简单，制造方便，定位精度高，但有时装配工件不便。

2. 铰链式钻模板

如图 7-76 所示，钻套导向孔与夹具安装面的垂直度可通过调整两个支撑钉的高度加以保证。加工时，钻模板由螺母锁紧。由于铰链销、孔之间存在一定的间隙，故工件的加工精度不会太高。

3. 可卸式钻模板

如图 7-77 所示，可卸式钻模板与夹具体做成可拆卸式。工件每装卸一次，钻模板也要装卸一次，只适用于钻孔后继续进行倒角、锪平、攻螺纹等加工或其他类型钻模板不便装卸工件的中小批生产情况。

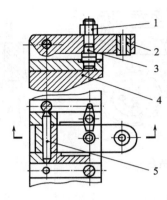 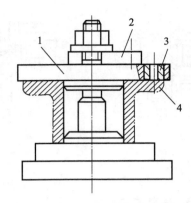

图 7-76 铰链式钻模板　　　　　　图 7-77 可卸式钻模板
1—螺母；2—钻模板；3—支撑钉；4—夹具体；5—定位销轴　　1—钻模板；2—压板；3—钻套；4—工件

7.9 镗床夹具

镗床夹具简称镗模，主要由镗套、镗模支架、镗模底座以及必需的定位、夹紧机构组成，多用于在镗床、组合机床、车床和摇臂钻床上加工箱体、支座等零件上的精密孔或孔系。

按其所使用的机床形式不同，镗床夹具可分为卧式和立式两类；按其导向支架的布置形式，可分为双支承镗模、单支承镗模和无支承镗模三类。采用镗模可以不受机床精度的影响而加工出较高精度的工件。

7.9.1 镗床夹具的典型结构

镗模分为单、双支承引导镗模和无支承镗模。

1. 单支承引导镗模

单支承引导时，因镗杆与机床主轴采用刚性连接，主轴回转精度影响镗孔精度，故只适于小孔和短孔加工。镗杆在镗模中只有一个镗套引导，因镗杆与机床主轴刚性连接，即镗杆插入机床主轴的莫式锥孔中，保证了镗套中心与主轴轴线重合，故机床主轴的回转精度将影响工件镗孔精度。

2. 双支承引导镗模

双支承引导时，镗杆和机床主轴采用浮动连接，所以镗孔的位置精度取决于镗模两导向孔的位置精度，而与机床主轴精度无关，如图 7-78 所示。

镗模导向支架主要用来安装镗套和承受切削力。因要求其有足够的刚性及稳定性，故在结构上一般要有较大的安装基面和必要的加强筋，且支架上不允许安装夹紧机构来承受夹紧反力，以免支架变形而破坏精度。

3. 无支承镗模

工件在刚度好、精度高的金刚镗床、坐标镗床或数控机床、加工中心上镗孔时，夹具上不设镗模支承，加工孔的尺寸和位置精度由镗床保证。无支承镗模只需设计定位、夹紧装置和夹具体即可。

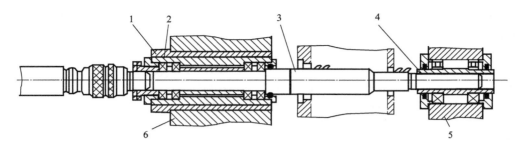

图 7-78 前后双支撑镗模

1，4—镗套；2—导向滑套；3—镗杆；5，6—支架

7.9.2 镗床夹具的设计要点

1. 引导支架结构

主要依据镗孔的长径比 L/D 来选取，一般有以下 4 种形式。

（1）单面前导向。

单个导向支架布置在刀具的前方，如图 7-79 所示。这种形式适用于加工工件孔径 $D > 60\text{mm}$，加工长度 $L < D$ 的通孔。在多工步加工时，可不更换镗套，又便于在加工过程中进行观察和测量，特别适用镗平面或攻螺纹等工序。一般情况下 $h = (0.5 \sim 1.0)D$，不小于 20mm，镗套长度一般取 $H = (1.5 \sim 3.0)d$。

（2）单面后导向。

单个导向支架布置在刀具的后方，如图 7-80 所示。这种形式适用于盲孔或 $D < 60\text{mm}$ 的通孔，装卸工件和更换刀具较方便。

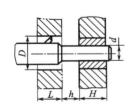

图 7-79 单面前导向支架

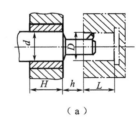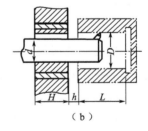

图 7-80 单面后导向支架

(a) $L < D$；(b) $L > D$

当 $L < D$ 时，采用图 7-80（a）所示结构。刀具导向部分的直径 d 可大于所加工孔径 D，此时刀具刚度好，加工精度高，装卸工件和换刀方便，且在多工步加工时可不更换镗套。

当 $L > D$ 时，采用图 7-80（b）所示结构。刀具导向部分的直径 d 应小于所加工孔径 D，镗杆能进入孔内，可减小镗杆的悬伸量，有利于缩短镗杆的长度。镗套长度一般取 $H = (1.5 \sim 3.0)d$。h 值的大小取决于换刀、装卸和测量工件及排屑是否方便。

（3）单面双导向。

在刀具后方装有两个导向镗套（见图 7-81），镗杆与机床主轴浮动连接。为保证镗杆刚度，镗杆的悬伸量 $l_1 < 5d$，两个支架的导向长度 $L > (1.25 \sim 1.50)l_1$。单面双导向镗模便于装卸工件和刀具，便于在加工中进行观察和测量。

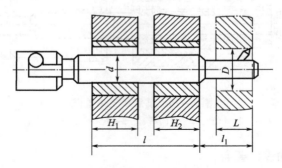

图 7-81 单面双导向

（4）双面单导向。

导向支架分别装在工件的两侧，镗杆与机床主轴浮动连接，如图 7-82 所示。这种形式适用于加工孔径较大，工件孔的长径比大于 1.5 的通孔或同轴线的几个短孔、有较高同轴度和中心距要求的孔系。

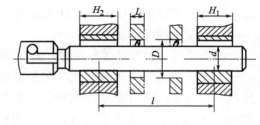

图 7-82 双面单导向

双面单导向结构镗杆长，刚性较差，刀具装卸不便。当镗套间距 $L > 10d$ 时，应增加中间导向支承。在采用单刃镗刀镗削同一轴线上的几个等径孔时，需要设计让刀机构。

固定式镗套长度取

$$H_1 = H_2 = (1.5 \sim 2.0)d。$$

2. 镗套的选择与设计

镗套的结构和精度直接影响加工精度。镗套的结构有固定式和回转式两种。

（1）固定式镗套。

固定式镗套是指在镗孔过程中不随镗杆转动的镗套，其结构与快换钻套基本相同。

如图 7-83（a）所示的固定式镗套开有油槽，设有压配式油杯，外形小、结构简单、中心位置准确，适用于低速镗孔。

（2）回转式镗套。

如图 7-83（b）、（c）、（d）所示，回转式镗套在镗孔过程中随镗杆一起转动，镗杆与镗套之间只有相对移动而无相对转动，从而减少了镗套的磨损，不会因摩擦发热而卡死，因此回转式镗套特别适用于高速镗削。

回转式镗套可分为滑动和滚动两种。

图 7-83（b）所示为滑动回转式镗套。镗套可在滑动轴承内回转，镗模架上所设镗套的结构形式和精度直接影响被加工孔的精度。

固定式镗套是一类常用的镗套。固定式镗套外形尺寸小，结构简单，导向精度高，但镗杆在镗套内一边回转，一边做轴向移动，镗套易磨损，故只适用于低速镗孔。

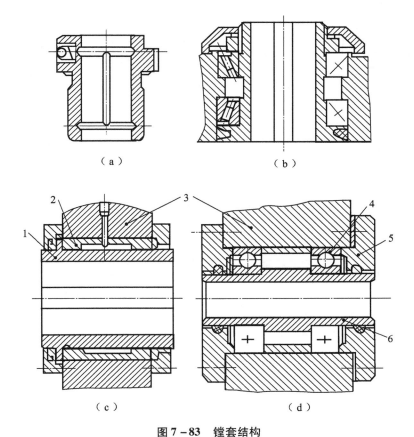

图 7-83 镗套结构
1,6—镗套；2—滑动轴承；3—镗模架；4—滚动轴承；5—轴承盖

回转式镗套随镗杆一起转动，是一类与镗杆之间只有相对移动而无相对转动的镗套。这种镗套能够大大减少磨损，也不会因摩擦发热而"卡死"。它适合于高速镗孔。

在回转式镗套结构中，设置有油杯和油孔，为使回转副得到充分润滑而在镗套中间开有键槽；镗杆上的键通过键槽带动镗套一起回转。这种镗套径向尺寸较小，回转精度高，减振性好，承载能力大，但需充分润滑。

回转式镗套适用于常用于摩擦面线速度 $v < 0.3 \sim 0.4 \text{m/s}$，孔心距较小的孔系的精加工。

图 7-83（c）所示为立式滚动回转式镗套。为避免切屑和切削液落入镗套，需设防护罩。为承受轴向力，一般采用圆锥滚子轴承。

图 7-83（d）所示为卧式滚动回转式镗套。

镗套支承在两个滚动轴承上，回转精度受轴承精度的影响，对润滑要求较低。但这种镗套径向尺寸较大，适用于粗加工和半精加工。滚动回转式镗套一般用于镗削孔距较大的孔系，一般摩擦面线速度 $v > 0.4 \text{m/s}$。其结构中采用圆锥滚子轴承。

7.9.3 汽车零件镗床夹具案例

图 7-84 所示为镗缸体主轴承孔夹具。为了提高刚度，镗杆除在工件两端采用支撑外，在轴承座之间还采用中间支撑，以提高刚度。图 7-85 所示为连杆双轴镗孔夹具。

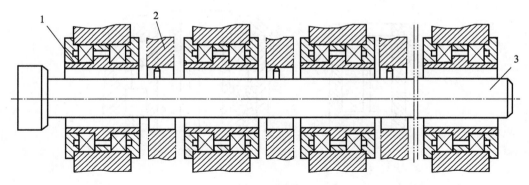

图 7-84 镗缸体主轴承孔夹具
1—导向套；2—缸体；3—镗杆

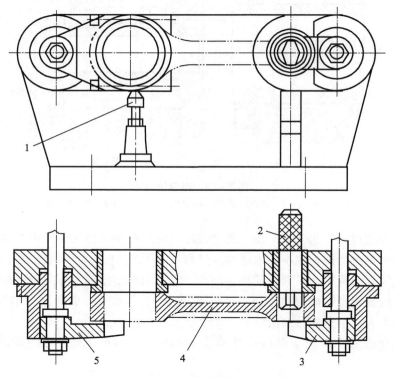

图 7-85 连杆双轴镗孔夹具
1—定位螺钉；2—过渡销；3,5—压头；4—连杆

7.10　夹具公差配合的选择与技术要求的制定

7.10.1　夹具总图应标注的尺寸

1. 夹具外形轮廓尺寸

主要标注夹具的最大外形轮廓尺寸，如图 7-86 中的尺寸 A 如果夹具结构中有运动部

分，应标注运动部分处在极限位置时在空间所占的尺寸。如果夹具有超出夹具体外的旋转部分，应标出最大旋转半径；当有升降部分时，应标出最高和最低位置。以此表明夹具轮廓的大小和运动范围，便于检查夹具与机床、刀具的相对位置有无干涉现象和在机床上安装有无可能。

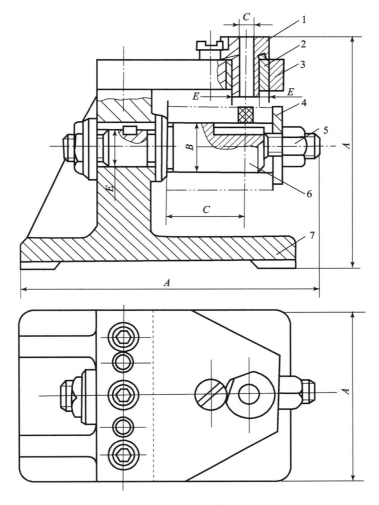

图 7-86 夹具总图应标注的尺寸
1—钻套；2—衬套；3—钻模板；4—开口垫圈；5—螺母；6—定位心轴；7—夹具体

2. 工件与定位元件之间的联系尺寸

主要标注工件定位基准与定位元件的配合尺寸，如图 7-86 中的尺寸 B。

3. 夹具与刀具的联系尺寸

主要标出对刀元件与定位元件间的位置尺寸，引导元件（如镗套、钻套）与定位元件之间的位置尺寸，引导元件与刀具导向部分的配合尺寸，如图 7-86 中的尺寸 C。

4. 夹具与机床连接部分尺寸

对于铣床夹具、刨床夹具，应标注定向键与机床工作台 T 形槽的配合尺寸；对于车床、内外圆磨床夹具,应标注夹具体与机床主轴的连接尺寸。在标注时应以夹具上的定位元件作为相互位置尺寸的基准。

5. 其他装配尺寸

主要标注属于夹具内部元件之间的配合尺寸,以及某些元件在夹具装配后需要保持的相关尺寸。如相对运动或静止元件之间的尺寸,引导元件与引导元件、定位元件与定位元件之间的尺寸,如图 7-86 中的尺寸 E。

7.10.2 尺寸公差与配合的选择

选择在夹具总图上标注的公差配合时,总的原则是:在满足工件加工要求的前提下,应尽量降低对夹具的加工要求。具体有以下几点:

1. 直接影响工件加工精度的夹具公差

这种情况夹具公差一般取工件相应加工尺寸公差的 1/5~1/2,常用的比值是 1/3~1/2。具体选用时要结合生产批量的大小、工件的加工精度、工厂的技术水平和设备条件等因素,进行全面综合考虑。

当工件生产规模较大,加工精度要求较低时,夹具公差尽量取小值,如取 1/5~1/4 的工件公差,这样可以延长夹具的使用寿命,又不至于使夹具制造困难;当工件生产规模较小,或者工件加工精度要求较高时,夹具公差尽量取大值,这样一方面可以保证工件加工精度,又使夹具便于制造。

与工件尺寸有关的夹具尺寸公差,不论工件尺寸是单向的还是双向的,都应改为对称分布的双向公差。例如,工件尺寸公差为 $50^{+0.1}_{0}$ mm,则应改为(50.05 ± 0.05)mm;工件尺寸公差为 $70^{+0.08}_{+0.02}$ mm,则应改为(70.05 ± 0.03)mm,并以此尺寸作为夹具的基本尺寸,制定该尺寸的制造公差,即取其公差的 1/5~1/2,按对称分布的双向偏差标注在夹具总图上。

夹具上的角度公差,按工件上相应公差的 1/3~1/2 选取,未注公差的角度一般取 $\pm 10'$,要求严格的取 $\pm 5' \sim \pm 1'$。

2. 夹具上其他重要尺寸的公差与配合

确定这类尺寸的公差与配合时,可参照表 7-4 选取。

表 7-4 夹具中常用元件间的配合及公差

序号	配合部位	配合精度		应用示例
		一般精度	较高精度	
1	定位元件与工件定位基准	$\frac{H7}{h6}$、$\frac{H7}{g6}$、$\frac{H7}{f7}$	$\frac{H6}{h5}$、$\frac{H6}{g5}$、$\frac{H6}{f6}$	定位销与工件基准孔
2	有引导作用并有相对运动的元件	$\frac{H7}{h6}$、$\frac{H7}{g6}$、$\frac{H7}{f7}$	$\frac{H6}{h5}$、$\frac{H6}{g5}$、$\frac{H6}{f6}$	滑动定位件
		$\frac{H7}{h6}$、$\frac{G7}{h6}$、$\frac{F7}{h7}$	$\frac{H6}{h5}$、$\frac{G6}{h5}$、$\frac{F6}{h5}$	刀具与导套

续表

序号	配合部位	配合精度		应用示例
		一般精度	较高精度	
3	无引导作用但有相对运动的元件	$\dfrac{H7}{d9}$、$\dfrac{H9}{d9}$	$\dfrac{H7}{d8}$	滑动夹具底板与座
4	无相对运动的元件	$\dfrac{H7}{n6}$、$\dfrac{H7}{p6}$、$\dfrac{H7}{r6}$、$\dfrac{H7}{s6}$、$\dfrac{H8}{t7}$（无紧固件） $\dfrac{H7}{m6}$、$\dfrac{H7}{k6}$、$\dfrac{H7}{js6}$、$\dfrac{H7}{m7}$、$\dfrac{H7}{k7}$（有紧固件）		固定支撑钉、定位销

本章知识点

1. 工件装夹要求与夹具功能。
2. 机床夹具的机构组成。
3. 工件的六点定位原理及应用。
4. 关于几种工件定位的定义与应用分析。
5. 工件定位方式及定位元件。
6. 定位误差的组成。常见 V 形块定位、心轴定位定位误差的计算。
7. 夹紧装置组成、夹紧力与典型夹紧机构。
8. 车、铣、钻、镗四类机床夹具的结构分析与应用。

思考与习题

1. 说明工件装夹要求与夹具功能。
2. 机床夹具机构由哪几部分组成？
3. 机床夹具可分为哪几类？
4. 工件在空间具有哪几个自由度？何谓工件的六点定位原理？
5. 何谓完全定位和不完全定位？请举例说明其应用。
6. 何谓欠定位和过定位？请举例说明。
7. 机械夹具中常用的定位方式有哪几种？
8. 说明平面定位中支撑元件的结构形式与应用。
9. 说明外圆柱面定位中的定位方式及其应用。
10. 说明圆孔定位的常用定位元件及与平面定位的联合使用。
11. 何谓定位误差？请分析造成定位误差的主要原因。
12. 如何实现工件在夹具上的夹紧？其常用力源装置有哪些？
13. 设计夹紧装置有何要求？
14. 如何计算和确定夹紧力的大小、方向和作用点？
15. 分别说明几种典型夹紧机构的结构形式与应用特点。
16. 分析车床夹具的结构形式与设计要点。

17. 说明几种典型铣床夹具的结构形式与设计要点。
18. 分析钻床夹具的典型结构及其应用。
19. 分析几种镗床夹具的典型结构及其应用。
20. 说明镗床夹具的设计要点。
21. 分析图 7-87 所列加工零件中必须限制的自由度。

图（a）：过球心打一孔；

图（b）：加工齿轮坯两端面，要求保证尺寸 A 及两端面与内孔的垂直度；

图（c）：在小轴上铣槽，保证尺寸 H 和 L。

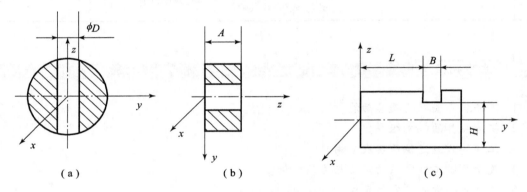

图 7-87 自由度分析

22. 分析图 7-88 所示连杆定位方案：
（1）指出各定位元件所限制的自由度；
（2）判断有无欠定位或过定位；
（3）对不合理的定位方案提出改进意见。

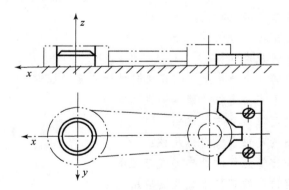

图 7-88 连杆定位方案

23. 在图 7-89（a）所示套类零件上铣键槽，保证尺寸 $54_{-0.14}^{0}$ mm 及对称度要求，现有三种定位方案，分别如图 7-89（b）、（c）、（d）所示，试计算三种不同定位方案的定位误差。

24. 在图 7-90 所示齿坯中，其内孔与外圆已加工合格（$d = 80_{-0.1}^{0}$ mm，$D = 35_{0}^{+0.025}$ mm），本工序在插床上加工键槽，要求保证尺寸 $H = 38.5_{0}^{+0.2}$ mm。试分析采用图 7-90 中所示的定位方案能否满足加工要求（要求定位误差不大于工件加工误差的 1/3）？（忽略外圆与内孔的同轴度误差）

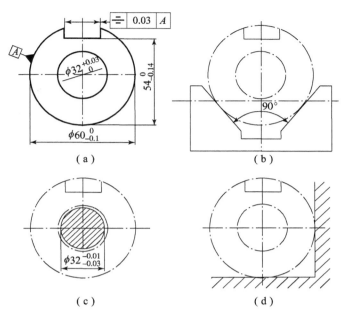

图 7-89 零件及定位方案

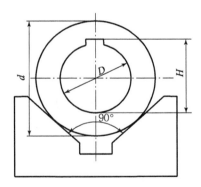

图 7-90 齿坯定位方案

第 8 章

发动机曲轴工艺

本章讲述发动机曲轴机械加工工艺。从零件结构与技术要求出发,依次介绍材料、产品毛坯、结构工艺特点、定位基准选择、机械加工工艺过程、加工方法与质量检验等,以定性分析为主,以定量分析为辅,重点掌握其机械加工中的定位、工艺过程、加工方法及质量控制等,包括热处理工艺、表面强化工艺的应用。

8.1 曲轴概述

8.1.1 曲轴概述

曲轴是发动机上的一个重要零件。它有两个重要部位:主轴颈和连杆轴颈。主轴颈被安装在缸体上,连杆轴颈与连杆大头孔连接,连杆小头孔与气缸活塞连接,是一个典型的曲柄滑块机构。曲轴与连杆配合将作用在活塞上的气体压力转变为曲轴的旋转运动,用来传递动力和扭矩。通过驱动飞轮、皮带轮、链轮把动力传递给底盘的传动机构。同时驱动配气机构和其他辅助装置,如风扇、水泵、发电机、机油泵和动力转向的液压泵等。

曲轴一般由主轴颈、连杆轴颈、曲柄、平衡块、前端和后端等组成。一个主轴颈、一个连杆轴颈和一个曲柄组成了一个曲拐,曲轴的曲拐数目等于气缸数(直列式发动机)。

图 8-1 所示为六缸汽车发动机曲轴结构。主轴颈和连杆轴颈不在同一轴线上。它具有 7 个主轴颈,6 个连杆轴颈分别位于 3 个互成 120°角的平面内。曲轴在 6 个连杆轴颈处形成了 6 个开挡,因此曲轴是一个结构复杂、刚性差的零件。

曲轴的技术要求:

在曲轴加工过程中,除了要保证曲轴基本尺寸外,更重要的是保证曲轴的加工精度,即形位公差和尺寸公差方面的要求,主要包括以下几个方面:

(1) 主轴颈、连杆轴颈的尺寸公差。
(2) 主轴颈、连杆轴颈的圆柱度。
(3) 主轴颈单独以及相对的圆跳动量。
(4) 连杆轴颈轴线相对主轴颈轴线的平行度。
(5) 轴颈表面粗糙度。
(6) 止推面的平面度、表面粗糙度。

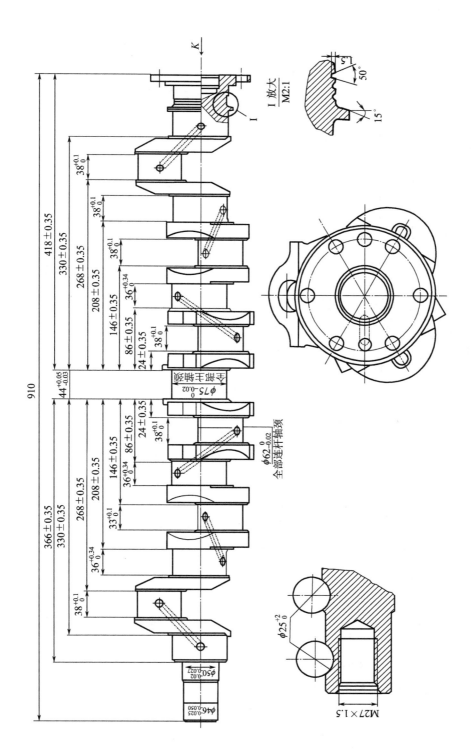

图8-1 六缸汽车发动机曲轴结构

（7）止推面与主轴颈的垂直度。
（8）曲拐夹角的相位角度偏差。
（9）动平衡精度。

东风发动机厂现有曲轴产品技术参数如表 8-1 所示。

表 8-1 东风发动机厂曲轴产品主要技术参数

	项目	6100曲轴	6102曲轴	6105曲轴	6B曲轴	6C曲轴	DCi11曲轴	491曲轴
主轴颈	尺寸	$\phi75_{-0.019}^{0}$	$\phi80_{-0.019}^{0}$	$\phi80_{-0.019}^{0}$	$\phi83_{-0.013}^{+0.013}$	$\phi98_{-0.013}^{+0.013}$	$\phi102_{-0.034}^{-0.012}$	$\phi56.98_{-0.01}^{+0.01}$
	表面粗糙度/μm	Ra0.32	Ra0.32	Ra0.32	Ra0.4	Ra0.4	Ra0.25	Ra0.3
	圆度/mm	0.005	0.005	0.005	0.0064	0.0064	0.007	0.005
	圆柱度/mm	0.005	0.005	0.008	0.013	0.013	0.008	0.008
	中间轴颈对两端轴颈跳动/mm	0.05	0.05	0.12	0.152	0.152	0.14	0.05
	对相邻轴颈跳动/mm	—	—	—	0.051	0.051	0.05	—
连杆轴颈	尺寸/mm	$\phi62_{-0.019}^{0}$	$\phi64_{-0.019}^{0}$	$\phi69_{-0.019}^{0}$	$\phi69_{-0.013}^{+0.013}$	$\phi76_{-0.013}^{+0.013}$	$\phi102_{-0.034}^{-0.012}$	$\phi51.99_{-0.01}^{+0.01}$
	表面粗糙度/μm	Ra0.32	Ra0.32	Ra0.32	Ra0.4	Ra0.4	Ra0.25	Ra0.3
	圆度/mm	0.005	0.005	0.005	0.0064	0.0064	0.007	0.005
	圆柱度/mm	0.005	0.005	0.006	0.013	0.013	0.008	0.008
	对主轴颈平行度/mm	0.015	0.015	0.015	0.03	0.03	0.015	0.015
	相位角	120°±30″	120°±11″	120°±11″	120°±20″	120°±20″	120°±20″	120°±20″
	曲柄半径/mm	R57.5±0.1	R57.5±0.08	R60±0.1	R60±0.076	R67.5±0.08	R78±0.04	R38.475±0.05
止推轴颈	对主轴颈跳动/mm	0.05	0.05	0.05	0.05	0.05	—	0.025
	垂直度/mm	—	—	—	0.017	0.023	0.03	—
	宽度/mm	$\phi44_{0}^{+0.08}$	$\phi44_{0}^{+0.08}$	$\phi44_{0}^{+0.08}$	$\phi37.5_{-0.025}^{+0.076}$	$\phi43_{-0.025}^{+0.076}$	$\phi42.4_{0}^{+0.039}$	$\phi32.025_{-0.025}^{+0.025}$
	表面粗糙度/μm	Ra0.5	Ra0.5	Ra0.5	Ra0.4	Ra0.4	Ra0.32	Ra0.6

8.1.2 曲轴毛坯材料

根据曲轴工作在发动机过程中承受弯曲、扭转、剪切、拉压等交变应力，要求具有较高的抗拉强度、疲劳强度、表面硬度、耐磨性及高淬透性，心部要具有一定的韧度，高温下保持良好的蠕变强度。

曲轴毛坯的成形方法主要有铸造和模锻两种。国内常见曲轴毛坯材料主要有球墨铸铁和碳素结构钢两大类。碳素结构钢主要有调质钢和非调质钢。

由于汽油机曲轴功率较小，曲轴毛坯一般采用球墨铸铁铸造而成。常用材料有：QT600-2、QT700-2、QT800-2、QT900-6、等温淬火球铁（ADI 球铁）等。例如，球墨铸铁 QT700-02 是一种高强度球墨铸铁，并具有一定的塑性，其内部晶体组织是珠光体基体（≥75%～80%）+球状石墨。表现为铸造性能好，具有较小的缺口敏感性、较好的减振性及耐磨性。若在球墨铸铁中加入微量铜等合金元素，能够起到细化组织、稳定珠光体和提高基体强度的作用，使曲轴可直接进行机械加工，省去了毛坯正火或退火的热处理工序。球墨铸铁曲轴应用广泛，能满足一般功率发动机的工作要求。

模锻曲轴一般选用调质钢或非调质钢。调质钢常用材料有45、40Cr或42CrMo；非调质钢常用材料有48MnV、C38N2、38MnS6。模锻毛坯的金属纤维分布合理，有利于提高曲轴强度。调质钢曲轴一般在锻造后需要采用调质（或正火）热处理来进一步提高力学性能并改善其表面加工性能，主要用于柴油机功率较大的曲轴上。

近年来在大功率发动机制造中，较广泛地应用微合金非调质钢。它可以通过钢中添加微量V、Nb、Ti等合金元素来细化晶粒，提高钢的强度，从而直接取消了调质（或正火）热处理而简化了制造工艺、节时节能并能改善切削加工性能，提高刀具寿命，降低加工成本。微合金非调质钢的应用相对调质碳钢可以降低生产成本7%～11%，相对调质合金钢可降低成本11%～19%。在中重型发动机上常用的曲轴材料为微合金非调质钢。例如，东风公司生产的4H发动机曲轴使用材料为微合金非调质钢48MnV，DCi11发动机曲轴材料为微合金非调质钢C38N2。

国外汽车发动机应用微合金非调质钢锻造曲轴已十分广泛。目前，国内已经国产化的典型非调质微合金钢主要有49MnVS3、48MnV、50MnV等。其应用中存在的主要问题是加工工艺性比较差，材料价格相对较高。

8.1.3　曲轴结构工艺特点

图8-2所示为六缸发动机曲轴，有7个主轴颈和6个连杆颈，连杆颈分别位于三个互成120°角的平面内。曲轴的结构工艺特点表现为形状复杂、刚度差和技术要求高。

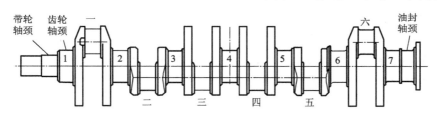

图8-2　曲轴轴颈分布图

1～7—主轴颈；一～六—连杆轴颈

首先，形状复杂。连杆轴颈和主轴颈不在同一根轴线上，在连杆轴颈加工中易出现质量分布不平衡的现象，需要配备能迅速找正连杆颈中心的偏心夹具，且需在夹具中加一平衡块。

其次是结构刚度差。曲轴的长径比大（$L/d = 11$），又具有6个偏心连杆轴颈，因此刚度较差。为防止其在加工过程中变形，需要选用较高刚度的机床、刀具及夹具，并用托轮来增强刚性。也可通过采用两端传动、增加辅助支承的方式，改善曲轴的支承方式和缩短支承距离，以减小加工中的弯曲、扭转变形和振动。同时还可以在加工中尽可能使切削力相互抵消或合理安排定位支承靠近被加工表面，减小切削力所引起的变形。中间增设校直工序，能够减小前道工序的弯曲变形对后道工序的影响。

最后是技术要求高。曲轴的机械加工工艺过程将随生产纲领和曲轴复杂程度的不同而有很大区别，但工艺内容一般包括定位基准的加工、粗车、精车和粗磨各主轴颈及其他外圆，车连杆颈，钻油孔，精磨各主轴颈及其他外圆，精磨连杆轴颈，大、小头及键槽加工，轴颈表面处理，动平衡，超精加工各轴颈。

8.1.4 曲轴工艺路线设计原则及基准选择

1. 工艺路线设计原则

（1）基准先行：在工艺安排上第一道工序或者第二道工序应尽可能把曲轴精基准加工出来，以后工序再利用精基准定位加工其他表面精度就容易保证。

（2）先面后孔：曲轴轴径、法兰面上有孔时，工艺安排上应先加工轴径、法兰面，再加工轴径、法兰面上的孔，容易保证孔的加工精度。

（3）先主后次：工艺安排上重点考虑曲轴主轴颈、连杆轴径重要表面加工，次要表面加工可以穿插在其中。

（4）先粗后精，粗精分开。

粗加工与精加工分开的目的：

①保证加工质量。粗加工时，由于加工余量大，切削力及切削热都较大，因而工艺系统受力变形，热变形及工件内应力都很大，所以粗加工不可能达到高的加工精度和小的表面粗糙度，要有后续工序逐步降低切削用量，逐渐减少加工误差，最终达到零件加工质量要求。对于某些存在残余内应力的毛坯粗加工后，内应力重新分布会产生变形，而且这种变形过程也需要一定时间。粗精分开后就可以避免内应力变形对精加工的影响。内应力变形也可以在后续精加工中给予消除。

②粗加工切除较大的余量，可以及早发现毛坯缺陷，以便及时报废或修补，避免继续加工造成浪费。

③可合理使用机床设备。粗加工时可使用功率大、刚性强、精度一般的机床。精加工则使用加工精度高的机床，充分发挥机床各自的性能。粗、精加工分开的原则既适用于某一表面的加工过程，也适用于整个零件的工艺过程。需要指出的是，随着现代汽车零件毛坯铸造、锻造精度越来越高，毛坯总余量越来越少，粗精加工阶段划分也越来越不明显。

（5）合理安排热处理工序和表面强化工艺。

（6）曲轴属细长杆件零件，在加工中应尽量减少加工变形。

东风公司 4H 发动机曲轴加工工艺路线编制原则遵循：先粗后精；先基准后其他；先面后孔；先主要表面后次要表面；先加工主轴颈，再加工连杆轴颈（图 8-3）。

图 8-3 4H 曲轴加工工艺路线编制原则

此外在制定工艺方案时还应该考虑以下原则：

①与生产纲领相适应的原则。

②最佳经济效果原则。

③积极采用与生产纲领相适应的新工艺、新技术。

一个工艺方案的优劣主要从以下三点进行评价：质量（Quality）、成本（Cost）、交付期（Day）。

2. 总体工艺路线拟定

对整体曲轴来说，毛坯主要是锻钢和球铁，常采用的工艺路线如下：

锻钢曲轴的常规工艺路线是：下料—锻造—正火—粗加工—表面淬火及回火—精加工。

球铁曲轴的常规工艺路线是：铸造—正火—回火—粗加工—表面淬火及回火—精加工。

3. 粗加工工艺制定

曲轴粗加工可以采用的加工方法主要有：车削、内铣、车拉、车车拉。

目前，这四种曲轴粗加工方法并存，至于采用何种工艺，受到产品、产量、节拍、工艺和投资等因素的影响。

车削：通用性最强。

内铣：适用于加工连杆轴颈和曲柄臂侧面，特别是毛坯余量较大时更能显示出它的优点。

车拉：对毛坯要求很高，对产品改变的适应性很差，适用于大批量、单一产品的生产。

车车拉：车和车拉工艺的组合，精度达到车拉的水平，效率在内铣之下，柔性比车拉和内铣高。

4H 曲轴粗加工采用车削和内铣相结合的方法进行。

4. 磨削工艺制定

磨削顺序与加工质量：磨削顺序的选择是考虑先磨主轴颈还是先磨连杆轴颈，这没有绝对定论。

（1）主轴颈磨削→连杆轴颈磨削。

存在问题：连杆轴颈磨削造成的应力释放使主轴颈跳动超差，不好控制。

（2）连杆轴颈磨削→主轴颈磨削。

存在问题：基准的转换造成曲柄半径的超差，不好控制；增加设备。

随着轴颈粗加工和淬火技术的发展、提高，磨削余量大为减小，一方面，磨削变形和磨削应力小；另一方面，轴颈精磨一次成形，取消半精磨，工艺简化。

磨削裂纹烧伤（特别是宽止推面磨削）、主轴跳动、连杆轴颈对主轴颈位置精度（外圆跳动曲柄半径平行度等）更是磨削工艺设计考虑的重点。

从制造工艺上讲，只要连杆轴颈磨削力对曲轴变形的影响控制在主轴跳动承受范围内，先磨主轴颈后磨连杆轴颈，是工艺简洁、投资少的优化工艺，对制造流程来说，纯粹用于加工工艺定位用的工序是非增值行为，应该减少或杜绝。

5. 曲轴定位基准选择

东风公司生产的 4H 发动机曲轴外形如图 8-4 所示，有 4 个连杆轴径、5 个主轴颈。

4H 曲轴径向基准：直列式发动机曲轴加工时的径向基准选择两端中心孔或者主轴颈（第一、五主轴颈中心连线；两中心孔的连线）做径向基准。

4H 曲轴轴向基准：轴向基准有多个，曲轴为了限制轴向移动自由度和防止轴向力作用而发生轴向窜动，轴向基准选择第四主轴颈的轴肩（止推面）、法兰轴颈端面做轴向基准。

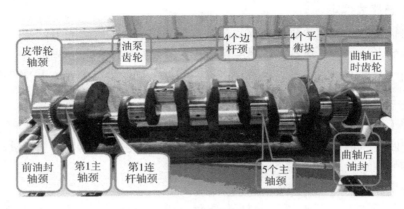

图 8-4 4H 曲轴总成图

4H 曲轴角向基准：因为曲轴为复杂零件，所以曲轴的角向定位基准也有多个，如第 1 主轴颈平衡块上的角向工艺凸台、第 1 连杆轴颈、法兰盘上的工艺孔等。

（1）4H 曲轴粗基准的选择。

轴的毛坯一般呈弯曲状态，为了保证两端中心孔都能钻在两端面的几何中心上，曲轴径向方向的粗基准选择靠近两端的轴颈外圆。轴向方向定位基准选择第 3 主轴颈两边的轴肩。因为第 3 主轴颈两边的曲柄处于曲轴的中间部位，用作粗基准可以减小其他曲柄的位置误差。选择第 1 主轴颈平衡块上的角向工艺凸台做角向粗基准（图 8-5）。

（2）4H 曲轴精基准的选择。

曲轴表面复杂，有多个精基准，在整个加工过程中曲轴的精基准有两个：一个最重要的精基准是曲轴两端中心孔。另外一个是曲轴第 1、5 主轴颈。曲轴轴向精基准有多个，如中心孔、法兰轴颈端面、第 4 主轴颈的轴肩（止推面）。角向定位精基准大部分采用法兰盘上的工艺孔（图 8-6），用工艺孔限制旋转自由度来磨削主轴颈和连杆轴颈。此外第一连杆轴颈也少量作为角向定位基准使用。

图 8-5 工艺凸台作为角向定位的粗基准

图 8-6 工艺孔作为角向定位的精基准

8.2 4H 曲轴加工工艺

曲轴加工工艺复杂，包括车削、铣削、磨削、钻、铰、攻丝等。精度高，4H 曲轴主轴颈和连杆轴颈公差等级为 6 级精度，粗糙度为 $Ra0.16$。因此主轴颈需要粗车 – 精车 – 热处理 – 半精磨 – 精磨 – 砂带抛光等工艺；连杆轴颈工艺安排：内铣所有连杆轴颈 – 热处理 – 精磨 – 砂带磨削等工艺。下面主要以 4H 曲轴为例从轴颈粗加工开始到抛光光整加工为止等方面介绍 4H 曲轴加工工艺。

8.2.1 4H 曲轴加工工艺介绍

（1）05J 序——毛坯锻造，铣两端面，打中心孔。

工序图如图 8-7 所示，EQ4H 曲轴材料为 48MnV，为模具锻件，曲轴毛坯自重 50kg，曲轴前面是一个圆柱形小凸台，后端是一个沉孔。EQ4H 曲轴加工过程中的绝大多数工序都是以中心孔作为定位基准进行定位的。所以该曲轴毛坯在锻造厂进行锻造完成后，根据基准先行的原则先在锻造厂铣两端面并加工出中心孔。常见曲轴的中心孔加工方法有两种：打几何中心孔和打质量中心孔，其中以轴颈的外圆表面定位加工出的中心孔称为几何中心孔，以曲轴毛坯的旋转质量轴线加工的中心孔称为质量中心孔。

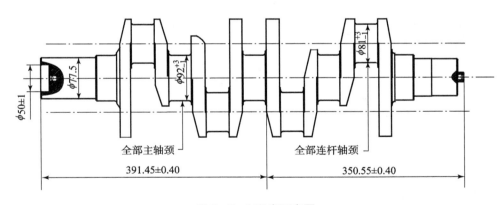

图 8-7 05J 序工序图

1）几何中心孔对曲轴初始不平衡量的影响。

打几何中心孔是用两端外圆的毛坯面定位，表面形状误差较大，打出的几何中心离散性也较大，又受到曲轴毛坯制造精度及曲轴复杂的外形影响，以两端外圆定心加工的几何中心孔与曲轴此时的质量回转中心相差太大，造成曲轴初始不平衡量分布不均匀，分布范围大，对最终动平衡产生极大影响，不但影响本工序的工序时间，不能满足生产节拍，而且去重过度，直接影响曲轴的整体质量。如果去重超过规定的去重区，还会导致曲轴报废。去重量过度，会影响发动机工作时的平衡稳定性，产生振动。

2）质量中心孔对曲轴初始不平衡量的影响。

打质量中心孔前需进行质量定心。质量定心是一个平衡过程，其原理是：寻找出曲轴的质量中心线后,在曲轴两端加工出中心孔,使其两端加工出中心孔的共同轴线与曲轴此时的质量中心线重合。打质量中心孔的曲轴,其加工余量分布趋于均匀。同时可以通过统计工序加工余量均匀情况来对质量定心机进行相应的调整。

曲轴的中心孔是曲轴加工过程的径向定位基准,同时也是曲轴的回转中心基准,要使曲轴的中心孔保持在曲轴回转中心上,以保证在最终动平衡时半成品的初始不平衡量最小,经过最终动平衡后,控制曲轴不平衡量合格。如果采用几何中心孔定位加工曲轴,对毛坯弯曲大的曲轴动平衡影响较大。4H曲轴采用质量中心孔定位加工曲轴的主要优点是:减少曲轴动平衡时的去重量,提高动平衡的合格率,降低去重工序的加工节拍,改善曲轴内部质量补偿,但质量中心孔的设备价格昂贵。打质量中心孔也需要注意一些问题:从理论上讲,打质量中心孔能有效减少曲轴初始不平衡量,如毛坯精度不是太高,初始不平衡量较大,会使质量中心与几何中心偏离较大,从而使机械加工余量分布不均匀,会导致粗加工后的不平衡量太大,甚至会出现加工黑皮。

(2) 15序——粗车1、4、5主轴颈,粗精车小头端。

小头端包括:皮带轮轴颈、前油封轴颈、前端齿轮轴颈。工序图如图8-8所示。

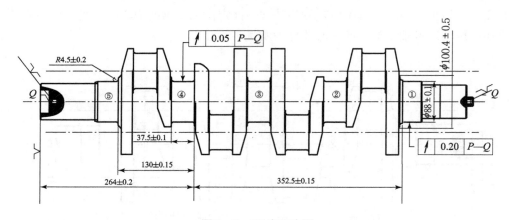

图8-8 15序工序图

定位基准:粗车1、4、5主轴颈,以毛坯出厂时已加工好的两端中心孔和大头端面为定位基准。其中后端头中心孔采用浮动顶尖,限制2个自由度;小头端中心孔也是浮动顶尖,限制2个自由度;曲轴后端头端面限制1个自由度,限制曲轴轴向移动。

夹紧方式:顶尖夹紧和卡盘对曲轴后端头外圆面夹紧。

粗车第1、4、5主轴颈及两端轴颈采用数控单刀车削方式(图8-9),即采用高速数控车,实现单刀轴向进给,单刀车削方式相比多刀同时车削工艺,工件变形小,尺寸精度高,加工质量好。但是其缺点是加工效率较低,加工一件的生产节拍为9min左右,因此为了满足节拍需要,该工序需要两台相同的设备进行加工。为了更好地控制尺寸和避免数控车因曲轴毛坯轴向不稳打刀,数控车采用了RENISHAW测头,测量后根据零件尺寸进行自动偏置。为了避免换刀后首件进行人工对刀,数控车采用RENISHAW自动对刀装置,换刀后进行自动对刀,避免人工对刀,节约了时间。该工序刀具采用可转位涂层硬质合金刀具,刀片采用上压式夹紧结构(图8-10)。

图 8-9 单刀数控车

图 8-10 上压式可转位涂层硬质合金刀具

（3）20 序——精车 1、4、5 主轴颈及粗精车后端头。

后端头包括：后端齿轮轴颈（安装正时齿轮）、法兰轴颈。工序图如图 8-11 所示。

定位基准：精车 1、4、5 主轴颈以两端中心孔和大头端面为定位基准。

工序内容如下：工步 1：粗车后端头；工步 2：在第 4 主轴颈上精车开槽；工步 3：精车第 1、4 主轴颈后端的外圆、圆角和端面；工步 4：精车第 4、5 主轴颈前端的外圆、圆角和端面；工步 5：精车后端头及车第 1、4、5、8 平衡块外圆。

（4）25 序——打流水号。

精车结束后，要在打标机上对曲轴打标记。

（5）30 序——内铣所有连杆轴颈及 2、3 主轴颈。

使用日本进口的日本小松曲轴内铣床，内铣所有连杆轴颈及 2、3 主轴颈，内铣时使用 2 个内铣刀盘，一个铣主轴颈，一个铣连杆轴径。该工序内容如下：

工步 1：内铣所有连杆轴颈（图 8-12），铣削时曲轴不动，刀盘走一个椭圆轨迹。

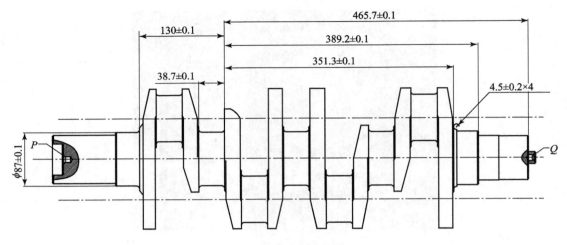

图 8-11 20 序工序图

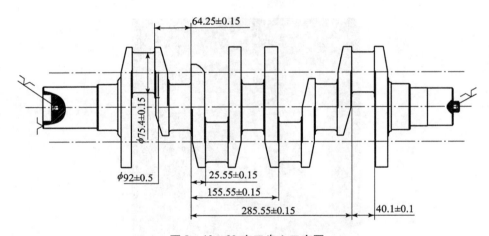

图 8-12 30 序工步 1 工序图

工步 2：内铣 2、3 主轴颈（图 8-13）。

传统曲轴轴颈的粗加工早期大都采用多刀车削工艺，如该发动机厂早期 EQ6100、EQ6102 曲轴轴颈加工都采用多刀车削。由于多刀车削加工工艺存在诸如高速切削冲击大、工件易变形、柔性差等缺点，越来越满足不了目前的轴颈粗加工质量要求和品种切换的需要，目前已逐步被后来开发出的数控外铣和数控内铣所淘汰。

多刀车削加工工艺缺点如下：

①由于曲轴毛坯的加工余量比较大，在车削曲柄端面和外圆时是一种断续切削，高速切削时冲击力特别大，且曲轴的刚性差，易引起振动。

②曲轴车削时，常采用大宽度的成形车刀多刀切入的方法，这种方法解决了生产率低的问题，但在切削时使工件承受很大的切削力，容易产生变形而影响加工精度。

③在车削 6 缸机曲轴时，常采用中间传动的方式，使得工件装卸不方便，加工各挡轴颈刀架及刀具位置需要分别调整，更换品种时，重新调整工作量大。因此，目前多刀车削工艺已逐渐被数控内铣所淘汰。

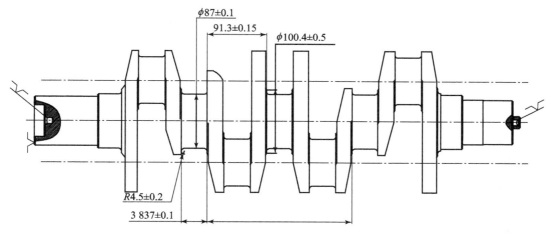

图 8-13 30 序工步 2 工序图

曲轴铣削作为国际上曲轴批量加工的主流技术已经得到广泛的应用,在切削速度、加工连续性、加工精度、简化工装等方面,曲轴内铣有着传统的曲轴车削技术无法比拟的优势。

①设备刚性好,铣削速度高,能很好地适应断续切削,生产效率高。

②切削速度较低(通常不大于 160m/min),不易对刀,工序循环时间较长,不能加工轴向沉割槽,加工后轴颈表面有明显棱边。

③产生的铁屑较细小,断屑效果好。

④有一定的柔性,可加工多品种曲轴,刀具调整较方便、迅速。

⑤铣削平稳,无振动,刀具寿命长,工件变形小,曲轴加工变形小,无须冷校直,加工精度高,无须粗磨,机床调整时间少,生产质量稳定。

⑥刀具费用较高,需要配套设备,投资大。

加工时,曲轴处在内铣刀盘中固定不动,高速旋转的内铣刀盘在数控中心的控制下实现切入和圆周进给,内铣刀盘自转同时又做径向进给,直至切深到达工艺尺寸时,刀盘中心绕工件再旋转一周,就铣定一个轴颈。铣削时内铣刀盘在自转的同时,内铣刀盘中心围绕曲轴连杆轴颈(或主轴颈)中心进行公转(图 8-14)。

图 8-14 日本小松内铣机床及内铣刀

曲轴静止式内铣所配刀盘数由产量需要决定,最多也只能是两个。只有一个刀盘的是顺次铣削每个轴颈,具有两个刀盘的可以每次铣同向的两个连杆轴颈或一个连杆轴颈和一个主轴颈。一般是先加工主轴颈,以便给中心架支承。

(6) 40 序——钻全部油孔及孔口倒角。

工序图如图 8-15 所示。

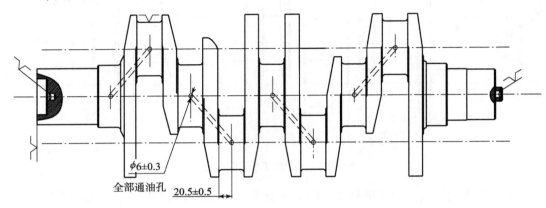

图 8-15 40 序工序图

4H 曲轴每个主轴颈上都钻一个通孔,每个连杆轴颈上钻斜油孔,斜油孔与主轴颈上直油孔相同。4H 曲轴油孔加工工艺为:

工步 1:钻引导孔;工步 2:钻直油孔;工步 3:孔口倒角;工步 4:铣平面;工步 5:钻引导孔;工步 6:钻斜油孔。

定位方式采用两个顶尖孔定位,同时以第 4 连杆轴颈做角向定位基准。

曲轴油孔的加工是曲轴尤其是锻钢曲轴加工中的一个难题。其难点在于:一是曲轴油孔直径小,一般只有 5~8mm;二是从主轴颈到连杆轴颈都是倾斜贯通,属于典型的细长孔;三是在曲面上加工,加工工艺性较差。传统的加工方法是采用高速钢深孔麻花钻加工,加工精度低、效率低,容易断钻头。当前,加工油孔的先进工艺是采用 MQL 微润滑技术 + 内冷钻头以及枪钻工艺。

4H 曲轴油孔钻机床采用了微润滑(Minimum Quantity Lubricant,MQL)技术 + 内冷钻头的新技术。MQL 技术是将压缩气体与极微量润滑液混合汽化后,喷射到加工区,对刀具和工件之间的加工部位进行有效的润滑。MQL 可以大大减少"刀具-工件"和"刀具-切屑"之间的摩擦,起到抑制温升、降低刀具磨损、防止粘连和提高工件加工质量的作用。MQL 技术所使用的润滑液用量非常少,一般为 0.03~0.20L/h,但由于 MQL 技术系统极限压力只能到 10MPa 左右,所以加工的孔深度受到限制。

内冷钻是一种机械加工工具,从柄部到切削刃有 1~2 个通孔,使压缩空气、油或切削液穿过,起到冷却刀具和工件,并冲走切屑的作用,特别适合用于深孔加工(图 8-16、图 8-17、图 8-18)。一般偏心枪钻钻头,采用内冷高压油冷却,内冷压力为 60kg,每转进给量为 0.02~0.03mm。

图 8-16 内冷枪钻钻头实物

图 8-17　MQL 技术内冷麻花钻床

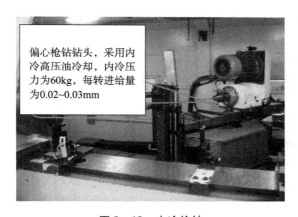

图 8-18　内冷枪钻

枪钻机床是一种深孔加工机床,在机床结构上与传统的钻镗类组合机床有很大的区别,具有自己的特点:如刀具切削时独特的受力形式,排屑方法,对机床和切削液特殊要求,等等。

它在压力相同的情况下能加工比麻花钻更深的孔,枪钻机床用来加工深孔的长度一般可以做到枪钻直径的 100 倍,采取措施后可以达到直径的 200 倍以上。另外,枪钻加工可以达到的精度很高,视不同的被加工材料和选用不同的切削用量可以一次加工出精度很高的孔,孔径精度可以达到 IT7 以上,粗糙度可以达到 $Ra6.3 \sim 0.4$,直线度最高可以达到 $0.1/1\ 000$。由于枪钻的这些特点,现代枪钻机床不但用来加工深孔,也经常用来加工有精度要求的精密浅孔。

枪钻由钻柄、钻杆和钻头三部分焊接在一起而成。钻柄用于装夹刀具;钻杆用于连接刀头,采用韧性较好的材料制成;钻头是切削部分,刀尖是偏心的,采用硬质合金制造。在曲轴油孔加工中,枪钻可以将钻孔、镗孔、铰孔一次完成,一次走刀便可以加工出高精度的油孔(图 8-19)。

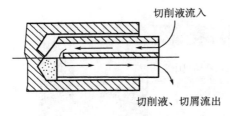

图 8-19 枪钻工作原理

要使枪钻这种加工工艺得以实现，有三个必要条件：一是要有合格的枪钻刀具，二是要有符合枪钻特殊要求的机床，三是要有符合枪钻加工的特殊要求的切削液。这三个条件缺一不可。此外，加工效率低，刀具寿命低，内冷油消耗大，目前油孔加工越来越多地采用 MQL 技术麻花钻机床。虽然该机床加工的油孔内壁粗糙度比枪钻高，油孔相交处存在较大翻边毛刺，难以去除，需在后工序增加去毛刺工艺来解决，但该机床效率为枪钻的 3 倍，刀具寿命高，设备柔性好。

(7) 工序 60——去毛刺。

工步 1：用带状砂轮机将平衡块边缘处毛刺打磨干净。

工步 2：用电化学去毛刺专机将直油孔及斜油孔内毛刺全部除掉。

(8) 工序 70——中间清洗。

清洗的目的是：去除油孔里的毛刺。

(9) 工序 80——轴颈及圆角淬火。

4H 曲轴强化工艺为：轴颈及圆角淬火—回火。本工序内容：对全部主轴颈、全部连杆轴颈和圆角淬火，要求表面淬火硬度：HRC≥55，保证淬硬层深度、淬火表面无烧伤和过热现象，淬火表面无裂纹。淬火的目的是获得马氏体组织，提高零件的硬度和耐磨性。

曲轴在使用中存在疲劳强度不足，容易从轴颈圆角或曲柄臂处断裂和轴颈耐磨性差两大问题，在主轴颈、连杆轴颈与曲拐相连的过渡圆角处会产生很大的弯曲应力，在主轴颈、连杆轴颈与曲拐相连的过渡圆角处产生比名义应力高出数倍的集中应力峰值。而过渡圆角处的最大弯曲应力占 80%，扭转应力仅占 20%，它是曲轴疲劳破坏、断裂的主要原因之一，断裂一般又发生在连杆轴颈过渡圆角与主轴颈过渡圆角的对角线上。因此，为了提高疲劳强度和耐磨性、提高曲轴的寿命，需要对其进行表面强化处理。曲轴表面强化工艺有：喷丸强化、中高频淬火强化、离子氮化、渗碳处理和圆角滚压强化。

4H 曲轴强化工艺为：轴颈及圆角中频淬火。

曲轴中高频淬火的特点：

①对曲轴材料有广泛的适应性，可用于球铁和钢件。

②硬化层较深，可以获得连续均匀、深度为 3~4mm 的硬化层，表面硬度可达到 50~55HRC。

③强度提高较大。使用中频加热淬火，圆角残余压应力可达 370MPa，疲劳强度比正火状态提高 1 倍以上。曲轴轴颈淬火后，为了降低残余应力和脆性一般还要回火（图 8-21）。

中频感应淬火设备的组成如图 8-20 所示。它主要由中频电源、淬火控制设备（包括感应器）和淬火机床三部分组成。感应淬火方法是现代机器制造工业中的一种主要的表面淬

图 8-20 淬火机

图 8-21 回火炉及热校直

火方法,具有质量好、速度快、氧化少、成本低、劳动条件好和易于实现机械化、自动化等一系列优点。

一般曲轴表面淬火强化工艺安排在车、铣粗加工、半精加工后,磨削精加工之前进行。中频淬火时用 U 形感应器对主轴颈和连杆轴颈进行表面加热,进行表面淬火。淬火的目的是为了获得马氏体组织,提高零件的硬度和耐磨性。

中频淬火原理:

中频淬火,就是将曲轴轴颈放在一个感应线圈内,感应线圈通交流电,产生交变电磁场,在轴颈上感应出交变电流,由于趋肤效应,电流主要集中在轴颈表面与圆角处,所以表面的温度最高,在感应线圈下面紧跟着喷水冷却,得到工艺上要求的马氏体组织,由于加热及冷却主要集中在轴颈和圆角表面,所以表面改性很明显,而内部改性基本没有,可以有很特殊的热处理效果。趋肤效应是指当导体中有交流电或者交变电磁场时,导体内部的电流分布不均匀,电流集中在导体的"皮肤"部分,也就是说电流集中在导体外表的薄层,越靠近导体表面,电流密度越大,导线内部实际上电流越小,结果使导体的电阻增加,使它的损耗功率也增加。

热处理的作用就是提高材料的机械性能,消除残余应力和改善金属的切削加工性。热处理按照不同的目的可分为两大类：预备热处理和最终热处理。

1) 预备热处理。

预备热处理的目的是改善加工性能，消除内应力和为最终热处理准备良好的金相组织。其热处理工艺有退火、正火、时效和调质等。

①退火和正火。退火和正火用于经过热加工的毛坯，含碳量大于0.5%的碳钢和合金钢。为降低其硬度，易于切削，常采用退火处理；含碳量低于0.5%的碳钢和合金钢，为避免其硬度过低切削时粘刀，而采用正火处理。退火和正火还能细化晶粒、均匀组织，为以后的热处理做准备。退火和正火常安排在毛坯制造之后，粗加工之前进行。

②时效处理。时效处理主要用于消除毛坯制造和机械加工中产生的内应力。为避免过多的搬运工作量，对于一般精度的零件，在精加工前安排一次时效处理即可。但是精度要求较高的零件（如坐标镗床的箱体等），应安排两次或数次时效处理工序。简单零件一般不进行时效处理。

除铸件外，对于一些刚性较差的精密零件（如精密丝杠），为消除加工中产生的内应力，稳定零件的加工精度，常在粗加工、半精加工之间安排多次时效处理，有些轴类零件加工，在校直工序后也要安排时效处理。

③调质。调质即在淬火后进行高温回火处理，它能获得均匀细致的回火索氏体组织，为以后的表面淬火和渗氮处理减少变形做准备，因此调质也可以作为预备热处理。由于调质后零件的综合力学性能较好，对某些硬度和耐磨性要求不高的零件，也可以作为最终热处理工序。

2) 最终热处理。

最终热处理的目的是提高硬度、耐磨性和强度等力学性能。

①淬火。淬火包括表面淬火和整体淬火。其中，表面淬火因为变形小、氧化及脱碳较少而被应用广泛，而且表面淬火还具有外部强度高、耐磨性好，而内部保持良好的韧性、抗冲击力强的优点。为提高表面淬火零件的机械性能，常需进行调质或正火等热处理作为预备热处理，其中一般工艺路线为：下料—锻造—正火（退火）—粗加工—调质—半精加工—表面淬火—精加工（磨削）。

②渗碳淬火。渗碳淬火适用于低碳钢和低合金钢，先提高零件表层的含碳量，经过淬火后使表层获得高的硬度，而中心部保持一定的强度和较高的韧性和塑性。渗碳分为整体渗碳和局部渗碳。局部渗碳时对不渗碳部分要采取防渗碳措施（镀铜或镀防渗材料），由于渗碳淬火变形大，且渗碳深度一般在0.5~2mm，所以渗碳工序一般安排在半精加工和精加工之间。

其工艺路线一般为：下料—锻造—正火—粗、半精加工—渗碳淬火—精加工。

③渗氮处理。渗氮是使氮原子渗入金属表面获得一层含氮化合物的处理方法。渗氮层可以提高零件表面的硬度、耐磨性、疲劳强度和抗蚀性。由于渗氮处理温度较低，变形小，且渗氮层较薄（一般不超过0.6~0.7mm），渗氮工序应尽量靠后安排，为减少渗碳时的变形，在切削后一般需要进行消除应力的高温回火。

(10) 工序90——轴颈及圆角回火并热校直。

工序内容：对全部轴颈及圆角回火并热校直淬火后，为了消除曲轴内应力，需要对曲轴进行回火热处理（图8-21），回火的目的是降低残余应力和脆性，而又不致降低硬度。4H

曲轴在回火时增加热校直工艺。

热校直是指将零件跳动高点向上摆放，不施加外力，只在重力的作用下慢性回火，以达到跳动减小目的的一种工艺方法，不属于常规校直。

圆角淬火的曲轴不采用冷校直，因为冷校直后经过一段时间曲轴会产生少量的恢复现象，发动机工作时由于热和振动的影响恢复较大，对轴瓦的工作不利；而且主轴颈和连杆轴颈经过圆角强化处理再进行冷校直，易产生断裂性内伤，对曲轴疲劳强度有害，甚至会导致早期断裂。

4H 曲轴采用在回火时进行热校直（图 8-21）。回火热校直精度：曲轴中间轴颈跳动控制在 0.5mm 以内。

（11）工序 110——修整中心孔。

工序图如图 8-22 所示。定位方式：采用 1、5 主轴颈定位，及第 1 主轴颈端面做轴向定位基准。

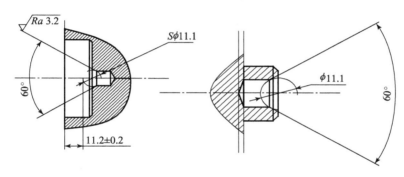

图 8-22 工序 110 工序图

使用设备为加工中心，该加工中心不仅有双工位的旋转工作台，还有自动换刀的机械手。此外该加工中心还自带三坐标检测仪，当工件定位后，检测曲轴定位面的位置，具体方法是：加工前由机床主轴上的传感器测头，先测量曲轴 1、5 主轴颈轴径上最高处的两个点的位置，再测量曲轴大端及小端的端面的两个点位置，最终计算出曲轴中心孔的位置，然后根据这个位置，确定刀具路径，对中心孔进行修整。这种方法可以大大减少中心孔加工时的定位误差。

工序内容：

工步 1：铣中心孔。

工步 2：锪 60°中心孔。

热处理后，进入精加工工序。精加工主要以磨削为主。随着发动机朝着柴油化、大马力的方向发展，作为发动机的心脏，曲轴的品种越来越大型化、重型化，而且精度要求也越来越高。

4H 曲轴磨削时主要的定位基准是两端中心孔，曲轴的中心孔是曲轴加工过程的径向定位基准，同时也是曲轴的回转中心基准。曲轴两端中心孔的任何几何形状误差在加工过程中都会反映到轴颈表面上去。例如，前面粗加工工序中造成的中心孔损伤变形、中心孔表面粗糙度和形状误差、中心孔在热处理的过程中产生的不规则热变形等都会在磨削轴径时造成轴颈表面尺寸误差和形状误差，这些因素都要求在磨削精加工前对中心孔进行修整，因此曲轴采用中心孔修正工艺，能稳定和提高磨削质量，提高中心孔的定位精度，优化曲轴工艺。此外，修整后的中心孔锥面与顶尖锥面充分接触还能够增加接触刚度，减少曲轴加工过程中的受力变形。修整中心孔要求：两端中心孔锥面与标准量规接触面积不少于75%。本工序采用几何定心法，以1、5主轴颈定位打几何中心孔（图8-23）。

图8-23 中心孔加工中心

（12）工序120——半精磨1、5主轴颈。

后面有部分精加工工序要用1、5主轴颈定位，因此要先半精磨1、5主轴颈。

定位基准选取：本工序采用曲轴两端中心孔定位，磨削1、5主轴颈。通过主轴卡盘上的拨销和夹持在曲轴小端轴径上的鸡心夹头，传递主轴动力，带动曲轴旋转。磨削时砂轮旋转，同时砂轮头架做径向、轴向进给运动，工件旋转，但无轴向运动。工序图如图8-24所示。

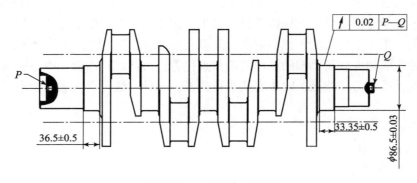

图8-24 工序120工序图

磨削时由于磨削力大，而曲轴又是典型的细长轴零件，在受到外力时会弯曲，出现"让刀"现象，在车削、磨削时会造成尺寸超差并出现鼓形、振动、波纹等质量缺陷。

此外半精磨1、5主轴颈的上道工序是主轴颈淬火热处理工序，该工序产生的热变形很大，造成磨削加工前的曲轴中间轴颈跳动达到0.5mm左右，如果没有中心架，不仅上道工序的误差很容易复映到本道磨削工序中，本身工序也很难将曲轴磨圆磨正。中心架的应用解决了这个难题，提高了工艺系统刚度，减少了切削变形和工件受力产生的"让刀"现象，提高了主轴颈的磨削精度。

一般中心架用在半精磨或精磨阶段，此时工件外圆表面已经磨光，大部分的工件变形和上道工序的加工误差得到一定的修正，中心架有一个良好的工作条件。

（13）工序130——精磨后端头外圆（轴颈）。

定位方式：定位方式如图8-25所示，所采用的砂轮为阶梯形斜砂轮。采用曲轴的两个顶尖孔进行定位，限制工件的5个自由度。为增加刚度，在曲轴中间加中心架，中心架起到支撑作用，减少曲轴变形。加工中采用在线检测方式，即一边加工，一边用传感器检测磨削直径，当传感器检测到后端头外圆轴颈磨削到规定尺寸后，机床自动停机。

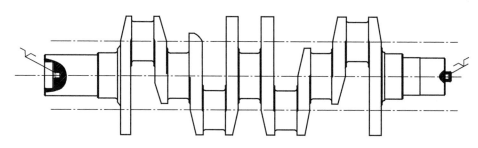

图8-25 工序130定位图

（14）工序140——加工正时销孔。

钻、铰正时销孔（在后端齿轮轴颈上钻、铰正时销孔，正时销孔直径 $\phi 6mm$），后工序要在正时销孔上安装一个定位销，这个定位销在连接齿轮时起到角度定位作用，因此加工精度较高。

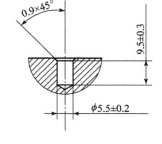

图8-26 钻、铰正时销孔

本工序加工内容：

工步1：钻正时销孔底孔到 $\phi 5.5 \pm 0.2$（图8-26）。

工步2：孔口倒角。

工步3：铰孔到 $\phi 6$。

定位方式：加工正时销孔采用1、5主轴颈定位限制4个自由度，同时使用第5主轴颈端面做轴向定位基准。最后用第1连杆轴颈中心线做角向定位基准。共限制工件6个自由度。

（15）工序150——装正时销，加热压装正时齿轮及法兰。

工序内容：

工步1：装正时销。

工步2：加热正时齿轮及法兰。

工步3：压装正时齿轮及法兰。

热压装机通过一个螺旋状的加热器，把正时齿轮和法兰（连接盘）内孔加热后，靠过盈量把正时齿轮和法兰（连接盘）安装在曲轴后端轴颈上。安装要求：压装时使正时齿轮端面与曲轴端面间隙≤0.15mm，正时齿轮加热时间为14s，加热停止温度为83℃。

（16）工序160——精车止推面及后油封、倒角。

工序图如图8-27所示。

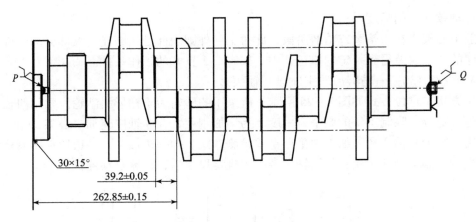

图 8-27 工序 160 工序图

工序内容如下：

工步 1：测量曲轴前止推面。

工步 2：精车前止推面。

工步 3：精车后止推面及第 1 主轴颈前端倒角、连接法兰倒角。

工步 4：精车连接法兰端面、倒角。

定位方式：以曲轴两个中心孔定位。限制 5 个自由度。

（17）工序 170——加工定位销孔及两端孔系定位方式。

如图 8-28 所示。

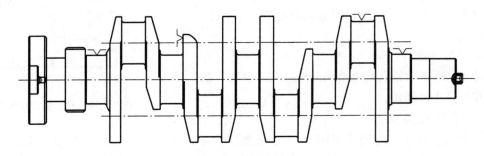

图 8-28 定位方式

曲轴两端孔加工工艺为：钻底孔—铰孔—攻丝—倒角。

左端头，加工前端 4 个螺纹孔（图 8-29）；右端头，加工法兰端面 8 个螺纹孔和 1 个定位销孔（图 8-30）

工序内容如下：

工步 1：钻曲轴前端沉孔、钻螺纹底孔。

工步 2：曲轴前端螺纹底孔倒角。

工步 3：曲轴前端螺纹孔攻丝。

工步 4：钻定位销孔。

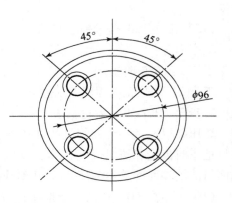

图 8-29 右端头孔系加工

工步 5：镗定位销孔。
工步 6：定位销孔口倒角。
工步 7：钻铰连接法兰端面螺纹孔系底孔，并进行底孔倒角。
工步 8：连接法兰端面螺纹孔系攻丝。

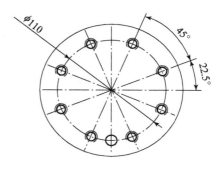

图 8-30 前端头螺纹孔加工

定位方式：1、5 主轴颈外圆定位，第 4 主轴颈止推端面作为轴向基准，限制轴向自由度。第 1 连杆轴颈作为角向基准，限制旋转自由度（图 8-28）。

加工前，曲轴先在 V 形块上定位，传感器测头通过测定法兰盘端面位置，确定曲轴轴向基准，然后开始加工。这种由传感器测量基准位置的方法，可以进一步减少定位误差。

夹紧方式：1、5 主轴颈外圆夹紧。

曲轴工艺要考虑优化孔系的加工。传统孔系加工工序长，需要设备数量多，由于孔系加工多安排在精磨轴颈后，多次装卸和加工易造成轴颈表面划伤，影响成品质量。现 6C 和 DCi11 及 4H 曲轴已经将该工序进行改进优化，安排在精磨主轴颈和精磨连杆轴颈工序前面。

4H 曲轴两端孔加工采用两端孔专用机床（图 8-31，双头数控 8 工位专机），两端孔的钻、铰、攻丝在同一台专用机床上一次安装同时加工，避免了加工时的重复定位误差，位置度保证质量高，在磨削前进行加工，避免了轴颈的磕碰伤，由于该专机两端孔同时加工，该设备比加工中心效率高。

图 8-31 两端孔专机

（18）工序 180——精磨所有主轴颈。

工序图如图 8-32 所示。4H 曲轴采用意大利进口外圆磨床磨削主轴颈。

定位方式：两个顶尖孔和法兰盘上定位销孔定位（定位销限制旋转自由度）。

磨削时，磨削方向与曲轴在发动机中的旋转方向相反，不允许存在磨削裂纹和烧伤。

曲轴是细长轴零件，为了减少磨削变形，磨削时需要增加辅助支撑（图 8-33）。中心架是在磨床加工中径向支承旋转工件的辅助装置，加工时，与工件无相对轴向移动。

曲轴是典型的细长柔性杆，在受到外力时会弯曲，出现"让刀"现象，在车削时会出现鼓形、振动、波纹等质量缺陷，而热处理变形的影响造成大批量磨削加工前的曲轴跳动

图 8-32 工序 180 定位方式

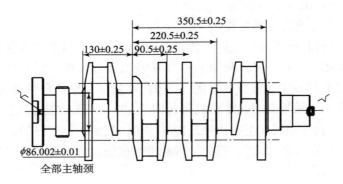

图 8-33 中心架在磨床上的应用

(中间轴颈) 只能控制在 0.5mm 左右,这会给磨削达到加工精度造成很大的难题。中心架的应用解决了这个难题,磨削具有更大的切深抗力,如果没有中心架,不仅上道工序的误差很容易复映到磨削工序中,其本身工序也很难将曲轴磨圆磨正。

一般来说,曲轴的磨削工步基本可分为 4 步:粗磨、半精磨、精磨和光磨。其中粗磨根据磨削余量的大小再分几次磨削;中心架在半精磨或精磨工步时开始工作,此时工件外圆表面已经磨光,大部分的工件变形和上道工序的加工误差得到一定的修正,中心架有一个良好的工作条件。

(19) 工序 190——精磨所有的连杆轴颈。

工序图如图 8-34 所示。定位方式:1、5 主轴颈定位,法兰盘端面轴向定位,法兰盘上定位销孔进行角向定位。同时 4 个连杆轴颈有辅助支承。由于连杆轴颈不在主轴颈轴线上,通常连杆轴颈磨削有两种磨削方式:跟踪磨削法和偏心磨削法。4H 曲轴连杆轴颈磨削现场两种磨削方式都有。

跟踪磨削法:以 1、5 主轴颈定位,以主轴颈中心线为回转中心,连杆轴颈要围绕主轴颈做大回转运动,所以砂轮在磨削连杆时要走一个直线跟踪式的进退,我们把这种定位磨削方式称为跟踪式磨削。跟踪磨削一次装夹可完成曲轴所有连杆轴颈的磨削加工,克服了传统曲轴磨削加工中存在的缺陷。

偏心磨削法:设计一种偏心式车床夹具,以连杆轴颈定位,以连杆轴颈中心线为回转中

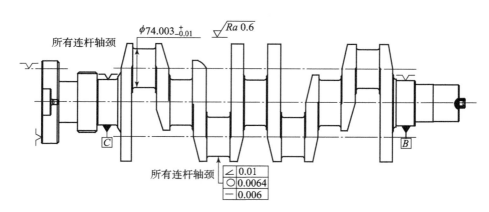

图 8-34　精磨所有连杆颈定位方式及加工尺寸

心，我们把这种磨削方式称为偏心磨，它可以很好地保证连杆轴颈的质量，达到理想的工艺要求。

跟踪磨削采用 CBN 砂轮进行高速磨削。高速磨削优点如下：

①生产效率高。由于单位时间内作用的磨粒数增加，使材料磨除率成倍增加，比普通磨削可提高 30% ~ 100%。

②砂轮使用寿命长。由于每颗磨粒的负荷减小，磨粒磨削时间相应延长，提高了砂轮使用寿命。

③磨削表面粗糙度值低。超高速磨削单个磨粒的切削厚度变小，磨削划痕浅，表面塑性隆起高度减小，表面粗糙度数值降低。

④磨削力和工件受力变形小，工件加工精度高。由于切削厚度小，法向磨削力 F_n 相应减小，从而有利于刚度较差工件加工精度的提高。

在切深相同时，磨削速度为 250 m/s 时的磨削力比磨削速度为 180m/s 时的磨削力降低近一半。

⑤磨削温度低。超高速磨削中磨削热传入工件的比率减小，使工件表面磨削温度降低，能越过容易发生热损伤的区域，受力受热变质层减薄，具有更好的表面完整性。使用 CBN 砂轮 200 m/s 超高速磨削钢件的表面残余应力层深度不足 10μm，从而极大地扩展了磨削工艺参数的应用范围。

⑥充分利用和发挥了超硬磨料的高硬度和高耐磨性的优异性能。电镀和钎焊单层超硬磨料砂轮是超高速磨削首选的磨具，特别是高温钎焊金属结合剂砂轮，磨削力及温度更低，是目前超高速磨削新型砂轮。

⑦具有巨大的经济效益。超高速磨削加工能有效地缩短加工时间，提高劳动生产率，减少能源的消耗和噪声的污染。

（20）工序 195——打标记。

利用打标机在曲轴上打标记。标记内容包括：曲轴总成号、图纸版本号、供应商代码。

（21）工序 200——抛光油孔口。

定位方式：以 1、5 主轴颈定位。

（22）工序 210——精磨齿轮、前油封、皮带轮轴颈及端面。

工序图如图8-35所示，使用斜头架磨床进行磨削，磨削方向与曲轴在发动机中的旋转方向相反，不允许存在磨削裂纹和烧伤。

定位方式：以两个中心孔和第4主轴颈止推面定位。止推面是轴向基准，限制轴向自由度。

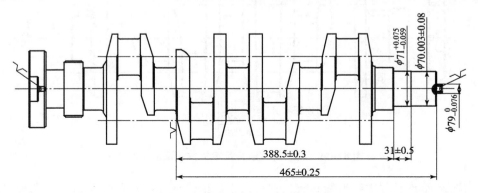

图8-35 工序210工序图

(23) 工序215——精磨连接法兰轴颈。

定位方式：两个中心孔定位，以法兰盘上工艺孔进行角向定位。

(24) 工序220——磁力探伤。

曲轴轴颈外圆表面在磨削时因高温容易产生磨削烧伤现象，从而在轴颈表面产生烧伤裂纹。曲轴作为发动机中高速旋转的部件，要求所有加工表面及非加工表面不得有裂纹，否则容易造成曲轴失效。曲轴表面裂纹探伤采用磁力-荧光探伤法，在磁力探伤机（图8-36）上进行探伤工步如下：

图8-36 磁力探伤机

工步1：通电磁化，用大电流的直流电磁化曲轴。

工步2：旋转喷液，在曲轴表面喷洒荧光磁粉悬浮溶液。

工步3：紫外灯照射检验曲轴裂纹。若在加工表面位置，如轴颈表面、圆角、侧面等处有裂纹，则该曲轴必须报废。探伤后，要对曲轴进行退磁处理。

(25) 工序230——动平衡。

一般曲轴的动平衡安排在精磨结束后进行，动平衡工艺为：动平衡测量—去重。

如果曲轴质量中心不在曲轴回转中心线上，在曲轴高速旋转时会产生很大的离心惯性力，从而引起发动机工作时产生有害振动，加剧磨损，影响发动机使用寿命。因此，在曲轴精加工后进行动平衡工序是非常重要的。使用的动平衡检测仪如图8-37所示。检测到不平衡位置后，采用去重法进行重新平衡。图 8-38 所示为检测到不平衡位置后，在平衡块上用钻孔方法去重。

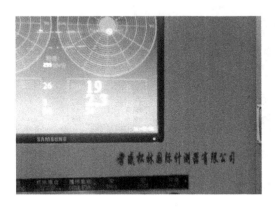

图 8-37　动平衡检测仪

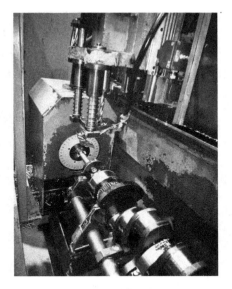

图 8-38　钻孔去重

动平衡工序内容：

工步 1：动平衡测量（测量不平衡量大小和方位）。

工步 2：机床自动钻孔去重（进行不平衡量修正）。

（26）工序 240——去除去重孔口边缘毛刺。

（27）工序 250——曲轴抛光（粗糙度达到 0.16μm 以上）。

4H 曲轴超精加工工艺为：抛光所有主轴颈和连杆轴颈及圆角、前后油封轴颈、前后止推面（图 8-39）。抛光后可使所有轴颈外圆表面粗糙度达到 Ra0.16，抛光去除量为 0.001~0.003mm。

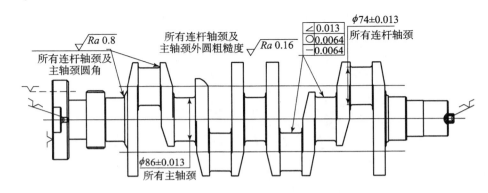

图 8-39　曲轴抛光定位方式及加工尺寸

定位方式：曲轴两个中心孔定位，同时法兰盘上的工艺孔作角向定位基准，限制旋转自由度。

砂带抛光是曲轴超精加工中的先进技术，所采用的砂带是防潮静电植砂，能够保证砂粒尖锋朝外。为了实施对圆角和轴肩进行抛光，要求砂带两侧开槽而与加工面贴合。这种两侧开槽砂带可同时抛光主轴颈、连杆轴颈、圆角、轴肩及止推面（图 8-40）。

图 8-40　砂带抛光机

抛光时，砂带以一定的压力包在被抛光的曲轴各轴颈表面上，曲轴以一定转速旋转，同时工件又做微量左右轴向移动，保证抛光面平行。抛光时采用煤油进行冷却润滑。一般抛光余量很小，产生的切削力和切削热也很小，从而能获得很细的表面粗糙度。

砂带抛光的精度远远高于油石。例如对锻钢曲轴，可从 $Ra0.63\,\mu m$ 抛至 $Ra0.20\,\mu m$，球铁曲轴可从 $Ra0.80\,\mu m$ 抛至 $Ra0.20\,\mu m$，止推面从 $Ra1.6\,\mu m$ 抛至 $Ra0.63\,\mu m$。

对于球铁曲轴的抛光，因球铁内的铁素体经磨削后会形成毛刺突起，故需先使砂轮的磨削转向与曲轴转向相反，抛光时要求其转向又与曲轴转向相同，同时工件旋转方向与发动机旋转方向相同。通过如此一反一正才能在抛光中有效地去除球铁曲轴抛光中出现的毛刺，以免曲轴到时刮伤轴瓦。

而传统的 EQ6102 曲轴超精加工工艺为：粗抛光所有轴颈—精抛光所有轴颈。粗抛采用油石抛光（图 8-41），精抛采用砂带抛光。随着曲轴铸造精度越来越高，各工序留的切削余量越来越少，机床加工精度越来越高，目前油石粗抛已经很少采用，可以减少工序，降低成本。DCi11 曲轴超精加工工艺为：光整—抛光。

图 8-41　EQ6102 曲轴油石抛光

(28) 260 序：清洗曲轴油孔及外表面砂带。

抛光后需要清洗曲轴各油孔及外表面，使用设备为曲轴清洗机，如图 8-42 所示。

(29) 270 序：加热压装油泵齿轮。

(30) 280 序：终检。

(31) 290 序：防锈。

(32) 300 序：包装。

图 8-42　4H 曲轴清洗机

8.2.2　曲轴强化工艺

曲轴表面强化工艺有：喷丸强化、中高频淬火强化、离子氮化、渗碳处理和圆角滚压强化。

1. 对材料的选择

应根据发动机的使用工况和曲轴结构，以及强化方法，在球墨铸铁、非调质钢、调质钢三者中谨慎灵活选择；对制造成本，首选球墨铸铁，其次非调质钢，再次调质钢。

2. 对强化方法的选择

对球墨铸铁曲轴，首选轴颈淬火 + 圆角滚压强化，其次是等离子氮化强化；对锻钢曲轴，首选圆角和轴颈感应淬火强化，其次是轴颈淬火 + 圆角滚压强化，再次是等离子氮化强化。

例如 EQD6102 曲轴，其强化工艺为：连杆轴颈中频淬火（发电机组淬火机）—主轴颈中频淬火—连杆轴颈滚压—主轴颈滚压—轴颈变形检测—滚压校直，具体采用的设备及定位方式如图 8-43 和图 8-44 所示。

图 8-43　主轴颈及连杆轴颈圆角滚压机床

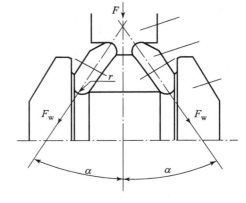

图 8-44　曲轴滚压示意图

(1) 曲轴滚压强化。

曲轴圆角滚压是现代曲轴加工的一种新工艺。由于曲轴承受的交变载荷在曲轴的各个部位均产生弯曲、扭转等复杂的交变应力,极易造成疲劳断裂,尤其是在主轴颈和连杆颈与连杆臂的过渡处最为突出。为了减少应力集中,提高疲劳强度,除了在结构上把过渡处设计为过渡圆角外,同时在工艺上实施对曲轴过渡圆角进行滚压强化,这样就可以有效地提高曲轴的抗疲劳强度。所谓圆角滚压技术,就是利用滚轮的压力作用,在曲轴主轴颈和连杆轴颈过渡圆角处形成一条滚压塑性变形带,这条塑性变形带获得了以下良好效果:

①曲轴过渡圆角区域产生了残余压应力,这种残余压应力可与曲轴在工作时的拉应力抵消或部分抵消。

②硬度提高。滚压使圆角处形成高硬度的致密层,提高了该区域材质的机械强度。

③表面粗糙度降低。圆角滚压可使圆角表面粗糙度达到 $Ra0.1\mu m$ 以下,从而大大减小了圆角处的应力集中。上述三方面都相应提高了曲轴过渡圆角处的疲劳强度。

曲轴圆角滚压可一次性地对所有圆角区域进行滚压,且可以控制主轴颈与连杆轴颈圆角不同的滚压用压力,即使在同一连杆轴颈圆角的不同方向上,其滚压用压力也可不同,可经济而合理地得到最佳的滚压效果,从而能够最大限度地提高曲轴的抗疲劳强度。

(2) 光整。

使用光整机(图8-45),把曲轴埋在磨料里进行高速旋转,将零件表面的氧化层、毛刺都打磨掉,同时可以提高曲轴轴颈表面的物理机械性能,使表面强化。常用的磨料材料为陶瓷材料。一般光整时间不少于10min,并根据光整效果适当调整。

(3) 抛光。

抛光是利用高速回转的叶轮将弹丸(直径为3mm的磨料圆球)抛向连续翻转的工件上(图8-46),产生打击和磨削作用,除去钢材表面的氧化皮和锈蚀,并降低表面粗糙度。它适用于15kg以下的铸锻件的清砂、除锈、去氧化皮和表面强化。

图8-45 曲轴光整机

图8-46 曲轴抛光机

本章知识点

1. 发动机曲轴工况与技术要求;曲轴的结构工艺特点。
2. 曲轴的材料和毛坯。

3. 曲轴机械加工中相关基准的选择；曲轴加工阶段的划分。
4. 4H 曲轴主要表面的加工方法与工艺。
5. 曲轴油孔加工、动平衡和各种曲轴强化工艺。

 思考与习题

1. 根据发动机曲轴工况与技术要求，说明曲轴的结构工艺特点。
2. 提出曲轴选材依据，分析曲轴毛坯使用现状，比较其性能特点。
3. 汽车发动机曲轴有哪几类加工定位基准？分别说明其应用。
4. 曲轴的机械加工工艺过程划分成哪几个阶段？说明曲轴机加工的主要工序内容。
5. 如何安排曲轴主轴颈和连杆轴颈的机械加工工艺顺序？
6. 基于曲轴的结构特点，如何结合生产批量完成对曲轴主轴颈和连杆轴颈的车削加工？
7. 何谓主轴颈与连杆轴颈的外铣和内铣？重点说明内铣的实现条件与加工特点。
8. 说明曲轴超精加工的内涵与实现条件及质量要求。
9. 为什么曲轴油孔的加工是曲轴尤其是锻钢曲轴加工中的一个难题？
10. 何谓枪钻？说明枪钻工作原理。分析枪钻的实现条件与工艺特点。
11. 何谓运动时的静平衡与动平衡？对高速旋转的零件进行动平衡的目的是什么？如何实现曲轴的静平衡与动平衡？
12. 说明曲轴表面强化工艺的原理与应用意义。

第 9 章

发动机连杆工艺

 学习目标

本章讲述发动机连杆机械加工工艺。从零件结构与技术要求出发，依次介绍材料、产品毛坯、结构工艺特点、定位基准选择、机械加工工艺过程、加工方法与质量检验等，以定性分析为主，以定量分析为辅，重点掌握其机械加工中的定位、工艺过程、加工方法及质量控制等的应用。

9.1 连杆

9.1.1 连杆概述

连杆是汽车发动机中的主要传力部件之一。其功用：一是实现运动的转换；二是实现能量的传递。连杆是活塞连杆组机构中的重要传力零件，它的一端通过活塞销把活塞和连杆小头孔连接，另一端连杆大头孔和曲轴连杆轴颈相连，连杆的基本功能是实现活塞与曲轴连接，将活塞的往复运动转变为曲轴的旋转运动，并将活塞承受的力传给曲轴，从而实现对外输出动力。连杆工作时，主要承受活塞销传来的气体作用力和活塞组往复运动时的惯性力。此外，连杆还承受一定的压缩、拉伸和弯曲等交变载荷。这些载荷的大小和方向都是周期性变化的。如果连杆在交变载荷下发生断裂，则将发生恶性破坏事故，这就要求连杆在质量尽可能小的条件下有足够的刚度和强度。

9.1.2 连杆组成

连杆部件由连杆体、连杆盖、螺栓与螺母、衬套四部分组成。其结构如图 9-1 所示。在曲轴飞轮组中，曲轴的连杆轴颈和主轴颈是一个整体，要实现把曲轴连杆轴颈装入连杆大头孔中，就必须把连杆大头剖分成两部分，即连杆盖和连杆体，这样便于装配。

连杆小头：小头与活塞销有相对转动，孔中一般压入巴氏合金衬套或青铜衬套，以提高耐磨性。衬套与小头孔的配合一般为过盈配合。由于采用过盈配合，就需要采用外力，如压装进行衬套安装。在小头和衬套上钻出集油孔，衬套上有集油槽，用来收集发动机运动旋转时飞溅上来的机油，以便润滑。有的连杆小头采用压力润滑，有一纵贯杆身的油道与小端衬套上的小孔相连。

连杆大头：连杆大头和曲轴连杆轴颈相连并且也有相对高速运动，因此需要在连杆大头孔

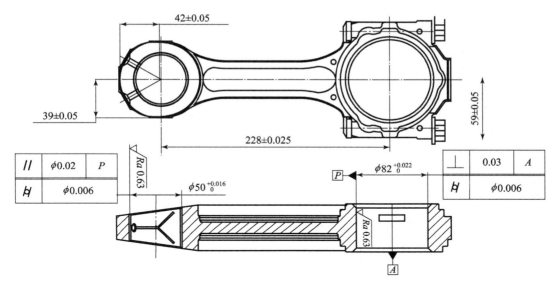

图 9-1 连杆结构

中安装轴瓦,以提高耐磨性。为便于安装,轴瓦不是一个整体,而是分为两半,一片为上瓦,一片为下瓦。两个瓦片在独立的生产线上进行加工。加工完后,在发动机连杆分装线上进行装配。为了便于在大头孔中正确安装轴瓦,需要在大头孔上铣一个瓦槽对轴瓦进行定位。

杆身:连杆杆身不需要加工,直接由毛坯锻造而成,连杆加工的主要部位一般是连杆小头和连杆大头。连杆杆身一般采用工字形断面,以便在刚度和强度足够的前提下减小质量。对于一些用于汽油发动机的中小型连杆杆身,其中有一个贯通连杆大头孔和小头孔的长油孔,这个油孔的作用是,进入连杆大头孔的润滑液可以通过这个杆身上的油孔进入连杆小头,从而实现对小头孔的润滑。连杆大头孔的润滑液来自曲轴连杆轴颈上的油孔。曲轴连杆轴颈上的油孔又与曲轴主轴颈上的油孔相连。曲轴主轴颈上的油孔又与发动机缸体曲轴支撑座相连,最终与发动机缸体的润滑系统连接。

对于重型柴油发动机,连杆杆身中没有贯通连杆大头孔和小头孔的长油孔,对连杆小头采用单独的润滑系统。原因有两个:一是重型发动机体积大,连杆大,因此在连杆小头外侧上增加一个单独的润滑系统,其空间足够;二是重型发动机对连杆小头润滑要求相对较高,增加一个单独的润滑系统可以保证连杆小头工作时润滑充分。

连杆螺栓与螺母:用于连接连杆体和连杆盖。螺栓是发动机中极为重要的强力零件,一般采用韧性较高的优质合金钢锻制成形;为保证连接的可靠性,必须对其施加相当高的预紧力,整个装配过程中分 2~3 次拧紧。

9.1.3 连杆主要技术要求、常用材料及毛坯类型

1. 连杆主要技术要求

(1) 连杆大头孔孔径、圆柱度、粗糙度。
(2) 连杆小头底孔与衬套孔孔径、圆柱度、粗糙度。
(3) 连杆厚度、对口面平面度。
(4) 连杆螺栓孔孔径及杆盖螺栓孔中心距。

(5) 连杆大小头孔中心距、平行度（扭曲、弯曲）。
(6) 螺栓拧紧力矩要求。
(7) 质量要求。

某发动机厂几种连杆的主要工艺参数如表 9－1 所示。由此可知，连杆大小头孔和螺栓定位孔的精度较高，一般有 6 级精度要求，是编制工艺考虑的重点。

表 9－1 某发动机厂几种连杆的主要工艺参数

尺寸项目	EQ491	EQ6102	EQ6100	6C	DCi11
小头孔尺寸/mm 粗糙度/μm	$\phi 23.97 \pm 0.006$ $Ra1.25$	$\phi 35.015 \sim 35.025$ $Ra0.4$	$\phi 27.997 \sim 28.007$ $Ra0.5$	$\phi 45.029 \pm 0.006$ $Ra0.6$	$\phi 50 \sim 50.016$ $Ra0.63$
大头孔尺寸/mm 粗糙度/μm	$\phi 55 \sim 55.02$ $Ra2.0$	$\phi 68 \sim 68.019$ $Ra0.5$	$\phi 65.5 \sim 65.502$ $Ra0.8$	$\phi 81 \pm 0.013$ $Ra2.2$	$\phi 80 \sim 82.022$ $Ra0.63$
大小头孔的中心距/mm	127 ± 0.035	184 ± 0.05	190 ± 0.05	216 ± 0.025	228 ± 0.025
螺栓孔的尺寸/mm	$\phi 8.95 \sim 8.976$	$\phi 12.2 \sim 12.227$	$\phi 12.2 \sim 12.227$	$\phi 12.034 \sim 12.059$	$\phi 15.1 \sim 15.018$
装配力矩的技术要求/(N·m)	40～47	100～120	100～120	100～140	160～240

2. 连杆对材料的要求

连杆材料选择主要考虑连杆的刚性、连杆的强度、连杆的质量、连杆加工工艺性、毛坯锻造几个方面。一般来说，连杆质量越小，在高速工作时惯性力越小。此外，为了保证连杆的疲劳强度，要求连杆的材料要具有良好的综合力学性能及工艺性能；一般用中碳钢或合金钢经模锻或辊锻而成。

3. 三类传统材料

碳素调质钢：通过调质来满足材料的力学性能，调质硬度为 220～260HBS（布氏硬度），主要用于小功率发动机连杆，如 45、55 钢调质。

合金调质钢：加入铬、锰、钼、硼元素，调质硬度增加可达到 300HBS，主要用于大功率发动机连杆，如 40Mn、40Mn2S、40MnB 等。

非调质合金钢：加入钒、钛、铌微合金元素，通过一定的过程控制，不经过调质，力学性能即可满足要求，锻造成本较低，如 35MnVS、48MnV 等。

另外，现在也有选用球墨铸铁作为连杆材料的。某发动机厂常见的几种连杆材料如表 9－2 所示。

表 9－2 某发动机厂常见连杆材料

产品	EQ491	EQ6102	EQ6100	6C	DCi11
材料	QT700－2	40MnV	35MnV	38MnSiV35	38MnVS

DCi11 大马力连杆装在 DCi11 大马力发动机上,功率在 300~400 马力[①]之间,连杆由连杆小头、杆身和连杆大头三部分组成,其材料选用 38MnVS,连杆毛坯采用锻造方法制造。

9.1.4 DCi11 连杆工艺安排

1. DCi11 连杆加工部位

DCi11 连杆加工部位如图 9-2 所示。

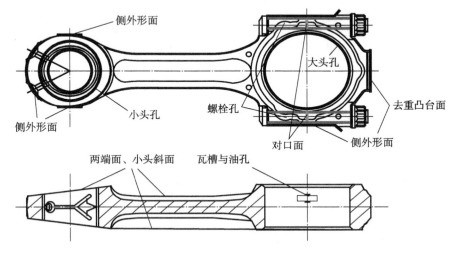

图 9-2 DCi11 连杆加工部位

加工部位:
①连杆上下端面,连杆小头两个斜面加工,该端面是连杆加工的一个重要定位基准面。
②连杆大小头侧外形面加工,包括大头 7 个侧外形面,小头 5 个侧外形面,其中大头 7 个外形面包括 4 个螺栓螺母窝座面、1 个去重凸台面(用于当零件铸造质量超重时在此处去重)、2 个侧外形面。螺栓螺母窝座面是螺栓螺母安装面。去重凸台面用于连杆去重。小头 5 个外形面包括 2 个油孔面,用于油孔加工,是油孔的预加工面。
③大小头孔加工,包括大头孔底孔加工、小头孔底孔加工、小头衬套孔加工。
④对口面加工。由于对口面是平切口,因此加工比较简单。
⑤螺栓孔加工。
⑥瓦槽和油孔的加工。

2. DCi11 连杆工艺过程安排

DCi11 连杆的加工工艺遵循先面后孔,先基准后其他,基准统一原则。根据产品特点,先加工两端面,然后以大小头孔和端面为基准拉削侧外形面;加工完毕后主要采用端面和外形六点定位法加工大小头孔(即端面 3 个自由度,大小头 3 个侧面 3 个自由度)。在小头孔加工后采用连杆底面、小头孔、大头一侧面定位加工其他部位;大小头孔同时加工,以保证大小头孔中心距精度;先加工对口面,再加工螺栓孔。

---

① 1 马力 = 735W。

3. DCi11 连杆定位基准选择

DCi11 连杆主要定位基准有：连杆端面、连杆小头侧外形面、连杆大头侧外形面、连杆小头孔（图9-3）。一般来说要尽量减少基准转换，以保证精度，但是在 DCi11 连杆加工中有两次大的基准转换，这是因为：为了充分利用原来的设备，不进行基准转换，原有设备不能利用。

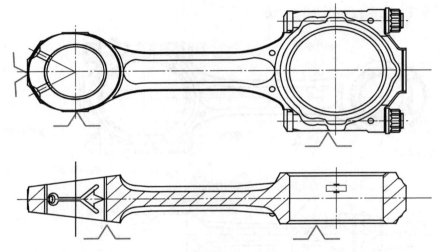

图9-3 DCi11 连杆定位基准

9.2 DCi11 连杆加工工艺

DCi11 连杆材料选用 38MnSV，连杆毛坯采用锻造方法制造，由东风铸造厂锻造后，送到发动机厂连杆车间进行加工。

DCi11 连杆加工工艺介绍：

（1）10 序：铣两端面。

用铣床铣连杆上下两个端面，因为后面各工序加工要用这两个端面作为定位基准，先加工两端面，符合基准先行工艺原则（图9-4）。

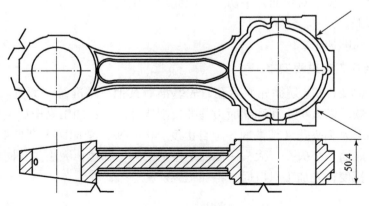

图9-4 10 序工序图

工序内容如下：

工步1：把零件贴紧放在夹具定位面上，以带凸起标记点面为基准（连杆上凸起标记向下），铣削连杆上表面（设计基准与定位基准重合，符合基准重合原则）。

工步2：把零件贴紧放在夹具定位面上，连杆上凸起标记向上（图9-5），铣削连杆下表面。统一凸起标记的目的是：保证基准统一。

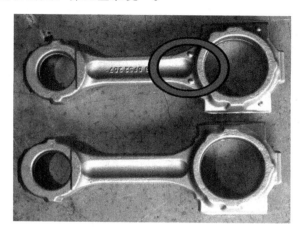

图9-5 连杆上凸起标记

加工机床采用设备：立轴圆台式工作台不升降铣床X5216，工作台为圆形，自动旋转实现圆周进给，工作台上有12套双工位夹具。加工尺寸：上下表面厚度加工至50.4mm，采用专用检具检测厚度尺寸。

铣削方式：端面圆盘铣，铣刀为盘铣刀。端铣相对于圆周铣削效率高，适合铣削面积大、表面质量要求不高的零件。

定位方式：采用连杆底面，小头两个侧外形面和大头1个侧外形侧面定位，限制工件6个自由度。

定位元件：连杆底面采用大支撑板限制3个自由度，小头侧外形面采用V形块限制2个自由度，大头外形侧面采用支撑钉限制1个自由度。

夹紧方式：采用两件浮动联动夹紧，一次夹紧两件。在夹紧机构设计中，有时需要对多个工件同时进行夹紧，为了减少工件装夹时间，简化结构，常常采用各种联动夹紧机构。为了避免工件因尺寸或形状误差而出现夹紧不牢或破坏夹紧机构的现象，要采用浮动压块对工件进行夹紧，浮动压块可以通过摆动来补偿各自夹紧工件的直径尺寸差。

（2）20序：拉外形。

工序内容如下：

工步1：拉大头7个外形面（图9-6）。

工步2：拉小头5个外形面（图9-7）。

整个连杆外形12个面在立式拉床上全部拉完（大头7个外形面、小头5个外形面）。这些外形面很多在后面工序要做定位基准面，这12个外形面分别是：大头凸台面、大头2个侧面、4个窝座面（用于穿螺栓用）、小头2个侧面、小头1个凸台面、小头2个油孔面，油孔面是唯一不作为定位基准用的面。

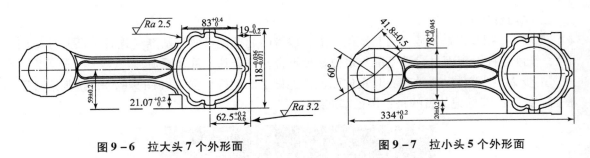

图9-6 拉大头7个外形面　　　　　图9-7 拉小头5个外形面

定位方式：拉大头7个外形面采用一面两孔定位（图9-8）；拉小头5个外形面，以加工过的大头侧外形面两点、底面和小头孔定位，小头孔定位元件是削边销（图9-9）。

采用设备：立式拉床，旋转工作台，2套双工位夹具，第一工位拉大头外形面，第二工位拉小头外形面。

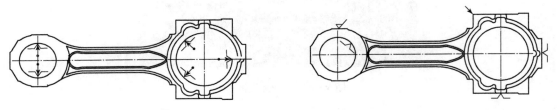

图9-8 工步1定位基准　　　　　图9-9 工步2定位基准

拉刀采用平面外拉刀，拉削的特点：拉床只有主运动，没有进给运动，其进给是靠拉刀刀齿的齿升量完成的，拉刀是多齿刀具，后一个（或一组）刀齿高出前一个（或一组）刀齿，从而能够一层层地从工件上切下多余金属，以获得较高精度和较好的表面质量。本工序平面拉刀为组合装配式平面拉刀，它由几块整体涂层高速钢短拉刀组装而成一个平面长拉刀，便于拉刀制造和热处理，同时刀齿磨损或破损后方便更换，延长拉刀寿命。整个平面拉刀由粗切齿、精切齿、校准齿构成。其中用于粗拉的粗切齿每个刀齿比前面刀齿高0.02mm，精切齿比前面刀齿高0.01mm，校准齿无齿升量。拉削时拉刀上下运动是主运动。此外拉削可使加工表面一次切削成形，机床运动简单，切削速度低，效率高，但同时拉刀价格也高。拉刀调整费事，刃磨复杂，是定尺寸刀具，柔性较低，只适合大批量生产。

（3）25序：自动打流水号。

拉削完成后，用打标机打标记，打流水号，用于连杆身份识别和追溯。

（4）30序：粗镗小头孔。

加工尺寸：小头孔径加工至$\phi 52$mm，同时保证孔的位置度（见图9-10）。

该工序定位基准是：连杆一个端面、小头侧外形面两点，以及大头侧外形侧面一点定位（图9-11）。●〰→为辅助预夹紧符号，在本工序中，夹紧力没有直接作用在连杆3个侧外形定位销上，为了防止连杆放入夹具后，不能与侧外形定位销充分接触，采用了一个弹性辅助预夹紧装置，该预夹紧装置产生一个小的预压力把连杆压紧在侧外形定位销上，实现可靠定位。

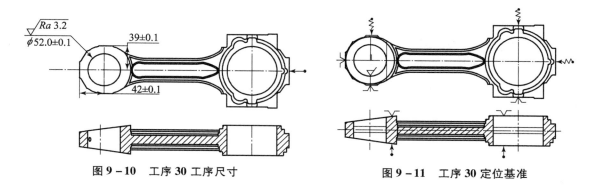

图 9-10 工序 30 工序尺寸　　　　图 9-11 工序 30 定位基准

粗镗小头孔镗刀采用前后刀方式，镗刀杆上安装有前后两个镗刀块。前刀块进行孔的粗加工，加工余量大，后刀块进行精加工，加工余量小。实现一次进给粗精同时加工，一方面提高了加工效率；另一方面保证了加工质量，避免了二次装夹造成的同轴度误差。同时，镗床上粗镗小头底孔，后面部分工序要用小头底孔作为定位基准。

采用设备：金刚镗床，双面 4 套夹具；检测设备：专用检具台。

金刚镗床是一种高速精细镗床，这种机床的特点是：切削速度较高，而进给量和切削深度很小，主轴端部设有消振器，且结构粗短，刚性高，故主轴运转平稳而精确。金刚镗床主要用于成批、大量生产中加工零件上的精密孔及其孔系，广泛地用于汽车制造中，常用于镗削发动机气缸、连杆、活塞等零件上的精密孔。主轴箱固定在床身上，主轴高速旋转带动镗刀做主运动，工件通过夹具安装在工作台上，工作台沿床身导轨做平稳的低速纵向移动以实现进给运动，工作台一般为液压驱动，可实现半自动循环。

（5）40 序：粗镗大头杆盖半圆孔。

加工内容：加工大头杆、盖半圆孔。

工步 1：粗镗大头下半圆（图 9-12）。

工步 2：粗镗大头上半圆（图 9-13）。

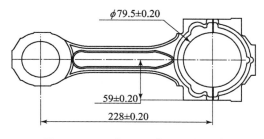 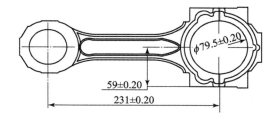

图 9-12 工序 40 工步 1 工序尺寸　　　　图 9-13 工序 40 工步 2 工序尺寸

在粗镗大头底孔过程中分为上下半镗，即先镗大头孔上半部分，后镗大头孔下半部分，即镗出一个腰字孔，两圆心距为 3mm。因为后面大头孔要锯断，锯断余量要算进去，这样锯断后，杆身、杆盖再装配在一起就变成一个整圆。

定位基准：采用一端面、大头侧外形面、小头孔做定位基准（图 9-14）。

定位元件：大支撑板限制 3 个自由度，小头定位销限制 2 个自由度，侧挡销限制 1 个自由度。

采用设备：组合机床，4套夹具。

（6）50序：杆盖锯断。

将连杆标记面朝上装夹，锯断。使用机床为锯床，在腰字孔中间锯断，锯断后，整个连杆就变成两部分：杆和盖，锯断的断面叫对口面。该工序定位方式：采用连杆底面、小头孔内孔、大头侧外形面定位（图9-15）。

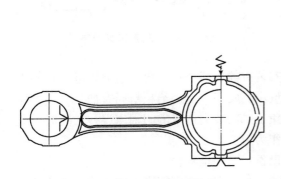

图9-14 工序40定位基准

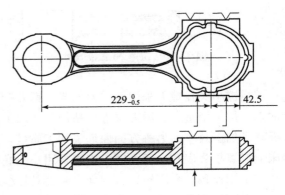

图9-15 工序50工序尺寸及定位方式

（7）60序：精磨对口面。

锯断的对口面，有锯断痕迹，非常粗糙，并且工艺尺寸不到位，所以下面要用磨床粗磨对口面。粗磨完后还要精磨对口面。之所以要分粗磨和精磨，是因为余量太大，要分两次磨削。

采用设备：双轴立式圆盘磨床。圆形工作台上有6套夹具，一次可以安装6个工件。

定位基准：杆身采用端面、小头孔内孔面、大头一个侧面定位。杆盖采用端面、窝座面、大头一个侧面定位（图9-16）。

加工尺寸：杆、盖对口面对各定位面位置；对口面平面度0.03mm；对口面对窝座平行度0.05mm；对口面对定位端面垂直度0.03mm（图9-17）。

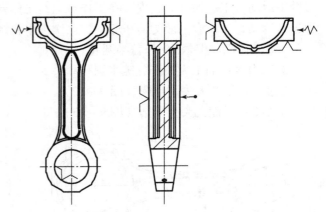

图9-16 工序60定位方式

检测设备：专用检具台。

（8）70序：加工螺栓孔。

工艺内容为钻铰螺栓孔。因为精度比较高，用加工中心钻铰螺栓孔。加工中心共装有7把刀。先钻孔，然后扩孔，接着镗孔，倒角，最后铰刀铰削，精铰连杆螺栓孔。之所以螺栓孔加工精度高，是因为连杆杆身和杆盖装配时，装入的螺栓要保证装上的杆盖和连杆杆身的位置精度，杆身和杆盖在装入螺栓后不能左右窜动。

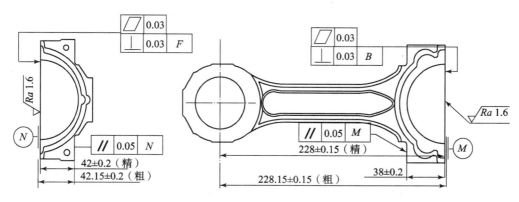

图 9-17 工序 60 工序尺寸

定位基准：连杆杆身钻螺栓孔采用连杆底面、连杆小头孔、大头处的一个侧面定位。

连杆杆盖钻螺栓孔采用杆盖底面、对口面、杆盖一个侧面定位（图 9-18）。杆身、杆盖成对同时加工，每台 2 套夹具，采用多件浮动夹紧方式。

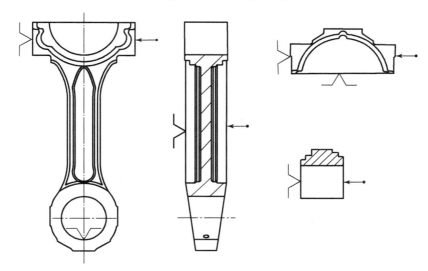

图 9-18 工序 70 定位方式

加工尺寸：杆孔直径 $\phi 15.1$（+0.018/0），盖孔直径 $\phi 15.1$（+0.059/0.032），中心距 98.96，杆盖螺栓孔对定位面位置度（图 9-19）。

(9) 80 序：钻小头孔两油孔。

工序内容如下：

工步 1：钻小头孔上左油孔。

工步 2：钻小头孔上右油孔（图 9-20）。

螺栓孔加工完后，开始加工两个油孔。两个油孔的作用是：装上活塞和穿上活塞销后，专门给这个活塞销通油润滑。机床采用组合钻，钻油孔。

定位方式：以连杆端面、小头孔和大头孔的一个侧面定位（图 9-21）。

(10) 90 序：第一次清洗。

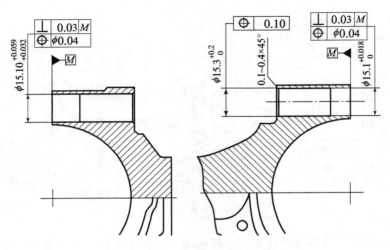

图 9-19 工序 70 工序尺寸

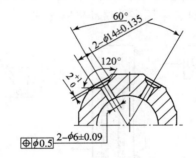

图 9-20 工序 80 工序尺寸

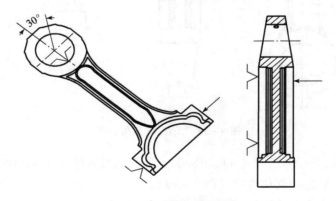

图 9-21 工序 80 定位方式

在第一次装配前要用清洗机把连杆洗干净,把前面工序加工后留下的铁屑、杂质清洗干净,保证装配时的装配精度。

(11) 110 序:人工装配。

装配要求:

①将始终配对加工的杆和盖标记朝一边合放在一起。

②连杆螺栓从连杆窝座端插入杆孔内,套入连杆盖后,将螺栓压入连杆及连杆盖中。

③在螺栓螺纹副间涂 15W40 柴油机油。

④将螺母套至螺栓上,手拧 2~3 扣。

(12) 120 序:自动拧紧。

加工完油孔,并进行清洗后,连杆就开始装配,因为连杆杆和连杆盖最终要装在一起进行加工。大马力连杆一共分两次装配,现在是第一次装配。装配技术要求:杆身和杆盖配对装配,装配时把左右螺栓穿上。螺栓与螺栓孔由于存在过盈,用手推不进去,如果能推进去,说明螺栓孔过大,就是废品,螺栓通过螺栓孔把杆身和杆盖初步穿上后,再用小型压床把连杆杆和连杆盖挤压在一起,然后把螺母旋上,最后用螺栓拧紧机拧紧。用拧紧机拧紧的原因是螺栓拧紧存在力矩要求,不能大,也不能小,大了造成变形,小了达不到力矩要求,螺栓在工作时可能脱落。大马力螺栓预拧紧力矩为 80N·m;螺栓拧紧最终力矩为 160~240N·m;螺母拧紧转角为 90°±6°。(机床采用立式拧紧机)

(13) 130 序:精磨上下两端面。

第一次装配结束后,杆身和杆盖结合为一体,接着在磨床上精磨连杆上下两端面,由于连杆端面在前面只进行过粗铣两端面,尺寸精度达不到要求,所以这里还要精磨两端面。精磨两端面是质量控制点工序。精磨两端面尺寸精度较高。因为连杆是和曲轴装在一起的,曲轴有曲轴臂,连杆两端面尺寸如果厚一点,在曲轴中旋转时,就会和曲轴臂碰撞。如果连杆两端面较薄,装在曲轴连杆轴颈上,轴向就会出现间隙,在工作中会出现轴向窜动,造成运动精度降低。

定位方式:采用连杆底面、小头外形面(2 点)和大头外形侧面(1 点)定位(图 9-22)。

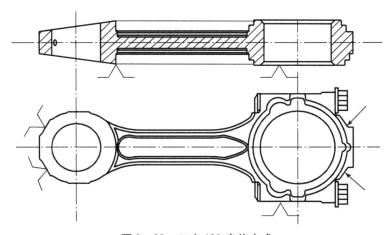

图 9-22 工序 130 定位方式

在圆盘工作台磨床上,采用双工位夹具,工位 1 磨削带标记的那个端面。工位 2 磨削不带标记的那个端面。工序内容如下:

工序 1:用水冲洗干净定位面。

工序 2:将未磨的零件标记向上装入夹具 1 内。

工序 3:将夹具 1 内磨过的零件取出,标记向下,装入夹具 2。

工序 4:将加工完的零件从夹具 2 取出,检验端面厚度。

工序5：将合格零件放入料盒。

工序图如图9-23所示。

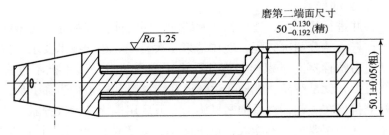

图9-23 工序130工序尺寸

（14）140序：精镗小头底孔、半精镗大头孔。

说明：将标记面朝里装夹，精镗小头底孔，半精镗大头孔。

两端面磨削完成后，下道工序就是精镗小头底孔、半精镗大头孔。这两个孔是同时加工的。同时加工可以较好地保证连杆大头孔和小头孔的中心距和平行度要求。如果单独加工，由于存在二次安装定位误差，中心距和平行度精度要求很难保证。这是因为，连杆大头孔和小头孔同时加工，它们之间的中心距和平行度精度主要由机床运动精度决定。而分开加工除了机床运动精度对加工精度有影响外，定位精度对加工精度也有很大影响。造成加工误差增大，工件精度难以保证。

定位方式：采用连杆底面、小头外形侧面2点、大头外形侧面1点定位（图9-24）。

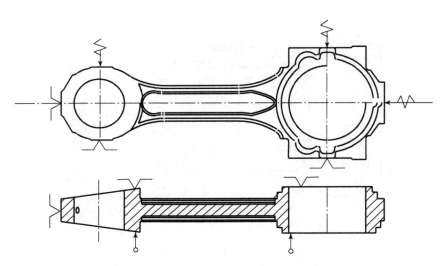

图9-24 工序140定位方式

采用设备：金刚镗床，双面2套夹具；检测设备：气动塞规、专用检具台等。

加工尺寸：大头孔径$\phi81.5$mm，粗糙度$Ra3.2\mu m$，小头孔径$\phi54$（+0.03/0）mm，粗糙度$Ra1.6\mu m$，圆柱度0.006mm，中心距（228±0.05）mm；大小头孔对定位侧位置度（图9-25）。

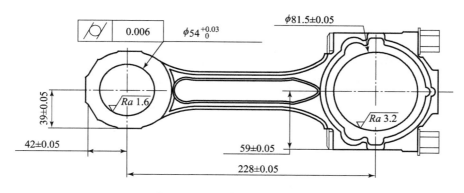

图 9-25 工序 140 工序尺寸

（15）150 序：大头孔倒角。

大小头孔加工后，要对大头孔孔口进行倒角，去掉镗孔后的毛刺。

定位方式：采用"一面两孔"定位，其中"一面"即底面限制 3 个自由度；"两孔"即大头孔和小头孔定位，小头孔采用圆柱销限制 2 个自由度，大头孔采用削边销限制 1 个自由度，共限制 6 个自由度，是完全定位（图 9-26）。

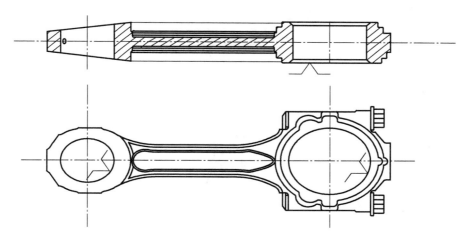

图 9-26 工序 150 定位方式

（16）160 序：拧松拆卸。

倒角结束后，用拧松机把螺栓和连杆全部脱开，把连杆杆身和杆盖分开。说明：拆卸后，杆盖配对摆放。分开连杆杆身和杆盖有两个目的：

①释放螺栓力矩，因为螺栓一次装配后，后面经过了磨削、镗削加工，螺栓力矩较高，通过二次装配、二次挤压可以释放一些螺栓力矩。

②后工序要铣削连杆杆身、杆盖上的瓦槽。

（17）170 序：铣瓦槽。

加工内容：铣连杆体瓦片槽；加工尺寸：瓦槽宽度、深度、长度、对定位面的位置（图 9-27）。

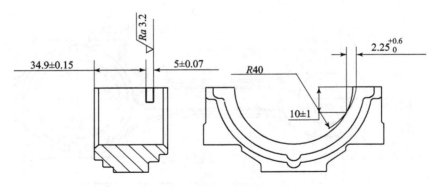

图 9-27 工序 170 工序尺寸

刀具采用锯片铣刀，瓦槽的宽度采用定尺寸刀具法，由锯片成形铣刀的宽度保证。

该瓦槽用于安装定位瓦时，对定位瓦进行定位，定位瓦上有凸点，正好嵌入瓦槽中，防止定位瓦轴向窜动，装配时先在连杆大头孔里安装定位瓦，然后再把连杆大头孔安装在曲轴连杆轴颈上。定位瓦硬度、耐磨性较高，在连杆大头孔和曲轴连杆轴颈之间安装定位瓦可以防止连杆大头孔较快磨损。铣瓦槽定位方式如图 9-28 所示。

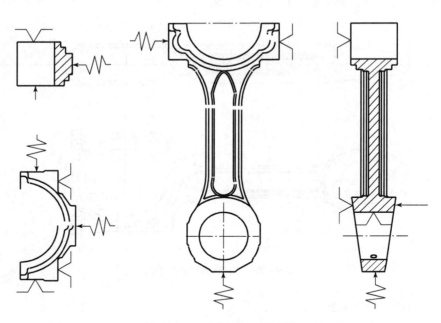

图 9-28 工序 170 定位方式

(18) 180 序：二次清洗。

在第二次装配前要用清洗机把连杆洗干净，把前面工序加工后留下的铁屑、杂质清洗干净，保证后工序装配时的装配精度。

(19) 190 序：二次装配和自动拧紧。

铣完瓦槽并进行二次清洗后开始进行二次装配，二次装配的方法和第一次装配一样，穿螺栓、压床压紧、拧紧机拧紧，拧紧力矩在 $160 \sim 230 \text{N} \cdot \text{m}$ 之间。一般拧在力矩平均值中间。机床采用卧式拧紧机。

（20）210 序：粗铣小头斜面。

二次装配后，开始在铣床上铣削小头斜面，斜面角度为 8°，采用圆盘铣。

定位方式：采用连杆底面、连杆小头孔、大头外形侧面定位（图 9 - 29）。工序尺寸如图 9 - 30 所示。

加工尺寸：小头中心厚度 36mm，斜面位置度 0.12mm，对中心平面对称度 0.5mm（图 9 - 30）。

采用设备：圆盘铣床 X5216，12 套双工位夹具。

工序内容如下：

工步 1：将无标记面朝上，精铣。

工步 2：将标记面朝上，精铣。

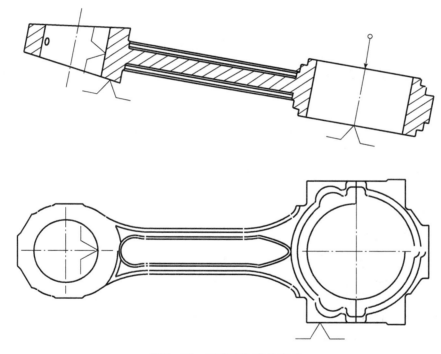

图 9 - 29　工序 210 定位方式

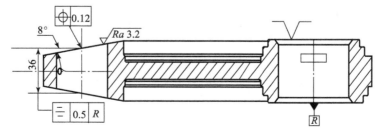

图 9 - 30　工序 210 工序尺寸

（21）230 序：小头底孔孔口倒角。

铣完小头斜面后，在倒角机上对小头孔孔口进行倒角。倒角的目的有两个：去除小头孔的毛刺；起到导向作用，为后工序压装衬套做准备。定位方式如图9-31所示。

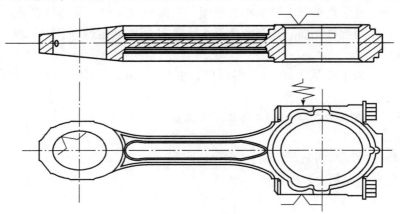

图9-31 工序230定位方式

(22) 240序：热压衬套。

采用设备：专用衬套压床。

衬套和连杆小头孔是一个过盈配合，过盈量为0.1mm，如果直接把衬套压入小头孔，需要很大的压力，容易造成变形，衬套表面有挤伤现象，衬套材料是巴氏合金，主要合金成分是锡、铅，硬度比连杆低得多，具有优良的减摩特性，耐磨性好。压装采用热压装方式进行。先把小头孔加热，然后再压入衬套，容易装配。热压装时，过盈量较小，只有0.05mm，容易压入。

工艺要求：

①压入衬套后，衬套油孔和连杆小头油孔对正。

②压力曲线显示压力最大值不超过30kN。

③连杆在衬套压装后单独放置，对小头进行缓慢冷却。

④衬套压装后保证冷却时间约需要2h到达常温，方可进行下道工序加工。

⑤贴合检查：衬套压入后，在常温下对衬套据切检查，其外圆与小头底孔接触面积最少为80%，不接触区域应不连续，分隔为三处或更多的区域。

⑥对小头加热时零件标记点向下，加热温度控制在(180±10)℃，加热时间控制在25~35s。

热压衬套前，连杆小头孔尺寸为：$\phi 54$ (+0.03/0) mm。衬套外径公差：$\phi 54.12$ (+0.025/0) mm；衬套内径公差：$\phi 49.42$~49.685mm。以上尺寸均为自由状态下的常温尺寸。

定位方式：采用大头一端面、小头侧外形面两点、大头侧外形面一点定位（图9-32）。衬套由小头伸出的销子导向。压装时，小头斜面下面有辅助支撑，提高压装时连杆的刚性可减少小头变形。小头孔下面有气缸，压装时，气缸活塞销从下面由小头伸出，把衬套安放在活塞销上，然后压装机下压压装。

热压衬套工艺内容是：加热连杆小头侧面（加热温度为180℃），然后把衬套用压装机压入小头底孔中，衬套硬度很硬，耐磨、在小头底孔上压入衬套的作用是：防止小头孔磨

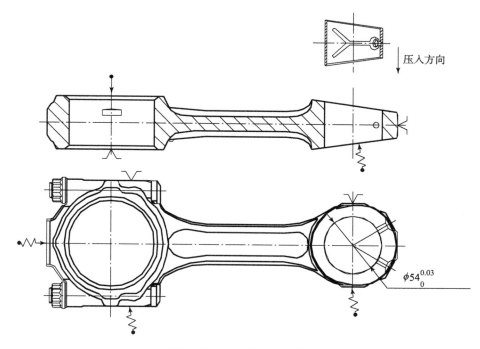

图 9-32 工序 240 定位方式

损。热压衬套工艺要求是：衬套和小头底孔贴合度达到百分之百贴合，贴合度如果达不到要求，衬套和底孔间就存在间隙，悬空，发动机在高速运转时，衬套就会在底孔中打转，小头底孔会加速磨损，活塞销和衬套可能抱死，造成连杆失效。

热压工艺原理是：用电杆加热器把小头底孔直接加热，加热到 180~200℃ 之间，小头底孔一受热就胀开，然后用压装机把衬套压装在小头底孔中，然后放置自然冷却，小头底孔同时收缩，收缩后，小头底孔和衬套之间贴合度就比较高。在不加热的情况下进行衬套压装称为冷压，冷压工艺其贴合度比较低，一般为 90%。

检测贴合度方法是：每热压 1 000 件，把连杆锯开，把衬套拔出来检查其贴合度。如果贴合度不好，解决措施是：继续加热，加热到 210℃，加热温度越高，收缩越快，贴合度越高。

(23) 250 序：精镗小头衬套孔和大头孔。

精镗小头衬套孔和大头孔的目的是：进一步提高尺寸精度和降低两个连杆孔的粗糙度。尤其是大头孔，在最终工序珩磨前必须精镗，以提高大头孔轴线的位置精度（包括孔与端面的垂直度、两孔之间的平行度）。加工尺寸：大头孔孔径 $\phi 81.97$mm ± 0.01mm，小头孔径 $\phi 50$ ($+0.016/0$) mm，$Ra0.63\mu$m，中心距 228mm ± 0.025mm，大头孔对端面垂直度为 0.03mm，大小头孔平行度、对定位面位置度见图 9-33 所示。

镗床采用双镗杆结构，镗削时，两个镗杆同时对小头衬套孔和大头孔进行加工，两孔的中心距由镗床两个镗刀之间的距离保证，即设备保证，可以较好地保证连杆大头孔和小头孔的中心距和平行度要求。同时，每个镗杆上装有两个镗刀块，一个在前（称为前刀），一个在后（称为后刀）。镗削时，精镗衬套孔（前刀）镗削余量为 0.2mm，精镗衬套孔（后刀）镗削余量为 0.1mm，精镗大头孔（前刀）镗削余量为 0.15mm，精镗大头孔（后刀）镗削

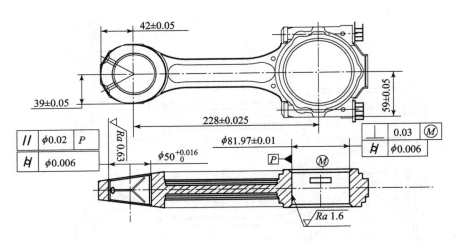

图 9-33 工序 250 工序尺寸

余量为 0.1mm，这种前后刀镗削方式，可以实现一次进给实现粗、精加工，更好地保证加工质量。

定位方式：采用连杆底面、小头外形侧面 2 点、大头外形侧面 1 点定位（图 9-34）。

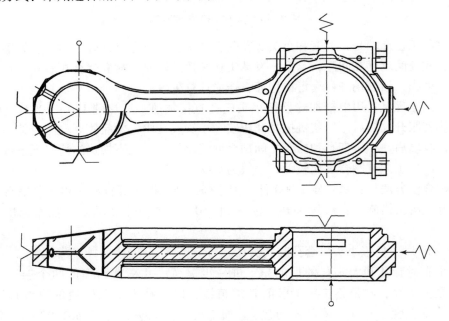

图 9-34 工序 250 定位方式

采用设备：精密数控镗床，两侧 4 套夹具。
工序内容如下：
工步 1：标记凸起的一面朝里装夹，镗刀块前刀精镗衬套孔。
工步 2：镗刀块后刀精镗衬套孔。
工步 3：镗刀块前刀精镗大头孔。

工步4：镗刀块后刀精镗大头孔。

(24) 260 序：珩磨大头孔。

定位方式：珩磨大头孔采用自定位方式，即珩磨大头孔，用大头孔本身定位。但是珩磨前需要预定位，预定位采用大头一端面、小头内孔、大头一个侧外形面预定位（图9-35），该夹具采用浮动夹具。

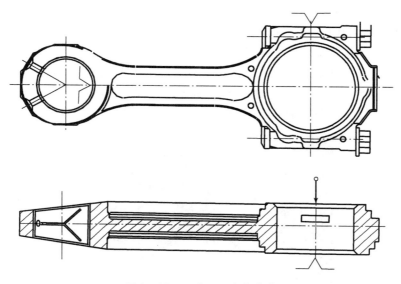

图 9-35 工序 260 定位方式

加工内容：连杆大头孔珩磨（图9-36）。

采用设备：立式珩磨机，2套夹具。

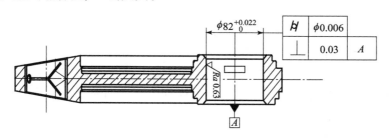

图 9-36 工序 260 工序尺寸

加工要求：大头孔径 $\phi82$mm，上偏差 +0.022mm，下偏差为0，圆柱度 0.006mm，粗糙度 $Ra0.63\mu m$。

检测设备：气动塞规、粗糙度仪。工艺要求：将标记点朝下装夹，珩磨大头孔。

珩磨作为大头孔的最终工序，属于精密和超精密加工，珩磨的特点是：珩磨加工余量很小，上道精镗大头孔工序精镗大头孔基本尺寸为 81.97mm，而本道工序珩磨大头孔基本尺寸为 82mm，可以看出留给本道珩磨工序加工余量为 82-81.97=0.03（mm），单边加工余量为 0.015mm。加工的孔尺寸精度高可达到 IT5~IT6 级，加工孔的圆度误差可达 3~5μm，表面粗糙度可达 $Ra0.4~0.05\mu m$。

大头孔珩磨前必须经过精镗，以提高大头孔轴线的位置精度。这是由于珩磨只能对大头孔整形，保证大头孔直径尺寸精度，提高圆度和降低粗糙度，而不能矫正孔的歪斜和垂直度等位置精度。

粗糙度和圆度对安装定位瓦后，定位瓦和大头孔底孔的贴合度有重要影响。贴合度低容易造成连杆工作时出现拉瓦现象，对连杆的寿命有影响。

珩磨机床使用的刀具是珩磨头，珩磨头带有 8 块细粒度的金刚石磨条，当珩磨头进入大头孔后，靠液压扩张压力的作用张紧在大头孔表面上，施加一定压力进行均匀磨削（图 9-37），珩磨余量一般为 0.03~0.04mm，单边只有 0.02mm 的加工余量。珩磨时，珩磨头一边旋转，一边做上下往复运动。设备具有自动测量和自动补偿装置。珩磨头上带有气压检测传感器，随着大头孔直径被珩磨得越来越大，珩磨头与孔壁的间隙也越来越大，当达到设定值（即珩磨到规定尺寸）时，珩磨机自动停机。由于连杆大头孔较浅，为了获得正确的轴线位置和对端面的垂直度，以及减少喇叭口现象，珩磨时采用夹具浮动定心。

图 9-37 连杆大头孔珩磨

（25）265 序：瓦槽倒角去毛刺。

（26）270 序：最终检查。

连杆加工结束，最后对连杆进行终检。对连杆尺寸进行百分之百的终检。使用的检具是连杆综合测量仪。连杆总计检查 9 个项目，如连杆上下端面厚度、大头孔孔径、小头孔孔径、小头孔和大头孔圆度、大头孔和小头孔之间的中心距、垂直度和平行度等。

（27）280 序：称重分组及标记。

检查合格后，对连杆进行称重、分组，称出连杆质量。连杆经过锻造，然后进行各种机械加工，每个连杆质量不一样。称质分组的目的是：把质量相同的连杆放在同一台发动机上，连杆质量分组分 7 个级别，即 A、B、C、D、E、F、G，其中 A 级别最小，G 级别最大。如大于 3.77kg，小于 3.79kg 的连杆属于 A 级别。每个级别差别 16~20g，如果把不是同一质量级别的连杆装在同一台发动机曲轴上，在高速旋转时其离心力、惯性矩就不一样，会造成发动机工作时振动。

（28）290 序：总成清洗。

在连杆装配前，利用超声波清洗机进行最后一次清洗，保证清洁度。清洗完后进行发动机装配。

（29）300 序：拧松，防锈包装、装箱。

本章知识点

1. 发动机连杆工况、结构分析与技术要求；连杆材料与毛坯。
2. 连杆加工中定位基准的选择；加工阶段的划分及工序内容。
3. 连杆辅助工序的内容及其作用。

思考与习题

1. 分析连杆结构特点与技术要求。说明常见连杆材料的种类及特点。
2. 说明连杆定位基准选择的基本要求。如何确定连杆加工的粗基准和主要加工表面的精基准？
3. 如何划分连杆的加工阶段？请用表格形式合理编排连杆机械加工工艺过程与工序顺序，包括热处理，要求反映工序顺序、工序内容及主要技术要点说明。
4. 说明各连杆辅助工序的名称、内容、作用与要求。
5. 说明连杆超精加工的方法和手段。

第 10 章
发动机缸体机械加工工艺

本章讲述发动机缸体机械加工工艺。从缸体结构与技术要求出发,依次介绍材料、产品毛坯、结构工艺特点、定位基准选择、机械加工工艺过程、加工方法与质量检验等,以定性分析为主,以定量分析为辅,重点掌握其机械加工中的定位、工艺过程、加工方法及质量控制等的应用。

10.1 发动机缸体

1. 缸体结构特点

发动机缸体是发动机的支撑零件,通过它把发动机的曲柄连杆机构和配气机构以及供油、润滑、冷却等系统连接成整体。其加工与装配质量会直接影响发动机的工作性能。

如图 10-1 所示,缸体形状复杂、壁薄,呈箱体形状。其上部均匀分布有若干个经机械

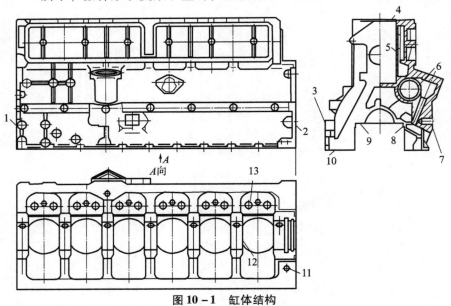

图 10-1 缸体结构

1—前端面;2—后端面;3—固定机油精滤器面;4—顶面;5—气缸孔;6—凸轮轴孔;7—机油泵油口;
8—锁口面;9—主轴承座对口面;10—底面;11—定位孔;12—主轴承座端面;13—挺杆孔

加工的活塞或活塞-缸套孔，周边铸造有复杂的循环冷却水套。其下部与曲轴箱体上部做成一体，内部空腔较多，且受力严重，结构上要求具有较高的刚度。为减轻缸体质量，应该千方百计减小铸件壁厚。气缸体内部还有许多油道，四周内外布满了加强筋。

2. 缸体的技术要求

缸体的许多平面将作为其他零件的装配基准。发动机许多零件之间的相对位置由缸体来保证。缸体上的很多螺栓孔、油孔、出砂孔、气孔以及各种安装孔都能直接影响发动机的装配质量和使用性能，所以，对缸体的技术要求是相当严格的。

缸体的主要技术要求如表10-1所示。

表10-1 缸体主要技术要求一览表

要求 内容	尺寸精度 （IT）	表面粗糙度 $Ra/\mu m$	位置公差 /mm	其他
主轴承孔 气缸孔	6~7	1.6~0.8	0.06~0.16	有止口时公差为0.03~0.06mm，各缸孔轴线对主轴承孔轴线的垂直度为0.06mm
凸轮轴 轴承孔	6~7	3.2~0.8		各孔的同轴度公差值为0.03~0.04mm。各凸轮轴轴承孔对各主轴承孔的平行度公差值为0.06~0.10mm
挺杆孔	6~7	1.6~0.4		对凸轮轴轴线的垂直度为0.04~0.06mm
顶面	—	1.6~0.8	—	对主轴承中心线的尺寸公差为0.10~0.16mm
后端面	—	3.2~1.6		与主轴承孔轴线的垂直度为0.06~0.08mm
主轴承座接合面	—	—	—	锁口宽度公差为0.026~0.060mm

3. 缸体材料与毛坯

（1）缸体材料。

缸体受力复杂，要求具有足够的强度、刚度、耐磨性及抗振性。缸体的材料主要有普通铸铁、合金铸铁和铝合金等。

目前，汽车发动机缸体通常采用普通灰口铸铁HT250、合金铸铁和铝合金铸造。HT250是一种经过孕育处理的高强度灰口铸铁，具有足够的韧度和良好的耐磨性，多用于不镶缸套的整体缸体。灰口铸铁由于价格较低，切削性能良好，具有良好的刚度、耐磨性及抗振性，故应用相当广泛。

为了进一步提高缸体的耐磨性，拟推行铸铁的合金化，即在原有合金成分的基础上适量增加硅、锰、铬、镍、铜等元素的比例（质量分数），并严格控制硫、磷含量，其结果不仅提高了缸体的耐磨性和抗拉强度，而且改善了铸造性能。

用铝合金铸造缸体，质量小、油耗少，且导热性、抗磁性、抗蚀性和机械加工性能均比灰口铸铁好。由于铝合金缸体需要镶嵌铸铁缸套或在缸孔工作表面上加以镀层，致使原材料价格提升和生产成本相对增加，从而在使用上曾受到一定的限制。

随着汽车轻量化要求越来越高，使用蠕墨铸铁作为缸体、缸盖材料也越来越多，蠕墨铸铁是一种高强度材料，它的力学性能和铸造工艺性能介于灰口铸铁和球墨铸铁之间，很适合制造强度要求较高且要求承受热循环负荷的零件，如气缸体、气缸盖。蠕墨铸铁的高强度，使气缸可以在压力更高的环境下工作，更容易实现尾气排放的要求；其次，发动机更能满足轻量化的需求，更具紧凑性，从而更符合重型柴油机缸体材料的发展趋势。一台装配好的蠕墨铸铁发动机的质量一般要比灰铸铁发动机轻9%左右。但蠕墨铸铁加工比较困难，对刀具的要求较高，限制了它的应用范围。

（2）缸体毛坯。

气缸体结构内部分布有许多复杂型腔，壁厚较薄（最薄达3~6mm），四周内外都有加强筋，所以缸体的毛坯宜采用铸造方法生产。

在机械加工以前，铸造缸体毛坯需经时效处理以消除铸件的内应力和改善材料的力学性能。要求在铸造车间对缸体进行初次的水套水压试验1~3min，不得出现任何渗漏现象。

在铸造缸体毛坯的质量和外观要求等方面，对非加工面不允许有裂纹、缩孔、缩松及冷隔、缺肉、夹渣、粘砂、外来夹杂物及其他降低缸体强度和影响产品外观的铸造缺陷。特别要求缸孔与缸套的配合面、主轴承螺孔内表面、顶面、主轴承装轴瓦表面不允许有任何缺陷。

气缸体为多工位加工，包含平面切削、镗、钻、攻丝、珩磨等许多加工内容。采用线型直进式自动机床加工，机床间物流使用输送机，形成全自动加工生产线组织生产。

4. 缸体加工的结构工艺性分析

缸体加工主要集中于平面与孔系，其结构工艺性分析如下。

（1）平面工艺性分析。

从缸体平面加工来讲，需要注意下列几点：

①缸体接合面面积较大，且有较高的位置精度和粗糙度要求，不可能一次加工来完成，应当划分成几个加工阶段。比如，首先得从大平面上切去多余的加工层，以便保证精加工后变形量小。

②平面加工需要安排在孔加工前面；对于容易发现零件内部缺陷的工序应走在前头；各平面孔加工提到缸孔加工前进行，以免在缸孔周围孔加工时造成已加工缸孔变形。

③对于斜面加工要采用比较特殊的安装方法或采用专用的设备来进行。

（2）孔系工艺性分析。

缸体上孔系的位置精度较高，宜采用工序集中的方法进行加工，需要多工位的高效专用机床。对孔系尺寸精度较高的部分孔，必须经过精密加工，需要安排成多道工序来组织生产。

由于缸体各个表面孔的数量多，一般应用多面组合的组合钻床和组合攻丝机床来完成加工。

由于不同方向的深油道孔，加工中会产生排屑困难、刀具容易折断、孔中心线歪斜、生产节拍较长等问题，因此对深孔应采用分段加工，对交叉油道加工应先大孔后小孔，也可采用枪钻工艺。其中清洗问题要引起足够的重视。

把各个深油孔加工尽可能安排在前，以免因产生较大的内应力而影响后续的精加工。

10.2 发动机缸体工艺

10.2.1 缸体定位基准的选择

1. 粗基准的选择

选择缸体粗基准时应满足两个基本要求，即使各主要加工表面余量均匀和保证装入缸体的运动件与缸体不加工的内壁间有足够的间隙。

缸体加工的粗基准,通常选取两端主轴承座孔和气缸内孔。如果毛坯铸造精度较高,能保证缸体侧面对气缸孔轴线的尺寸精度,那也可选用侧面上的几个工艺凸台作为粗基准,这样便于定位和夹紧。

由于缸体毛坯有一定的铸造误差,故表面粗糙不平。如直接用粗基准定位加工面积大的平面,因切削力和夹紧力较大,容易使工件产生变形。同时由于粗基准本身精度低,也容易因振动而使工件产生松动。所以,通常宜采用面积很小、相距较远的几个工艺凸台作为过渡基准。图 10-2 所示为采用毛坯侧面上的相关工艺凸台、底面法兰台及 60°缺口作为粗基准。

首先以两端第 1、7 主轴承座孔和第 1 气缸孔为粗基准定位,从第 1、6 气缸孔的上部平面压紧,铣出侧面上的几个工艺凸台,如图 10-3 所示。

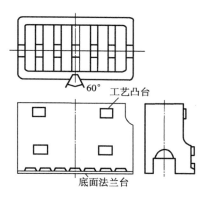

图 10-2　缸体定位面结构

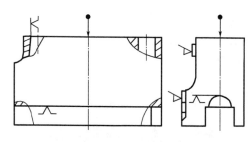

图 10-3　加工工艺凸台

然后以侧面的工艺凸台及底面法兰中的两个凸台定位,初铣顶面和底面(底面为精基准),如图 10-4 所示。

再以底面和靠近底面的两个工艺凸台及法兰上铸出的 60°缺口定位,钻、铰两个工艺孔(精基准),如图 10-5 所示。

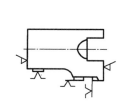

图 10-4　加工顶面和底面

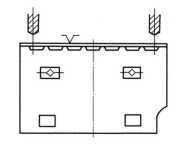

图 10-5　加工工艺孔

所以,缸体加工过程中选用的粗基准是第 1、7 主轴承座孔,第 1 气缸孔。

2. 精基准的选择

在选择精基准时,应考虑如何保证加工精度和安装方便。缸体的精基准都选择底面及底面上的两个工艺孔,即采用一面两孔定位,其优点是底面轮廓尺寸大,工件安装稳固可靠。

缸体的主要加工表面大多数以一面两孔作为基准,符合基准统一原则,减小了由于基准转换而引起的定位误差。例如主轴承座孔、凸轮轴轴承孔、气缸孔以及主轴承座孔端面等,都可用一面两孔作为精基准来保证位置精度。

当然,底面作为精基准也有一定不足。用底面定位加工顶面时,存在着基准不重合而产生的定位误差,难以保证顶面至主轴承座孔轴线的距离公差。同时在加工时不便于操作者观察切削过程。

对于缸体加工,也有采用顶面作为精基准的情况。其优缺点大致与上述相反。主轴承座孔轴线虽然是设计基准,但由于其半圆孔结构和装夹不方便,所以当前国内生产中很少用其作精基准。国外也有采用主轴承座孔作为精基准的实例。

综上所述,由于发动机缸体形状复杂,只采用底面或者顶面一个精基准显然不够,目前多数发动机缸体加工一般在整个加工过程中采用了多个"一面两孔"精基准定位。如东风公司4H发动机缸体加工,其精基准包括:缸体底面"一面两孔"(图10-6);缸体挺杆室侧面"一面两孔"(图10-7);缸体顶面"一面两孔"。中间进行了多次精基准转换。初始用的精基准为:缸体挺杆室侧面"一面两孔"。后面再以缸体挺杆室侧面"一面两孔"定位,铣底面,钻铰底面工艺销孔,加工出底面精基准。后面粗镗、半精镗缸孔都以底面"一面两孔"定位加工。这种多精基准工艺方案既满足了基准统一优点,又兼顾了基准重合优点,便于加工。

 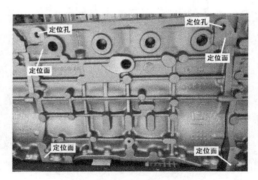

图10-6 缸体底面"一面两孔"定位基准　　图10-7 缸体拉杆室侧面"一面两孔"定位基准

图10-7中4个小的定位凸台面组成一个大平面。另外,作为定位孔其精度要求比较高,因此一般工艺安排上根据基准先行原则都先需要钻、铰定位孔。

由于缸体多数工序都以一面两孔作为基准,致使各工序的夹具结构大同小异,故夹具设计与制造相对简单,缩短了生产准备周期,降低了成本。又因采用单一的定位基准,由此避免加工过程中经常翻转工件,减轻了劳动量。

此外,缸体采用"一面两孔"定位,还便于自动线上缸体运输和自动定位、加工。

图10-8所示为缸体自动线上常用的自动定位夹紧夹具。当发动机缸体在上一工序和机床上加工完毕后,随着辊子自动输送线送到下一工位和机床处,当位置传感器检测到缸体后,阻挡器抬起阻挡住缸体前行。然后,处在辊子输送线下方的夹具升降定位板抬起,并高于滚筒上方对缸体底平面定位,同时升降定位板上的两个定位销(一个削边销、一个圆柱

销)也升起,插入缸体底平面上的两个定位孔中,对缸体精确定位,最后夹紧开始机床加工。

图 10-8 缸体侧面"一面两孔"定位基准

10.2.2 缸体加工阶段和顺序

1. 加工阶段的划分

气缸体的加工可划分为四个阶段:

(1) 粗加工阶段。

粗加工阶段用于去除各个加工表面的主要余量并加工出精基准,粗加工阶段的关键是如何提高生产率。

(2) 半精加工阶段。

半精加工阶段主要是为最终保证产品和工艺要求做好准备。某些部位也可以由粗加工直接进入精加工而不用半精加工。缸体上的主要孔系的加工,如主轴承孔、凸轮轴孔、缸孔、挺杆孔等都安排有半精加工阶段。

(3) 精加工阶段。

精加工阶段主要是保证缸体大多数加工部位的尺寸、形状、位置三大精度及表面粗糙度,是缸体加工的关键。

(4) 精细加工阶段。

当零件上某些加工部位的尺寸、形状要求很高,表面粗糙度值要求很低,用一般精加工手段又较难达到要求时,则要安排精细加工。由于精细加工的余量很小,只能提高尺寸精度和形状精度及表面质量,而对位置精度的提高则见效甚微。缸体上的不镶套缸孔及主轴承座孔常有精细加工的要求。

2. 缸体工序顺序的安排

由于缸体形状复杂,具有厚度不同的壁和加强筋。加工过程中由于种种原因而造成内应力重新分布,易使工件产生变形。因此,加工时要切实注意以下事项和原则:

①先行切去大表面的大部分加工余量,以保证精加工后零件变形最小。
②切削力大、夹紧力大以及容易发现零件内部缺陷的工序应该往前安排。
③加工深油孔时容易产生内应力,安排时要注意其对加工精度的不利影响。
④合理安排密封试验、衬套和轴承等的压装以及清洗检验等非加工工序。

表 10-2 列出了缸体主要加工工序及其顺序。

表 10-2 缸体主要加工工序一览表

序号	工序内容	工序简图	序号	工序内容	简图
1	铣过渡基准		8	缸套底孔精加工分组压套	
2	粗铣顶平面、底面、对口面、龙门面		9	主、凸孔粗、精加工	
3	精加工底面		10	挺杆孔粗精加工	
4	加工两销孔		11	铣轴承座侧面	
5	粗、精铣前后端面		12	精铣顶平面	
6	粗、精镗缸孔		13	装配	
7	六个面的孔系加工				

注：表中 7、8、13 工序图略。

从表 10-2 可以看出，缸体加工顺序的安排具有下面几个特点：

①用作精基准的表面（一面两孔——底面和底面上的两个工艺孔）先行加工。这样使得后来的加工都有一个统一的工艺基准，既简化了设备工装，又方便了产品输送，并为减少工件的定位误差提供了必要条件。

②按照先粗后精的原则把零件加工划分几个阶段，有利于在加工过程中去除内应力，能有效限制工件在加工过程中所形成的变形量。

③合理安排加工顺序，减少了零件的翻转和工人的劳动强度。

④正确安排检验工序，使之在粗加工结束之后，能及时地在每段自动线最后一个工位安排检验，这样可防止不合格的半成品流入后面的自动化生产中。

10.2.3 缸体加工工序内容

1. 平面加工

缸体上主要加工平面包括气缸盖结合面（顶面）、前后端面、两侧面、主轴承座接合面及锁扣面，其共同特点是加工精度要求高，面积大。

加工方法为铣削加工。铣削平面是一种高效率、高精度、较经济的加工方法，主要用于大量生产，如图 10-9 所示。铣床相对拉床结构简单，耗能低。东风汽车公司发动机厂用大拉床拉削缸体平面的返程能耗高，现已淘汰。

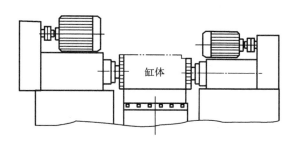

图 10-9 铣削缸体端面

缸体平面加工常采用端铣方式，端铣适用于铣削宽大的表面，其特点是：

（1）生产率高。端铣刀上镶有较多的硬质合金刀头，刀盘直径大，一般为 $\phi75 \sim 660mm$，个别可达 $\phi1\,000mm$。各刀齿依次投入切削，无空程损失。在一次行程中可完成工件平面加工。端铣刀的刀杆粗而悬伸短，刚度高。另外，端铣刀镶装硬质合金刀片，可进行高速铣削。高速铣削缸体时切削速度达 $80 \sim 130m/min$，比一般高速钢刀具高出 3~4 倍。图 10-10 所示为缸体表面铣削端铣刀。

2）表面质量好。端铣时加工余量主要由刀齿的外刃（主刀刃）完成，端面切削刃和内刃（副刀刃）起修光作用。精铣端铣刀刀齿的主、副切削刃

图 10-10 缸体平面铣削端铣刀

间一般只有一段长度为 f_θ 的修光刃（图 10-11）。由于端铣时刚度大，铣刀与工件表面接触弧较长，参加切削的刀齿数目多，因而铣削平稳，振动小，铣削后的表面粗糙度低。

对于小平面加工，则采用卧式或立式组合机床。这不仅能够满足加工精度要求和保持较高的生产率，还有利于实现自动化和多品种生产。图 10-12 所示为卧式组合机床同时铣削缸体主轴承座各个侧面的情况。

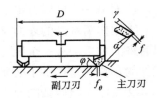

图 10-11 端铣刀刃

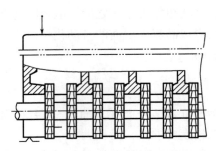

图 10-12 加工轴承座侧面

2. 孔及孔系加工

缸体主要加工孔是缸（套）孔、主轴承孔、凸轮轴孔及挺杆孔等。这些孔的直径较大、孔较深、尺寸精度和表面质量要求高，这些孔组成孔系，均有较严格的位置精度要求，给加工带来了较大的困难。同时缸体中还有许多纵横交叉的油道孔，虽然其精度要求不高，但因孔深较大，在大量生产时也存在不少难点。

（1）缸孔的加工。

缸孔加工质量对发动机性能有很大影响，缸孔加工要求较高，其尺寸精度为 IT6~IT7，表面粗糙度为 $Ra1.6~0.8\mu m$，各缸孔轴线对主轴承孔的垂直度为 0.06mm，有止口的深度公差为 0.03~0.06mm。所以，缸孔加工是难度较大的加工部位，加工时应注意以下几点：

缸孔的粗加工工序应尽量提前，这样可保证精加工后零件变形最小并能及早发现缸孔内表面的铸造缺陷，以最大限度减少机械加工损失。对于缸孔的精加工或最终加工，应尽量后移，以避免在其他表面加工后导致缸孔重新变形。

为保证缸孔工作表面的质量和生产效率，其最终珩磨余量要小，以提高生产效率。

缸孔加工的工艺路线如下：

①粗镗。从缸孔表面切去大部分余量，常采用镶有四片或六片硬质合金刀片的镗刀头；其切削深度较大，直径方向上有 3~6mm；要求机床刚性足、动力性好，但容易产生大量的切削热，使得工件和机床主轴温度升高。为减少切削热，拟减小切削深度而将缸孔分成二或三次加工，冷却主轴，减小缸体变形。在大批量生产中，多采用多轴同时镗削所有四缸或六缸孔的方法，其切削扭矩较大。为了改善切削条件，减小切削扭矩，有的组合镗床采用异向旋转的镗杆和立式或斜置式刚性主轴。

②半精镗。使用装有多片硬质合金刀片的镗刀头，在镗杆上部设有一个辅助夹持器并装有倒角刀片。在半精镗缸孔行程结束前，倒角刀片在缸孔上部倒角。

③精镗。通常采用单刀头、自动测量与刀具磨损补偿装置。

④珩磨。珩磨是保证缸孔质量和获得表面特性的重要工序，它不仅可以降低加工表面的粗糙度，而且在一定的条件下还能提高工件的尺寸及形状精度。

缸孔珩磨的工作原理如图 10 – 13 所示。珩磨时工件固定，圆周上装有磨条并与机床主轴浮动连接的珩磨头作为工具，在一定压力下通过珩磨头对工件内孔表面形成相对运动，切除表面一层极薄的金属。加工时，珩磨头上的磨条有三种运动，即回转、轴向往复和垂直加工表面的径向进给。前两个运动的合成使磨粒在加工表面上的切削轨迹呈交叉而又不重复的网纹。

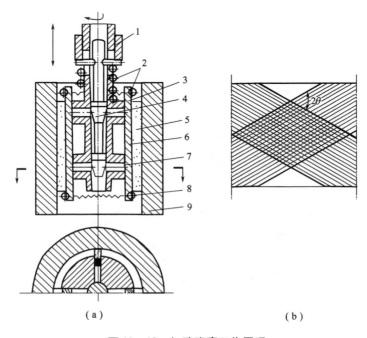

图 10 – 13　缸孔珩磨工作原理

1—调整螺母；2，8—弹簧；3—本体；4—调整锥；5—油石；6—垫块；7—调整销；9—工件

为提高珩磨效率，增多珩磨头，可采用 8 ~ 10 个替代原有的 4 ~ 6 个，这样就能快速地去除珩磨余量。此时孔壁上的压力小而均匀，且珩磨发热少，提高了磨条寿命。当珩磨余量较大时，可分次进行粗珩和精珩。粗珩余量控制在 0.06 ~ 0.07mm，用比较软性的磨料，自励性好，切削作用强，生产率高，但加工表面容易被划伤。精珩时余量缩小到 6 ~ 7μm，选用硬磨条，建议用 120# ~ 280#或 W28 ~ W14，也可采用价格较贵的金刚石磨条。

用金刚石磨条珩磨铸铁缸孔时，为减少珩磨发热量和改善磨条与工件表面的摩擦，使用煤油作为冷却液。经试验表明，用水替代油冷却可取得相同的效果，其不仅降低了珩磨成本，还省去了珩磨后的清洗环节。

图 10 – 14 所示为 ZD30 发动机缸体缸孔珩磨机，

图 10 – 14　ZD30 缸体缸孔珩磨机

ZD30为一款四缸轻型发动机,缸体为铸件。

珩磨缸孔为最终精加工工序,该珩磨机有两个主轴,两个珩磨头,一次可以同时珩磨两个缸孔,每个珩磨头上装有气压传感器,能在线检测缸孔直径,当传感器检测到缸孔直径磨到位后,珩磨机自动停止加工,效率较高。珩磨完成的缸体直接传送到下道工序——缸体缸孔尺寸检测机(图10-15)进行精密检测。检测的项目包括:缸孔直径、椭圆度、直线度、垂直度、缸孔间中心距等参数。由于发动机装配时缸孔和活塞的装配间隙要严格控制在一定范围,而缸孔加工和活塞加工又不可避免地存在一定误差,为了保证装配精度,同一尺寸范围内的缸孔和活塞才能装配在一起,这称为配缸。因此,缸体缸孔尺寸检测机检测的直径参数也作为后面装配时配缸的依据。

图10-15　ZD30缸体缸孔尺寸检测机

(2)缸孔喷涂技术。

随着汽车朝轻量化方向发展,铝合金发动机在汽车行业的应用比例越来越高。由于铝合金的耐磨性和力学性能不如铸铁,因此传统的铝合金发动机缸孔必须镶嵌铸铁缸套,以提高性能。但是铸铁缸套的缺点在于缸套和缸体之间的封装,由于两种材料热容性特征不同,会影响铝质发动机缸体的耐用性。对此,国外已研发出一种新的工艺技术——缸孔喷涂技术,也可称为无缸套技术。

缸孔喷涂技术是采用热喷涂技术(电弧喷涂或等离子喷涂)对经过粗化处理的铝发动机缸孔内壁喷涂一层合金涂层或者其他复合材料,取代传统的铸铁缸套(图10-16)。喷涂了涂层后的铝合金缸体依旧是一体式缸体,涂层的厚度仅有0.3mm,具有降低发动机质量,降低缸孔与活塞的摩擦和磨损,提高热传导,降低油耗和二氧化碳排放等优点。

例如,日产在1.6L 4缸MR16DDT发动

图10-16　缸孔表面喷涂技术

机上采用了电弧喷涂的气缸孔镜面涂覆（MBC）技术，MBC 技术使用电弧喷射工艺替代等离子喷涂工艺。电弧喷射工艺可在气缸工作表面上形成许多小的气孔，即使没有进行珩磨网纹槽加工，这些气孔也会储有润滑油。其结果表明，采用表面粗糙度为 $Ra0.05\mu m$ 级的镜面精加工，除了能提高抗爆燃性能之外，对于降低气缸孔与活塞间的摩擦也有良好的效果。

（3）主轴承孔及凸轮轴孔的镗削与珩磨。

①主轴承孔及凸轮轴孔的镗削。为了提高刚度，镗杆除在工件两端采用支撑外，在轴承座之间还需要增加中间支撑。图 10-17 所示为采用导柱式镗杆进行多个主轴承孔镗削。

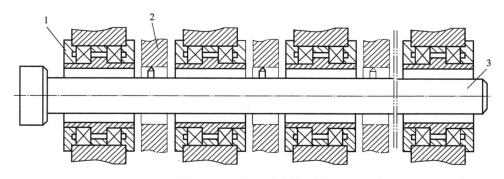

图 10-17　镗缸体主轴承孔
1—导向套；2—缸体；3—镗杆

由于主轴轴承孔和凸轮轴孔尺寸精度、表面粗糙度和位置精度（包括主轴轴承孔和凸轮轴承孔的中心距）较高，因此该工序一般采用在镗床上一次装夹，同时镗削加工主轴轴承孔、凸轮轴承孔、铰削主油道孔的方法来保证相互之间中心距的精度。图 10-18 所示为东风公司 DCi11 发动机镗主轴承孔、凸轮轴底孔镗床。一次装夹同时镗削加工主轴轴承孔、凸轮轴承孔，铰削主油道孔。

图 10-18　镗主轴承孔、凸轮轴底孔镗床

②主轴承孔珩磨。主轴承孔珩磨一般采用立式珩磨机。与缸孔珩磨相比，主轴承孔珩磨工作行程长，处于 600～1 000mm，且加工表面不连续。为保证表面质量和主轴承孔间的同轴度，宜用长珩磨条。在大量生产条件下常采用装有金刚石珩磨条的珩磨头。

（4）挺杆孔的加工。

挺杆孔的加工质量对发动机性能有直接影响，且位置靠里，使得刀具悬伸较长，影响刚性。挺杆孔一般采用钻、扩、铰或钻、镗等方法,也可用枪钻和枪铰。孔径尺寸精度保持在 0.02mm 之内,表面粗糙度要求不高,生产率相应提高。

(5) 油道孔及螺孔加工。

缸体上的油道多、深且直径小,一般采用分工序或双向加工方法加工。为了避免钻头折断,宜实施分段进给或扭矩控制。最好选用枪钻,效果会更好。

缸体各表面螺纹孔数量较多,通常用组合机床或自动线加工实施多孔联钻。

在对铝合金缸体攻丝时,可采取加大攻丝螺旋角、加深沟槽深度和抛光沟槽表面等技术措施保证质量和提高工作效率。当螺纹直径在 $\phi 10 mm$ 以下时可不用攻丝,将螺钉直接扭入缸体光孔中。

(6) 主轴承半孔的加工。

缸体主轴承孔是发动机缸体重点部位,孔的尺寸精度、圆度、圆柱度、同轴度和表面粗糙度要求都很高,影响着整个发动机的性能。

缸体主轴承孔早期用镗孔夹具在通用卧式镗床上加工,但是加工精度和生产效率满足不了要求。现在则采用组合机床加工主轴承孔。组合机床具有专用性、高刚性、高效率和稳定的加工精度等优点。

在缸体结构上,主轴承孔、曲轴止推面、后端后油封座的定位孔及后端变速箱连接的定位孔与主轴孔都有较高的位置度要求。为此,在设计镗削主轴承孔的专用镗床时,需要考虑好如何安排加工。比如,主轴承孔的精镗需要同时定位并一次性加工,以保证相互的位置精度。

主轴承孔半孔的粗加工常常安排在加工中心上,采用球形铣刀铣削,铣削完工后和主轴承盖合盖,如图 10-19 所示。

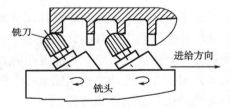

图 10-19 半圆孔铣削加工

3. 缸体的清洗

缸体的清洁度对发动机的使用性能与使用寿命至关重要。发动机缸孔、润滑系统和冷却系统一旦混入型砂、切屑、尘土和毛刺等杂物,就会引起拉缸、轴承烧毁、调节器失灵以及发动机过热等严重故障。发动机运动偶件之间一旦有任何细小的尘粒或其他残留,都将影响发动机的使用性能与寿命。

因此,无论在加工过程中还是在完成加工后,都要对缸体内外全部进行清洗,必须合理安排清洗工序。

发动机清洁度直接关系到发动机整体的质量水平。所谓发动机清洁度,是指发动机零件和总成的清洁度,它以从规定部位所采集到的杂质微粒质量(mg)、大小(μm)、数量(个)来表示。

在大规模生产条件下,各种缸体的清洗都是通过基于高、低压射流技术的清洗机来自动完成。清洗机是集泵、阀、水射流、机械结构、输送、自动化等主要技术以及密封、通风、热交换、清洗液过滤、除油、除屑等辅助技术为一体的成套装置,如图 10-20 所示。

(1) 高、低压射流清洗的技术要点。

清洗媒介一般为水基化学清洗剂,为提高清洗剂的活性,通常需要适当加温。清洗剂通过泵、阀、喷嘴形成具有一定压力的射流。对零件外表面常采用 0.5~1.0MPa 的低压大流

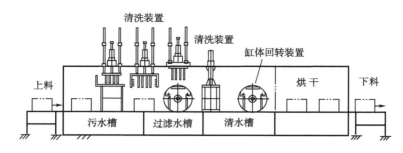

图 10-20 典型的缸体清洗机功能

量冲洗,对零件的复杂内腔、孔道的清洗通常采用 1 MPa 以上的中高压较小流量喷射。某些部位可能需要 10MPa 以上的高压射流才能具有较好的清洗效果。

2) 插洗、堵洗工艺

一些具有复杂内腔、孔道的零部件,如发动机缸体上的凸轮轴安装孔、润滑油孔道、循环水套等部位,仅靠外部对应喷嘴的直接高压射流还是不够,因为射流进入这些部位会有较大的压力衰减且对孔中孔无能为力,这时就需要采用插洗、堵洗等方法。所谓插洗,就是可移动的喷管、喷嘴进入零件的内腔或孔道进行喷洗;所谓堵洗,就是对于具有多个出入口的相互连通的孔道只留一个入口和一个阻力最大的出口而将其他出口堵住的注水式清洗方法。

(3) 清洗工艺流程。

上料—清洗六面、水套腔—缸体翻转 180°—清洗曲轴箱内腔、缸套、主轴瓦座、副油道、底面及螺纹孔—精洗缸体顶面,往复插洗凸轮轴孔、主轴孔,间隙式精堵洗两主油道孔—往复式高压漂洗曲轴箱内腔、缸套—定位清洗水套腔—往复翻转倒水—采用压缩空气脉冲定点对位吹净—热风烘干—下料。

4. 缸体气密性检查

气密性检查,也就是检漏,是发动机缸体加工过程中的一项质量监控工作。发动机缸体油道与水道一旦有超过设计要求的泄漏现象,则缸体只能做报废处理。所以,无论是发动机缸体试制还是批量生产,都应做 100% 的气密性检查。为减少投资,在试制阶段可采用专用工装着手气密性检查,而在批量生产阶段可采用专用机械设备进行缸体气密性检查。

检验缸体水套气密性的方法有很多,通常应用的是往缸体内检漏区域充注压力水或通以压缩空气。在充注压力水进行检验时,将缸体水套上的孔用密封盖盖住,水套内水的送入压力一般为 400~450kPa,然后缓慢地转动或移动夹具,观察缸体各部分是否漏水。

应用较多的是用压缩空气进行气密性试验,它是把压力较高的压缩空气送入浸于水的槽中的缸体水套中,如零件有裂缝、缩孔或其他缺陷,空气就会从零件中逸出,操作者可通过水中的气泡来检验缸体的气密程度。

气体压差法,即通过测量被测腔与标准腔在单位时间内的压差,以检验其气密性。这种方法的优点是能实现自动化;使用空气作为试验介质,费用低廉;对被测零件没有特殊要求;测量系统的监护与维护方便,适用于大批量生产。

本章知识点

1. 缸体结构特点与技术要求；缸体材料与毛坯。
2. 缸体加工的结构工艺性分析；缸体定位基准的选择。
3. 缸体加工阶段、工序顺序与工序内容。

 思考与习题

1. 分析缸体结构特点与技术要求。说明缸体材料使用状况与毛坯供货状态。
2. 结合缸体加工进行结构工艺性分析。说明缸体基准选择的基本要求。如何确定缸体加工的粗基准和主要加工表面的精基准？
3. 缸体的加工可划分为哪几个阶段？说明各加工阶段的主要目标。
4. 说明缸体工序顺序安排的原则与主要事项。
5. 说明缸体上主要加工平面与孔及孔系加工的加工方法和加工工艺特点。
6. 说明缸体清洗与气密性检查的意义、方法与要求。

第 11 章

齿轮加工工艺

本章以汽车、拖拉机中常见的典型零件——齿轮为例，综合运用前述各章所学知识，从分析零件结构特点入手，根据零件技术要求和材料，阐述毛坯选择、定位基准、典型表面加工以及零件的机械加工工艺过程。要求重点掌握常见的各类齿轮加工方法，所使用的刀具及机床。

11.1 齿轮概述

11.1.1 齿轮的功用和结构特点

齿轮是传递运动和动力的重要零件，齿轮传动可以用来传递空间任意两轴间的运动，具有传动比准确、结构紧凑、传动功率大、效率高等特点，广泛应用于汽车、拖拉机、机床、精密仪器及通用机械上。由于齿轮生产在机械制造业中占有极为重要的地位，长期以来，各国竞相在提高齿轮制造精度、生产效率和降低成本等方面发展。同时，随着生产和科学技术的发展，要求机械产品的工作精度越来越高，传递的功率越来越大，转速也越来越高，因此，对齿轮及其加工技术提出了更高的要求。

1. 汽车齿轮分类

汽车常用齿轮结构类型大体分为单联齿轮、多联齿轮、盘形齿轮、齿圈和轴齿轮几类，如图 11-1 所示。

2. 齿轮加工的技术要求

（1）齿轮精度和齿面粗糙度。

货车及越野车变速器、分动箱、取力器等齿轮精度为 7~9 级，表面粗糙度为 $Ra3.2\mu m$；轿车、微型车齿轮精度为 6~8 级，表面粗糙度为 $Ra1.6\mu m$。

（2）齿轮孔或轴径尺寸公差和粗糙度。

6 级精度的齿轮孔为 IT6，轴径精度为 IT5；7 级精度的齿轮孔为 IT7，轴径精度为 IT6；$Ra0.40~0.08\mu m$。

（3）端面跳动。

6~7 级精度的齿轮，端面跳动量规定为 0.011~0.022mm，基准端面的粗糙度为

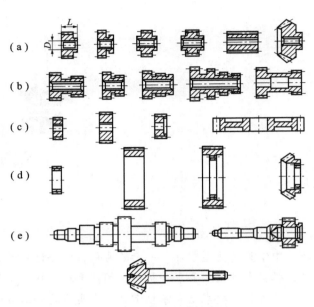

图 11-1　汽车常用齿轮结构类型

(a) 单联齿轮；(b) 多联齿轮；(c) 盘形齿轮；(d) 齿圈；(e) 轴齿轮

$Ra\ 0.011 \sim 0.022 \mu m$。基准面的粗糙度为 $Ra\ 0.40 \sim 0.80 \mu m$，次要表面的粗糙度为 $Ra\ 6.3 \sim 25 \mu m$。

（4）齿轮外圆尺寸公差。

不加工面为 IT11，基准面为 IT8。

11.1.2　齿轮材料和毛坯

1. 材料选择

汽车传动齿轮表面硬度要求较高，心部要求良好的韧度。汽车第一速及倒挡齿轮锻件如图 11-2 所示。传力齿轮常用材料有 20GrMnTi、20GrNiMo、20MnVB、40Gr、40MnB、45 等钢种。非传力齿轮可用非淬火钢、铸铁、夹布胶木、尼龙、工程塑料等制造。

2. 毛坯选择

汽车齿轮毛坯一般采用模锻件。模锻后，内部纤维对称于轴线，可提高材料强度，如图 11-3 所示。

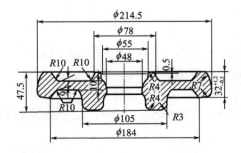

图 11-2　汽车第一速及倒挡齿轮锻件

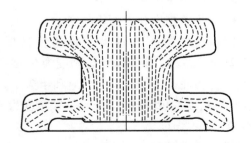

图 11-3　模锻齿轮坯料纤维分布

采用精锻等工艺制造齿坯，可实现少、无切屑加工。

3. 齿轮热处理

齿轮毛坯在加工前常采用正火或等温退火，以消除内应力改善切削加工性。

齿轮齿面热处理：对中碳钢或中碳合金钢则采用高频淬火和低温回火，齿面淬火硬度不低于53HRC；对低碳合金渗碳钢采用渗碳淬火热处理，齿面渗碳淬火硬度为58~63HRC，心部淬火硬度为32~48HRC；当齿轮模数大于3~5mm时，要求渗碳深度为0.8~1.3mm。

11.2 齿轮机械加工工艺

1. 基准的选择

（1）加工带孔齿轮的齿面（长径比$L/D>1$）。

对于长径比$L/D>1$的单联或多联齿轮，加工时以孔作为主要定位基准。为了消除孔和心轴间的间隙影响，精车齿坯时，常采用过盈心轴或小锥度心轴，如图11-4所示。

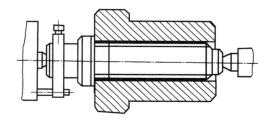

图11-4 用过盈心轴精车齿坯（以孔作为主要定位基准）

预加工齿面时，可采用能够自动定心的可胀心轴或可分组的小间隙心轴装夹。

（2）长径比$L/D<1$的齿圈或盘形齿轮。

先以端面和外圆为主要定位基准（粗基准）加工内孔和另外一个端面，并在一次装夹中完成，以保证其垂直度；再以加工后的内孔和端面作为组合定位基准（精基准）加工外圆和另一端面，如图11-5所示。加工齿面时应采用内孔及端面定位。

图11-5 加工齿圈或盘形齿轮（$L/D<1$）的定位基准

(3) 加工轴齿轮或齿轮轴。

当加工轴的外圆表面、外螺纹、圆柱齿轮齿面和花键时，选择轴两端的中心孔作为定位基准，把工件安装在机床的前、后（或上、下）两顶尖之间进行加工。

如以工件两端中心孔定位不方便或安装刚度不足，则常用磨削过的两轴颈定位，要求装夹在精密的弹性夹头中进行加工。

2. 齿轮主要表面的加工

因汽车齿轮属于大批大量生产，其加工应该粗精分开。工序路线安排为：齿坯加工→齿形加工→齿面热处理→热处理后的精加工。

(1) 齿坯加工。

齿坯加工工艺主要是指确定内孔、外圆、端面等表面的加工方法及其加工顺序。

在成批大量生产中，加工中等尺寸的盘形齿轮齿坯时，常采用车（或钻）—拉—多刀车削工艺方案。

(2) 齿形加工。

①对于8级精度以下的软齿面传动齿轮（调质后直接加工使用），通常采用插齿或滚齿方法就能直接满足使用要求。对于硬齿面传动齿轮，则采用滚（或插）齿—剃齿或冷挤—齿端加工—淬火或表面渗碳＋淬火—校正孔的加工方案。

②对于6~7级精度的硬齿面传力齿轮的加工，可采用滚（或插）齿—齿端加工—表面淬火或渗碳＋淬火—校正基准—磨齿（蜗杆砂轮磨齿）。也可采用滚（或插）齿—剃齿或冷挤—表面热处理—校正基准—内啮合珩齿的加工方案。

③对于5级以上的高精度齿轮，一般采用粗滚齿—精滚齿—表面热处理—校正基准—粗磨齿—精磨齿的加工方案。大批量生产中亦可采用滚齿—粗磨齿—精磨齿—表面热处理—校正基准—磨削珩齿的加工方案。

(3) 渐开线齿廓的成形加工。

利用滚齿或插齿刀具与被切齿轮坯的啮合运动切出齿形，如插齿机上插齿，滚齿机上滚齿等。此属于齿圈或盘形圆柱齿轮的齿形加工，所得到的是若干包络线形成的渐开线齿廓，如图11-6所示。

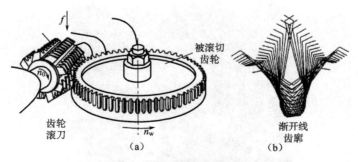

图11-6 齿轮滚刀滚切圆柱齿轮示意图
(a) 齿轮滚刀滚切齿轮及其运动；(b) 若干包络线形成的渐开线齿廓

对于多联齿轮，当两齿轮间距足够大时，采用在滚齿机上滚切加工；当两齿轮间距较小或为内齿时，在插齿机上进行插削加工，如图11-7所示。

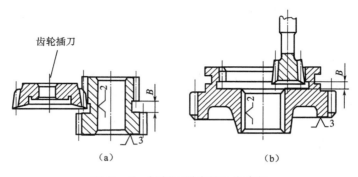

图 11-7 插削双联齿轮和内齿轮

(a) 插削小间距齿轮；(b) 插削内齿轮

对于齿端加工，其内容有倒圆、倒棱和去毛刺等，其目的是使齿轮沿轴向移动时容易进入啮合状态。一般在齿轮倒角机上进行加工。图 11-8 所示为齿端形状及加工内容。

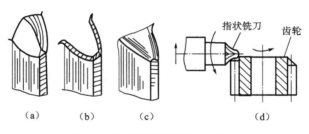

图 11-8 齿端形状及加工内容

(a) 倒尖角；(b) 倒棱；(c) 倒圆角；(d) 齿端倒圆加工

（4）热处理与前后加工工艺的配合。

齿轮齿面主要采用中频或高频感应加热局部淬火后再低温回火，安排在轮齿初加工之后、精磨之前进行。

因齿轮热处理会产生变形，故在精磨前需对定位基准和装配基准（内孔、基准端面、轴齿轮的中心孔、轴颈等）进行修整。

弧齿锥齿轮齿面的最后加工，先采用主、从动锥齿轮在研齿机上成对地进行对研。对研后则打上记号，装配时进行成对装配。目前，弧齿锥齿轮轮齿齿面热处理后的精加工已开始使用数控磨齿机进行磨齿。

3. 典型汽车齿轮的机械加工工艺过程

（1）汽车变速器第一速及倒车齿轮零件的加工工艺过程。

汽车变速器第一速及倒车齿轮零件结构如图 11-9 所示，其加工工艺过程如表 11-1 所示。

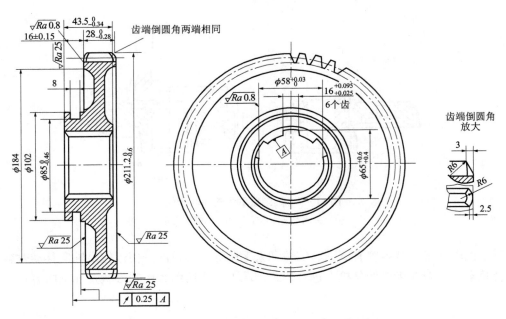

图 11-9 汽车变速器第一速及倒车齿轮零件结构

表 11-1 汽车变速器第一速及倒车齿轮加工工艺过程

工序号	工序内容	设备	工序号	工序内容	设备
1	粗车小端外圆、端面，倒角	车床	8	倒齿端圆角	齿轮倒角机
2	粗车大端外圆、端面、内孔	车床	9	剃齿或冷挤齿	剃齿机或挤齿机
2J	中间检验		10	修花键槽宽	压床
3	半精车大端面、内孔	车床	11	清洗	清洗机
4	拉花键孔	拉床	11J	中间检验	
4J	中间检验		12	热处理	
5	精车两端面及外圆	多刀半自动车床	13	磨内孔	内圆磨床
5J	中间检验	车床	14	珩磨齿	蜗杆式珩齿机
6	滚齿	滚齿机	15	清洗	清洗机
7	清洗	清洗机	15J	最终检验	

（2）汽车后桥主减速器主动锥齿轮零件的加工工艺。

汽车后桥主减速器主动锥齿轮零件结构如图 11-10 所示。

①两端面及定位基准中心孔的加工。采用双工位专用机床夹具在专用机床上先加工好，如图 11-11 所示。

②常采用液压仿形车床进行加工。近年来已开始采用数控或程控车床加工，可显著缩短加工基本时间和辅助时间，提高生产效率，如图 11-12 所示。

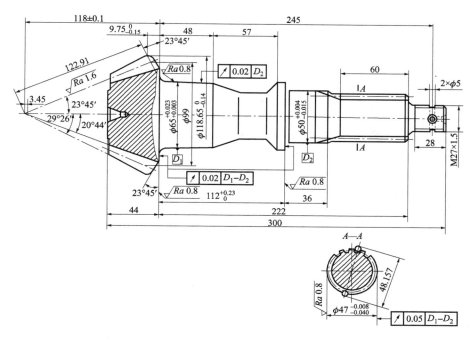

图 11-10 汽车主减速器主动锥齿轮零件简图

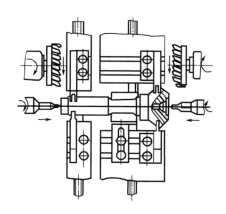

图 11-11 双面铣端面、钻中心孔

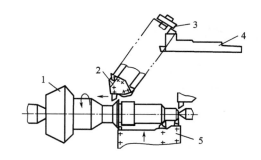

图 11-12 液压仿形车床加工汽车主动锥齿轮

1—工件；2—液压仿形刀架；3—触销；4—样板；5—下刀架

表 11-2 所示为大批量生产条件下汽车主减速器主动锥齿轮的工艺过程。

表 11-2 汽车主减速器主动锥齿轮的工艺过程

工序号	工序内容	设备
1	铣两端面，钻两端中心孔	双面铣、钻专用床和夹具
2	车轴颈外圆、前背锥及端面	液压仿形车床（或数控车床）
3	铣花键	花键铣床
4	粗磨轴颈外圆、花键外圆及端面	端面外圆磨床

续表

工序号	工序内容	设备
5	钻十字孔 $\phi 5mm$	台钻
6	锪孔 $\phi 5mm$，孔口 $90°$	台钻
7	车（或铣）螺纹	车床或螺纹铣机
7J	中间检查	
8	粗切齿	弧齿锥齿轮切齿机
9	精切齿凸面	弧齿锥齿轮切齿机
10	精切齿凹面	弧齿锥齿轮切齿机
11	倒角	铣机
12	清洗	清洗机
12J	中间检验	
13	热处理（渗碳、淬火）	
14	修复中心孔	
15	精磨轴颈、花键外圆及端面	端面外圆磨床
16	校正螺纹	丝板
16J	最终检验	

本章知识点

1. 汽车常用齿轮结构类型与齿轮加工的技术要求；齿轮的材料和毛坯。
2. 齿轮机械加工工艺，包括基准的选择、主要表面的加工。
3. 典型汽车齿轮的机械加工工艺过程。

思考与习题

1. 汽车齿轮分为哪几类？有何加工技术要求？
2. 如何分类确定齿轮加工的定位基准？
3. 说明齿轮主要表面加工方法及其加工顺序。
4. 就一个典型汽车齿轮实例说明其机械加工工艺过程主要工序内容与顺序。

第 12 章 机械加工质量分析

学习本章内容，要求先行了解机械加工质量分析及控制的意义与内涵；学会分析工艺系统几何误差、受力变形误差、热变形误差及其控制措施。同时了解影响表面质量的因素，了解表面强化方法、光整加工内容及其良好效果等。为将来投入汽车生产，从事相关工艺技术打下基础。

12.1 机械加工质量的基本概念

汽车产品制造质量包括零件制造质量和装配质量两方面内容，零件机械加工质量是保证产品质量的基础。机械加工质量包括加工精度与表面质量。加工精度包括尺寸精度、形状精度和相互位置精度，表面质量包括几何形状精度和缺陷层等，详见图 12-1。

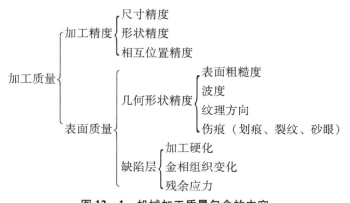

图 12-1 机械加工质量包含的内容

12.1.1 加工精度与加工误差

零件加工精度是指零件实际几何参数与设计几何参数的接近程度。加工误差是指零件实际几何参数与偏离设计几何参数的数值大小。加工精度用公差等级衡量，等级数越低则精度越高。加工误差用数值表示，误差值越大则精度越低。

一般情况下，零件加工精度越高时，加工成本相对越高，生产效率则越低。

加工精度包括尺寸精度、形状精度和相互位置精度。三者关系如下：表面形状误差≈尺寸公差×(30%~50%)，表面位置误差≈尺寸公差×(65%~85%)。形状公差与位置公差均应限制在尺寸公差范围内。尺寸精度越高时，形状、位置精度越高。

12.1.2 表面质量

表面质量指零件表面的几何特征和表面层的物理力学性能。表面的几何特征包括表面粗糙度和波度。物理力学性能包括塑性变形、组织变化和表层金属中的残余内应力。

1. 加工表面几何特征

机械加工后的表面几何形状总是以"峰""谷"交替形式出现。

表面粗糙度是指加工表面的微观几何形状误差。国家标准规定：表面粗糙度用在一定长度内（称为基本长度）轮廓的算术平均偏差值 Ra 或轮廓最大高度 Rz 作为评定指标。

表面波度是介于宏观几何形状与微观几何形状误差之间的周期性几何形状误差。$L/H = 50 \sim 1000$，则称为表面波度。表面波度通常由加工过程中工艺系统的低频振动所造成。

2. 加工表面层物理力学性能变化

材料的表面层在加工时会产生物理、力学和化学性质的变化，常常在最外层生成氧化膜或其他化合物并吸收、渗进气体粒子，称之为吸附层。

在加工过程中由切削力造成的材料表面为压缩区，将形成塑性变形区域，厚度在几十至几百微米之内，并随加工方法的不同而改变。压缩区上部为纤维层，由被加工材料与刀具间的摩擦所造成。另外，切削热也会使材料表层产生如同淬火、回火一样的相变以及晶粒大小的改变等。

表面层的物理力学性能不同于基体，主要表现为以下三方面：

（1）表层发生冷作硬化。其原因在于工件在机械加工过程中，表层受力产生塑性变形，使其内部晶体发生剪切滑移、晶格扭曲、晶粒拉长或破碎甚至纤维化，使表层材料的强度和硬度提高，这种现象称为表面冷作硬化。

（2）表层形成残余应力。在切削特别是在磨削加工中，由于切削变形和切削热的影响，导致材料表层与内部基体材料间因热胀冷缩不同而处于相互牵制、平衡的弹性应力状态，从而形成残余应力。

（3）表层金相组织的可能变化。在机械加工特别是磨削加工中，由于切削热的集中，表面产生高温，促使其发生不同程度的金相组织和性能改变。

12.1.3 工艺系统误差分类

工件、刀具、机床和夹具四要素，组成机械加工工艺系统。工艺系统中产生的误差为原始误差。工艺系统误差的来源为机械制造系统。机械制造系统的组成包括施行方法、机械实体和切削过程三大部分。

1. 按时间顺序产生的原始误差

（1）加工前误差，包括原理误差、加工误差（装夹误差、调整误差）、机床误差、工装误差和毛坯误差。

（2）加工过程误差，包括工艺系统受力变形误差、工艺系统热变形误差和刀具磨损误差。

（3）加工后误差，包括内应力变形和测量误差。

2. 按影响因素分类的工艺系统误差

（1）工艺系统几何误差。
（2）工艺系统受力变形误差。
（3）工艺系统热变形误差。

下节按以上三个方面逐一展开分析讨论工艺系统的误差以及应该采取的对应措施。

12.2 工艺系统几何误差与控制

12.2.1 加工原理误差

加工原理误差是指采用近似成形运动或近似刀刃轮廓进行加工而产生的误差。实际上绝大多数加工均采用近似成形运动与近似刀刃轮廓。如图 12-2 所示，滚刀滚切渐开线齿面时的齿形误差就是加工原理误差。这是因为滚刀是由有限个非光滑渐开线切削刃所包络而形成的近似刀刃轮廓。用三坐标数控铣床加工复杂曲面时，采用的也是近似刀具轮廓，其所形成的误差亦属于加工原理误差。

图 12-2 滚切包络线

采用近似成形运动或近似刀刃轮廓的好处是能够简化机床结构或刀具形状，提高生产效率。当加工误差不超过 10%～15% 公差值时，一般可满足生产要求。

有时因机床结构或刀具形状的简化而使近似加工的精度比使用准确切削刃轮廓及准确成形运动进行加工所得到的精度还要高。因此，在生产中存在一定加工原理误差的加工方法仍在广泛使用。

12.2.2 调整误差

在零件加工的每一道工序中，为了获得被加工表面的合格形状、尺寸和位置精度，必须对机床、夹具和刀具进行调整。而采用任何调整方法及使用任何调整工具都难免带来一些原始误差，这就是调整误差。

1. 试切调整法

试切调整法的工作顺序是：初调刀具位置→试切→测量尺寸→比较，按差值重复上述过程。当达到所要求的尺寸后，再切削整个表面，如图 12-3 所示。

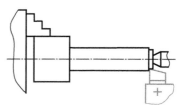

图 12-3 试切法

2. 按定程机构调整

定程机构包括行程挡块、靠模和凸轮等；调整块备有限位块和对刀块。限位块可保证工件定位准确和刀具位移准确；用对刀块对刀调整，将使刀具与工件处于相对理想位置，如图 12-4 所示。钻套也属于一种限位块，钻套可确定钻头的位置，如图 12-5 所示。

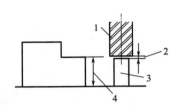

图 12-4 对刀块调整
1—铣刀；2—塞规尺寸；3—对刀块；4—加工尺寸

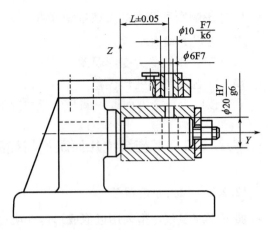

图 12-5 钻套确定钻头的位置

3. 按样件或样板调整

在大批大量生产中常采用多刀加工，往往通过样件来调整切削刃间的相对位置。

4. 在线调整

在线调整实际上包括在线测量工件尺寸并及时调整刀具进给量。这种方法适用于高精度零件加工。测量、调整和切削等机构可以综合为相互联系、协调的自动化系统，如图 12-6 所示。

必须指出，采用任何调整方法及使用任何调整工具都难免带来一些原始误差。比如，用试切法调整会存在测量误差、进给机构的位移误差以及受到最小极限切削厚度的影响；用调整法调整将必然存在定程机构误差、样板或样件调整时的样板或样件的误差等。

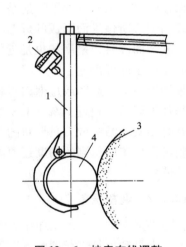

图 12-6 挂表在线调整
1—支架；2—千分表；3—砂轮；4—工件

表 12-1 总结了调整误差的来源及形成因素。

表 12-1 调整误差

方法 \ 因素	刀具	机床	量具
试切法	刀刃误差 最小切削厚度的影响误差	进给机构位移误差	测量误差
调整法	刀刃误差	定程机构误差 样件、样板误差	测量误差

12.2.3 主轴回转误差

1. 主轴误差分解

机床主轴回转运动误差，即主轴实际回转线对其理想回转轴线的漂移，如图 12-7 所示。其误差形式可以分解为径向跳动、轴向窜动和角度摆动三种，如图 12-8 所示。

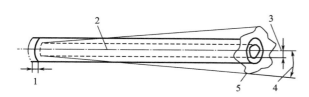

图 12-7　回转轴线的漂移

1—纯轴向窜动；2—回转中心线；3—纯径向跳动；
4—角度摆动；5—轴心漂移

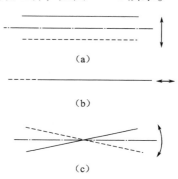

图 12-8　主轴误差三种形式

（a）径向跳动；（b）轴向窜动；（c）角度摆动

实际上，主轴回转误差的三种基本形式将同时存在。

2. 产生主轴误差的原因

主轴径向误差主要来自主轴误差和轴承误差。主轴误差包括主轴径的圆度误差和同轴度误差。轴承误差主要指轴承孔的圆度误差。

当主轴采用滑动轴承支承时，主轴轴径和轴承孔双方的圆度误差将对主轴回转精度产生直接影响。对于工件回转类机床，在切削力 F 作用下主轴将出现径向偏移，将以不同的部位和轴承内孔某一部位相接触。此时主轴形状误差突出为影响回转精度的主要因素；而轴承内孔的圆度误差对主轴回转精度却没有任何影响。

图 12-9（a）表示车床主轴不圆度影响回转精度的情况，图中 δ_d 为径向跳动量。

对于刀具回转类机床，切削力的方向随主轴回转而变化，主轴轴径以某一固定位置与轴承孔的不同位置相接触。这时，轴承孔的形状精度突出为影响回转精度的主要因素。图 12-9（b）表示镗床轴承孔不圆度影响回转精度的情况。

另外，主轴可能会出现轴向窜动，主要由主轴承载轴肩与轴线的垂直度误差所引起。

3. 主轴回转误差的影响

在分析主轴回转误差对加工精度的影响时，首先要注意到主轴回转误差在不同方向上的影响是不同的。分析主轴回转误差对加工精度的影响时，应着重分析误差敏感方向的影响。

各种原始误差的大小和方向各不相同。加工误差则是通过在工序尺寸方向上的度量所反映。因此，不同方向的原始误差对加工精度的影响互不相同。当原始误差与加工精度两者方向一致时，原始误差对加工精度的影响最大，两者一致的方向称为敏感方向，而敏感方向恰恰是切削平面的法线方向。在敏感方向上，原始误差将以 1:1 的比例转变成加工误差。

除敏感方向以外的其他方向上，原始误差的影响都将不同程度地减小。以卧式车床上车

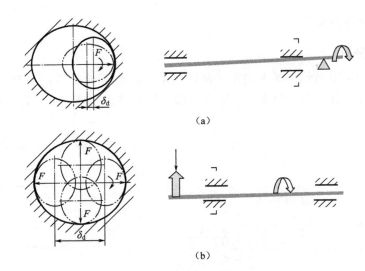

图 12-9 机床主轴误差
(a) 车床主轴不圆度对回转精度的影响;(b) 镗床轴承孔不圆度对回转精度的影响

外圆为例(图 12-10),当存在某种原始误差而使车刀在水平方向偏离正确位置 ΔX 时,在工件直径方向所产生的加工误差应为

$$\delta_D = 2\Delta R \tag{12-1}$$

当车刀在垂直方向偏离正确位置 ΔY 时,由图 12-11 中三角形得知:

$$(R_0 + \Delta R)^2 = R_0^2 + \Delta Y^2$$

展开后略去二阶微量 ΔR^2,则在工件直径方向产生的加工误差为

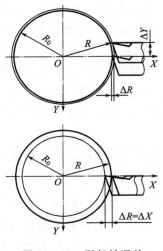

图 12-10 引起的误差

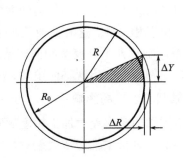

图 12-11 误差分析图

$$\delta_D = 2\Delta R = \frac{\Delta Y^2}{R_0} \tag{12-2}$$

要知道,敏感方向随机床类型而异。据此,敏感方向可分为固定和变化两种类型。如车

床上加工，因刀具固定，使得切削平面固定不变，此为敏感方向固定情况。而镗床上加工，因镗刀回转，切削平面旋转，故敏感方向为变化型，由此而对这类机床的主轴回转精度要求更高。表 12-2 列出了常用机床的敏感方向。

表 12-2　常用机床敏感方向

机床名称	敏感方向固定		敏感方向变化
	卧式车床、平面磨床	卧式铣床、龙门刨床	镗床
敏感方向	水平	铅垂	变化

实际上，各类机床主轴回转误差对加工精度影响的结果是：机床主轴径向跳动会使工件产生圆度误差。若镗孔时镗杆做水平简谐运动，则镗刀轨迹就是椭圆，如图 12-12 所示。

主轴轴向窜动会形成下列误差：加工端平面时，会造成被加工平面与圆柱面不垂直；加工螺纹的，会产生小周期螺距误差。

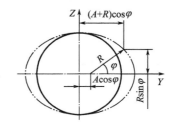

图 12-12　镗杆水平振动时镗孔为椭圆

在镗床上镗孔时，镗杆角度摆动会镗削出椭圆柱面来。

4. 提高主轴精度的措施

根据前面分析，首先要求主轴前轴承选用精度、刚度较高的轴承，并对滚动轴承进行预紧。当采用滑动轴承时，则采用静压轴承。其次是提高主轴箱体支撑孔、主轴轴颈等与轴承配合相关表面的加工精度。再者，为了使主轴回转误差不影响工件，还可采取一些相应措施，如采用死顶尖磨削外圆，只要保证定位中心孔的形状与位置精度，即可加工出高精度的外圆柱面。这样，主轴仅仅只提供旋转运动和转矩，而与主轴的回转精度无关。

12.2.4　机床导轨误差

机床导轨副是实现直线运动的主要部件，其制造和装配精度是影响直线运动精度的主要因素。导轨误差对零件的加工精度会产生直接影响。如图 12-13 所示，车床导轨（图 12-13（a））水平误差 ΔY 将引起工件（图 12-13（b））出现半径误差 ΔR。当磨削长外圆柱表面时，磨床导轨将造成工件的圆柱度误差。

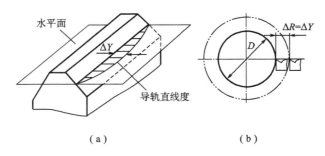

图 12-13　导轨水平误差引起工件半径误差
(a) 导轨；(b) 工件

（1）导轨在垂直面内的直线度误差对加工精度的影响。

导轨在垂直方向上的误差对平面磨床、龙门刨床、铣床等将造成法向位移，其误差直接反映到工件的加工表面（误差敏感方向）上，造成水平面上的形状误差。而导轨在垂直面内的直线度误差却对车床影响较小。

从图 12-14 可以看出，当导轨在垂直面内的直线度存在误差 Δ_Z 时，反映到工件半径方向上的误差为 ΔR，而反映出的加工误差则可以忽略不计。因为，根据关系式

$$2\Delta R = \Delta_Z^2 / R$$

设 $\Delta_Z = 0.01\,\text{mm}$，$R = 50\,\text{mm}$，则 $\Delta R = 0.000\,001\,\text{mm}$。此值完全可以忽略不计。

（2）机床导轨面间平行度误差的影响。

如图 12-15 所示，车床两导轨的平行度产生误差（扭曲），使鞍座出现横向倾斜，刀具相应发生位移，因而引起工件形状误差。

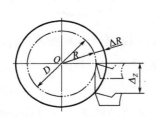
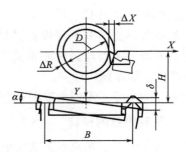

图 12-14　车床导轨垂直度误差
对工件精度的影响

图 12-15　车床导轨扭曲
对工件误差的影响

由图 12-15 可知，

$$\Delta X = \alpha H \approx \delta H / B \tag{12-3}$$

式中：H——车床中心高；

　　　B——导轨宽度；

　　　α——导轨倾斜角；

　　　δ——前后导轨的扭曲量。

（3）机床导轨对主轴轴心线平行度误差的影响。

当在车床类或磨床类机床上加工工件时，如果导轨与主轴轴心线不平行，则会引起工件的几何形状误差。例如，车床导轨与主轴轴心线在水平面内不平行，会使工件的外圆柱表面产生锥度；在垂直面内不平行时，会使工件加工成马鞍形。

12.2.5　机床传动误差

对于某些加工方法，为保证工件的精度，要求工件和刀具间必须保持准确的传动关系。如车削螺纹时，要求工件旋转一周时，刀具直线移动一个导程。传动时必须保持 $S = iT$ 为恒值，式中 S 为工件导程，T 为丝杠导程，i 为齿轮传动比。所以，车床丝杠导程和各齿轮的制造误差都必将引起工件螺纹导程的误差。为了减少机床传动误差对加工精度的影响，可以采用如下措施：

1. 减少传动链中的环节，缩短传动链

因为传动链的传动误差等于组成传动链各传动件传递误差之和。例如，在车床上加工较高精度的螺纹时，不经过进给箱，而用交换齿轮直接传动给丝杠，以缩短传动链长度，减少传动链的传动误差。

2. 采用降速传动链

由前面的分析可知，传动比小，传动元件误差对传动精度的影响就小，而传动链末端传动元件的误差对传动精度影响最大。因此，采用降速传动是保证传动精度的重要原则。对于螺纹或丝杠加工机床，为保证降速传动，机床传动丝杠的导程应大于工件螺纹导程。对于齿轮加工机床，分度蜗轮的齿数一般很大，目的也是得到大的降速传动比。

3. 提高传动副特别是末端传动副的制造和装配精度，消除传动间隙

传动链中各传动件的加工、装配误差对传动精度均有影响，其中最后的传动件的误差影响最大。如滚齿机上切出的齿轮的齿距误差及齿距累积误差，大部分是由分度蜗轮副引起的。所以，滚齿机上分度蜗轮副的精度等级应比被加工的齿轮精度高 1~2 级。

4. 采用误差补偿

在采用误差补偿时，先用测量仪器测出传动误差，然后根据该测量值在原传动链中人为地加入一个误差，其大小与传动链本身的误差相等而方向相反，使之相互抵消。该方法称为误差补偿。图 12-16 所示为精密丝杠螺距误差补偿设置。

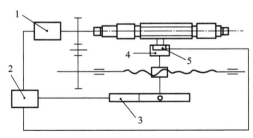

图 12-16 精密丝杠螺距误差补偿设置

1—光电编码器；2—计算机；3—光栅位移传感器；4—刀架；5—压电陶瓷微位移刀架

12.2.6 刀具几何误差

刀具误差包括刀具的制造、磨损和安装误差等。机加工中常用的刀具有一般刀具、定尺寸刀具和成形刀具。

一般刀具如普通车刀、单刃镗刀、平面铣刀等的制造误差，对加工精度没有直接影响。但当刀具与工件的相对位置调整好以后，在加工过程中，刀具的磨损将会增加加工误差。

定尺寸刀具如钻头、铰刀、拉刀、槽铣刀等的制造误差及磨损误差，均直接影响工件的加工尺寸精度。

成形刀具，如成形车刀、成形铣刀、齿轮刀具等的制造和磨损误差，主要影响被加工工件的形状精度。

12.2.7 夹具几何误差

夹具误差主要是指定位误差、夹紧误差、夹具安装误差、对刀误差以及夹具的磨损等。

其中，夹具定位误差总是存在，工件加工精度越高，要求夹具定位误差越小，制造难度和成本会急剧升高。为了减少夹具定位误差对工件加工精度的影响，在高精度汽车零件的加工中越来越多地采用三坐标测量仪减少定位误差，如图 12 - 17 所示。发动机曲轴油孔、中心孔精度高。该工序以曲轴两端轴径在 V 形块上定位加工油孔、中心孔。定位误差的存在使得每个曲轴在夹具中的实际位置不一样，从而造成曲轴加工误差。

图 12 - 17　曲轴机床三坐标测头

采用三坐标测头和测量仪，在每个曲轴定位后，通过数控程序，驱动三坐标测头自动测量曲轴两端轴径位置（每端轴径和端面各测 1 个点），通过曲线拟合得到曲轴在整个坐标空间的实际位置，曲轴坐标位置信息再反馈给数控系统，系统再修改刀具切削实际路径，从而大大减少定位误差对加工精度的影响，提高曲轴油孔、中心孔的加工精度。

12.2.8　测量误差

工件在加工中进行的测量和加工后的测量，总会产生测量误差。测量结果与被测真值之差，称为测量误差。测量误差来源于测量方法和测量装置误差，也会因温度、湿度、气压、振动、照明、尘埃与电磁场等环境变化而引起。

为了减少测量误差，提高检验效率，降低对工人的技术要求，汽车生产中大量采用专用量具、检具来测量零件。图 12 - 18 所示各类光滑极限量规即一种专用量具。用来测量零件的专用量具、检具是针对具体零件尺寸而制造的，大多数只用来判断是否合格而实际不反映真值。

只有针对某些特殊需要的专用量具和检具，需要通过专业设计、制造来反映真值。专用量具、检具包括光滑极限量规、高度和深度量规、圆锥规、花键规样板及综合检验夹具等。

图 12 - 18　光滑极限量规

另外，随着传感器技术、电子技术的不断发展，各种高精度的电子量仪在汽车零部件机械加工中也用得越来越广。图 12 - 19 所示为曲轴电子测量仪，用于测量轴颈直径，轴颈间同轴度、圆跳动等参数。曲轴精加工工序重要尺寸100%人工用SPC工作站检测，可大大减少测量误差。

图12-19 曲轴电子测量仪

12.3 工艺系统受力变形误差及其控制

12.3.1 概述

由机床、夹具、刀具、工件组成的工艺系统，受到切削力、传动力、惯性力、夹紧力以及重力等的作用，会相应因各种力的作用而产生变形。这种变形将破坏工艺系统各组元间已调整好的正确位置关系，从而形成加工误差。

例如，车削细长轴时，工件在切削力作用下会发生弯曲变形，使之加工后产生腰鼓形的圆柱度误差，如图12-20（a）所示；又如，在内圆磨床上用横向切入磨孔时，由于磨头主轴弯曲变形，所磨出的孔会出现带有锥度的圆柱度误差，如图12-20（b）所示。

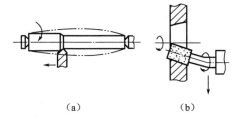

图12-20 受力变形对误差的影响
（a）车长轴；（b）磨内孔

从材料力学中得知，任何一个物体在受力后总要产生一定的变形。人们把作用力F与其引起在作用力方向上的变形量Y的比值，称为物体的刚度k。下面讨论工艺系统受力变形对误差的影响与控制。

12.3.2 对工艺系统刚度的认识

机械加工工艺系统是一个弹性系统。弹性系统在外力作用下所产生的变形位移的大小取决于外力大小和系统抵抗外力的能力。工艺系统抵抗外力使其变形的能力称为工艺系统的刚度。工艺系统的刚度用切削力和在该力方向上所引起的刀具与工件间相对变形位移的比值来表示。由于切削力有三个分力，在切削加工中对加工精度影响最大的是刀刃沿加工表面的法线方向（Y方向）的分力，因此计算工艺系统刚度时，通常只考虑此方向上的切削分力F_Y和变形位移量Y，即

$$K = \frac{F_Y}{Y} \qquad (12-4)$$

1. 车床刀架刚度变形曲线

众所周知，机床部件由许多零件组成。机床部件的刚度，即其抵抗外力使其变形的能力，迄今尚无合适的简易计算方法，主要用实验方法来测定。

图 12-21 所示为车床刀架刚度变形曲线。分析图中实验曲线，可以总结机床刀架刚度具有以下特点：

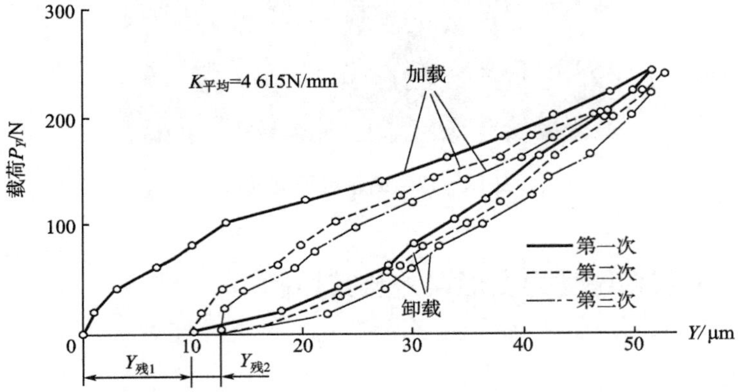

图 12-21 车床刀架刚度变形曲线

① 变形与载荷不成线性关系。

② 加载曲线和卸载曲线不重合，卸载曲线滞后于加载曲线。两曲线间所包容的面积就是加载和卸载循环中所损耗的能量。该能量消耗于摩擦力所做的功和接触变形功。

③ 第一次卸载后，变形恢复不到第一次加载的起点，这说明存在残余变形。经多次加载卸载后，加载曲线起点才和卸载曲线终点重合，残余变形才逐渐减小到零。

④ 机床部件的实际刚度远比我们按实体估算的要小。

2. 工艺系统刚度对加工精度的影响

（1）刀架刚度的影响。

加工过程中，由于工件的加工余量发生改变而引起切削力变化，所以刀架后移会产生加工误差。

若毛坯存在椭圆形状误差（图 12-22），由图可知，令毛坯椭圆长轴方向上吃刀量为 a_{p1}，短轴方向吃刀量为 a_{p2}。由于椭圆长轴、短轴两方向吃刀量不同，切削力不同，故刀架后移也不同。设对应于 a_{p1} 产生的让刀为 Y_1，对应于 a_{p2} 产生的让刀为 Y_2，则加工出来的工件必然存在一定的椭圆形状误差。这就是，由于毛坯存在圆度误差 $\Delta_{毛} = a_{p1} - a_{p2}$，故将引起工件的圆度误差为 $\Delta_{工} = Y_1 - Y_2$，且 $\Delta_{毛}$ 越大，$\Delta_{工}$ 越大。这种现象称为加工过程中的毛坯误差复映现象。$\Delta_{工}$ 与 $\Delta_{毛}$ 的比值 ε 称为误差复映系数，它是误差复映程度的度量，即

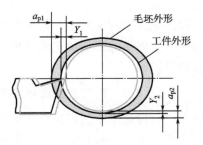

图 12-22 误差复映现象

$$\varepsilon = \frac{\Delta_{\text{工}}}{\Delta_{\text{毛}}} < 1$$

$$\Delta_{\text{工}1} = \varepsilon_1 \Delta_{\text{毛}}$$

$$\Delta_{\text{工}2} = \varepsilon_2 \Delta_{\text{工}1}$$

$$\cdots\cdots$$

$$\Delta_{\text{工}n} = \varepsilon_1 \varepsilon_2 \cdots \varepsilon_n \cdot \Delta_{\text{工}}$$

故
$$\varepsilon_\Sigma = \varepsilon_1 \varepsilon_2 \varepsilon_3 \ldots \varepsilon_n \tag{12-5}$$

由此可知，工序次数 n 越多，误差复映系数 ε 越小，加工精度越高。由于 $\varepsilon<1$，所以总的复映系数将是一个很小的值，这样工件精度就随着 n 增加而逐步提高。这就是加工表面通常采用粗、精、精细加工的几个阶段后逐步达到技术要求的道理。

（2）工件刚度的影响。

图 12-23 所示为在车床上车削细长杆，此时工件发生弯曲，影响加工精度。因此，加工中一般采取加装跟刀架、活顶尖和改变走刀方向的措施来提高加工精度。

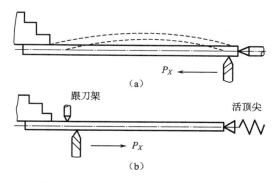

图 12-23 工件刚度的影响及措施
（a）车削细长杆出现弯曲；（b）加装跟刀架或活顶尖

3. 提高工艺系统刚度措施

（1）合理设计零部件结构。

在设计零部件结构时，应尽量减少连接面数目，并防止有局部低刚度环节出现。对于基础件、支撑件，应合理选择零件结构和截面形状，以提高机床部件中零件间的接合刚度。必要时，应给机床部件以预加反向载荷等。

（2）采用辅助支撑。

例如，在加工细长轴时，工件的刚性差，采用中心架或跟刀架，或采用中间驱动方式，有助于提高工件的刚度。

图 12-24（a）所示曲轴车床采用中间驱动而不是端头驱动，好处是明显缩短驱动处与被加工轴颈距离，降低了对刚度的要求。图 12-24（b）所示为六角车床采用导套和导杆辅助支撑副提高刀架刚度。

（3）采用合理的装夹和加工方式。

例如，在卧式铣床上铣削角铁形零件，如按图 12-24（c）左所示装夹和加工方式，则工件刚度较低；如改用图 12-24（c）右所示装夹和加工方式，则工件刚度明显提高。加工箱体零件，粗加工采用短定位销，精加工采用长定位销，以消除定位孔磨损的影响，如图 12-24（d）所示。加工汽车凸轮轴则采用托轮增加刚性，如图 12-24（e）所示。

（4）减小载荷及其变化。

为了提高工艺系统刚度，建议采取适当的工艺措施来减小工艺系统中的载荷和变化。首先应该合理选择刀具几何参数，例如增大前角、让主偏角接近 90°等；其次是控制切削用量，如适当减少进给量和背吃刀量，以减小切削力，相应减小受力变形；再者，将毛坯分组，使加工中的各组毛坯余量相对均匀，这样能减小切削力的变化，从而能够减小复映误差。

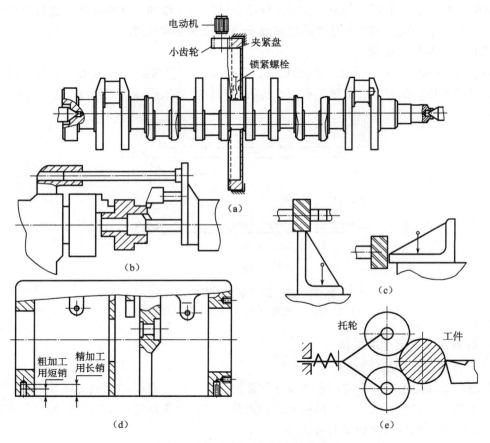

图 12-24 提高工件刚度的措施

(a) 曲轴加工采用中间驱动；(b) 采用导向机构；(c) 改变装夹和加工方式；
(d) 精加工用长定位销；(e) 凸轮轴加工采用托轮

12.4 工艺系统热变形误差与控制

12.4.1 工艺系统热源

工件、刀具等的热变形对加工精度影响较大，特别是在精密加工和大件加工中，热变形所引起的加工误差通常会占到工件总误差的 40%~70%。

引起工艺系统热变形的热源可分为内部热源和外部热源两大类。

1. 内部热源

内部热源包括切削热和摩擦热。

在切削过程中，消耗于切削的弹、塑性变形能及刀具、工件和切屑之间摩擦的机械能，绝大部分都转变成了切削热。在车削加工中，切屑所带走的热量可达50%～80%，传给工件的热量约为30%，传给刀具的热量不超过5%。

工艺系统中的摩擦热，主要是机床运动部件产生的，如电动机、轴承、齿轮、丝杠副、导轨副、离合器、液压泵、阀等。尽管摩擦热比切削热少，但在工艺系统中是局部发热，会引起局部温升和变形，破坏了系统原有的几何精度，对加工精度也会带来严重影响。

2. 外部热源

外部热源的热辐射，包括照明灯光、加热器等对机床的热辐射。同时周围环境温度也不容忽视，如不同昼夜温度对机床热变形的影响。外部热源的热辐射影响对于大型和精密加工尤为重要。

12.4.2 工艺系统热变形引起的误差

1. 机床热变形对加工精度的影响

一般机床的体积较大，热容量大，虽温升不高，但变形量不容忽视。机床结构较复杂，达到热平衡的时间较长，各部分的受热变形不均，会破坏原有的相互位置精度，造成工件的加工误差。

机床结构和工作条件不同，机床热变形的热源和变形形式也不尽相同。对于车、铣、钻、镗类机床，其主轴箱中的齿轮、轴承摩擦发热和润滑油发热是其主要热源，因而使得主轴箱及与之相连部分，如床身或立柱的温度升高而产生较大变形。车床主轴发热使主轴箱在垂直面内与水平面内发生偏移和倾斜，如图12-25（a）所示。图12-25（b）所示为车床主轴温升、位移随运转时间变化而变化的情况。由图12-25（b）可见，Y方向的位移量远大于X方向的位移量。由于Y方向是误差非敏感方向，故对加工精度影响较小。

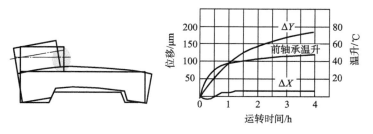

图12-25 车床主轴温升与变形

(a) 车床受热变形形态；(b) 温升与变形曲线

对于龙门刨床、导轨磨床等大型机床，其床身较长。如果导轨面与底面间有温差，那么床身导轨就会产生较大的弯曲变形，从而影响加工精度。例如一台长13m、高0.8m的导轨磨床床身，导轨面与床身底面温差为1℃时，其弯曲变形量可达0.33mm。床身上下表面产生温差的原因，不仅仅是由工作台运动时导轨面摩擦发热所致，环境温度的影响也是重要的原因。例如在夏天,地面温度一般低于车间室温,床身会产生"中凸"。

2. 刀具热变形所引起的误差

尽管在切削加工中传入刀具的热量很少,但由于刀具的尺寸和热容量小,故仍有相当程度的温升,从而引起刀具的热伸长并造成加工误差。例如车削时高速钢车刀的工作表面温度可达 700~800℃,硬质合金可达 1 000℃,刀具伸长量可达 0.03~0.05mm。

图 12-26 所示为车刀热伸长量与切削时间的关系。从车刀连续切削开始,刀具的温升和热伸长较快,随后趋于缓和,经 30min 逐步达到热平衡。当切削停止时,刀具温度开始下降较快,之后逐渐减缓。刀具断续加工时,变形趋于零。如加工一批短小轴件,在加工过程中机床、工件、刀具趋于热平衡。在连续冷却条件下,经 20min 后温度趋于室温,变形趋于零。

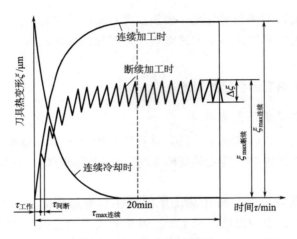

图 12-26 刀具热变形曲线

3. 工件热变形引起的误差

(1)工件均匀受热。

一些简单的均匀受热工件,如车、磨轴类件的外圆,待加工后冷却到室温时其长度和直径将有所收缩,由此而产生尺寸误差 ΔL。ΔL 可用简单的热伸长公式进行估算,即

$$\Delta L = L \cdot \alpha \cdot \Delta t \tag{12-6}$$

式中:L——工件热变形方向的尺寸(mm);
α——工件的热膨胀系数(1/℃);
Δt——工件的平均温升(℃)。

(2)工件非均匀受热。

应该知道,工件受热不均会引起内部产生热应力和外部变形。如磨削零件的单一表面,由于工件单面受热而产生向上翘曲变形 Y,加工冷却后将形成中凹的形状误差 Y',如图 12-27(a)所示。可根据图 12-27(b)所示几何关系得出图 12-27(a)中工件凹形

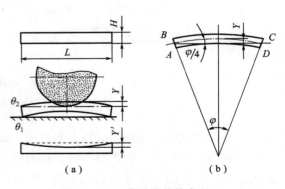

图 12-27 薄壁零件热变形

状误差 Y' 的关系式，即

$$Y' \approx \frac{\alpha \cdot L^2 \cdot \Delta t}{8H} \quad (12-7)$$

式中：α——工件的热膨胀系数；

Δt——工件上下表面温差。

式（12-7）说明，工件的长度 L 越大，厚度 H 越小，则中凹形状误差 Y' 就越大。在铣削或刨削薄板零件平面时，也有类似的情况发生。为减小工件的热变形带来的加工误差，在工件长度 L 和厚度 H 基本一定的前提下，应重点控制好工件上下表面温差 Δt。

（3）控制工艺系统热变形的主要措施。

有效地控制工艺系统热变形的主要措施是采用高效的冷却方式，加强其散热能力，加速系统热量的散发，如喷雾冷却、冷冻机强制冷却等。

图12-28所示为坐标镗床的主轴箱用恒温喷油循环强制冷却的实验结果。当不采用强制冷却时，机床运转6h后，主轴与工作台之间在垂直方向发生了190μm的位移（图中曲线1所示），而且机床尚未达到热平衡。当采用强制冷却后，上述热变形位移减少到15μm，见图12-28中曲线2），可见强制冷却的效果是非常显著的。

控制工艺系统热变形的另一依据是减少热量的产生和传入。其措施是：合理选用切削和磨削用量；正确使用刀具和砂轮；及时刃磨刀具和修整砂轮等，以免产生过多的加工热。从机床的结构和润滑方式上考虑，要注意减少运动部件之间的摩擦，减少液压传动系统的发热，隔离电动机、齿轮变速箱、油池、磨头（图12-29）等热源，使系统的发热及其对加工精度的影响得以有效控制。

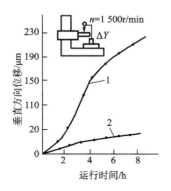

图12-28 镗床强制冷却曲线

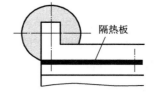

图12-29 磨床隔离热源

①均衡温度场。在机床设计时，采用热对称结构和热补偿结构，使机床各部分受热均匀，热变形方向和大小趋于一致，或使热变形方向为加工误差非敏感方向，以减小工艺系统热变形对加工精度的影响。图12-30所示为平面磨床所采用的均衡温度场措施的示意图。该机床油池位于床身底部，油池发热会使床身产生中凹，达0.364mm。经改进在导轨下配置油沟，导入热油循环，使床身上下温差大大减小，热变形量也随之减小。

图12-31所示的立式平面磨床采用热空气加热温升较低的立柱后壁，以均衡立柱前后壁的温升，减小立柱的向后倾斜。图中热空气从电动机风扇排出，通过特设软管引向立柱后壁空间。采用该措施后，磨削平面的平面度误差可降到未采取措施前的1/4~1/3。

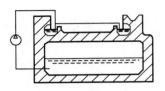
图12-30 磨床热油循环油沟

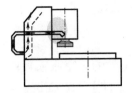
图12-31 均衡温度场

②缩小发热零件长度。图12-32所示为外圆磨床横向进给机构示意图,图(b)中对螺母位置进行改进,缩小了丝杠热变形长度,使得热变形造成的丝杠螺距的累积误差减小,因而砂轮的定位精度较高。

②对发热零部件拟采用热对称结构。例如,在图12-33所示的传统牛头刨滑枕截面结构内,由于导轨面的高速滑动,导致摩擦生热,使滑枕上冷下热,产生弯曲变形。如果将导轨布置在截面中间,滑枕截面上下对称,显然可以减小导轨面的弯曲变形。

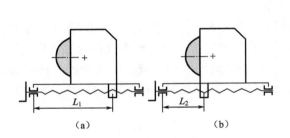

图12-32 缩小丝杠变形长度
(a) 改进前;(b) 改进后

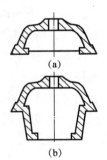

图12-33 刨床滑枕改进后的热对称结构
(a) 改进前;(b) 改进后

针对机床主轴因为热变形和热伸长造成加工精度降低,可采取的应对措施如下:
①控制环境温度,安排精密加工在恒温室内进行。
②采用带有恒温冷却系统的主轴机床,自主控制主轴温升。
③采用智能热屏障技术,以机床温度为基准温度,通过传感器对主轴热位移进行精确监测,再通过热变形补偿技术、主轴冷却装置同时控制温升,实现高精度主轴的膨胀和收缩补偿,使得长时间加工精度保持稳定。

12.4.3 内应力引起的误差

零件在没有外加载荷的条件下,仍然残存在工件内部的应力称内应力或残余应力。工件在铸造、锻造及切削加工后,内部常常会存在有各种内应力(也称热应力)。零件内应力的重新分布不仅影响零件的加工精度,而且对装配精度也有很大的影响。内应力存在于工件内部,且其存在和分布情况相当复杂,下面作一些定性分析。

1. 毛坯的内应力

铸、锻、焊等毛坯在生产过程中,各部分结构厚薄不均,导致冷却速度与热胀冷缩互不均匀而相互牵制,形成内应力。一般规律是厚处(缓冷部位)产生拉应力,相连薄处(快冷部位）产生压应力。变形将朝向减小内应力的方向弯曲。图 12-34 所示为车床床身，铸造时，床身导轨表面及床腿面冷却速度较快，中间部分冷却速度较慢，因此形成了上下表层出现压应力的状态，中间部分（导轨截面主体）处于拉应力状态。当将导轨表面铣削或刨去一层金属时，内应力重新分布，力的平衡将被打破，导轨截面的拉应力更加突出，于是整个床身将产生中部下凹的弯曲变形。

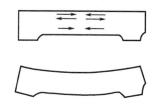

图 12-34　车床导轨面切削后引起变形

2. 冷校直内应力

细长的轴类零件，如发动机凸轮轴等在加工和运输中很容易产生弯曲变形。因此，大多数在装配前需要安排冷校直工序。这种方法简单方便，但会带来内应力，引起工件变形而影响零件加工精度。

图 12-35 所示为冷校直时引起内应力的情况。在弯曲的轴类零件中部施加压力 F，使其产生反弯曲。这时加载，轴的上层受压，下层受拉，外层为塑变区，内层为弹变区。如果外力加得适当，在去除外力后，塑变区的变形将保留下来，而弹变区的变形将全部恢复，应力重新分布，工件弯曲得以校直。但是，如果变形控制不当，又将引起工件重新变形而影响零件加工精度。

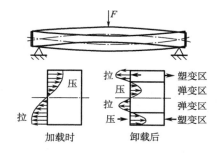

图 12-35　冷校直时引起内应力

由于冷校直后工件仍会出现变形，所以精密零件的加工是不允许安排冷校直工序的。当零件产生弯曲变形时，如果变形较小，可加大加工余量，利用切削加工方法去除其弯曲度，这时需要注意切削力的大小，因为这些零件刚度很差，极易受力变形；如果变形较大，则可用热校直的方法，这样可减小内应力，但操作麻烦。

12.5　影响表面质量的因素及其控制

机械零件的破坏，一般总是从表面层开始。产品的性能，尤其是它的可靠性和耐久性，在很大程度上取决于零件表面层的质量。研究机械加工表面质量的目的就是掌握机械加工中各种工艺因素对加工表面质量影响的规律，以便运用这些规律来控制加工过程，达到改善表面质量、提高产品使用性能的目的。

12.5.1　加工表面粗糙度影响因素及改进

1. 加工表面粗糙度

切削加工表面粗糙度主要取决于切削残留面积的高度，并与切削表面塑性变形及积屑瘤的产生有关。

（1）切削残留面积。

由于刀具切削刃的几何形状、几何参数、进给运动及切削刃本身的粗糙度等原因，未能将被加工表面上的材料层完全干净地去除掉，在已加工表面上遗留下残留面积。残留面积的高度构成了表面粗糙度 Rz。

图 12-36 表示出了车削加工残留面积的高度。图 12-36（a）所示为使用直线刀刃切削的情况，其切削残留面积高度为

$$R = \frac{f}{\cot\kappa_r + \cot\kappa_r'} \tag{12-8}$$

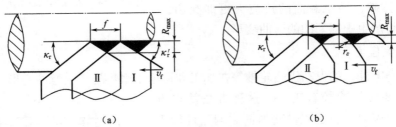

图 12-36　车削加工残留面积
（a）直线刀刃；（b）圆弧刀刃

图 12-36（b）所示为使用圆弧刀刃切削的情况，其切削残留面积的高度为

$$R = \frac{f^2}{8r_\varepsilon} \tag{12-9}$$

从以上两式得知，影响切削残留面积高度的因素主要包括刀尖圆弧半径 r_ε、主偏角 κ_r、副偏角 κ_r' 及进给量 f 等。

实际上，加工表面的粗糙度总是大于按以上计算的残留面积的高度。只有当切削脆性材料或高速切削塑性材料时，实际加工表面的粗糙度才比较接近残留面积的高度，这说明影响表面粗糙度大小的还有其他种种因素。

（2）切削表面塑性变形和积屑瘤。

图 12-37 所示为加工塑性材料时切削速度对表面粗糙度的影响。图 12-37 中反映，切削速度 v 处于 30~50m/min 时，表面粗糙度值最大，这是由于此时容易产生积屑瘤或鳞刺。鳞刺是指切削加工表面在切削速度方向产生的鱼鳞片状的毛刺。

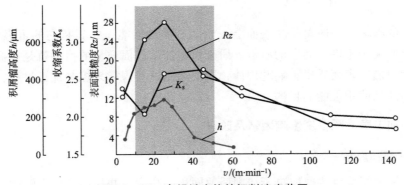

图 12-37　高粗糙度值的切削速度范围

积屑瘤和鳞刺均使表面粗糙度值加大。当切削速度超 100m/min 时，表面粗糙度值反而下降并趋于稳定。

结论是，选择低速宽刀精切和高速精切，往往可以得到较小的表面粗糙度值。

一般来说，材料韧性越大或塑性变形趋势越大，被加工表面粗糙度就越大。切削脆性材料比切削塑性材料容易达到表面粗糙度的要求。对于同样的材料，金相组织越是粗大，切削加工后的表面粗糙度值也越大。为减小切削加工后的表面粗糙度值，常在精加工前进行调质处理（淬火+高温回火），目的在于得到均匀细密的晶粒组织和较高的硬度。

此外，合理选择切削液，适当增大刀具法前角、提高刀具的刃磨质量等，均能有效地减小加工表面粗糙度值。

2. 磨削加工的表面粗糙度

（1）磨削用量对粗糙度的影响。

磨削时，砂轮的速度越高，单位时间内通过被磨表面的磨粒数就越多，因而工件表面的粗糙度值就越小，如图12-38（a）所示。

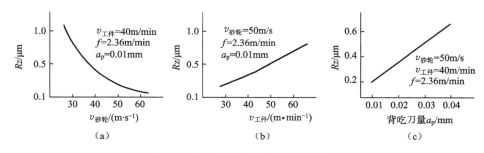

图12-38 磨削用量与粗糙度的关系

工件速度对表面粗糙度的影响刚好与砂轮速度的影响相反。增大工件速度时，单位时间内通过被磨表面的磨粒数减少，表面粗糙度值将增加，如图12-38（b）所示。

磨削深度（背吃刀量）增大，表层塑性变形将随之增大，被磨表面粗糙度值也会增大，如图12-38（c）所示。

另外，砂轮的纵向进给减小，工件表面的每个部位被砂轮重复磨削的次数增加，被磨表面的粗糙度值将减小。

（2）砂轮结构对粗糙度的影响。

①砂轮结构中，砂轮粒度越细，磨削的表面粗糙度值越小。但磨粒太细时，砂轮易被磨屑堵塞，若导热情况不好，反而会在加工表面产生烧伤等现象，使表面粗糙度值增大。因此，砂轮粒度常取为46~60号。

②砂轮硬度的影响。砂轮太硬，磨粒不易脱落，磨钝了的磨粒不能及时被新磨粒替代，使表面粗糙度值增大；砂轮太软，磨粒易脱落，磨削作用减弱，也会使表面粗糙度值增大。因此，常选用中软砂轮。

③砂轮修整。砂轮修整对表面粗糙度也有重要影响。精细修整过的砂轮可有效减小被磨工件的表面粗糙度值。

12.5.2 表层力学性能影响因素及改进

1. 表面冷作硬化

工件加工时，由于受到切削力和切削热的作用，表面金属层的力学物理性能会产生很大变化，变化之一是表层金属的显微硬度发生变化。

评定硬化组织的指标有三项：表层金属的显微硬度 HV、硬化层深度 h 和硬化程度 N。
硬化程度
$$N = (HV - HV_0)/HV_0 \times 100\%$$
式中：HV_0——原材料硬度。

各种加工方式对钢件表面的硬化程度与硬化深度的影响见表 12-3。

表 12-3 钢件表面的硬化程度 N 与硬化深度 Δh_d

加工方法	硬化程度 $N/\%$		硬化深度 $\Delta h_d/\mu m$	
	平均值	最大值	平均值	最大值
车削	20~50	100	30~50	100
精车	40~80	120	30~60	
端铣	40~60	100	40~80	200
周铣	20~40	80	40~80	110
钻扩孔	60~70		180~200	250
拉孔	150~100		20~100	
滚插齿	60~100		120~150	
外圆磨低碳钢	60~100	150	30~60	
磨淬硬中碳钢	40~60	100	30~60	
平面磨	50		16~35	
研磨	12~17		3~7	

影响加工硬化的主要因素有切削用量、刀具几何参数及工件材料等。

(1) 切削用量的影响。

当加大进给量时，表层金属的显微硬度通常将随之增大。这是因为随着进给量的增大，切削力增大，表层金属的塑性变形加剧，冷硬程度增加，如图 12-39 所示。

切削深度对表层金属冷作硬化的影响不大。但对于磨床，磨削深度越深，对冷硬影响相对提高，如图 12-40 所示。

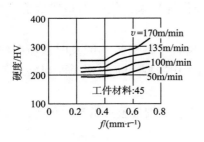

图 12-39 f 和 v 的影响

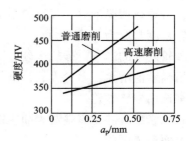

图 12-40 磨削深度的影响

(2) 刀具几何参数的影响。

刀具前角 γ_o 越大，切削变形越小，加工硬化程度和硬化层深度均相应减小。

由图 12-41 可见，刀具后刀面磨损宽度 VB 从 0 增大到 0.3mm，显微硬度由 330HV 增大到 340HV，这是由于磨损宽度加大后，刀具后刀面与被加工工件的摩擦加剧，塑性变形增大，导致表面冷硬增大的缘故。然而，当磨损宽度继续加大，摩擦热急剧增大，弱化趋势突显，表层金属的显微硬度反而逐渐下降，直至稳定在某一个水平上。

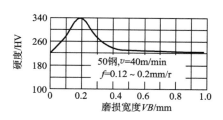

图 12-41 刀具磨损宽度的影响

（3）工件材料的影响。

众所周知，工件材料硬度越低，塑性增加，加工硬化程度和硬化层深度越大。就汽车常用的低碳、中碳或合金结构钢而言，由于其塑性变形能力强，机械加工中表现出严重硬化现象。

2. 材料的金相组织变化

（1）磨削烧伤。

磨削工件时，当其表面层温度达到或超过金属材料的相变温度时，表层金属材料的金相组织将可能发生部分相变，表层显微硬度也会相应变化，并伴随有残余应力产生，甚至出现微裂纹，事实上还会出现彩色氧化膜，这种现象称为磨削烧伤。

（2）磨削裂纹。

一般情况下，磨削表面多呈残余拉应力。磨削淬火钢、渗碳钢及硬质合金工件时，常常沿垂直于磨削的方向产生微小龟裂，严重时发展成龟壳状微裂纹，有的裂纹还不在工件外表面，而是在表面层下，用肉眼根本无法发现。裂纹常与磨削方向垂直或呈网状，并且与烧伤同时出现。其危害是降低零件的疲劳强度，甚至出现早期低应力断裂。

（3）磨削烧伤改进措施。

①正确选择砂轮。对于导热性差的材料如不锈钢，为避免产生烧伤，应选择较软的砂轮。选择具有一定弹性的结合剂（如橡胶结合剂、树脂结合剂等），这样也有助于避免磨削烧伤现象的产生。

②合理选择磨削用量。从减轻烧伤而同时又尽可能地保持较高的生产率考虑，在选择磨削用量时，应选用较大的工件速度 v_w 和较小的磨削深度 a_p。

③改善冷却条件。建议安装带空气挡板的喷嘴，此法可以减轻高速回转砂轮表面处的高压附着气流作用，使磨削液能顺利喷注到磨削区，如图 12-42 所示。

④可考虑采用内冷却砂轮。内冷却砂轮的工作原理如图 12-43 所示。经过严格过滤的磨削液由锥形套经空心主轴法兰套引入砂轮的中心腔内，由于离心力的作用，磨削液经由砂轮内部有径向小孔的薄壁套的孔隙甩出，直接浇注到磨削区。

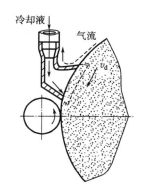

图 12-42 带空气挡板的喷嘴

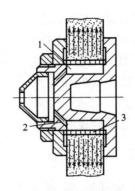

图 12-43 内冷却砂轮工作原理
1—砂轮中心腔；2—水通道；3—多孔套

3. 表面金属残余应力

（1）切削用量的影响。

切削用量三要素中的切削速度和进给量对残余应力的影响较大。因为切削速度增加，切削温度升高，此时由切削温度引起的热应力逐渐起主导作用，故随着切削速度增加，残余应力将增大，但残余应力层深度减小。进给量增加，残余拉应力增大，但压应力将向里层移动。背吃刀量对残余应力的影响并不显著。

（2）刀具的影响。

刀具几何参数中对残余应力影响最大的是刀具前角。当前角由正变为负时，表层残余拉应力逐渐减小。这是因为刀具对加工表面的挤压与摩擦作用加大，从而使残余拉应力减小；当刀具前角为较大负值且切削用量合适时，甚至可得到残余压应力。

刀具后刀面磨损值增大，使后刀面与加工表面摩擦加大，切削温度升高，由热应力引起的残余应力的影响增强，此时加工表面呈残余拉应力状态，使残余拉应力层深度加大。

（3）工件材料。

工件材料的塑性越大，切削加工后产生的残余拉应力越大，如奥氏体不锈钢等。切削灰铸铁等脆性材料时，加工表面易产生残余压应力，原因在于刀具后刀面的挤压与摩擦使得表面产生拉伸变形，待与刀具后刀面脱离接触后将通过里层的弹性恢复作用使得表层呈残余压应力。

本章知识点

1. 机械加工质量分析及控制的内涵与意义。
2. 工艺系统几何误差及其控制措施。
3. 工艺系统受力变形误差及其控制措施。
4. 工艺系统热变形误差与控制措施。
5. 影响表面质量的因素及其控制。
6. 影响表层力学性能的因素及改进措施。

思考与习题

1. 说明机械加工质量分析及控制的内涵与意义。
2. 机械加工过程中,零件表面层材料会产生哪些物理、力学和化学性质的变化?对加工质量有何影响?
3. 何谓机械加工的工艺系统?工艺系统误差按影响因素类型可分为哪几类?
4. 何谓工艺系统几何误差?工艺系统几何误差来自哪几方面?
5. 就加工原理误差和调整误差说明工艺系统几何误差的形成机制与控制措施。
6. 何谓工艺系统受力变形误差?分析工艺系统刚度变化对工件加工精度的影响。
7. 可以从哪几方面采取措施来提高机械加工工艺系统的刚度?
8. 何谓工艺系统热变形引起的误差?机床热变形对加工精度会带来什么影响?
9. 控制工艺系统热变形的主要措施包括哪几方面?
10. 表面粗糙度主要取决于哪些因素?如何合理保证磨削加工粗糙度的要求?
11. 分析机械加工过程中工件表层力学性能的变化及其影响因素。应从哪些方面采取措施予以改进?

第 13 章 汽车先进制造工艺技术

 学习目标

本章主要介绍汽车先进制造工艺技术，包括超精密加工技术、高速切削加工技术、绿色制造技术、3D 打印技术、汽车轻量化技术。学习中，要求了解汽车先进制造工艺技术发展趋势，提升学者持续创新的意识与能力。

13.1 超精密加工技术

1. 超精密加工的内涵

精密和超精密加工已经成为全球市场竞争取胜的关键技术。发展尖端技术，发展国防工业，发展微电子工业等都需要精密和超精密加工制造出来的仪器设备。当代精密工程、微细工程和纳米技术是现代制造技术的前沿，也是明天制造技术的基础。

超精密加工是一个十分广泛的领域，它包括所有能使零件的形状、位置和尺寸精度达到微米和亚微米范围的机械加工方法。另外精密和超精密加工只是一个相对概念，其界限随时间的推移而不断变化，以往的超精密加工到今天可能只能作为精密加工或普通加工了。

在当今技术条件下，普通加工、精密加工、超精密加工的加工精度可以作如下划分：

（1）普通加工是加工精度在 $10\mu m$、表面粗糙度 Ra 值为 $0.3\sim0.8\mu m$ 的加工技术，如车、铣、磨、镗、铰等，适用于汽车、拖拉机和机床等产品的制造。

（2）精密加工是加工精度在 $10\sim0.1\mu m$、表面粗糙度 Ra 值为 $0.3\sim0.03\mu m$ 的加工技术，如金刚车、精密镗削、研磨、珩磨、超精加工、砂带磨削、镜面磨削等加工，适用于精密机床、精密测量仪器等产品的关键零件的加工，如精密丝杠、精密导轨、精密轴承等。

（3）超精密加工是加工精度在 $0.1\sim0.01\mu m$、表面粗糙度 Ra 值在 $0.03\sim0.05\mu m$ 的加工技术，如金刚石刀具超精密切削、超精密磨削、超精密特种加工以及复合加工等，适用于精密元件、计量标准元件、大规模和超大规模集成电路的制造。

2. 超精密加工技术的重要性

现代机械制造业之所以要致力于提高加工精度，其主要原因在于：可提高产品的性能和质量，提高产品的稳定性和可靠性；促进产品的小型化；增强零件的互换性，提高装配效率。

超精密加工技术在尖端产品和现代化武器制造中占有非常重要的地位。例如,导弹的命中精度是由惯性仪表的精度决定的,而惯性仪表的关键部件是陀螺仪,如果1kg重的陀螺转子,其质量中心偏离对称轴0.5nm,则会引起100m的射程误差和50m的轨道误差。

人造卫星的仪表轴承是真空无润滑轴承,其孔和轴的表面粗糙度值达到1nm,其圆度和圆柱度均以nm为单位。

再如,若将飞机发动机转子叶片的加工精度由$60\mu m$提高到$12\mu m$,表面粗糙度Ra值由$0.5\mu m$减小到$0.2\mu m$,则发动机的压缩效率将从89%提高到94%。传动齿轮的齿形、齿距误差若能从目前的$3\sim6\mu m$降低到$1\mu m$,则单位齿轮箱质量所传递的扭矩将提高1倍左右。

3. 超精密加工所涉及的技术范围

(1) 超精密加工机理。

超精密加工是从加工表面去除一层微量的表面层,包括超精密切削、超精密磨削和超精密特种加工等。超精密加工服从一般加工方法的普遍规律,但是也有不少其自身的特殊性,如刀具磨损、积屑瘤生成的规律、磨削机理、加工参数对表面质量的影响等,需要用分子动力学、量子力学、原子物理等理论来研究超精密加工的物理现象。

(2) 超精密加工刀具、磨具及其制备技术。

该技术包括金刚石刀具的制备与刃磨,超硬砂轮的修整等,这是超精密加工的重要关键技术。

超精密切削加工通常采用金刚石刀具来实现,因为目前只有金刚石刀具的刀尖半径可以做得极小(达到纳米级),日本大阪大学和美国LLL实验室合作研究超精密切削的最小极限,在使用极锋利的刀具和机床条件最佳的情况下,可以实现切削厚度为纳米级的连续稳定切削。美国生产的小型BODTM型超精密加工车床,用刀尖半径为$5\sim10nm$的单晶金刚石刀具,可以实现1nm的切削厚度。目前我国生产中使用的金刚石刀具,刀刃锋锐度$\rho=0.2\sim0.5\mu m$,特殊精心研磨的可以达到$\rho=0.1\mu m$。利用金刚石刀具实现精密切削加工的工艺比较成熟;超精密磨削即加工精度在$0.1\mu m$以下,表面粗糙度$Ra0.025\mu m$以下的砂轮磨削方法,此时因磨粒去除切屑极薄,将承受很高的压力,其切削刃表面受到高温和高压作用,因此需要用人造金刚石、立方氮化硼(CBN)等超硬磨料砂轮。此外,超精密磨削质量还与砂轮特性、修整砂轮的工具、修整方法和修整用量等密切相关。

(3) 超精密加工机床设备。

超精密加工对机床设备有高精度、高刚度、高抗振性、高稳定性和高自动化的要求,且应具有微量进给机构。

精密轴承是超精密加工设备中的一个关键零件,被加工零件的加工精度主要取决于主轴的回转精度,目前普遍利用空气轴承技术来提高主轴的回转精度(回转误差小于$0.02\mu m$);微量进给是实现超精密加工的必要条件。在超精加工条件下,一般的微量进给方式已经远远不能满足要求,通常采用弹性变形、热变形或压电晶体变形等机构实现微量进给;通常采用空气静压或液体静压导轨,通过误差均化作用提高运动部件的移动精度。采用这种导轨还可以防止低速爬行现象。此外,采用在线检测、反馈控制技术来提高主轴的回转精度和工作台的移动或转动精度也是一种有效而经济的技术;支撑件应具有良好的抗振性和热稳定性,可以采用合成花岗岩作为机床的支撑件。

(4) 精密测量及补偿技术。

超精密加工必须有相应级别的测量技术和测量装置,具有在线测量和误差补偿功能。

测量技术不仅用来检验零件的加工误差,也用于在线检测中实时测量零件的加工精度,给反馈控制提供数据。常用的精密检测技术都是基于光电原理,如电容式测微仪、光电子纤维光学测头、扫描隧道显微镜、X射线干涉仪、激光干涉仪、莫尔条纹光学尺等。对于小位移测量,采用电容式测头的分辨率可达到0.5nm(量程为15μm)和0.1nm(量程为5μm),线性误差小于0.1%;采用光电子纤维光学测头的分辨率可达到0.5nm(量程为50μm),线性误差为5%;采用扫描隧道显微镜(STM)的分辨率可达到0.01nm(量程为20μm);X射线干涉仪的分辨率可达到0.003nm(量程为200μm)。对于大长度测量,外差式激光干涉仪的分辨率可达到1.25nm(量程为2.6m);氦氖激光的分辨率可达到0.01nm(量程为2m);莫尔条纹光学尺的分辨率可达到10nm(量程为1m),精度为1μm/m。

(5) 严格的工作环境。

超精密加工必须在超稳定的工作环境下进行,加工环境极微小的变化都可能影响加工精度。因而,超精密加工必须具备各种物理效应恒定的工作环境,如恒温、净化、防振和隔振等。例如,为了消除工件、设备、仪器由于温度的变化带来的热变形,工作环境应采取恒温技术,即温差不超过±(0.01~0.005)℃。超精密加工对环境的空气清洁度也有较高的要求。隔振是隔绝外部振源对加工设备的影响,可以采用气垫弹簧组成的"防振床"来隔绝外部振源的振动,以有效隔绝频率为6~9Hz、振幅为0.1~0.2μm的外来振动。

13.2 高速切削加工技术

13.2.1 高速切削加工概念

1931年,德国萨洛蒙(Salomon)博士提出的著名的高速切削理论认为:一定的工件材料对应有一个临界切削速度,在该切削速度下其切削温度最高。如图13-1所示,随着切削速度的增加,切削温度在不断升高,当切削速度达到临界速度之后,切削温度将不再继续升高,反而随着切削速度的增加而下降。常规切削通常是按A区内的各种速度进行切削加工。萨洛蒙切削理论给人们一个

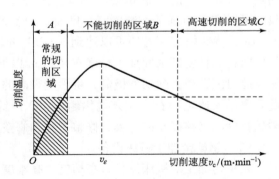

图13-1 高速切削概念示意图

重要启示,即如果切削加工速度超越切削"死谷"B区,即在C区范围内,则可用现有的刀具进行高速切削,从而可大大提高切削效率,缩短切削工时。

高速切削加工技术中的"高速"是一个相对概念。对于不同的加工方法和工件材料与刀具材料,高速切削加工时所对应的切削速度并不相同,如铝合金为1 000~7 000m/min,铜合金为900~5 000m/min,钢为500~2 000m/min,铸铁为800~3 000m/min,钛合金为200~1 000m/min。

通常把切削速度比常规高出 5~10 倍的切削加工叫高速切削或超高速切削，与常规切削相比，高速切削机理也有所改变，有如下的切削特征：

（1）切削力低。由于高速切削速度高，材料切削变形区内的剪切角增大，切屑流出速度加快，致使切削变形减小，其切削力比常规切削降低 30%~90%，有利于减小加工零件的内应力，特别适合于薄壁类刚性较差的零件加工。

（2）热变形小。切削时 90% 以上的切削热来不及传给工件就被高速流出的切屑带走，工件温度上升一般不超过 3℃，特别适合于细长易热变形零件及薄壁零件的加工。

（3）材料切除率高。高速切削单位时间内的材料切除率可提高 3~5 倍，特别适用于材料切除率要求较大的场合，如汽车、模具和航空航天等制造领域。

（4）提高了加工质量。由于机床—工件—刀具工艺系统在高转速和高进给率条件下工作，加工激振频率远高于工艺系统的固有频率，使加工过程平稳，切削振动小，可实现高精度。

（5）简化了工艺流程。高速切削可直接加工淬硬材料，在很多情况下可完全省去热处理工序，直接以车代磨、以铣代磨，如可对淬硬钢模具型腔直接进行切削加工，可获得较佳的表面质量，省去后续的电火花加工和人工打磨抛光等耗时的光整加工工序，简化了工艺流程。

13.2.2　高速切削加工的关键技术

高速切削涉及的关键技术如图 13-2 所示。

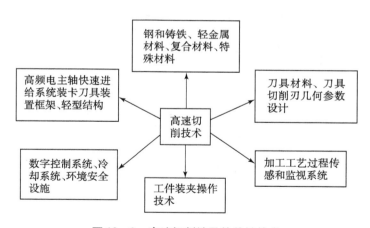

图 13-2　高速切削涉及的关键技术

1. 高速大功率的主轴单元

高速切削机床主轴通常是在高于 10 000r/min 的条件下高速运转，为此要求机床主轴具有先进的主轴结构、低摩擦、长寿命主轴轴承，良好的润滑和散热条件。

随着电气传动技术（变频调速技术、电动机矢量控制技术等）的迅速发展和日趋完善，高速数控机床主传动的机械结构已得到极大简化，基本上取消了带传动和齿轮传动，机床主轴由内装式电动机直接驱动，从而把机床主传动链的长度缩短为零，实现了机床的"零传动"。

这种主轴电动机与机床主轴"合二为一"的传动结构形式,使主轴部件从机床的传动系统和整体结构中相对独立出来,因此可做成"主轴单元",俗称"电主轴"。由于当前电主轴主要采用的是交流高频电动机,故也称为"高频主轴"。由于没有中间传动环节,有时又称它为"直接传动主轴"。

电主轴是一种智能型功能部件,不但转速高,功率大,还有一系列控制主轴温升与振动等机床运行参数的功能,以确保其高速运转的可靠性与安全。电主轴比传统的主轴传动系统的结构简单、紧凑,这样也便于把它用在多轴联动机床、多面体加工机床和并联(虚拟轴)机床。

内置于主轴部件后,电动机不可避免有发热的问题,从而需要专门用于冷却电动机的油冷或水冷系统。高频电动机要有变频器类的驱动器,以实现主轴转速的变换。高速轴承有时要有专门的润滑装置以及为了保证高速回转部件的安全,要有报警及停车用的传感器及其控制系统等一系列支持电主轴运转的外围设备和技术。

因此,"电主轴"的概念不应简单理解为只是一根光主轴套筒,而是一个完整的系统,是在机床数控系统监控下的一个子系统。

电主轴具有质量小、振动小、噪声低、结构紧凑、响应性能好的特点。图 13-3 所示为典型的电主轴结构,驱动电动机的转子套装在机床主轴上,电动机定子安装在主轴单元的壳体中,自带水冷或油冷循环系统,使主轴在高速旋转时保持恒定的温度。

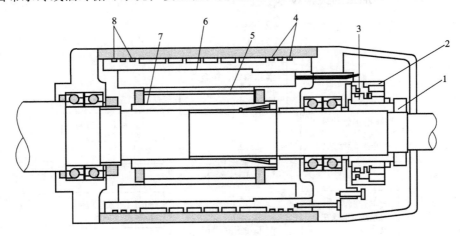

图 13-3 电主轴结构

1—螺母;2—旋转变压器定子;3—旋转变压器转子;4,7,8—密封圈;5—转子;6—定子

2. 快速进给系统

实现高速切削加工不仅要求有很高的主轴转速和功率,同时要求机床工作台有高的进给速度和运动加速度。20 世纪 90 年代,工作台的快速进给多采用大导程滚珠丝杠以及提高进给伺服电动机的转速来实现,其加速度仅为 $0.6g \sim 1.2g$,进给速度最多达到 $40 \sim 60 \text{m/min}$。

若要进一步提高进给速度,滚珠丝杠就显得无能为力了。目前,直线电动机直接驱动进给系统已得到普遍应用。直线电动机直接驱动进给系统没有机械传动环节,没有机械刚性摩擦,几乎没有反向间隙,提供了更高的进给速度和更好的加减速特性,其进给速度可达到 160m/min,加速度可达 $2.5g$,定位精度达到 $0.5 \sim 0.05 \mu\text{m}$。

3. 先进的机床结构

高速切削机床的基础结构件必须具有足够的刚度和强度，以及高的阻尼特性和热稳定性。目前，高速切削机床多采用龙门式立柱型对称结构及箱中箱结构，这类结构可提高机床的刚性和承载能力，增强机床的抗冲击性，具有自动热变形补偿能力。

此外，不少高速切削机床床身采用聚合物混凝土等高阻尼特性材料；有些高速切削机床通过传感控制使主轴油温与机床床身的温度保持一致，以协调主轴与床身的热变形；在高速切削机床安全性方面，其观察窗一般用防弹玻璃做成，采用主动在线监控系统对刀具和主轴的运动状况进行在线识别与控制，以确保人身与设备的安全。

4. 高速切削刀具系统

与普通切削相比，高速切削所产生的热量更多地向刀具传递，要求刀具具有良好的热稳定性。此外，由于高速切削时的离心力和振动的影响，刀具必须进行严格的动平衡。在刀具设计时必须根据高速切削的要求，综合考虑刀具材料的强度、刚度、精度以及耐磨性等因素。

目前，高速切削通常使用的刀具材料如表13-1所示，它们各有特点：

（1）**硬质合金涂层刀具**。涂层材料高温耐磨性好，刀具基体有较高的韧性和抗弯强度，故允许进行高速切削。

（2）**陶瓷刀具**。陶瓷刀具与金属材料的亲和力小，热扩散磨损小，其高温硬度优于硬质合金，但陶瓷刀具韧性差。常用的陶瓷刀具材料有氧化铝陶瓷、氮化硅陶瓷和金属陶瓷等。

（3）**聚晶金刚石刀具**。这种刀具的摩擦系数低，耐磨性极强，具有良好的导热性，特别适合于难加工材料、黏结性强的有色金属的高速切削，但是价格较贵。

（4）**聚晶立方氮化硼刀具**。具有高硬度、良好的耐磨性和高温化学稳定性特点，适合于淬火钢、冷硬铸铁、镍基合金等材料的高速切削。

表13-1 各种刀具材料所适合加工的工件材料

刀具材料	工件材料							
	高硬钢	耐热合金	钛合金	镍基高温合金	铸铁	纯钢	高硅铝合金	PRP复合材料
聚晶金刚石	×	×	●	×	×	×	●	●
聚晶立方氮化硼	●	●	○	●	○		▲	▲
陶瓷刀具	●	●	×	●	●	▲	×	×
硬质合金涂层	○	●	●	▲	●	●	▲	▲
TiC(N)基硬质合金	▲	×	×	×	●	▲	×	×

注：●—优；○—良；▲—尚可；×—不合适。

在高速切削条件下，由于离心力的作用，主轴锥孔将扩张，导致刀柄与主轴的联结刚度明显降低，径向跳动精度会急剧下降，甚至出现颤振。为了保证高速旋转刀柄的接触刚度，一种新型双定位刀柄已在高速切削机床上得到应用。这种刀柄的锥部和端面同时与主轴保持面接触，在整个高转速范围内，能保持较高的静态和动态刚性，定位精度显著提高。

5. 高性能的数字控制系统

用于高速加工的数字控制系统必须具有高的运算速度和控制精度，以满足复杂曲面型面的高速加工要求。目前，高速切削机床的数字控制系统多采用64位CPU系统，配置功能强大的计算处理软件，具有加速预插补、前馈控制、钟形加减速、精确矢量补偿和最佳拐角减速控制等功能，有极高的运动轨迹控制精度，以及优异的动力学特性，保证了高速、高进给速度的切削加工要求。

13.3 绿色制造技术

绿色制造技术在汽车工业中应用领域很广，如在铸造生产、锻造冲压生产、焊接、热处理、机械加工等领域均可实施绿色制造。这里主要讨论机械加工中的绿色制造。机械加工中的绿色制造工艺主要包括干式切削、再制造工艺等。

13.3.1 干式切削加工工艺

1. 干式切削概念

干式切削就是在加工过程中不用冷却液、润滑液，采用很高的切削速度进行切削加工的方法。随着环境保护法律法规越来越严格，国外干式切削不仅应用在汽车行业，在中小型制造业中的应用也越来越广泛。目前在欧洲已有近一半企业采用了干式切削加工，德国企业尤为普遍。由此可见，干式切削加工技术将成为未来加工技术的主要发展方向之一。

（1）干式切削及其特点。

干式切削技术是在加工过程中不施加任何切削液的工艺方法，从源头上消除了切削液带来的环境负面效应。它具有以下特点：

①形成的切屑无污染，易于回收和处理。

②节约了与切削液有关的传输、回收、过滤等装置及费用。

③不会发生与切削液有关的环境污染、安全和质量事故。

（2）实现干式切削加工的措施。

①刀具要求。干式切削要求刀具材料应具有优良的耐热性能和耐磨性能。常用的刀具材料有金刚石、立方氮化硼、陶瓷、涂层和超细晶粒硬质合金等。常采用涂层技术，因为性能优良的涂层可降低刀具与工件表面之间的摩擦，减小切削力。目前所使用的刀具中，40%采用了涂层技术。选择适合干式切削加工的刀具几何形状，以减小加工中刀具、切屑和工件间的摩擦。

日本三菱公司推出了世界上第一套干式滚切系统。它采用的切削速度是传统滚切速度的若干倍，可达200m/min。干式滚切对滚刀有特殊要求，三菱公司设计的专用干式滚刀，采用MACH7高速钢，表面涂有专用涂层，有助于散热并减小刀具磨损，其寿命可延长到一般湿切方式的5倍。这一系统加工汽车末级传动齿轮、大型载重齿轮、汽车小齿轮时效果都很理想，生产成本至少降低40%。

②机床结构设计。研究表明，切削液的主要作用是散热和排屑，润滑作用只占10%。因此，机床的结构设计应保证快速排屑和散热，并尽量消除切屑对环境的不利影响。

③吹氮加工。在氮气氛围中进行干切削能够有效降低切削区的温度,并且对切削加工具有易燃性的镁合金很有意义,氮气是不燃气体。此外在氮气氛围中进行切削加工能较好地抑制刀具的氧化磨损,从而保护刀具,提高刀具寿命。

④干式静电冷却技术。其基本原理是通过电离器将压缩空气离子化、臭氧化,在切削点周围形成特殊气体氛围。这样不仅降低切削区的温度,更重要的是能在刀具与切屑和刀具与工件接触面上形成起润滑作用的氧化薄膜,从而减少刀具磨损。

⑤冷风干切削。把除去水分的干燥空气经空气冷却器冷至 -30℃,再把冷风送至切割区,可使切割区的温度大大下降,同时引发被加工材料的低温脆性使切削较为容易,改善刀具磨损状况。

(3) 干式切削材质要求。

不同工件材料实施干式切削的难易程度不同,如表 13-2 所示。

表 13-2 加工工件材质要求

工件材料	加工方法					
	车削	铣削	铰孔	攻丝	钻孔	齿轮加工
铝及铝合金	○○	○	○	○	○	○
铸铁	○○	○○	○○	○○	○○	○○
一般碳素钢	○○	○○	○	●	○	○
复合材料	○○	○○	○	○○	○○	○○
淬火钢	○	●	●	●	●	●
不锈钢	●	●	●	●	●	●
高温合金	●	●	●	●	●	●
钛合金	●	●	●	●	●	●

注:○○表示易于进行干式切削;○表示可以进行干式切削;●表示难以进行干式切削。

(4) 干式切削的一般要求。

①在干式切削过程中,如有可能造成人身伤害或设备损害时,应采取安全防护措施,防止切屑、工件、刀具飞出。

②干式切削工作场所的粉尘浓度应不大于 $2mg/m^3$,粉尘浓度测量应符合 JB/T 9878 的有关规定。

③采取热辅助或低温冷却干切削时应采取保护措施,防止人体直接接触过热或过冷介质。

④干式切削机床在空运转条件下,机床的噪声声压应不大于 85dB(A)。

2. 准干式切削

干式加工有两种方式,即完全干式加工和准干式加工。完全干式加工就是在加工过程中不用任何切削液的工艺方法,这种加工方式对刀具材料、机床结构、刀具装夹方式等均有较高的要求。干式切削的应用范围目前还比较有限,而完全湿加工又有诸多不足,若将两者的优点相互结合,既可满足加工要求,又可使与切削液有关的费用降至最低,并可取得与完全干式加工相同的效果。将这种介于湿式切削与干式切削之间的加工技术称为准干式切削加工(NDM)或最少切削液切削加工(MQL)。由此可见,当切削过程所用的切削液的数量很少时,即准干式切削。当机床调整到最佳状态时,每一加工工时所消耗的切削液将不足 50mL。准干式切削技术只要使用得当,刀具、工件和切屑必然是干燥的,因此可避免进行干燥或其他处理手段。

对许多材料及加工方法而言,采用准干式切削加工是经济可行的。准干式切削加工目前主要用于铸铁材料、钢和铝合金的钻削、铰削和攻螺纹等的加工中,也可以用于铝合金的端铣加工及深孔加工。如东风汽车公司发动机曲轴很多深油孔、水孔钻削就大量采用了 MQL 法(图 13 - 4)。最新的 DDi11 曲轴在主轴颈、连杆轴颈车削时采用干式切削法,减少了切削液对环境和人的不利影响(图 13 - 5)。

图 13 - 4 DDi11 曲轴 MQL 钻孔

图 13 - 5 DDi11 曲轴干式车削

13.3.2 发动机再制造工艺

1. 再制造技术的内涵、意义及发展概况

发动机再制造是指将回收的旧发动机进行拆解清洗,修复或替换已损坏的零件,再按新发动机制造标准进行装配,最后恢复到原发动机一样的技术性能和产品质量的生产工艺流程。

再制造大大延长了产品的使用寿命,提高了产品的技术性能和附加值,能够以最低的成本、最少的能源及资源消耗延长产品的全寿命周期。

汽车既是能源消耗的大户,也是环境污染的主要来源之一。发动机再制造过程不仅节能达到 60%,材料再利用率达到 70%,而且大气污染物排放量降低 80% 以上。对消费者而言,再制造发动机价格更低,仅为新发动机的 50% ~ 70%。

再制造发动机在欧美国家已经形成巨大的产业,再制造汽车发动机已占维修配件市场的 85% 以上。美国汽车和工程机械的再制造产业规模最大,产值已达 500 亿美元,每 10 辆汽车中就有 1 辆使用再制造发动机。北美地区发动机再制造已经达到年产 500 万台的规模,德国通过采用先进的发动机再制造技术,提高了再制造发动机的市场占有率,公司销售的再制造发动机及其配件与新机的比例达到 9∶1。

2. 发动机再制造工艺

发动机再制造并不是简单的翻新或大修，而是将回收的废旧发动机，经过无损拆解、再制造绿色处理、检测分类、修复与再加工、装配、台架试验及性能检测，最后恢复到和新发动机一样的技术性能和产品质量的生产工艺流程。图 13-6 所示为发动机再制造工艺流程。

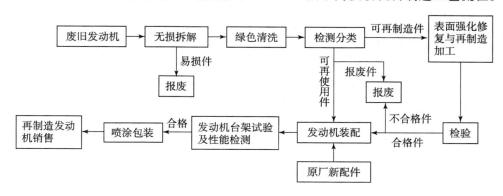

图 13-6　发动机再制造工艺流程

（1）无损拆解。

拆解是再制造的首要步骤，就是把废旧的发动机完全拆解成单个的零部件。废旧发动机拆解线基本上已经采用了人性化操作、柔性化拆解，实现了无损拆解。发动机的结构、装配设计都考虑到了可拆解性，如缸体、曲轴、连杆、凸轮轴、齿轮等零部件都可以进行完整的无损拆解。无损拆解的程度越高，再制造效率和旧件再利用率也就越高。同时在拆解过程中要进行初步的检测分类，已经损坏的、不能再修复的零部件和易损件进行直接报废，对能够再利用的零部件按照区域划分进行存放，整个拆解过程采用流水线作业（图 13-7）。

（2）再制造处理系统。

再制造处理系统主要对再制造发动机及其零部件进行表面处理和清洗，在欧美地区的众多再制造企业中，高温分解炉（图 13-8）、专用抛丸机（图 13-9）、专用清丸机、超声波清洗机（图 13-10）几种设备在再制造车间最为常见。

图 13-7　发动机拆解线

图 13-8　高温分解炉

图 13-9　专用抛丸机

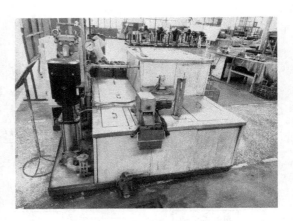
图 13-10　超声波清洗机

其中高温分解炉通过燃烧柴油升高分解炉温度，把有老油漆的零件放入高温分解炉中，在高温作用下，这些老油漆会被碳化变脆、分解，便于后续处理。抛丸机把不锈钢钢丸以很高的速度喷射到零件表面，使高温碳化的油漆清除。清丸机的作用是通过旋转和振动把经过喷丸处理的零件内部残存的钢丸清理出来。清洗机的作用是对零件表面的污垢、油垢进行水溶液清洗。常用的清洗机有电加热纯水清洗机、化学清洗机、超声波清洗机（利用超声波动能对零部件表面进行油渍、污渍清洗，效果较好）、蒸汽清洗机（用电加热水形成蒸汽，用蒸汽清洗零件，主要用于清洗零件表面的油渍）等几种。

总之，再制造处理系统主要对铸铁及铝合金材料的零部件进行清洗和处理，清除残留在汽车零部件上的机油和油脂，去除高温分解后的工作表面粘砂、污垢等，使其表面呈金属本色，而不伤害加工表面，使其处理后的表面粗糙度达到原型新品的要求。

（3）检测分类。

废旧零部件经过绿色处理后，对其性能和寿命进行检测。现有的检测方法主要有外观目测、形状与尺寸测量、强度与力学性能测试、应力集中与裂纹检测。检测结果分为三类：一是不能利用直接报废的零部件；二是经过再制造后可以利用的零部件；三是可以直接利用的零部件。检测分类后的主要零部件如表 13-3 所示。

表 13-3　检测分类后的主要零部件

类别	零件名称	比例
不能直接利用	活塞环、轴瓦、密封垫等	不能直接利用率为 15% 左右
再制造后利用	曲轴、连杆轴、凸轮轴、缸体、缸盖等	再制造率在 80% 以上
直接利用	进气管、排气管、油底壳、飞轮壳等	可利用率在 80% 以上

（4）表面强化修复与再制造加工。

表面强化修复和再制造加工流程采用各种先进修复和再制造技术，使可再制造零部件恢复其尺寸、形状和技术质量，甚至超过新品的技术质量标准。修复和再制造技术主要有自动化激光熔覆再制造技术、自动化微束等离子熔覆技术、自动化高速电弧喷涂技术和自动化纳米复合电刷镀技术等。

自动化激光熔覆再制造技术适合现场和生产线作业，应用于关键装备金属零部件高性能修复及再制造。该技术解决了齿类件和铝合金缸盖以前无法修复的技术难题。

自动化微束等离子熔覆技术是以等离子、微束等离子弧作为热源，熔化合金粉末，在工件表面形成冶金结合熔覆层的再制造技术。该技术用于发动机缸体、排气门、凸轮轴等零件的再制造，质量不低于新品，是一种低成本的再制造技术。

自动化高速电弧喷涂技术是将电弧熔融的金属通过高速气流强烈雾化并通过雾化粒子的速度，在工件表面形成致密涂层的新型喷涂技术。该技术具有优质、高效、低成本等特点，再制造后的发动机节能节材效果显著。曲轴、缸体等关键零部件综合性能与新品相当，而再制造生产效率大大提高，成本显著降低。

自动化纳米复合电刷镀技术是一种新兴的复合镀层制备技术。它是在电刷镀液中加入一种或几种纳米颗粒，使之在电刷镀过程中电场作用下金属离子被还原的同时与金属发生共沉积，从而获得具有特定优异性能复合镀层的技术。该设备针对轴类零件设计，适用于发动机曲轴、凸轮轴等零件轴颈的再制造，镀层的质量和性能更加稳定，再制造的零件相比新品具有显著的节能降耗效果。

（5）检验。

对再制造产品和直接可利用零部件，还需要进行检验，检验合格后才能进行装配，不合格的需要进行再加工或报废处理。检验主要是对废旧零件剩余寿命进行评估和对再制造零件寿命的服役寿命进行预测。

废旧零件剩余寿命评估是装备零件再制造的重要前提，主要运用金属磁记忆、涡流、超声、残余应力测定等多种无损检测技术手段测定零件的裂纹缺陷和残余应力情况，基于断裂力学的疲劳寿命预测理论，评估零部件的剩余寿命。

（6）装配与检测。

经过上述步骤后，将检验合格的零部件及新配件运送到装配车间，严格按照新发动机技术标准装配。装配完成后每一台发动机都必须接受极为严格的试车、检验，以确保再制造发动机的质量性能。这些检验包括：气漏密封试验、发动机性能试验（该性能试验与正常发动机装配后的性能试验标准相同）等。

13.4　3D 打印技术

13.4.1　概述

3D 打印又称增材制造，是制造业领域迅猛发展的一项新技术，又被称为第三次工业革命的重要标志之一。3D 打印主要是以计算机三维设计软件为基础，把所设计的 3D 模型进行分层离散，再通过特定的设备将材料进行逐层堆积黏结，最终叠加成形出实体产品，是一种跨学科的交叉技术，综合了数字建模技术、机电控制技术、信息技术、材料科学与化学等诸多领域的前沿技术，是快速成形技术的一种。其基本工艺原理如图 13-11 所示。

（1）建立三维实体模型。设计人员可以应用各种三维 CAD 软件，包括 Solidworks、UG、Pro/E 等，将设计对象构建为三维实体数据模型；或者通过三坐标测量仪、激光扫描仪、三

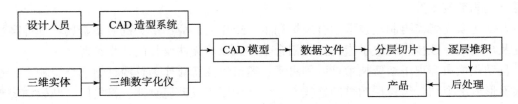

图 13-11 3D 打印基本工艺原理

维实体影像等手段对三维实体进行反求,获取实体的三维数据,以此建立实体的 CAD 模型。

(2) 生成数据转换文件。将所建立的 CAD 三维实体数据模型转换为能够被 3D 打印系统所接受的数据格式文件,如 STL、IGES 等。由于 STL 文件易于进行分层切片处理,目前几乎所有的 3D 打印系统均采用 STL 三角化文件格式。

(3) 分层切片。分层切片处理是将 CAD 三维实体模型沿给定的方向切成一个个二维薄片层,薄片厚度可根据 3D 打印系统的制造精度在 0.01~0.50mm 之间选取,薄片厚度越小,精度越高。分层切片过程也是 3D 打印增材制造由三维实体向二维薄片的离散化过程。

(4) 逐层堆积成形。3D 打印制造系统根据切片的轮廓和厚度要求,用粉末、丝材、片材等完成每一切片成形,通过一片片堆积,最终完成三维实体的成形制造。

(5) 成形实体的后处理。实体成形后,需去除一些不必要的支撑结构或粉末材料,根据要求尚需进行固化、修补、打磨、表面强化以及涂覆等后处理工序。

13.4.2 3D 打印技术特点

(1) 传统的机械加工方式主要包含车、铣、刨、磨等几种类型,其共同特点都是减材加工,而 3D 打印技术采用增材加工方式,可以大大节省原材料,节约成本生产。如图 13-12 所示,传统的汽车零件制造方式是:先设计好产品零件,然后经过铸造或者锻造工艺制造出零件毛坯,最后再经过金属切削加工出来,对于精度要求较高的零件加工往往还需要经过粗加工→半精加工→精加工几个阶段才能完成。而利用 3D 打印技术,汽车零部件生产制造过程大大简化,设计出的精度要求不高的汽车零部件可直接在 3D 打印机上进行分层叠加快速成形,对于精度要求高的零部件只需在后工序中安排一次精加工即可。所以,3D 打印集创新设计与生产制造为一体,将传统制造工业中的铸造、粗加工等工序流程整合,极大地节约了生产成本。

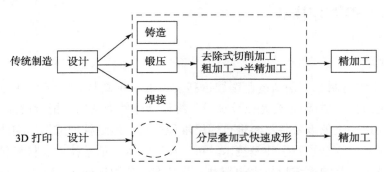

图 13-12 传统制造与 3D 打印工艺流程对比

(2) 采用 3D 打印技术无须制造模具、工装夹具,进而可大大缩短产品研制周期,提高生产率。

(3) 与铸造、锻造零件不同,3D 打印技术能够依据计算机中的模型,制作各种形状复杂轮廓的产品,能够实现小批量的个性化生产。

(4) 3D 打印技术通过结构设计优化,包括中空夹层、镂空点阵、一体化结构、异性拓扑结构,可显著减轻产品的质量。

13.4.3　3D 打印技术在汽车领域的应用

3D 打印技术已渗透至汽车研发、产品设计、零部件制造和汽车维修等多个领域。在汽车研发方面,设计师可以利用 3D 打印技术进行整车外形概念设计,使其更加快速、更加精准地将 3D 设计图转化为实型,取代传统的手工制作油泥模型。在零部件制造方面,采用 3D 打印技术不仅可以制造门口板、仪表盘等汽车内外饰零部件,还可以生产空调箱、压缩机端盖等结构精密复杂总成,甚至可以生产车身、底盘等汽车主体零件;在汽车维修方面,对于进口车型,厂商零配件配货不充足,单个小零件的损坏可能导致整套配件总成的更换,3D 打印技术可以成功修复损坏的小零件,实现原有零件功能。目前,3D 打印技术在汽车行业已得到广泛实际的应用。如英国豪华汽车品牌宾利展示了 2036 年自动驾驶概念汽车,其内饰摒弃了皮革,全部采用 3D 打印部件,打造出了更运动、更优雅的豪华休息室;3D 打印公司 Stratasys 利用 3D 打印技术生产奥迪车尾灯灯罩,将原型制作周期缩短 50%;中国的 Polymaker 公司与意大利车企 XEV 研发的首款 3D 打印汽车于 2019 年已实现量产,该款低速电动车除了底盘、座椅和玻璃外,均利用 3D 技术完成。

13.4.4　3D 打印主要工艺方法

自 20 世纪 80 年代由美国 3D Systems 公司发明第一台商用光固化增材制造成形 3D 打印机以来,出现了 20 多种 3D 打印增材制造工艺方法。例如,早期用于快速原型制造的成熟工艺有光敏液相固化法、叠层实体制造法、激光烧结法、熔丝沉积成形法等。近年来,金属零件直接成形的工艺方法应用也越来越普遍。

目前,3D 打印的材料主要有金属、聚合物和陶瓷材料等,其形态一般有粉末状、丝状、层片状和液体状。其中聚合物一直以来都是 3D 打印的热门材料,因其强度高、性能好、成本低而被广泛应用,目前最常用的聚合物是 ABS、聚酰胺(PA)和光敏树脂(UV)。

1. 光固化技术

该技术以液态光敏树脂为原料,在计算机控制下,紫外激光按加工零件的分层截面信息逐层对树脂进行扫描,使其产生光聚合反应,从而形成零件的一个薄层截面。当一层固化完成后,在上表面再敷上一层新的液态树脂扫描固化,新的一层牢固黏合在前一层上,如此循环直至整个零件制造结束。

光固化技术特点:精度高,表面质量好,原材料利用率接近 100%,能制造形状特别复杂的零件(如空心零件),以及特别精细(如首饰、工艺品等)的零件。

材料为丙烯酸酯光敏树脂,颜色有透明、白色和黄色等,有普通树脂、增韧树脂、柔性树脂、高温树脂等可供选择。

应用领域:汽车/摩托车:车灯试制、覆盖件试制、快速精密铸造等,如图 13-13 ~ 图 13-15 所示。

图 13-13　汽车门把手　　　图 13-14　空调出风口　　　图 13-15　灯罩

2. 激光烧结技术

将粉末材料泼铺在已成型零件的上表面并刮平，用高强度 CO_2 激光在刚铺的新层上扫描零件截面，材料粉末在激光照射下被烧结在一起，得到零件的截面，并与下面已成型的部分黏结。当一层截面烧结完成后，铺上新的一层材料粉末，重复烧结过程，直至整个打印结束。

材料主要有：塑料粉、蜡粉、金属粉、表面涂有黏结剂的陶瓷粉、覆膜砂、尼龙粉、石膏粉等。

主要应用领域：工业制造领域用工程塑料部件；工业产品设计开发、产品外观设计认证、模型论证试验。产品如图 13-16 和图 13-17 所示。

图 13-16　进气歧管　　　　　　　　　图 13-17　商用车仪表台

3. 蜡型熔模及覆膜砂技术

采用激光烧结技术，以可消失熔模和树脂砂为成型材料，再通过与铸造技术结合，可快速铸造出发动机缸体、缸盖、蜗轮、叶轮等结构复杂的零部件。设备成型尺寸大、效率高、打印精度高（自动上料、双向铺粉）、不受零件复杂程度影响，无须开模直接打印蜡模、砂模、各种塑料件样件等，能与传统铸造业完美结合。主要用于铸件产品开发、产品试制、产品工艺更改、单件小批精密产品，以及铸件结构复杂、砂芯复杂、铸件尺寸精度高、外观质量高的产品生产，如图 13-18 ~ 图 13-22 所示。

图 13-18　发动机壳体蜡模　　　　　　图 13-19　变速箱壳体蜡模

 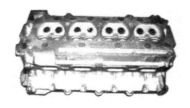 

图 13-20 发动机缸盖砂型　　图 13-21 发动机缸盖铸件　　图 13-22 发动机缸体铸件

4. 金属增材制造技术（金属 3D 打印）

近几年来，由于技术的不断更新进步，3D 打印技术被用于越来越多的复杂产品加工，尤其是用金属材料直接打印产品，其发展速度更是惊人。3D 打印所使用的金属粉末一般具有纯净度高、球形度好、粒径分布窄、氧含量低等特点，目前主要应用的金属粉末有钛合金、高温合金、不锈钢和铝合金材料等，此外还有用于打印首饰的金、银等贵金属粉末材料。

控制激光在铺设好的金属粉末上方选择性地对粉末进行照射，在高激光能量密度作用下，金属粉末完全熔化，经散热冷却后可实现与下层固体金属冶金焊合成型，此过程循环直至整个工件成型。整个加工过程在惰性气体保护的加工室进行，以避免金属在高温下氧化。金属增材制造使用金属 3D 打印设备，配备高功率光纤激光器，可打印不锈钢、钛合金、铝合金等金属材料，满足航天、航空、汽车等行业直接生产需求。金属 3D 打印产品如图 13-23～图 13-26 所示。

图 13-23 转子　　图 13-24 异形管件　　图 13-25 叶轮　　图 13-26 异形阀体

5. 熔融成型技术

FDM 是 "Fused Deposition Modeling" 的缩写，即熔积成型法，是一种将各种丝材（如工程塑料 ABS、PC 等）加热熔化进而堆积成型的方法。FDM 的工作原理是：加热喷头在计算机的控制下，根据产品零件的截面轮廓信息，作 X-Y 平面运动，热塑性丝状材料由供丝机构送至热熔喷头，在喷头中加热和熔化成半液态，然后被挤压出来，有选择地涂覆在工作台上，快速冷却后形成一层大约 0.13mm 厚的薄片轮廓。一层截面成型完成后，工作台下降一定高度，再进行下一层的熔覆，好像一层层"画出"截面轮廓，如此循环，最终形成三维产品零件。

技术优点：工艺简单，易于操作；尺寸精度较高，表面质量较好，易于装配，可快速构建瓶状或中空零件；原材料费用低，且以卷轴丝的形式提供；可选用多种材料，如可染色的 ABS 和医用 ABS、PC、PPSF、浇铸用蜡和人造橡胶。

13.5 汽车轻量化技术

13.5.1 汽车轻量化的意义与创新途径

汽车在给人们的出行带来方便的同时，也带来了油耗、安全和环保三大问题。2018年，中国汽车产量已接近2 800万辆，汽车保有量超过2.4亿辆，全球汽车保有量达到10.5亿辆。汽车行驶除不断消耗燃油外，还会排出大量有害气体，污染环境，对人的身体造成严重危害。要解决汽车油耗及其带来的严重环境污染问题，极为有效的措施之一是实施汽车轻量化，减少油耗和降低排放，保证汽车安全性的要求。

有研究表明，如果汽车整车质量减小10%，燃油效率可提高6%~8%。换言之，汽车整车质量减小100 kg，每升油就可多行驶1 km。汽车车身大约占汽车总质量的30%。在空载条件下，约70%的油耗用在车身质量上。油耗的下降，意味着二氧化碳、氮氧化合物等有害气体排放量的降低。因此，汽车轻量化对于整车的燃油经济性、车辆控制稳定性以及碰撞安全性等都有很大好处。汽车轻量化已成为汽车产业发展中的一项关键性的研究课题。

汽车轻量化的途径主要有：
①车辆小型化。
②结构设计合理化。
③使用高比强度的新材料。
④采用新技术、新生产工艺实现轻量化。

其中结构设计合理化的途径是：
①利用CAD、有限元分析技术对汽车零部件产品结构进行优化，实现轻量化。汽车零部件结构对整车质量影响很大，汽车零部件上对功能没有影响的材料、没有强度要求的壁厚等可采用CAD和有限元分析技术（CAE技术）进行优化，去除不起作用的材料，降低壁厚以减小整车质量。
②多材料组合的轻量化结构，合适的材料用于合适的部位，寻求轻量化效果、工艺性、性能、安全性、成本的总体上最优化。

从材料应用方面考虑，汽车轻量化实施有以下途径：
①推广应用轻合金（密度小、比强度高）材料。
②合理使用利于减薄、工艺性良好的高强度钢板。
③发展工程塑料、复合材料等新型轻量化非金属结构材料。
④改进和创新材料加工方法与加工工艺。
⑤开创现代粘接工艺在汽车制造中应用的新纪元。

轻量化新材料的减重作用如表13-4所示。

表13-4 轻量化新材料的减重作用

轻量化材料	被替代的材料	减重效果/%	零件相对成本
高强度钢	碳素钢	10	1.0
铝	钢、铸铁	40~60	1.3~2.0
镁	钢、铸铁	60~75	1.5~2.5
镁	铝	25~35	1.0~1.5
玻璃纤维增强材料	钢	25~35	1.0~1.5

13.5.2 铝、镁合金材料的应用

前面在分析、介绍车架、车轮与车身制造工艺中,已根据其结构要求、加工方法,不同程度地论述了铝、镁合金的应用与成形工艺特点。从汽车制造总体来讲,铝、镁合金在汽车上应用量的快速增长是汽车材料发展的大趋势。

铝、镁合金属于轻质材料,密度小(只有钢的1/3),比强度高;加工性能好,具有优异的延展性和良好的耐腐蚀性;易回收利用;为汽车轻量化结构的首选材料。汽车车身约占汽车总重的30%,而在汽车内外板上用铝合金来代替传统钢板就可使白车身减重40%~50%,进而使整车减重10%左右。本田混合动力轿车Insight、NSX均采用铝质车身。

汽车铝合金分为铸造铝合金和变形铝合金(包括锻铝)。当前汽车用铝合金量约3/4为铸造铝合金,用于制造发动机零部件、壳体类零件和底盘上件,如发动机缸体、缸盖、离合器壳、车轮等。图13-27所示为几种汽车铝合金铸件。

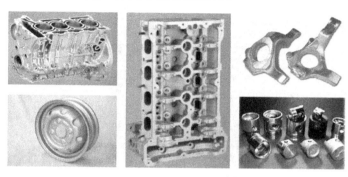

图13-27 典型汽车铝合金铸造件

变形铝合金(锻铝)在汽车车身零件、结构件及功能件应用方面发展很快。世界上许多汽车公司开发了全铝合金车身。锻造铝合金构件较之铸造铝合金,有较高的强度,在质量上有更好的保证。

图13-28所示为全铝合金制造的轿车车身与铝合金散热器。

图13-29所示为车身底板上的铝合金横梁增强结构。这种车身厚壁锻铝梁结构的结构强度和刚度比冲压薄钢板结构的车身整体稳定性更好,重量更轻;几乎不被腐蚀,可以无涂装使用,也可涂装不同颜色的涂料。

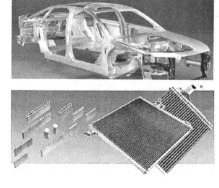

图13-28 铝合金轿车车身与散热器

图13-29 铝合金横梁增强结构

然而，铝合金车身价格昂贵，成形和焊接工艺比较复杂。目前车身用铝存在的主要问题有：

①成形性需要继续改善，铝合金板材局部延展性不好。

②尺寸精度不容易掌握，回弹控制难度大于钢板。

③铝合金材料比较软，因生产和运输中的碰撞和各种粉尘附着等原因而使零件表面易于产生碰伤、划伤等缺陷。

④不能像钢板那样能够采用磁力搬运和传递。

镁合金密度比铝更低（1.74），比铝更轻，轻量化效果更明显，也可回收。在轻量化的驱动下，镁在汽车上的应用以每年约 20% 的速度快速增长。目前每辆车平均用量已接近 3%。

图 13 - 30 所示为铝 - 镁两种合金合铸的气缸体铸件，它是通过将铝合金缸衬嵌入金属型腔后再注入镁合金成形的。其性能测试结果为：质量减少 30kg；功率增加 30kW；油耗减少 3%；扭矩增加 17%。

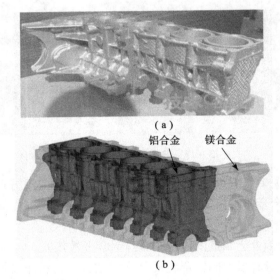

图 13 - 30　铝 - 镁合金合铸的气缸体
(a) 合铸实体铸件；(b) 合铸示意图

当前影响镁在汽车上大量应用的因素是，人们对镁的特性还缺乏深层次的认识；工艺性能数据不够全面；防腐蚀技术有待加速研究与开发。

13.5.3　低合金高强度钢的开发与使用

钢铁材料在与非铁合金和非金属材料的使用竞争中将继续发挥其价格便宜、工艺成熟的优势，通过低合金有效强化和高强度化措施可以充分发挥低合金高强度钢板的强度潜力。标准中定义，屈服强度为 210 ~ 550MPa 的钢称为高强度钢（HSS），屈服强度大于 210 ~ 550MPa 的钢称为超高强度钢（UHSS）。高强度钢对汽车轻量化的发展起着重要作用，研究表明，当钢板厚度分别减小 0.05mm、0.10mm、0.15mm 时，白车身的质量将分别减轻 6%、12%、18%。

汽车用高强度钢的开发至今已近半个世纪，先是开发微合金钢，然后是开发含磷合金钢，20世纪80年代前期发展DP（双相）钢和BH（烘烤硬化）钢、IF（无间隙原子）钢，20世纪90年代后又开发出了强度更高的TRIP（塑性诱发相变）钢和CP（多相）超高强度钢，抗拉强度达到1 000MPa，最高者甚至达到1 200MPa以上。

在车身结构上大量采用高强或超高强度钢板的基本出发点，不仅能够减轻车重，还将使车身的扭转刚性、弯曲刚性得到提高，从而保证了整车的抗冲击安全性。

高强度钢是近年来应用在车身制造上的材料之一。它是依靠自身超高抗变形强度等级来减薄钢板厚度和质量，以此代替原本的普通钢材。高强度钢主要用于车身的前防撞梁、下车体纵梁、中央通道、地板横梁、AB柱、车门防撞梁等驾驶乘坐舱关键部位。图13-31所示为某车型的车门防撞梁，该车型的白车身共使用了64%的高强度钢打造。

13.5.4 先进轻量化制造工艺

在汽车生产工艺中采用先进的制造工艺实现汽车整车轻量化。目前比较先进的制造工艺主要有液压成形技术、激光拼焊成形技术、热冲压成形技术、粘接与铆接工艺（包括锁铆连接技术、结构胶粘接技术等）。

图13-31 车身前门高强度钢防撞梁

1. 激光拼焊成形技术

激光拼焊是将厚度、材质、冲压性能、强度和表面处理等状况不同的板坯先拼焊在一起，然后进行整体的冲压成形的一种加工方法。激光拼焊成形工艺如图13-32所示。

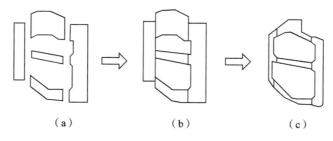

图13-32 激光拼焊成形工艺
（a）下料；（b）拼焊；（c）成形

这种技术通过工程师对零部件的受力情况和结构进行优化分析后设计制造出一张具有不同厚度的板材，这种差厚板不仅减少了材料用量，同时还实现了力学性能的合理分布，在减轻重量的同时实现了力学性能的提高。

图13-33所示为某车身侧围拼焊工艺，改进后的侧围由厚度为0.67mm、0.97mm、1.37mm的三块板坯先拼焊在一起，然后进行整体的冲压成形，相比较传统工艺，采用拼焊工艺侧围质量从65kg减少到57.4kg，减重11.7%，成本从114元减少到108元，成本下降5.3%。激光拼焊成形技术已经被广泛用于车门内板、车身侧框架、汽车底板、侧围、门槛加强板、前纵梁和轮罩等车身部件。

激光拼焊成形技术相比点焊等传统技术优势十分明显：

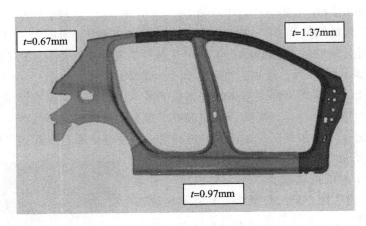

图 13-33 某车身侧围拼焊工艺

（1）将不同厚度与不同材质的材料焊接在一起的同时可以将其各自优势充分发挥，进而对车身的力学性能进行改善，汽车强度大幅提升的同时重量减轻。

（2）减少冲压件数量，加工过程中所需的模具数量大量减少，进而起到成本节约的目的。

（3）降低了搭边等各类因素引发的材料浪费问题，材料利用率得到提升的同时优化了零件结构。

2. 热冲压成形技术

对于高强度钢板而言，随着材料的屈服强度和抗拉强度的不断增大，板材回弹也会变得严重，成形性能会明显下降，零件的尺寸精度难以得到保证，特别是对于强度超过 1 000MPa 且形状复杂的零件，一般的冲压工艺较难成形，此时高强度钢的热冲压成形技术就能较好地得到运用。热冲压成形工艺过程如下：对初始强度为 500～600MPa 的钢板加热到奥氏体温度范围，然后钢板在压机上冲压成所需形状，同时以 20～300℃/s 的冷却速度进行淬火，保压一段时间以保证充分淬透，最后零件随室温冷却。

热冲压成形技术近些年来逐渐发展为汽车轻量化进程推进过程中不可缺少的一种技术，在汽车横梁以及加强板等重要零件中应用非常普遍。热冲压成形技术的原理是将钢材加热至奥氏体状态后再进行加工，此种方式可以对材料的成形性能进行有效改善，其加工的零件无论是延展性还是强度都有一定程度的良性变化，不仅重量更轻而且冲压性能也更加理想。与传统冷冲压相比，热冲压成形工艺具有众多优势：

①回弹更小，可以大幅提升加工零件的尺寸精度。

②加工零件更薄，汽车质量大幅降低。

③塑性和延展性提升，可对更加复杂的零件进行加工。

④降低了板料的变形抗力，可在冲压时降低冲压机的吨位，获得超高强度的零件（1 000MPa 以上），进而成本得以节省。

热冲压成形工艺较好地解决了高强度钢板成形过程中成形性差和成形精度低这两个问题。

图 13-34 所示为某车身顶盖、侧围由热冲压成形工艺成形。

图 13-34　某车身顶盖、侧围热冲压成形工艺

3. 液压成形技术

液压成形技术是典型的轻量化技术。统计表明，相对于传统的冲压-焊接工艺，液压成形工艺可以降低11%的零件成本、14%的设备成本，并能减少7.3%的质量。管件液压成形的技术原理是将管坯置于模具中，对管腔内施加液压并对管坯施加轴向载荷，使其在模具型腔内发生塑性变形，直到管壁与模具内表面贴合，从而得到所需形状的零件。与传统的冲压-焊接工艺相比，液压成形技术具有成形精度高、可节约材料、减少成形件数量和后续机械加工与焊接量、提高成形件的强度与刚度、减少模具数量、降低生产成本等优点。

液压成形技术主要包括金属板料液压成形技术和金属管内高压成形技术，其中金属板料液压成形技术是利用液体代替凹凸模，利用液体压力来促使板料成形。

图 13-35 所示为金属板料液压拉深成形示意图。图中凹模内充以液体，凸模下行时，凹模液压室中的液体被压缩产生相对压力，将毛坯紧紧地贴于凸模，形成有效的摩擦保持效果，使工件完全按凸模形状拉深成形。另外，在凹模与板料下表面之间产生流体润滑，减少有害的摩擦阻力，这样不仅使板料的成形极限大大提高，而且可以减少传统拉深时可能产生的局部缺陷，从而成形出精度高、表面质量最好的零件（图 13-36）。

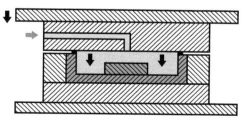

图 13-35　金属板料液压拉深成形示意图

图 13-36　金属板料液压拉深成品

而金属管内高压成形技术（也称为管材液压成形技术），主要用管材作为坯料，通过对金属管材内部的管腔内施加超高压液体和轴向加力补料，将管坯压入模具型腔中，使其在给定模具型腔内发生塑性变形，管壁与模具内表面贴合，从而得到所需形状零件（图 13-37、图 13-38）。管材液压成形技术可以整体成形轴线为二维或三维曲线的异形截面空心零件，

从材料的初始圆截面可以成形为矩形、梯形、椭圆形或其他异形的封闭界面。

液压成形技术不仅可以降低车身的重量，还可以减少一些二次装配和工艺流程。如某型号轿车副车架，原工艺采用冲压焊接工艺生产，将6个冲压件焊为1个零件。而现工艺采用内高压成形技术生产，只用1根管坯经过弯曲成形、预成形、内高压成形即可完成，并且副车架由12kg降到7.9kg，减重34%。

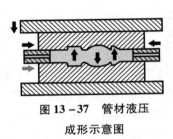

图13-37 管材液压成形示意图

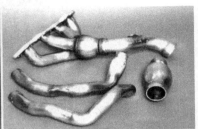

图13-38 管材液压成形成品件

目前采用液压成形的汽车零件主要包括：

①悬架系统零件：如前后副车架、发动机托架、前后桥、驱动桥壳、保险杠、梯形臂、牵引杠、控制臂、横向稳定杆、从动连杆、转向管柱等。

②车身结构件：如A柱、B柱、C柱、车顶横梁、车顶纵梁、车身纵梁、挡风玻璃支架、后座纵梁、门槛梁、后边梁等。

③发动机系统零件：如进气歧管、排气歧管、凸轮轴、曲轴、三元催化转化器等。

④支架、框架类零件：如仪表板支架、散热器支架、座椅框架等。

13.6 汽车工程塑料及其实际应用

工程塑料与复合材料的原材料来源与金属材料相比优势十分明显。通常情况下，塑料和复合材料都具有相应的特殊性，所以其密度、成形工艺性能、比强度等均更加理想。工程塑料的应用能降低汽车整车的重量、降低噪声，工程塑料取代金属应用在汽车零件上，能利用汽车塑料模具进行高效率的生产，可避免汽车零件因采用金属材料生产而进行的二次机加工，可降低生产成本。

早期工程塑料主要应用在汽车内外的装饰部位，随着技术水平和制作工艺的发展，目前已经在汽车结构件上进行应用，对于汽车轻量化发展而言有积极的推动作用。当前阶段，汽车仪表板、挡泥板、油箱、车门内板、风扇叶片等基础构件上都广泛应用工程塑料。

13.6.1 工程塑料在汽车中的应用现状

在塑料品种的选用中，热塑性塑料的使用比例达到塑料总用量的70%，其中聚丙烯的用量占热塑性塑料总用量的40%左右。表13-5所示为塑料在汽车中的应用情况。

表 13-5　塑料在汽车中的应用情况

塑料代号	汽车中的产品应用对象
ABS（三物共聚）	车内仪表板、车身外板、内装饰板、方向盘、隔音板、门锁、保险杠、通风管、发动机罩、蓄电池壳等
PA（尼龙，聚酰胺）	散热器水室、燃料滤网、皮带轮、油箱、油管、进气管、插头、各种齿轮、安全带
PC（聚碳酸酯）	车灯、保险杠、车门把手、仪表板、散热器格栅、车载音响和 DVD 系统、挡泥板、防弹玻璃等
PE（聚乙烯）	内护板、地板、油箱、行李箱、雨刮器、水箱、挡泥板、耐磨机械零件
PMMA（有机玻璃）	风挡、车窗、灯罩、后挡板及其他装饰品
POM（聚甲醛）	燃油系统、电气设备系统、车身体系的零部件、杆塞连接件、支撑元件、线夹
PVC（聚氯乙烯）	驾驶室内饰、嵌材、地板、涂料、电线电缆包衬
PU（聚氨酯）	坐垫、挡泥板、车内地板、车顶篷、遮阳板、减振器、护板、防撞条、保险杠、仪表板垫及盖罩
PP（聚丙烯）	分电器盖、仪表灯表、加速踏板、后灯壳、冷却风扇、暖风壳、刮水器电动机套、方向盘、杂物箱、杂物箱盖与空气滤清器壳等

13.6.2　工程塑料及其在汽车结构中的应用

在汽车轻量化中应用最多的通用塑料有：聚氨酯、聚丙烯、聚氯乙烯、聚乙烯、ABS 几大类。它们既能制造受力作用的汽车零件，又能制造内饰件。大都采用注射成形，如图 13-39 所示。

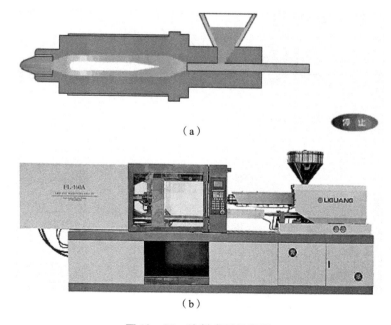

(a)

(b)

图 13-39　注射成形示意图
(a) 注塞式注射机原理示意图；(b) 注塑机外观

1. 聚氨酯（PU）及聚氨酯泡沫塑料

聚氨酯和聚丙烯、聚氯乙烯已成汽车上三种用量最大的塑料品种。聚氨酯是一种分子结构中含有氨基甲酸酯团（—NHCOO—）的聚合物。其性能取决于组成配方，可在从软到硬较宽范围内变化，其产品以泡沫塑料为主。

聚氨酯泡沫塑料分为硬质和半硬质两类。聚氨酯泡沫塑料的优点是结构内布孔，孔隙度大，制品回弹性好，让人接触富有舒适感，能吸收外来50%～70%的冲击能量。

半硬质聚氨酯泡沫塑料可分为普通型和自结皮型两类。其中普通型制品，其密度根据轻量化需要，可在60～150kg/m³之间调整。自结皮型泡沫塑料在发泡时能自行在产品外表结成厚度为0.5～3.0mm的表层，使其具有较高的抗拉强度和耐磨性，并能成形具有不同花纹与颜色的成形制品。

这里就聚氨酯泡沫塑料几个应用实例加以介绍。

（1）汽车座椅。

汽车座椅由支撑物、弹性体和外包皮三部分构成。国内外早已全部采用聚氨酯泡沫塑料取代钢丝弹簧和海绵制造汽车坐垫。汽车座椅的质量指标是静刚度、振动衰减特性、共振传递比和疲劳寿命等。

（2）聚氨酯泡沫塑料软饰仪表板、扶手与头枕。

仪表板、扶手与头枕等都是内饰件，要求具有极大的安全性和防火性。仪表板表皮大部分采用ABS改性的聚氯乙烯膜。表层采用带有缓冲性的聚氨酯泡沫塑料，芯部为硬质塑料和某些部位的金属骨架。仪表板上装配有杂物箱、仪表罩盖和除霜器格栅。它们一般用具有耐热性的ABS和聚丙烯制成。

2. 聚丙烯（PP）

目前，汽车上使用的聚丙烯零部件品种已达70多种，表13-6所示为汽车聚丙烯零件。

表13-6 汽车聚丙烯零件

	汽车零件名称	每件质量/kg		汽车零件名称	每件质量/kg
功能与外壳零件	分电器盖	0.092	附件及其他	后视镜外框	0.038
	仪表灯表	0.021		后视镜内框	0.059
	加速踏板	0.082		安全腰带	0.023
	后灯壳	0.423		高压线夹	0.010
	冷却风扇	0.380		打火机	0.003
	暖风壳	2.190		车内灯具	0.028
	刮水器电动机套	0.014		天线柱	0.080
	方向盘	0.744		其他灯具	0.012
	杂物箱盖	0.207		扶手	0.120

（1）聚丙烯材料的特性。

聚丙烯具有较高的热变形温度和良好的耐应力开裂性，而且通过各种无机填料和各种弹性体的改性，可以得到具有多种特性的聚丙烯品种。通过有目标的改性，可以获得增韧型聚丙烯、增强型聚丙烯、填充增韧型聚丙烯和一般填充型聚丙烯四类。

（2）聚丙烯基体的改性塑料。

为了改善聚丙烯的工程性能，满足汽车零件工作的需要，通过对聚丙烯基体、增韧剂或增强剂、填充剂三者间的调配，可以制成不同性能的改性聚丙烯塑料制品。图 13 -40 所示为改性聚丙烯塑料应用于轿车前围与保险杠等零件的状况。

①增韧型聚丙烯。它以提高弹性、韧度为主来改性，具有很高的冲击韧度和低温韧性，主要用于制造汽车保险杠。

②填充增韧型聚丙烯。它的改性是通过填充无机物和弹性体增韧，从而获得高弹性模量、高刚度且耐热性与尺寸稳定性好的填充增韧型聚丙烯塑料产品。

它广泛用于制造仪表板、车门内护板、散热器面罩等汽车外饰件。

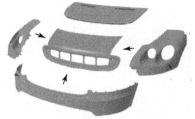

图 13 -40　改性聚丙烯制品

③一般填充型聚丙烯。一般填充型聚丙烯能够较大幅度地提高刚度、耐热性与尺寸稳定性，主要通过填充无机物来改性成形而达到上述目标。这种填充型聚丙烯将用于制造暖风机壳体、护风圈等耐高温的非受力构件。

④增强型聚丙烯。它是一种用玻璃纤维增强的聚丙烯，也可以说是一种以聚丙烯为基并用玻璃纤维增强的复合材料，其强度、刚度、耐热性与尺寸稳定性最好，常用于制造发动机风扇等。

（3）聚丙烯在汽车制造中的综合应用。

各种改性聚丙烯塑料在汽车制造中的应用量占汽车塑料总用量的 30% 以上，它不仅可用作弹、韧性体零件，而且有取代 ABS 制作刚性塑件的优势。

目前聚丙烯塑料应用最广的是仪表板、保险杠、方向盘等汽车零件，它们都直接采用注射成形。聚丙烯材料制造的其他汽车零部件还包括：

①车内顶棚、侧面、坐垫以及乘客周围的零件，如方向盘、仪表板等。

②发动机和取暖通风系统有关零件，如发动机冷却风扇、电瓶外壳、汽车分电器盖、通气管、除霜器喷嘴和暖风风扇等。

③汽车外装件，如汽车照明灯、闪光指示灯和侧向灯外壳、格栅和车轮挡泥板等。

3. 聚乙烯（PE）

聚乙烯的分子结构、密度、分子量可依生产方式不同而不同。聚乙烯按其密度分为：低密度聚乙烯（LDPE）、中密度聚乙烯（MDPE）和高密度聚乙烯（HDPE）三类。

聚乙烯用量占汽车塑料总用量的 5% ~6%，次于聚氯乙烯、ABS、聚丙烯、聚氨酯，居第五位，主要用于制造空气导管和各种储罐。汽车工业中基本上只用中、低密度聚乙烯，主要用于内、外饰件和底盘件等的制造。

聚乙烯在汽车上的应用举例见表 13 -7。

表 13-7 聚乙烯在汽车上的应用举例

使用部位	零件名称	树脂
外饰件	挡泥板、汽油箱、衬板、弹簧衬垫、车轮罩、汽油过滤器壳套	MDPE、LDPE
内饰件	空气导管、扶手、覆盖板、承载地板、夹钩扣、柱套、风扇护罩、行李箱隔板、备胎夹箍、方向盘遮阳板、行李箱衬里（顶篷与门的减振材料）	HDPE、LDPE
底盘	空气导管、蓄电池、制动液储罐、夹钩扣、清洗液罐	HDPE

4. 聚氯乙烯（PVC）

(1) 聚氯乙烯的分类、特性及其改性。

聚氯乙烯是一种多组塑料，根据加入增塑剂的不同，可将其分为硬质聚氯乙烯、软质聚氯乙烯和聚氯乙烯热塑性弹性体三种。

(2) 聚氯乙烯在汽车上的综合应用。

聚氯乙烯在日本汽车所用塑料中占 30%～40%，而在美国占 16%～20%。一般每辆车用量 2～10 kg。

聚氯乙烯在汽车上主要用作表皮套、内饰件坐垫套、车门内衬、汽车顶盖衬里表皮、仪表板罩、地板隔热垫、坐垫套、后盖板表皮、操纵杆盖板、备胎罩盖、方向盘、货厢衬里、窗玻璃升降器盖、保险杠套以及所有电线包皮（即绝缘层）等。有些车型的车窗密封条也已采用软聚氯乙烯制作，其拉伸强度保持在 10 MPa 以上，伸长率在 120% 以上。

(3) 聚氯乙烯注射成形工艺性。

聚氯乙烯塑料几乎可以用所有的成形方法加工，其中主要是用挤压成形，占 65% 以上，其次是压延成形，注射成形应用较少。挤压汽车材料一般是各种塑料板和异形材等。压延汽车材料表现为板材、片材、人造革和薄膜等。

5. ABS 塑料

(1) ABS 的特征、种类及性能。

ABS 由丙烯腈（A）、丁二烯（B）、苯乙烯（S）这三种物质聚合而成，其组成比例为：A 占 10%～30%，B 占 5%～30%，S 占 40%～70%。如果改变这三种成分的比例，并加入第四种组分，就可得到品种较多、用途各异的 ABS 塑料品种。

①ABS 的一般性能。ABS 的外观为不透明且呈象牙色的粒料，无毒、无味、吸水率低，其制品可着成各种颜色，并具有 90% 的高光泽度。ABS 是一种综合性能良好的树脂，在比较宽广的温度范围内具有较高的冲击强度和表面硬度。其热变形温度比 PA（聚酰胺，俗称尼龙）、PVC（聚氯乙烯）高，尺寸稳定性好，收缩率在 0.4%～0.8% 范围内。ABS 若经玻璃纤维增强后，其收缩率可以减小到 0.2%～0.4%，绝少出现塑后收缩的现象。

②ABS 的力学性能。ABS 有优良的力学性能，其冲击强度极好，可以在极低的温度下使用，即使 ABS 制品被破坏，也只能是拉伸破坏而不会是冲击破坏。ABS 的耐磨性能优良，尺寸稳定性好，又具耐油性，可用于中等载荷和转速下的轴承。ABS 的弯曲强度和压缩强度较差。ABS 的力学性能受温度的影响较大。

③ABS 的热学性能。ABS 属于无定形聚合物，无固定熔点；熔体黏度较高，流动性差；

热稳定不太好，耐候性不良，紫外线可使其变色；热变形温度为70~107℃，制品经退火处理后其热变形温度还可提高10℃左右。对温度、剪切速率都比较敏感。

ABS 在 -40℃ 时仍能表现出一定的韧性，可在 -40~80℃ 的温度范围内长期使用。

（2）ABS 在汽车上的应用。

由于 ABS 具有良好的综合性能，通过改性后还能获得特殊性能，故广泛用于制作汽车内饰件和外装件，如表 13-8 所示。

表 13-8　ABS 等苯乙烯塑料在汽车上的应用

零件名称	种类	型号
格栅	ABS	高抗冲型（电镀型）
灯壳	ABS、AES	高抗冲型
通风盖板	ABS、AAS	亚耐热型
车轮罩	ABS	高抗冲型
支架、百叶窗类	ABS	亚耐热型
标志装饰	AES、AAS	高光泽型
标牌、装饰件	ABS	一般电镀型
后护板	ABS	一般型
缓冲护板	AES	高光泽型
挡泥板、镜框	ABS、AES、AAS	高抗冲型
仪表板	AES	超耐热抗冲型
装饰件	ABS	超耐热型
仪表罩（仪表类）	ABS	超耐热型
工具箱	ABS	耐热或亚耐热型

13.7　碳纤维及其复合材料在汽车中的应用

碳纤维（Carbon Fiber，CF），为含碳量在 95% 以上的高强度碳材料，碳纤维以其优异的比强度、比模量、耐腐蚀、吸能等性能，在航天航空、军工核能、轨道交通、汽车、体育休闲等领域得到广泛的应用。碳纤维与高分子树脂、陶瓷、金属等基体材料复合而制成的结构材料简称"碳纤维复合材料"。

碳纤维复合材料具有重量轻、强度高、耐腐蚀、安全性好等特点。碳纤维的密度接近钢铁材料的 1/5，目前车体常规质量在 400~500kg，而一个全碳纤维跑车的车体质量不足百公斤。所以碳纤维复合材料已成为继高强特种钢、铝合金、镁合金、工程塑料和玻璃纤维复合材料等材料后汽车工业领域最前沿、最具发展潜力的轻量化材料。

碳纤维增强复合材料（CFRP）是在热固性树脂中加入含碳量超过 90% 的碳纤维编织物

而形成的一种新型材料。由于编织物中的碳纤维均为长纤维，该复合材料的疲劳强度和拉伸破坏强度高、耐化学腐蚀、导电导热性好，热膨胀系数小、抗辐射抗老化、减振阻尼性能好且密度低，既能够满足设计部件高强度、轻量化的设计要求，还能提高汽车的安全性能，被用于制造汽车车身、底盘等主要结构件。

碳纤维增强塑料的韧性和拉伸强度高于铝合金，仅次于钢材，而密度仅为钢材的 1/5 ~ 1/6，对于普通家用轿车，碳纤维增强塑料制成的翼子板（图13-41）比钢材翼子板减重50%，有效降低了车辆的油耗。

采用碳纤维复合材料制作的轮毂，能够大大减少轮毂的质量，从而减少转动惯量。但其强度较同尺寸铝合金材质轮毂却有较大的提高。如保时捷911 Turbo、新一代福特野马GT350R 都配备了碳纤维塑料轮毂（图13-42），质量仅为8.6 kg，比铝合金轮毂减重40%，在减轻重量的同时还能够吸收大量的撞击能。

碳纤维复合材料具有很好的吸力减振效果，对撞击等有强大的缓冲作用，且减少撞击可能产生的碎片，提高了汽车的整体安全性能。图13-43所示为由树脂基碳纤维复合材料制作而成的汽车排气管。

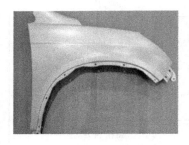
图13-41 典型汽车翼子板结构

图13-42 保时捷全碳纤维塑料轮毂

图13-43 树脂基碳纤维复合材料排气管

利用CFRP制成的汽车弹簧片质量为14 kg，在保证强度水平的情况下，比利用合金钢制成的弹簧片减重70%左右，且耐磨性比合金钢更好。

玻璃纤维增强复合材料俗称玻璃钢，是以热塑性树脂为基体，以玻璃纤维为增强材料，通过高温加压所制成的一种新型材料。该复合材料制造成本低、吸能性好、可设计性强、耐腐蚀性强及减振降噪效果好，在汽车制造工业中的应用广泛，主要用于制造车身结构件、覆盖件以及发动机周边部件。

13.8 汽车发动机轻量化途径及工艺创新

发动机的质量在乘用车整车中占12%左右。发动机的轻量化，可以提高汽车动力性、节省材料、降低成本，并涉及整车的质量分布。发动机的轻量化必须保证在以工作可靠性和整车安全性为前提下，通过材料、工艺、结构的优化设计达到轻量化目标。具体措施如下：

①通过拓扑优化分析相关零件结构并进行尺寸优化和形状优化，降低零件质量并同时降低零件成本。

②通过不同零件的功能组合，进行零件模块化设计，减少零件数量，提高模块通用性。

③采用先进的轻量化材料技术、加工设备及成形工艺技术实现汽车发动机产品零件的轻量化。

④在具体实施的过程中应采取概念设计先行，材料与工艺相辅相成的技术路线。

1. 结构优化

目前在发动机设计研发行业里，发动机集成化、轻量化是设计的主流方向，同时发动机零部件的结构创新和优化对装备和工艺也提出了新的要求。下面列举几个结构创新的例子。

（1）气缸盖集成排气歧管。

大众最新的第三代 EA888 将排气歧管集成于气缸盖内，排气歧管内的热废气能够更好地与缸盖水套进行热交换。这样同是采用发动机冷却水来冷却，相当于冷却系统多了一个热源，能够更快地实现暖机，减少冷起动造成内部构件的摩擦，使发动机更快地进入高效工作状态，从而达到降低排放、节省油耗的目的。由于内置式气缸盖排气歧管也起到了简化发动机零部件的作用，从而能让发动机减少 3~5kg，同时减少的质量位于发动机顶部，所以这对整车的重心降低是有好处的。

（2）空心凸轮轴。

传统的一体式凸轮轴采用单一的材料，通过铸造或锻造制坯后经多工序切削加工而成。而在凸轮轴轻量化工作中，主要是将其空心化。空心凸轮轴有三种方式：加工式空心凸轮轴、铸造空心凸轮轴、组装式空心凸轮轴。

其中组装式空心凸轮轴是由铁基粉末冶金材料制成凸轮，然后用烧结或机械的办法将凸轮固定在空心钢管上。与铸铁件相比，中空装配式凸轮轴质量减少 25%~30%，在降低生产成本、提高整机性能等方面具有传统凸轮轴无法比拟的优势，越来越受到广泛关注和重视，并成为凸轮轴制造技术的发展方向。

（3）曲轴的轻量化。

所采取的主要措施有：减少扇板数量，从传统的 8 片减少到 4 片；减小扇板的宽度，并进行形状优化；缩小主轴颈的尺寸。另外，国内有些汽车厂已经开发出主轴颈、拐颈为空的中空曲轴，使得曲轴质量降低 15%。

（4）利用 3D 打印技术优化结构。

3D 打印制造技术给内燃机提供了全新的发展前景，使得制造商可以利用分层材料制造零部件，并减轻装配操作强度和优化发动机部件数量。这种技术最大的好处是便于整合和优化零部件。例如，雷诺卡车公司新开发的发动机，零部件数量减少 200 个，相当于减少了 25%。工程师集成了 80 个缸体零件和 45 个缸盖零件，这些措施都大大减少了发动机的质量。

2. 材料创新

发动机轻量化在材料方面首先是考虑用铝合金材料、镁合金材料替代密度大的铸铁材料，在优化改进结构的基础上实现结构更强，质量更小。高强度结构钢使零件设计得更紧凑和小型化，有助于汽车的轻量化，主要应用于气门弹簧、齿轮、涨断连杆等。铝合金主要应用于气缸体、缸盖、活塞、进气管、水泵壳、起动机壳体、摇臂、发动机支架、滤清器底座、齿轮室罩盖、飞轮壳、油底壳等发动机零部件。镁合金主要应用于链条室、气门等。此外，随着汽车轻量化要求越来越高，使用蠕墨铸铁作为缸体缸盖材料也越来越普遍，一台装配好的蠕墨铸铁发动机的质量一般要比灰铸铁发动机轻9%左右。

发动机材料大部分为优质铸铁、结构钢或铝合金，但随着材料技术的发展，一些复合材料也开始在发动机上应用。

发动机油底壳作为储油槽的外壳，用于收集和储存润滑油并保证散热。目前，绝大多数的汽车油底壳主要为冲压成形的钢制油底壳或压铸成形的铝合金油底壳，但也有部分企业开始应用玻璃纤维增强复合材料。

玻璃纤维增强复合材料的密度比钢材和铝合金的密度都要小，所以能够有效降低零部件的质量，而且通过注塑成形可以实现收集器、机油滤清器及机油挡板等的集成，进一步减少空间占用、生产制造费用和装配费用。从汽车轻量化的角度出发，与铸铝油底壳相比，结构优化后的玻璃纤维增强复合材料注塑成形油底壳的质量减少了37.16%，实现了轻量化设计。

另外，进气歧管塑料化也是汽车轻量化的要求。塑料进气歧管不仅质轻，而且由于内壁光滑，可改进气体流动性，提高气体流量，进气效率高，隔热效果好，因而能提高发动机性能和燃料利用率。由于焊接技术的提高，可制作从简单到复杂的塑料进气歧管，把复杂的进气歧管分片注塑成形，利用振动摩擦焊接组焊成形。分片注塑结构工艺优化，可降低模具成本，避免注塑制品缺陷，提高制品性能。

本章知识点

1. 超精密加工技术的特点、应用领域及关键技术。
2. 超高速加工技术的特点、应用领域及关键技术。
3. 绿色制造技术的内涵及应用。
4. 3D打印技术的特点和应用领域。
5. 汽车轻量化的意义与创新途径。
6. 汽车轻量化技术的内涵及应用现状。

思考与习题

1. 综述超精密加工技术的特点、应用领域及关键技术。
2. 综述超高速加工技术的特点、应用领域及关键技术。
3. 综述绿色制造技术的内涵及应用。
4. 综述3D打印技术的特点、应用领域。
5. 综述汽车轻量化的意义与创新途径。
6. 说明铝、镁合金的应用与成形工艺特点。
7. 分析低合金高强度钢的开发与使用状况。
8. 阐述其他轻量化材料的应用现状。
9. 汽车用塑料包括哪几类？重点说明聚氨酯泡沫塑料的性能、应用与生产工艺流程。
10. 简述汽车轻量化中用到的先进制造工艺技术，如液压成形技术、激光拼焊成形技术、热冲压成形技术的原理及应用。
11. 综述汽车发动机轻量化途径。

参 考 文 献

[1] 韩英淳. 汽车制造工艺学 [M]. 北京：人民交通出版社，2005.
[2] 王永伦. 汽车制造工艺基础 [M]. 北京：机械工业出版社，2012.
[3] 何耀华. 汽车制造工艺 [M]. 北京：机械工业出版社，2012.
[4] 唐远志. 汽车制造工艺 [M]. 北京：化学工业出版社，2012.
[5] 周述积. 材料成形工艺 [M]. 北京：机械工业出版社，2005.
[6] 钟诗清. 汽车制造工艺学 [M]. 广州：华南理工大学出版社，2011.